司法書士／法学検定／学部試験

国家試験受験のための

よくわかる
民事訴訟法

神余博史·著

JN012917

民事手続の全体像を
つかみたい人のために——

自由国民社

はしがき

　民事訴訟法の学習は，抽象的な議論が多くて興味がもてず，すぐ飽きてしまう，という悩みをよく聞きます。民事訴訟法が試験科目の一つとされている司法書士試験受験者の中でも，この科目を苦手とされている方が多いようです。確かに，民事訴訟法は，あまりに専門的・技術的性格の色濃い手続法ですから，なかなかイメージがつかみづらく，結局，条文の字面をなぞっただけの上滑りの学習になりがち，という側面があるのは確かです。「民訴は眠素」などと揶揄される所以です。

　しかし，民事訴訟の基本的な構造をしっかり理解し，訴訟過程のダイナミズムを正確に把握できれば，「民訴」は決して「眠素」ではありません。まずは，本書の記述をよりどころとして，民事訴訟法の基本概念や基本構造を正確に把握することに努めてください。それとともに，本書引用の条文はそのつど六法で確認する習慣をつけておかれることをお勧めします。ある程度の体系的理解が進めば，条文を素読しその意味・内容を一つ一つていねいに確認していくことも有効な学習方法となるでしょう。「継続は力なり」。粘り強い学習を心がけてください。

　本書は，民法，憲法，行政法，会社法に続く「よくわかるシリーズ」の第５作となります。本シリーズは，会社法をもって完結の予定でしたが，会社法刊行後，主に司法書士試験受験者の方々から民事訴訟法についても解説書刊行の要望が多数寄せられたこともあり，私に執筆の打診がありました。ただ，法律科目をわかりやすく書き上げることのシンドさを身をもって知っている私としては，多少の躊躇を覚えつつ執筆を引き受けた次第です。本書は，民事訴訟法に規定された判決手続のみならず，民事保全および民事執行といった民事手続の全体をカバーしていますから，司法書士試験の受験用解説書として，またロースクールをはじめとする法学部生の入門用解説書として，十分に活用できるだけの内容を備えていると考えています。

　司法書士試験では，民事訴訟法の出題レベルが以前に比べずいぶん高くなっています。そのため，今回の改訂に当たっては，平成29年の民法改正および令和元年の民事執行法の改正に関連する記述を書き改めるとともに判例を増補し，その他の部分についても記述を濃く厚くし，さらに収録過去問を大幅に差し替えました。これにより本書は，司法書士試験の択一問題にほぼ完璧に対応できるだけの内容を備えるに至ったものと考えています。

　末筆ながら，本書を読了された皆様方の合格をお祈り申し上げます。

令和２年３月

　　　　　　　　　　　　　　　　　　　　　　　神余博史

本書の特色

① 各頁の記述を２段組にし、本文では、民事訴訟法を理解するための「幹」となる部分をていねいに解説し、多少細かい事項であっても本文を理解するのに有益な事項、必須の法律用語などは右の段に記述してあります。まず、「幹」をしっかり把握したうえで、関連する知識を習得してください。

② 民事訴訟法全体を効率的に理解できるよう、民事訴訟法の体系的な配列にこだわらず、記述を最も適切と思われる位置に配置しました。これによって、論点相互の関係を関連づけて理解でき、効率的な学習が可能になるでしょう。

③ 各講の末尾に、司法書士試験に出題された過去問および練習問題を収録してあります。単元終了ごとに力試しをしてみてください。間違えた問題は、解説および本文の記述に戻って確認しましょう。その反復継続により実力は必ず向上します。

凡　例

Check	本文の記述に関連する重要事項を解説します。
一歩前進	正確な理解に到達できるよう，理解しにくい部分をより分かりやすく説明します
ステップアップ	多少レベルの高い事項ですが，出題実績のある事項です。
ここが狙われる	試験で狙われやすい事項，ぜひ覚えておきたい事項などです。
閑話休題	ちょっとしたコラムです。息抜きを兼ねて気楽に読んでください。
用語の説明	知っておかなければならない必須の法律用語を説明します。
アドバイス	学習上の指針や試験の出題傾向など，知っておいて役に立つ情報を提供します。
＊	本文を理解するための参考となる事項についてのコメントです。

◆目　次◆

1

【第1章】

私的紛争の解決制度と民事訴訟

① 民事訴訟法って，どんな法律？

学習ナビゲーション

　本講では，本格的に民事訴訟法の学習に入る前段階として，民事紛争の解決手段やその大まかな流れ等を中心に説明しますが，その前に，ここで民事訴訟法の学習に際しての簡単なアドバイスをしておきます。

　民事訴訟法については，閉口するほど複雑で精緻な理論が構築され，学説も百花繚乱のごとく錯綜しています。また，いわゆる訴訟物論争や争点効理論など知的興味をかきたてられる問題点も数多くみることができます。しかし，試験対策としての学習においては結局，「判例がどういっているか」が決定的に重要なのであって，学説上の争いに深入りしてあれこれ悩む必要はありません。そんなマニアックな学習は，択一試験対策としてはむしろマイナスになると考えてください。本書では，学説上の争いについては，民事訴訟法の理解を深めるための必要最小限度の記述にとどめます。基本概念や制度趣旨，手続の構造等を「幹」として把握したうえ，条文や基本判例の意味内容を「枝葉」として正確に位置づけていけば，十分な実力が身につくでしょう。

1　民事紛争とその解決

設例1

　Aの所有する甲土地に，Bがバラックを建てて住み着いている。Aは，Bに対し甲土地の明渡しを求めているが，Bは「この土地は，わしが時効取得した」と言い張っている。

(1) 民事紛争と自力救済の禁止

　「貸した金を返してくれない」，「建物の賃貸借期間が満了した

のに賃借人が居座って明け渡してくれない」，「離婚を求めているのに相手が応じてくれない」，など私人と私人の間では，日常的にさまざまな紛争が生じます。このような紛争のうち，民法や商法等の私法を適用して解決を図るべき紛争を民事（法的）紛争といいます。つまり民事紛争とは，私人間の権利義務に関する紛争ということができます。

私人間で法的紛争が生じた場合，権利を有する（と主張する）者が実力をもってその権利を実現することは原則として許されません。これは「自力救済の禁止」と呼ばれ，法治国家における当然の大原則とされています。いいかえると，法治国家においては，私人間に生じる法的紛争の解決は，国家の承認した紛争解決制度に依らなければならないのです。設例1でも，Aは，Bのいない間にバラックを取り壊して撤去してしまう，という手荒な手段を使うことは許されません。Bを追い出したいのであれば，Aは，何らかの法的手続を踏む必要があります。

(2) 民事紛争の解決手段

① 民事訴訟以外の紛争解決手段

民事訴訟とは，私人間に生じる法的紛争（民事紛争）に法を適用し，裁判によって紛争の解決を図る制度です。民事訴訟は国家の司法権の作用として行われる手続であるところから，公権的な手続としての性格をもつ制度ということができます。このような公権的性格から，民事訴訟は私人の権利を実現するための強制的かつ終局的な手段として位置づけることができます。

公的に承認された紛争解決制度の主なものとしては，民事訴訟の他に，和解，調停，仲裁等の制度があります。これらは，いわゆる裁判外紛争処理制度（ＡＤＲ）の一環をなす制度ですが，現代社会では，和解，調停，仲裁といった伝統的な紛争処理の手段に加えて，多様なＡＤＲが多方面で発達しています。

以下では，和解，調停，仲裁といった制度と対比して，上記の民事訴訟の特質を考えてみることにしますが，まずはその前に，これらの制度の意義・内容等について説明しておきます。

（ⅰ）和解

民事訴訟の裁判では，当事者間の権利義務に関して法が適用さ

＊本講から第13講まで，文章末尾の（ ）内に引用した条文は，特にことわりがなければ，民事訴訟法の条文を表しています。（規則　条）として引用してあるのは，民事訴訟規則の条文です。

アドバイス
民事訴訟は何を目的とする制度なのか，という根本理論については権利保護説，私法秩序維持説，紛争解決説等の見解が主張されています。しかし，このような議論は，学者の学説の体系化には役立つかもしれませんが，試験のための学習には不要です。というわけで，深入りするのはやめておきましょう。

れ，シロクロ決着をつける判断が示されます。つまり，民事訴訟の裁判として示される判決は，当事者の側からみれば，「勝つ」か「負ける」かのどちらかということになります。例えば，設例1で，AがBを被告として建物収去土地明渡請求の訴えを提起したとします。この訴訟でAの主張が認められ，建物収去土地明渡しを命じる判決がなされ確定した場合には，Aの全面的勝利，Bの全面的敗北となります。しかし，Bの時効取得の主張が認められ，Aの請求が棄却された場合は，逆の結果となります。

　一方，和解とは，一般に，紛争当事者がお互いの主張を譲りあって争いをやめるとの裁判外の合意を指します。示談ともいいます。つまり，紛争解決のために，当事者が第三者を交えることなく自主的に交渉し，その結果互譲による合意に至った場合，その合意内容が和解契約となり，当事者はそれに反した主張ができなくなる，という効力が生じます（民法695条，696条）。例えば，設例1で，BがAに甲土地を明け渡す条件として，AはBに300万円を支払う，との合意が成立すれば，両当事者はその和解内容に応じた権利を取得し義務を負担することになります。これは，いわゆる裁判外の和解ですが，紛争当事者が簡易裁判所に出向いて和解を申し立て，両当事者の合意内容が調書に記載されれば，その記載は確定判決と同一の効力を有することになります（275条1項，267条）。これは起訴前の和解あるいは即決和解と呼ばれ，強制執行をするための債務名義を取得する手段として利用されます。和解による解決の最大のメリットは，必ずしも厳密な法的判断によって一刀両断的に解決を図る必要はなく，実情に応じた柔軟な解決を図り得るという点にあります。＊

＊民事訴訟が裁判所に係属中に和解が成立することも非常に多くみられます。これは訴訟上の和解と呼ばれ，重要論点のひとつですから，第11講で詳述します。

（ⅱ）調停

　調停とは，裁判官と民間人で構成される調停委員会が紛争当事

者の間に入って，両者の互譲を引き出し和解させることです。両当事者だけでは感情むき出しでまとまらない話も，第三者が間に入って合理的で適切な意見を示せば，丸く収まることはよくあるでしょう。つまり，法律を厳格に適用すれば，「食うか，食われるか」となる争いも，調停により円満な解決が可能となることがあります。例えば，設例1で，甲土地を2分割してA，Bそれぞれ半分ずつ所有するという合意が成立すれば，その合意に応じた法的効力が認められることになります。設例1のような一般の民事紛争の場合は，簡易裁判所または地方裁判所による**民事調停**（民事調停法2条），離婚，遺産分割その他の家庭に関する事件については家庭裁判所による**家事調停**を利用することができます。ともに紛争当事者の申出によって開始されます。ただ，これらの調停が成立するためには両当事者が合意することが必要であり，合意に至らなければ，調停不調となって一件落着とはなりません。＊

＊離婚・離縁などの訴えを提起するには，その前提として家庭裁判所による調停手続を経なければなりません。これを調停前置主義といいます（家事事件手続法257条1項参照）。

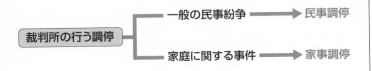

(iii) 仲裁(ちゅうさい)

　仲裁とは，紛争の解決を第三者である仲裁人に委ね，仲裁人の示した判断に両当事者が従わなければならない，という形で紛争の決着を図る制度です。第三者が紛争の裁断を行い，当事者がその判断に従わなければならないという点からは，調停に比べて訴訟に近い性質をもった制度ということができます。しかし，この仲裁による解決を求めるためには，紛争当事者の意思に基づく仲裁合意の存在が必要です。そういう意味で，仲裁は自主的な紛争解決の方式といえます。仲裁による解決は，海事事件，国際商事事件，交通事故の紛争処理などで利用される例が多く，一般の民事紛争での利用例は多くありません。

② 民事訴訟による紛争解決の特質

　先に触れたとおり，民事訴訟は，私的紛争の公権的解決手段です。「公権的」とは，国家の司法権の行使機関である裁判所が，私的紛争に介入し判断を下すという意味です。この民事訴訟の「公

権的性格」には，（ⅰ）私的紛争の強制的解決および（ⅱ）私的
紛争の終局的解決という2つの要素が含まれています。

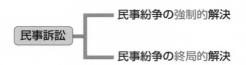

（ⅰ）民事訴訟は私的紛争の強制的解決手段である

　強制的解決とは，訴訟の結果である確定判決に，有無をいわせ
ず当事者を従わせる，という意味です。例えば，離婚判決が確定
すると，その判決の効果として当然に離婚という法律効果が生じ
ることになります。当事者（敗訴被告）は，この判決を無視して，
依然として夫婦であると主張することは許されません。また，金
銭の支払請求の訴えで敗訴判決を受けた被告は，任意にその支払
いをしないときは，強制執行という手段で弁済を強制されること
になります。

（ⅱ）民事訴訟は私的紛争の終局的解決手段である

　終局的解決とは，判決の確定によっていったん解決した紛争に
ついては，再び争うことを許さない，という意味です。要するに，
紛争の蒸し返しを禁ずるということです。例えば，貸金返還請求
の訴えで，原告の請求を棄却する判決（原告敗訴判決）が確定し
た場合，敗訴原告は，同一の貸金債権の返還を求めることは許さ
れません。そうでないと，いつまで経っても紛争の解決が図れな
いということになってしまうからです。この終局的解決を確保す
るために生ずる確定判決の効力を既判力といいます。

Check

「裁判」
　すでに「裁判」という言葉が出てきましたが，この裁判という言葉は案外ル
ーズな使われ方をする場合があります。例えば，一般的な用語法として，「裁
判を起こす」というような使われ方をすることがありますが，これは裁判とい
う言葉を「訴訟」の意味に使っているものと思われます。厳密には，「訴訟を
起こす」あるいは「訴えを提起する」という言い方が正しいのです。この裁判
という言葉は，民事訴訟法の学習を進めていく上での基本となる用語ですから，

その訴訟法上の正確な意味をここで確認しておきましょう。ただ，ある程度の体系的知識を習得しないと，その意味を十分に把握することは難しいかもしれません。ここでは，いちおうの意味を押さえておき，理解が進んだ段階でもう一度確認してみてください。

さて，裁判とは，裁判機関が，その判断や意思を法定の形式に従って表示すること，と定義されます。堅苦しい定義ですが，一般には，裁判イコール判決というイメージをもたれている方が多いようです。しかしこれは不正確です。というのは，裁判には判決・決定・命令の3種があり，それぞれ裁判機関，成立手続，不服申立方法等に違いがあるからです。まず裁判機関の点からいうと，判決および決定は裁判所のする裁判であり，命令は裁判長，受命裁判官，受託裁判官がその資格でする裁判です。成立手続の観点からみれば，判決は原則として，口頭弁論という慎重かつ重厚な手続を経て（必要的口頭弁論），判決書による言渡しという方法で告知されますが（250条），決定および命令については必ずしも口頭弁論を経る必要はなく（任意的口頭弁論），言渡しによらず相当な方法で告知すれば足ります（119条）。不服申立方法としては，判決に対しては控訴・上告という手段によらなければなりませんが，決定および命令については抗告・再抗告という簡易な手段によることとされています。

なぜこのような違いが設けられているかというと，判決は訴訟についての終局的あるいは中間的判断という重要な事項について行われるものであるのに対し，決定および命令は訴訟手続における派生的・付随的事項についての判断であり，慎重さよりも簡易迅速性が要求されるからです。なお，裁判所書記官による訴訟費用額の確定（71条），支払督促（382条），執行文の付与（民事執行法26条）等は「処分」と呼ばれ，裁判とは区別されます。

判決・決定・命令の差異

	裁判機関	口頭弁論	不服申立方法
判決	裁判所	必要的	控訴・上告
決定	裁判所	任意的	抗告・再抗告
命令	裁判長等	任意的	抗告・再抗告

「裁判所」「三審制」

裁判所という言葉にも，2つの意義があります。ややこしくてヘキエキされるかもしれませんが，いちおう区別して理解しておきましょう。

　訴訟法上で使われる裁判所という言葉は通常，裁判機関（裁判をする主体）の意味になります。例えば上で，「判決および決定は裁判所のする裁判」という言葉が出てきましたが，ここでいっている裁判所は，裁判機関という意味です。この意味での裁判所については，次講で多少詳しく説明します。

　さらに，裁判所という言葉は，裁判官，裁判所書記官，裁判所調査官その他の職員で構成された裁判を行う官署の意味に使われる場合があります。裁判をする「お役所」をイメージしてください。「東京地方裁判所」とか「名古屋高等裁判所」などのように固有名詞で呼ばれる場合は，大体この意味の裁判所を表します。この意味の裁判所としては，最高裁判所のほか下級裁判所として高等裁判所，地方裁判所，簡易裁判所，家庭裁判所があります（憲法76条1項，裁判所法1条，2条）。これらの裁判所はいずれも，最高裁判所を頂点とする司法裁判所の系列に属します（憲法76条1項）。

　このうち，最高裁判所，高等裁判所，地方裁判所，簡易裁判所が，一般の民事事件についての審理・裁判を3つの審級にわたって行うことになります。これを三審制といいます。例えば，地方裁判所を第一審とする事件では，高等裁判所が控訴審，最高裁判所が上告審となります。簡易裁判所が第一審であれば，控訴審，上告審は，それぞれ地方裁判所，高等裁判所となります。第一審裁判所が地方裁判所となるか簡易裁判所となるかは，裁判所の事物管轄の問題となります。事物管轄は，訴額（訴訟の目的の価額）により定まります。訴額が140万円までなら簡易裁判所，140万円を超えるときは地方裁判所の管轄となります。詳しくはP35以下で説明します。

　家庭裁判所は，家事事件についての調停や審判を行うほか，離婚訴訟などの人事に関する訴え（人事訴訟，次頁参照）について審理・裁判を行う権限が与えられ（裁判所法31条の3，人事訴訟法4条），人事訴訟に関しては地方裁判所と同格の位置付けとなります。したがって，人事訴訟に関しては家庭裁判所が第一審，高等裁判所，最高裁判所がそれぞれ控訴審，上告審となります。

三審制

第一審	控訴審	上告審
簡易裁判所	地方裁判所	高等裁判所
地方裁判所	高等裁判所	最高裁判所
家庭裁判所	高等裁判所	最高裁判所

2 民事訴訟手続の基本的プロセス

　民事紛争の発生から民事訴訟の終了に至るまでの全体的なプロセスを，時間的な流れに沿って記述しておきます。手続の詳細は，次講以下で説明していくことになりますから，ここでは軽く読み進め，大まかにその概要を押さえておくだけで結構です。

> ## 設例2
> 　Cは，Dに対して500万円の貸金債権を有している。しかしDは，弁済期限を過ぎても，Cの再三の返済要求に応じようとしない。そこでCは，この貸金債権の返済の交渉を弁護士Eに依頼した。

(1) 民事紛争の発生

　設例2のように，「金を貸したのに，借主が貸主の度重なる返済要求に応じようとしない」という争いは，世間的には最もよくみられるタイプの民事紛争ということができます。返済の要求を重ねても，どうしてもラチがあかなければ，貸主は債権回収のプロである弁護士に相談し，その返済交渉を依頼するしかないでしょう。もっとも，債権額が60万円以下と少額であるときは，簡易裁判所における簡略な手続（少額訴訟）で解決することも可能ですから，わざわざ多額のカネをかけて弁護士さんのお世話になる必要はないかもしれません。

　返済の交渉を依頼された弁護士Eとしては，とりあえず返済要求を記した内容証明郵便を発して，Dに任意的な返済を促すという手を打つことになるでしょう。これが裁判外の請求すなわち催告です。この内容証明郵便による催告には，債権の消滅時効の完成を猶予する（民法150条1項）という意味合いが含まれていることもあります。消滅時効期間が切迫しているような場合は，裁判上の請求等の時効完成猶予・更新措置を執るまでの時間つなぎの役割を果たすことになります。

　弁護士からの内容証明郵便には，その末尾に「返答がないときは，法的措置を執らざるを得ない」旨のフレーズが入っているの

用語の説明
「人事訴訟」
人事訴訟とは，民事訴訟のなかでも，特に夫婦・親子のような身分関係を対象とする訴訟のことです。この種の訴訟は，財産関係上の訴訟と異なり公益的な色彩が強く，裁判所の後見的な積極的介入が求められる場面が多くみられます。そこで，人事訴訟に関しては，人事訴訟法という法律により，一般の民事訴訟の規律とは異なった手続が定められています。人事訴訟法の定める特別の規律については，関連した箇所で適宜指摘しコメントします。

が通常です。これが「脅し文句」となり，債務者に対するカウンターパンチの威力を発揮することがあります。つまり，「法的措置」という言葉にビビッた債務者が，それだけで返済要求に応じるケースもあるようです。しかし通常は，そう簡単にカタがつくわけではありません。

　催告には，「相手方の出方をうかがう」という意味合いも含まれます。催告に対してDが，「返済期限を猶予してほしい」とか「分割払いにしてほしい」などと返答をしてきたときは，まだ話し合いによる解決の道を探ることもできるでしょう。しかし，Dが催告を無視するなど誠意のない態度をとり続ける場合には，Cは，Eと相談のうえ「訴訟もやむなし」との断固たる決意を固めざるを得ないでしょう。この場合の法的手段としては，支払督促の申立てという方法もありますが，以下では，Cが通常の訴訟を選択したという前提で話を進めます。＊

（2）訴え提起の準備段階

　訴え提起のハラを固めたCが，弁護士Eに訴訟委任をすると，Eは，訴え提起の準備にとりかかることになりますが，訴え提起の前にぜひやっておくべきことがあります。それは，将来の強制執行に備えて，**債務者Dの財産を保全しておく**（現状のままに保っておく）ことです。つまり，Cの側の訴訟提起の動きに感づいたDが，「やばい！」と危険を察知して，不動産や銀行預金など自分の財産（責任財産）を不当に処分したり隠匿したりすることがあり得ます。そうなるとCは，たとえ500万円の給付を命ずる判決を得たとしても，その債権回収に支障をきたすことになりかねません。そこで，「転ばぬ先の杖」として，Dの財産処分を制限する措置を執っておく必要があるわけです。

　貸金債権のような金銭債権の強制執行を保全するための方法としては，**民事保全法に規定されている「仮差押え」という手段**があります。仮差押えにより，債務者は，その対象とされた不動産や預金債権等の処分を禁止されることになり，処分禁止に違反した債務者の処分行為は仮差押債権者との関係で無効となります。要するに，仮差押えをしておけば，債務者の一定の責任財産を確保しておくことができるわけです。仮差押えは，訴え提起後に裁

＊相手方が債権の存在や内容を争わないと予想される場合には，この支払督促の手段を利用するのが得策です。この場合支払督促は，債務名義（強制執行の前提となる文書）の迅速・簡易な獲得手段として利用できます。支払督促については，P267以下で説明します。

用語の説明
「責任財産」
財産権を目的とする債権の内容を実現するために必要な債務者の財産のことです。この責任財産が強制執行の対象となります。

判所に申し立てることも可能ですが，その実効性を十分に確保するために，通常は**訴え提起前に申し立てる**ことになります。*

＊Cは，勝訴の確定判決を得ることに成功すれば，それを債務名義として，保全しておいたDの財産に強制執行を申し立て（本執行），その換価代金から債権の満足を受けることができます。

―一歩前進―

　　仮差押えは金銭債権の強制執行を保全するための制度ですが，物の引渡請求権あるいは明渡請求権等の**非金銭債権の強制執行を保全するための方法**としては，民事保全法に**仮処分という制度**が設けられています。例えば，**設例１**では，Aは**B**に対する甲土地の引渡請求権を保全するために，**占有移転禁止**を命ずる仮処分を申し立てることができます。これについては，第17講で詳述します。他に，訴え提起の前に執り得る措置としては，**提訴予告通知**とそれに伴う**訴え提起前の証拠収集手続**という手段があります。この制度については，P131で説明してありますので後で見ておいてください。

---

(3) 訴えの提起と訴訟の審理

　民事訴訟法の学習を進めていくと，「○○主義」というテクニカルターム（専門用語）がいくつも出てきます。そのうち，訴えの提起から訴訟審理の段階で出てくる**「処分権主義」**および**「弁論主義」**は民事訴訟の根幹をなすきわめて重要な原理です。ここでは，その詳しい内容については触れませんが，該当箇所で十分な理解に努めるようにしてください。

① 訴えの提起

　さて，訴えとは簡単にいうと，原告が裁判所に対して被告との間の紛争について審理したうえ判決をしてください，と求めることです。訴えは，請求の内容と求める判決の内容に対応して，給付の訴え，確認の訴えおよび形成の訴えに分類することができます。

　民事訴訟は，「訴えなければ裁判なし」という標語で表されるように，原告からの訴えの提起がなければ開始されることはありません。つまり，訴えによる紛争の解決を求めるかどうかは，原告となる者の意思しだいです（処分権主義）。

　設例2では，原告Cは，被告Dに対して500万円の金銭支払請求権があるとの権利主張を立て，裁判所に対しその支払いを命じる判決を要求することになります。Cから訴訟委任を受けた弁護士Eは，訴状を作成し，これを管轄裁判所に提出します。裁判長の訴状審査を経て，訴状が適法に受理されると訴え提起行為は完了します。そして，訴状が被告Dに送達されると，事件が裁判所において審理の対象となっている状態すなわち訴訟係属が生じます。その後に，口頭弁論期日あるいは争点整理のための期日が指定されるとともに，当事者に呼出状が送付されて訴訟審理の段階に移ります。

Check

「送達」

　送達とは，裁判所が訴訟手続に必要な書類を当事者や訴訟関係人に対して交付する行為と理解してください。送達に関しては，かなりの数の条文（16カ条）が置かれていますが，ここでは最小限覚えておくべきポイントに絞って説明します。

　送達は，後述の公示催告を除いて，受訴裁判所が職権でするのが原則です（98条1項）。実際の送達の実施は，郵便により，または執行官が行います（99条）。訴訟無能力者に対する送達は，その法定代理人にしなければなりません（102条1項）。共同代理の定めがあるときは，送達は，その1人に対してすれば足ります（同条2項）。当事者，法定代理人または訴訟代理人は，送達を受けるべき場所を届け出ることが義務づけられています（104条1項前段）。

　送達は，送達を受けるべき者に送達書類を交付してするのが原則であり（101条），交付の方法として出会送達，補充送達，差置送達等いくつかの手段が定められています。さらに，交付送達ができない場合に送達の効力を生じさせる便宜的方法として，書留郵便に付する送達（付郵便送達）と公示送達が定められています。付郵便送達は，書類を書留郵便に付して発送することにより，名あて人がその書類を受け取ったかどうかにかかわらず，発送の時に送達があったものとみなす制度です（107条）。この送達をするかどうかは裁判所書記官

の裁量によります。公示送達は，裁判所書記官が送達書類を保管しておき，送達を受けるべき者に対していつでも当該書類を交付する旨を裁判所の掲示場に掲示することによって行う送達方法です（111条）。公示送達は，原則として掲示を始めた日から2週間経過することによってその効力を生じます（112条1項本文）。公示催告は，相手方の所在が知れない場合等のいわば最終手段であり，当事者の申立てにより行われるのが原則ですが，例外的に裁判所の職権で行うこともできます（110条）。

② 訴訟の審理

　訴訟審理は，訴えの提起を受けた裁判所が，裁判をするために，それに必要な裁判資料をあらかじめ収集する段階の手続です。審理は，**訴訟要件の存否**および**本案の請求の当否**について行われます。訴訟要件が欠けるということになると，訴えは**不適法として却下**されることになります（訴訟要件についてはP25 Check で詳しく説明します）。訴訟要件が備わっているときは，請求の当否を判断するための審理が行われます。これを**本案審理**といいます。本案審理において，請求の当否を判断するには，必ず口頭弁論という手続を経なければなりません。

　本案の審理では，原告の主張する権利関係の存否が中心テーマとなります。しかし，権利というものは，いわば人間の観念の中に存在するものであって，裁判官が目で見たり，手で触ってその存在を確かめたりすることはできません。権利が発生した，あるいは逆に権利が消滅したということは，権利の発生・変更・消滅という法律効果を定めた**実体法の要件に該当する事実があるかどうか**，によって判断するほかないのです。例えば，**設例2**では，原告Cは，貸金返還請求権という権利の主張をしていますが，その権利の発生は，金銭消費貸借契約（貸金契約）の成立を定めた民法587条の要件に該当する事実があったかどうかが決め手となるわけです。逆に被告Dが弁済による貸金債権の消滅を主張するのなら，弁済の要件に該当する具体的事実の存在が決定打となります。このように，訴訟の審理においては，事実の存否をめぐる当事者の攻防が焦点となり，訴訟の勝敗の鍵を握るといっても過言ではないのです。

　ところで民事訴訟では，当事者双方が対席のうえ裁判官の面前

で自分の主張を述べ合い，そこで主張された事実だけが裁判の資料となる，という建前になっています（口頭主義）。しかも，裁判に必要な事実と証拠の収集およびその主張は，当事者の権能かつ責任とされています（弁論主義）。期日の指定など，訴訟の進行に関しては裁判所が面倒をみてくれますが，訴訟の内容面については，裁判所は積極的に世話を焼いてくれるわけではないのです。したがって，当事者は訴訟に勝つためには，自ら自分に有利な事実を主張し証明しなければなりません。

　この訴訟審理の遂行においても，通常は訴訟委任を受けた弁護士Eが裁判所に出頭し法廷での弁論を行いますから，本人Cは，当事者尋問の期日を除いてほとんど出番はありません。口頭弁論期日が何回開かれるかは，事件の内容・性質・当事者の出頭状況などによって，さまざまです。

（4）訴訟の終了

　訴訟の終了原因としては，大別して判決による終了と当事者の意思による終了の2つがあります。

① 判決による終了

　裁判所は，審理が煮詰まり裁判に熟する状況に至ったと判断すれば，弁論を終結し期日を定めて判決を言い渡すことになります。

　判決にもいくつかの種類がありますが，訴訟に最終的な決着をつける判決は終局判決と呼ばれます。終局判決には，訴訟要件が欠けていることを理由として訴えを却下する判決（訴訟判決）と原告の請求内容の当否について判断した判決（本案判決）とがあります。訴訟判決では，本案の請求の当否に関する判断は示されませんから，俗に「門前払い判決」ともいわれます。

　本案判決で示される判断は，原告の請求を認めるか，認めないかのどちらかです。認める判決を請求認容判決，認めない判決を請求棄却判決といいます。本案判決に際しては，裁判所は，当事者が申し立てていない事項について，判決をすることができません（246条）。審判対象とその範囲の特定を当事者の権能とするものであり，これも処分権主義の表れと解されます（詳細はP70 Check を参照してください）。

Check

「訴訟要件」

　訴訟要件とは，本案判決をするための要件です。なぜこのような要件が必要となるかというと，民事訴訟制度は，国民の納めた税金を使って運営され，国民一般の利用に供する公益的な性格をもった制度ですから，そもそも裁判の対象になじまない不適切な訴えや本案判決をしても紛争の解決にならないような訴えは，そこから排除する必要があるからです。

　訴訟要件は統一的にまとめられて規定されているわけではなく，民事訴訟法の要所々々に個別的に散在し，あるいは条文の解釈によって導き出されます。これらの個々の訴訟要件については，該当箇所で個別に指摘し説明しますが，ここで訴訟要件に関する一般的事項について，その概略を説明しておくことにします。耳慣れない用語も出てくるかと思いますが，ここではその概要を押さえておき，全体的な理解が進んだ段階でもう一度この部分に目を通されるとよいと思います。

　訴えが提起され，訴状が被告に送達されると訴訟係属が生じ，裁判所は審理を開始することになります。しかし，本案審理に入る前あるいは入った後であっても，訴訟要件が欠けていることが判明すれば，裁判所は，そこで審理を打ち切り，訴え却下の判決（訴訟判決）をすることになります。つまり，訴訟要件が欠けていることが明らかであって本案審理に入る前に訴えを却下する場合もありますが，訴訟要件と本案の審理が同時並行的に進められることもあります。いずれにしても，訴訟要件は本案審理の開始要件ではなく，あくまで本案判決をするための要件なのです。したがって本案判決にまでたどり着くためには，この訴訟要件をクリアしなければならないのです。

　訴訟要件には，訴訟手続の適正・迅速な運営を図るという公益性の高い訴訟要件と被告とされた者の利益保護といった観点からの訴訟要件とがあります。事件について裁判所が裁判権・管轄権を有すること，当事者に当事者能力・当事者適格が備わっていること，訴えの提起および訴状の送達が有効になされていること，同一事件について他の裁判所に訴訟係属していないこと（重複訴訟の禁止），訴えの利益があること，その他大多数の訴訟要件は公益性の高い訴訟要件です。これらの訴訟要件については，それが備わっているかどうかは，当事者からの指摘・申立てを待つまでもなく，裁判所が，自ら職権で調査し判断しなければなりません。そのため，これらの訴訟要件は職権調査事項と呼ばれます。

　一方，公益性とはあまり関係のない被告の保護を目的とする訴訟要件につい

ては，被告からの主張（抗弁）があったときに初めてその調査がなされること
になります。例えば，仲裁契約が存在しないこと，不起訴の合意が存在しない
ことなどがこれに当たります。合意の不存在が訴訟要件とされることから，消
極的訴訟要件とも呼ばれます。これらの合意の存在が被告の抗弁によって明ら
かとなれば，訴えは不適法却下されることになります。そのため，これらの訴
訟要件は抗弁事項と呼ばれます。また，職権調査事項か抗弁事項かという問題
とレベルを異にして，訴訟要件の存否の判断資料の収集を当事者と裁判所のど
ちらが行うかという問題があります。これは，原則として裁判所が職権で行う
こととされていますが（職権探知主義），公益性の薄いものや公益性が多少高
くても本案の審理と密接に関連するものについては，当事者の提出した資料に
よって判断されることになります（弁論主義）。

　訴訟要件の存否の判断は，口頭弁論終結時が基準となります。例えば，訴え
提起の当初は訴えの利益が存在したが，口頭弁論終結時までに訴えの利益がな
くなったときは，訴訟要件が欠けることを理由として訴え却下となります。も
っとも，管轄に関しては，例外的に訴え提起時が基準時となります（15条，
P41 一歩前進 参照）。なお，訴訟要件のうち，論点として重要度の高い訴え
の利益と当事者適格については，独立の項を立てて説明します（P71以下参照）。

②　当事者の意思による終了

　民事訴訟法は，終局判決による訴訟終了を原則としていますが，
実際の訴訟終了原因としては，終局判決以外の訴訟上の和解，訴
えの取下げ，請求の放棄・認諾が過半数を占めています。これら
は，いずれも当事者の意思によって訴訟が終了する場合です。処
分権主義により，訴訟の終了という局面でも，当事者の意思が尊
重されるのです。実際は，裁判所が和解案を示して和解を勧め，
当事者がそれに従うというケース，裁判外で当事者が妥協点を見
出して和解し原告が訴えを取り下げる，というケースが多いよう
です。

当事者の意思による訴訟の終了 ── 訴訟上の和解
　　　　　　　　　　　　　　　　── 訴えの取下げ
　　　　　　　　　　　　　　　　── 請求の放棄・認諾

閑話休題

　訴訟をするには，タダというわけにはいかず，それなりの金がかかります。どれくらいかかるかは，「民事訴訟費用等に関する法律（「訴訟費用法」と略します）に規定されています。この法律が規定している訴訟費用は，「裁判費用」と「当事者費用」とに区分されます。裁判費用とは，当事者が裁判所に納めなければならない申立手数料や証拠調べ・送達などに要する費用であり，当事者費用とは，当事者や代理人が期日に出頭するための旅費・宿泊費その他当事者が裁判所以外の者に支払う費用です。これらの訴訟費用は，最終的には，敗訴者が負担することとされていますが（民事訴訟法61条），とりあえずは，申立人が負担せざるを得ません。

　裁判費用のうち，訴えを提起する際などに納める手数料（提訴手数料）については，その算出方法が訴訟費用法に定められ，原告が訴状に所定額の印紙を貼って納めるものとされています。詳しい算出方法については省略しますが，原則的に訴訟の目的の価額（訴額）が高額になるに従って，段階的に手数料も高くなる仕組みになっています。ちなみに，訴額が100万円であれば1万円，1000万円であれば5万円，1億円であれば32万円となります。設例2の訴額は500万円ですから，訴え提起の手数料は3万円となります。また，財産権上の請求であっても算定がきわめて困難であるもの（例えば，会社法上の株主代表訴訟など）については訴額を160万円とみなして，提訴手数料は1万3000円で足りることとされています。「それほど高いわけではないな」という感想をもたれる方が多いのではないでしょうか。しかし，弁護士費用は訴訟費用に含まれませんから，訴訟をするに際し弁護士を代理人に選任したときは，原則として当事者が自腹を切らざるを得ないのです。ご承知のとおり，これが当事者には相当の負担となります。もっとも，判例の中には，不法行為訴訟における原告（被害者）の保護という観点から，弁護士費用について，当該不法行為と相当因果関係に立つ範囲内において，被告（加害者）にその負担を命じたものがあります（最判昭44・2・27）。

　訴訟費用については，次の点を頭に入れておきましょう。裁判所は，終局判決の主文中で，職権により，その審級における訴訟費用の全部について，その負担の裁判をしなければなりません（67条1項）。通常は，「訴訟費用は○○の負担とする」との宣言がなされます。もっとも，この裁判で定められるのは，訴訟費用の負担者とその割合だけです。したがって，具体的な額は，その負担の裁判が執行力を生じた後に，当事者の申立てにより，第一審裁判所の書記官が定めることになります（71条1項）。

練習問題

　民事訴訟法に関する次のアからオまでの記述のうち，正しいものはいくつあるか。

ア　民事訴訟は，私的紛争の公権的な解決手段であり，公益的な性格をもった制度であるから，紛争当事者が裁判による解決を求めない旨の合意をしたとしても，その合意は無効である。

イ　訴訟要件は本案判決をするために具備しなければならない要件であり，訴訟要件を欠く訴えは，請求棄却となる。

ウ　判決および決定は裁判所の行う裁判であり，命令は個別の裁判官の行う裁判である。

エ　金銭債権を保全するための仮差押えは，訴え提起前のみならず，訴えの提起後でもすることができる。

オ　訴訟費用は当事者が平分して負担するのが原則であるが，訴訟に要した弁護士費用は，各当事者がそれぞれ負担するのが原則である。

1　一つ　　　　2　二つ　　　　3　三つ　　　　4　四つ　　　　5　五つ

| 解　説 |

ア　×　裁判による解決を求めない旨の合意（不起訴の合意）は，有効です。この合意がある場合，被告がその合意の存在を抗弁として主張すれば，その訴えは訴えの利益を欠くこととなり，不適法却下されることになります。

イ　×　訴訟要件を欠く訴えは，不適法却下されることになります。

ウ　○　判決および決定は裁判所が，命令は裁判長，受命裁判官，受託裁判官がその個別の資格で行う裁判です。

エ　○　仮差押えや仮処分などの保全処分は，訴え提起の前後を問わずすることができます。

オ　×　訴訟費用は敗訴者が負担するのが原則です。

　以上より，正しいものはウおよびエの2つであり，2が正解となります。

正解　2

2

【第2章】

訴訟の主体と対象

② 誰が訴訟の主体となるか

学習ナビゲーション

　訴訟の主体としては，まず当事者が重要です。当事者に関しては，当事者能力，訴訟能力，当事者適格といった似かよった言葉が出てきますから，まずその意味を正確に把握し，そこで問題とされる事項をしっかりと理解し記憶することが必要です。裁判所は，当事者と並ぶ訴訟主体ですから，これについても必要事項を正確に頭に入れておきましょう。本講では，まず裁判所に関する事項を説明した後，当事者全般について説明します。なお，当事者適格については，訴えの利益とともに次講で説明しますから，そこで併せて理解するようにしてください。

　ここでの学習は，覚えることが多い割りには，さほど興味をひかれる話は少なく，多少退屈かもしれません。しかし，司法書士試験では当事者に関連した問題や裁判所の管轄に関する問題が好んで出題されていますから，手を抜くことなく知識を正確にインプットすることが大切です。

1　裁判所

(1) 意義

　前講で説明したとおり，裁判所という言葉は広い意味では，裁判官とそれ以外の裁判所職員（裁判所書記官，裁判所事務官，裁判所調査官，執行官等）で組織される官署という意味に用いられることもあります。イメージ的には「役所」としての裁判所と捉えておけば間違いではありません。＊

　しかし，訴訟法で使われる裁判所という言葉は，そのほとんどが「裁判機関としての裁判所」を意味します。つまり，1人の裁判官（単独制）あるいは3人以上の裁判官（合議制）で構成され

＊ちなみに，日本全国には高等裁判所が8，地方裁判所が50，簡易裁判所は438あります。

る裁判を行う機関という意味に用いられます。例えば,「裁判所が決定で裁判する」とか「裁判所は和解を試みることができる」という場合の裁判所という言葉は,この意味の用例です。また,判決手続を扱う「受訴裁判所」,強制執行を担当する「執行裁判所」という言葉も,いずれもこの意味の裁判所です。この意味の裁判所は,野球の試合でいえば,アンパイア（審判）に相当するといえるでしょう。イメージとしては,主審は裁判長,他の裁判官（陪席裁判官）は副審（塁審）というところでしょうか。

(2) 裁判機関としての裁判所の構成
① 単独制と合議制

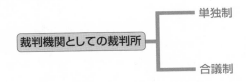

裁判機関としての裁判所 ── 単独制
　　　　　　　　　　　　 └─ 合議制

　上記のとおり,裁判機関としての裁判所には,1人の裁判官によって構成される単独制と複数の裁判官によって構成される合議制とがあります。裁判所の構成については,裁判所法で定められていますが,次の程度のことは覚えておきましょう。

（ⅰ）簡易裁判所は,常に単独制です（同法35条）。

（ⅱ）地方裁判所は,第一審として裁判するときは原則として単独制ですが（同法26条1項）,第二審（控訴審）として裁判をするときは3人の合議制となります（同条2項3号,3項）。*

（ⅲ）高等裁判所では,常に合議制が採られます。原則として3人の合議制とされていますが（同法18条1項・2項本文）,例外的に5名の合議制が採られる場合があります（同条2項ただし書,独占禁止法87条2項）。

（ⅳ）最高裁判所も合議制であり,15人の裁判官全員によって構成される大法廷と5人の裁判官で構成される小法廷があります（裁判所法9条）。

② 裁判長

　合議制の裁判所では,構成裁判官のうち1人が裁判長となります。単独制の裁判所は,その1人の裁判官が裁判長の役割を果た

＊裁判所法上では地方裁判所の合議制の員数は3人とされていますが,民事訴訟法は,大規模訴訟について5人の裁判官の合議体で審理・裁判をすることができるとしています（269条）。

します。裁判長は，合議体の代表機関・発言機関として，口頭弁論の指揮（148条），釈明権の行使（149条）等の権限を有しています。また，訴訟無能力者の特別代理人の選任（35条1項），口頭弁論期日の指定（93条1項），訴状の審査（137条）その他簡単な事項や緊急に処理する必要のある事項については，合議によらず単独で裁判所の権限を行使することができます。

③　受命裁判官と受託裁判官

　合議制の裁判所は，例えば，当事者を審尋する場合（88条），和解を試みさせる場合（89条），裁判所外で証人尋問を行う場合（195条）などには，それら法定の事項の処理をその構成員（裁判官）の一部に委任して行わせることができます。この委任を受けた裁判官を受命裁判官といいます。

　また，裁判所が，裁判所外での証拠調べや証人尋問（185条，195条）などを行うに際し他の裁判所にこれら法定の事項の処理を委託した場合に，その処理に当たる裁判官を受託裁判官といいます。これは，裁判所相互の助け合い（共助）の一環（裁判所法79条）として行われるものです。

(3)　裁判官等の除斥・忌避・回避

①　意義──個々の裁判の公正を確保するための制度

　具体的事件について，担当裁判官に裁判の公正を疑わせる事情がある場合には，その裁判官を担当事件の職務から排除する必要があります。そうでないと，現実に不公平な裁判がなされるおそれがないとはいえず，それによって裁判制度に対する国民の信頼が失われることになりかねないからです。そのような事態を防止するため，除斥・忌避・回避の3つの制度が設けられています。これらの制度については，基本的事項にポイントを絞って説明します。＊

＊この制度の趣旨を徹底するため，裁判官だけでなく，裁判所書記官についても，除斥・忌避・回避の規定が準用されます（27条，規則13条）。

職務の公正確保の手段	除斥 — 法律上当然に職務から排除
	忌避 — 申立てにより職務から排除
	回避 — 裁判官自ら職務を避ける

（ⅰ）除斥

　裁判官が事件の関係者と一定の身分上の関係がある場合とか，前審に関与したなどその事件について密接な関係にあるような場合には，法律上当然にその職務の執行から排除されます（23条）。民事訴訟法23条1項に列挙された除斥の事由（除斥原因）があれば，その裁判官は当然に職務から排除される建前ですが，その点につき争いがあるときは，申立てまたは職権で除斥の裁判（決定）が行われます（同条2項）。*1

（ⅱ）忌避

　除斥原因以外に，裁判官について裁判の公正を妨げるおそれのある客観的な事由（忌避事由）がある場合に，当事者の申立てにより，その裁判官をその事件の職務執行から排除する制度です（24条1項）。忌避事由の例として，裁判官が当事者の一方と婚約中であるとか，親友であるような場合などが挙げられますが，判例は，裁判官が当該事件の訴訟代理人の妻の父親（訴訟代理人からみて義理の父親）であるときは，忌避事由に当たらないと判断しています（最判昭30・1・28）。*2

> ┌──**一歩前進**──
> 　除斥または忌避の申立てがあったときは，証拠保全手続などの急速を要する行為を除いて，その申立てについての決定が確定するまで訴訟手続を停止しなければなりません（26条）。そのため，この制度については，当事者の一方が訴訟の引延ばしの手段として濫用している，との問題性が指摘されています。

（ⅲ）回避

　裁判官自身が，自分に除斥または忌避の事由があると考え，自発的に職務の執行から身を引くことです。回避をするには，監督権のある裁判所（裁判所法80条）の許可を得なければなりません（規則12条）。

（4）裁判所の管轄

　裁判所の管轄とは，ある事件について，いずれの裁判所が裁判

*1 除斥原因については，いちおう民事訴訟法23条の条文をチェックしておいてください。

*2 当事者が，忌避事由があることを知りながら弁論をし，または弁論準備手続で申述をした場合には，その裁判官を忌避することができなくなります（24条2項）。

権を行使できるか，の定めのことです。原告の側からすると，ど
この，どの裁判所に訴えを提起するべきかという問題になります。
　管轄は，さまざまな観点から分類されますが，まずは法律の規
定によって定まる**法定管轄**と当事者の合意によって定まる**合意管
轄**，被告の応訴によって定まる**応訴管轄**の内容を理解しておきま
しょう。*

＊管轄はその種類が
多く，ややこしくて
混乱しやすいので，
まず最も大きな区分
として，①法定管轄，
②合意管轄，③応訴
管轄に分類され，法
定管轄の中に（ⅰ）職
分管轄，（ⅱ）事物管
轄，（ⅲ）土地管轄等
の種類があるという
ことをしっかり把握
しておきましょう。
ご自分で大きな図を
作って整理すると混
乱を避けられると思
います。

① 法定管轄

　法律の規定によって定まる管轄であり，これには**職分管轄**，**事
物管轄**，**土地管轄**等の種類があります。

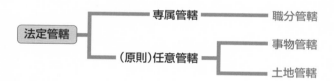

（ⅰ）職分管轄

　判決手続は訴えを受けた裁判所（受訴裁判所），強制執行手続
は執行を担当する裁判所（執行裁判所）が管轄する，というよう
に，**裁判所の職務分担に基づく管轄**です。簡易裁判所が専門的に
扱う少額訴訟，起訴前の和解，支払督促などは，職分管轄です。
また，三審制の下で，ある裁判に対していずれの種類の裁判所に
上訴できるかを定める**審級管轄**もこの職分管轄の一種です。

> ### 一歩前進
> 　上記の少額訴訟や支払督促の手続は，簡易裁判所が専門に
> 扱い，地方裁判所では認められていない，という意味で簡易
> 裁判所の職分管轄に属します。また，上訴については，簡易
> 裁判所が第一審のときは，控訴審は地方裁判所，上告審は高
> 等裁判所と定められ，地方裁判所が第一審のときは，それぞ
> れ高等裁判所，最高裁判所が控訴審，上告審となります。こ

の審級に関する定めと異なる上訴は認められません。つまり，職分管轄については，当事者の意思により法律の定めとは別の管轄を生じさせることはできないのです。このように，当事者の意思によって排除することのできない管轄を専属管轄といいます。職分管轄は専属管轄ということになりますが，後述する事物管轄および土地管轄は，法が専属とする旨を定めた場合に限って専属管轄となりますから，当事者の意思による管轄の変更が認められる余地があります。このような管轄を任意管轄といいます。*1

　なお，具体的な事件について管轄裁判所が明確でないときとか，明確であっても管轄裁判所が裁判権を行使できないときは，関係する裁判所に共通の直近上級裁判所が管轄裁判所を指定することになっています（10条）。これによって生じる管轄を指定管轄といいます。

*1 任意管轄の違背は控訴審では主張することができず，これを理由として判決の取消しを求めることはできません（299条1項本文）。これに対し専属管轄の違背は，控訴・上告の理由となります（同条同項ただし書，312条2項3号）。

（ⅱ）事物管轄

　ある事件について，第一審裁判所が簡易裁判所と地方裁判所のいずれになるのか，という点に関する管轄です。事物管轄は，訴訟の目的の価額（訴額）によって定まります。すなわち，訴額が140万円以下の請求は簡易裁判所の管轄，140万円を超える訴えおよび不動産に関する訴訟は地方裁判所の管轄となります（裁判所法33条1号，同法24条1号）。もっとも，この事物管轄の定めは専属管轄ではないため，後述する合意管轄や応訴管轄が認められます。さらに，簡易裁判所の管轄事件であっても地方裁判所が受理して審判することができ（16条2項），また簡易裁判所が受理した事件を地方裁判所に移送することもできます（18条）。*2

*2 訴額140万円以下の不動産に関する訴訟は，管轄が競合し，簡易裁判所と地方裁判所のどちらも管轄権をもちます。

一歩前進

　訴額を算定することができないとき，またはきわめて困難であるときは，その価額は140万円を超えるものとして扱われます（8条2項）。つまり，このような場合は地方裁判所が事物管轄を有することになります。その例として，株主総会決議取消訴訟など，それ自体は経済的利益を内容としない非財産権上の請求は「価額を算定することができないとき」

に当たります。地方自治法上の住民訴訟や人格権に基づく差
止請求などは財産権上の請求ではあっても「価額の算定が極
めて困難なとき」に該当します。いずれも訴額140万円を超
えるものとして地方裁判所の事物管轄に属します。

（iii）土地管轄

　職分管轄および事物管轄の定めにより，「どの種類の裁判所」
が管轄権を有するかが明らかとなります。しかし，全国には同種
の裁判所が多数散在しますから，次は，具体的に「どこの裁判所」
に訴えを提起すべきかが問題となります。その基準となるのが土
地管轄の定めであり，土地管轄を判断する基準となるのが裁判籍
です。

　裁判籍とは，事件の当事者または訴えと密接に関連する一定の
地点のことであり，この裁判籍の所在地を管轄区域内にもつ裁判
所に土地管轄が生じることになります。裁判籍には，普通裁判籍
と特別裁判籍の2つの種類があり，さらに特別裁判籍には独立裁
判籍と関連裁判籍があります。

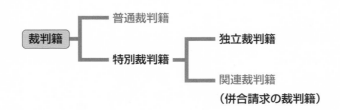

設例3

　横浜市に本店を置いているC運送会社の運転手B（東京都在住）が，神戸市
に運送品を届けるため東名高速道路をトラックで走行中，Bの過失により大阪
市で乗用車と衝突事故を起こし，京都市に住所を有するAが負傷した。

（イ）普通裁判籍

　事件の内容や性質に関係なく，一般的に認められる裁判籍です。
普通裁判籍は原則として，自然人の場合にはその住所により（4
条2項），法人については主たる事務所または営業所などによっ

て定まります（同条4項）。*1

　訴えは，まず被告の普通裁判籍の所在地を管轄する裁判所の管轄に属することになります（同条1項）。つまり，原告となる者は，**被告の住所等の所在地を管轄する裁判所に訴えを提起することができます**。なぜ原告の住所地ではなく被告の住所地かというと，不意を打たれる可能性のある被告に比べ，原告は準備万端整えて訴えを提起するでしょうから，原告はアウェイ，被告はホームという闘いの場を設定して，公平を図ろうとする趣旨です。要するに，被告に「地の利」を与える，ということです。そうすると **設例3** で，Aが不法行為（民法709条）に基づき運転者Bに300万円の損害賠償を求める場合，被告Bの住所地である東京都を管轄する東京地方裁判所に訴えを提起することができます。

　またAが，使用者責任（民法715条）に基づき使用者C会社に損害賠償を求める場合，被告Cの本店所在地である横浜市を管轄する横浜地方裁判所に訴えを提起することができます。普通裁判籍の規定により，この2つの裁判所に管轄が定まりますが，これだけではありません。さらに，次に説明する特別裁判籍の規定により，他の裁判所にも管轄が認められます。

（ロ）特別裁判籍

　これは，普通裁判籍のように一般的に認められるものではなく，**一定の種類の事件について特に認められる裁判籍**です。これには，その事件について独立に認められる独立裁判籍と他の事件との関連から生じる関連裁判籍とがあります。関連裁判籍の典型例として，（b）で説明する併合請求の裁判籍を覚えておきましょう。

（a）独立裁判籍

　この独立裁判籍は，普通裁判籍と競合して管轄が認められる裁判籍であり，民事訴訟法5条に15種類が列挙されています。そのうち，財産権上の訴えに関する**義務履行地**の裁判籍（同条1号），不法行為訴訟における**不法行為地**の裁判籍（同条9号），不動産に関する訴えにおける**不動産所在地**の裁判籍（同条12号）は，実務上使われることが多く特に重要です。*2

　設例3 では，事故の発生地すなわち不法行為地は大阪市ですから，Aは，BおよびCに対して大阪地方裁判所に損害賠償請求の訴えを提起することもできます。また，損害賠償債務のような金

＊1 自然人について，日本国内に住所がないときまたは住所が知れないときは居所，居所がないまたは知れないときは，最後の住所により普通裁判籍が定まります。国の普通裁判籍は，訴訟について国を代表する官庁（法務大臣）の所在地により定まります（4条6項）。その所在地は東京都千代田区です。

＊2 本文に挙げたもののほか，手形・小切手の支払請求の訴えは手形・小切手の支払地，登記または登録に関する訴えは登記または登録をすべき地が独立裁判籍となります。他に独立裁判籍としてどのような種類があるか，いちおう条文に目を通しておかれるとよいでしょう。

銭債務の義務履行地は債権者の現在の住所とされていますから（民法484条），債権者Aの現在の住所地である京都市を管轄する京都地方裁判所にも訴えを提起できることになります。

　独立裁判籍は普通裁判籍と競合して管轄が認められます。つまり，1つの事件につき複数の裁判籍が生じたときは，いずれの裁判籍所在地の裁判所でも土地管轄があるということです。その結果Aは，Bに対しては，東京地方裁判所，大阪地方裁判所，京都地方裁判所のいずれかに訴えを提起することができ，Cに対しては，横浜地方裁判所，大阪地方裁判所および京都地方裁判所のいずれかに訴えを提起することができます。これを表にまとめると，次のようになります。＊

訴えの相手方	訴え可能な裁判所	根拠
B	東京地方裁判所	被告の住所地
B	大阪地方裁判所	不法行為地
B	京都地方裁判所	義務履行地
C	横浜地方裁判所	被告の本店所在地
C	大阪地方裁判所	不法行為地
C	京都地方裁判所	義務履行地

＊もっとも，これは複数の裁判所に対して訴えを提起できる可能性があるというだけであり，訴えの提起を受けた裁判所は，当事者間の公平や利便性等を考慮して他の管轄裁判所に事件を移送することもできる（17条）ことに注意してください（P42参照）。

一歩前進

　設例3の場合，BおよびCの特別裁判籍として大阪地方裁判所および京都地方裁判所は共通していますから，Aは，両者に対する訴えをこのどちらかの裁判所に併せて提起することができます。また，普通裁判籍の規定によりAは，Bに対しては東京地方裁判所，Cに対しては横浜地方裁判所に損害賠償請求の訴えを提起することもできます。その場合，Aは，必ずしもBとCをそれぞれ東京地方裁判所，横浜地方裁判所に別々に訴えなければならないわけではなく，後述する併合請求の裁判籍の規定（7条）により，いずれかの裁判所に対し両者に対する訴えを一緒に起こす（併合して提起する）こともできます。もっともAとしては，自分の住所地を管轄する京都地方裁判所に，BとCを一緒に訴えることができるのですから，それ以外の地の裁判所に訴え提起が可能であった

としても，あまり有難みはないかもしれませんが。

（b）併合請求の裁判籍

　併合請求の裁判籍とは，1つの訴えで数個の請求をする場合，そのうちどれか1つについて裁判所に管轄権があれば，**他の管轄権のない請求についても管轄権が生じる**とするものです（7条）。

　1つの訴えで数個の請求をする場合としては，**単一の当事者間で複数の請求を併合する場合（訴えの客観的併合）**と**原告または被告あるいはその双方が複数の場合（訴えの主観的併合）**とがあります。この併合請求の裁判籍は訴えの併合に関する知識がないと，十分に理解することは困難と思われますから，いちおう記憶にとどめる程度で結構です。訴えの併合に関する学習を経た後に読み返して理解を深めてください。＊

＊この点についての詳細は，第8講および第9講を参照してください。

設例4

　東京都に本店を置く不動産会社Eは，長野市に所在する甲建物と千葉市に所在する乙建物を，別荘としてD（住所地は長野市）に売却する契約を締結した。ところがEは，いずれの物件についても，約定の期日を経過したのに引渡しをしようとしない。そこでDは，Eを被告として甲建物および乙建物の引渡請求の訴えを提起しようとしている。

設例5

　Fは，東京都に住所を有するGに対し300万円を貸し付けた。Gの債務については，千葉市に住所を有するHが連帯保証人となっている。Gが期日を過ぎても支払いをしないので，Fは，GおよびHを被告として貸金支払請求の訴えを提起しようとしている。

［訴えの客観的併合の場合］

　設例4のような単一当事者間で数個の請求を併合する場合には，被告としては，どうせ全部の請求に応訴しなければならないのですから，1つの訴えで一緒に審判してもらうほうがむしろ都合がよく，同じ裁判所で2つの請求の審判を受けることとしても被告にとって格別不利益になることはありません。したがって，この場合には，併合請求による管轄権の発生を認めても問題はあ

りません。設例4では，Eの普通裁判籍により東京地方裁判所，不動産所在地の裁判籍（5条12号）により，甲建物について長野地方裁判所，乙建物について千葉地方裁判所に管轄が生じます。そうするとDは，甲建物の所在地である長野地方裁判所に甲建物の引渡請求の訴えと乙建物の引渡請求の訴えを併合提起することができます。これによって，乙建物の引渡請求について本来管轄権のない長野地方裁判所に管轄が生じることになります。*1

［訴えの主観的併合（共同訴訟）の場合］

　他方，原告が，複数の被告に対する請求を1つの訴えで併合提起する場合については，本来管轄権のない裁判所に訴えを提起されそこに出向かなければならない被告の不利益も考慮する必要があります。そこで，この場合は訴訟の目的である権利または義務が「**数人について共通であるとき**」または「**同一の事実上および法律上の原因に基づくとき**」という併合要件（38条前段）のいずれかに該当するときに限って，数人の被告のうちの1人に対する請求について管轄権を有する裁判所が，他の被告に対する請求について管轄権を有することになります（7条ただし書）。例えば，設例5のケースは，「訴訟の目的である権利または義務が同一の事実上および法律上の原因に基づくとき」に当たりますから，Fは，東京地方裁判所に対してGに対する訴えとHに対する訴えを併合提起することができます。

②　合意管轄

　合意管轄とは，**当事者間の合意によって生じる管轄**です。

　法定管轄は，当事者の便宜あるいは裁判所の負担の均衡等の要素を考慮して定められています。しかし，当事者双方があえて法定管轄と異なった裁判所での審判を望むのであれば，それを認めないとする理由はなく，またそれを認めたとしても裁判所間の負担の均衡が著しく害されることもありません。そこで，次のような要件の下に合意管轄が認められます。*2

（ⅰ）管轄合意は，**第一審に限って**認められます（11条1項）。

（ⅱ）**一定の法律関係に基づく訴えに関してのみ**許されます（同条2項）。例えば，「本件売買契約に関する訴えは，○○地方裁判所を第一審裁判所とする」というような定め方をしなければなりません。したがって，「将来生ずる一切の紛争」などとい

*1あまり実用的ではありませんが，東京地方裁判所または千葉地方裁判所に，両建物の引渡請求の訴えを併合提起することもできます。

*2訴額が140万円を超える事件について，特定の簡易裁判所の管轄とする旨の合意も有効です。ただし，事件が専属管轄とされている場合には，合意による管轄の変更は認められません。

う定めは，一定性が欠けますから，無効です。

(iii) 合意は**書面**でしなければ，その効力が生じません（同条同項）。合意が，その内容を記録した電磁的記録でなされたときは，書面でなされたものとみなされます（同条3項）。

③ 応訴管轄

　管轄のない裁判所に訴えが提起された場合でも，被告が管轄違いの抗弁を提出しないで**本案の弁論，弁論準備手続における申述等**をしたときには，その裁判所に管轄が生じることになります（12条）。これを応訴管轄といいます。管轄違いだからといって，別段被告に文句がないのなら，管轄を生じさせても差し支えないという考慮によるものです。＊

＊専属管轄に属する事件については,応訴管轄は生じません。

┌──一歩前進──┐

　裁判所の管轄は，訴えの提起の時を標準として定められます（15条）。つまり，管轄は訴え提起の時に固定されることになります。訴え提起の時とは，原告が裁判所に訴状を提出した時です。したがって，その後に被告が住所を移転しても，訴え提起の時を基準として生じた普通裁判籍による管轄が失われることはありません。

---

④ 移送

（ⅰ）意義

　移送とは，ある裁判所に生じている訴訟係属をその裁判所の決定によって他の裁判所に移すことです。移送には，次のような種類があります。

（ⅱ）種類

（イ）管轄違いによる移送

　原告が管轄違いの裁判所に訴えを提起した場合，裁判所は訴えを却下することなく，**申立てまたは職権により事件を管轄裁判所に移送します**（16条1項）。他の訴訟要件を欠く場合と異なり，直ちに訴え却下の扱いをしないのは，管轄違いを理由に訴えを却下すると，原告にとって再訴のために手数と費用がかかり，しかも，場合によっては訴えの提起による時効の完成猶予の効果等が失われるおそれがあるからです。

> **ここが狙われる**
>
> 　管轄違いによる移送の例外として，地方裁判所は，その管轄区域内の簡易裁判所の管轄に属する訴えであっても，相当と認めるときは，支払督促の申立て，起訴前の和解等専属管轄の定めがある場合を除き，簡易裁判所に移送しないで自ら審理および裁判をすることができます（16条2項）。

（ロ）遅滞を避けまたは当事者間の公平を図るための移送

　1つの事件について裁判所の管轄が競合する場合，原告はどの裁判所を選んで訴えを提起してもよいのが原則です。しかし，原告の選んだ裁判所で審理すると，訴訟の進行を著しく遅滞させ，または当事者間の公平を害するおそれがある場合には，申立てまたは職権により，他の管轄裁判所に移送することができます（17条）。

（ハ）簡易裁判所から地方裁判所への裁量移送

　簡易裁判所は，事物管轄により簡易裁判所の管轄に属する事件でも，事件が複雑であったり，当事者が多数あるなど，相当と認めるときは，申立てまたは職権により地方裁判所に移送することができます（18条）。[1]

（二）必要的移送

　第一審裁判所（簡易裁判所または地方裁判所）は，訴訟がその管轄に属する場合でも，当事者の申立ておよび相手方の同意があるときは，原則としてその申立てどおりに移送しなければなりません。もっとも，著しく訴訟手続を遅滞させる場合や被告が本案の弁論等をしたときは，移送できません（19条1項）。

　また，簡易裁判所の管轄に属する不動産に関する訴訟について被告からの移送の申立てがある場合も，被告が本案について弁論をした場合を除いて，その所在地を管轄する地方裁判所に移送しなければなりません（同条2項）。[2]

（ホ）反訴に基づく移送

　訴訟が簡易裁判所に係属中に，被告が反訴で地方裁判所の管轄に属する請求をした場合において，相手方の申立てがあるときは，簡易裁判所は，決定で，本訴および反訴を地方裁判所に移送しなければなりません（274条1項）。これは，簡易裁判所の事件での反訴被告（本訴原告）の事物管轄の利益を保護する趣旨です。

[1] つまり，訴額140万円以下の事件であっても，簡易裁判所から地方裁判所へ移送することもできます。

[2] 本文の（ロ）（ハ）（二）の移送は，訴訟が係属している裁判所の専属管轄に属する場合は，することができません（20条1項）。

(ⅲ）移送の裁判

　移送の裁判は**決定**でします（規則8条）。移送の決定または移送の申立てを却下する決定に対しては，**即時抗告**をすることができます（21条）。移送の裁判が確定したときは，訴訟は，**初めから移送を受けた裁判所に係属した**ものとみなされます（22条3項）。

　移送を受けた裁判所は，事件をさらに他の裁判所に移送することはできません（22条2項）。しかし，これも絶対ではなく，移送の原因となった事由とは**別の移送事由**に基づき，**事件を他の裁判所に再移送することは認められる**，とする下級審決定もあります（東京地決昭61・1・14）。

2 　当事者と訴訟上の代理人

設例6
　Aは，Bから事業の運転資金として1000万円を貸してほしいと懇願され，1年後に返済するとの約定でBに1000万円を貸し付けた。しかし，Bは約束の支払期限を過ぎても1000万円を返済しようとしない。そこで，Aは，Bを被告として貸金返還請求の訴えを提起した。

（1）当事者とは

　実体法上当事者という言葉は，売買契約の売主と買主，不法行為の加害者と被害者のように，実質的な権利義務の主体を指すのが通常です。しかし，民事訴訟における当事者とは，「訴えまたは訴えられることにより，**判決の名あて人となるべき者**」と定義されます（形式的当事者概念）。あまり中身のない定義ですが，実質的な権利義務の主体以外の第三者が当事者として訴訟追行資格をもつ場合もありますから（第三者の訴訟担当，P79参照），このように実質的な観点を捨象して当事者の概念を定めることになるわけです。そして，当事者とされた者に**民事訴訟の主体となる一般的資格**があるか（当事者能力）とか，**具体的な事件との関係で訴訟追行資格が認められるか**（当事者適格）といった実質的な事項は，当事者概念とは別個に問題とされることになります。＊

　民事訴訟は，特定の当事者間の紛争を両者間の関係で相対的に

＊当事者は,判決手続の第一審においては「原告」「被告」,控訴審では「控訴人」「被控訴人」,上告審では「上告人」「被上告人」と呼ばれます。

43

解決する制度ですから，手続の全過程を通じて，**対立する当事者の存在が必要**とされます（二当事者対立構造）。この二当事者の対立構造が崩れると，**訴訟は原則として中断すること**になります。例えば，設例6で訴訟の口頭弁論終結前にBが死亡した場合，訴訟手続は中断し，承継人（相続人等）による受継または裁判所による続行命令があれば再開することになります（124条1項1号，129条）。しかし，**Bに訴訟代理人があるときは，中断することはありません。** ＊

　もっとも，二当事者の対立といっても，厳密に1人対1人の対立でなければならないわけではなく，当事者の一方または双方に複数の当事者がある場合もあります（共同訴訟）。

＊訴訟係属後の当事者の死亡による中断は，訴訟手続の停止事由の1つです。訴訟手続の停止については，P111を参照してください。

┤一歩前進├

　当事者の死亡，合併等の事由が生じたとき，訴訟手続が終了するのではなく中断が予定されているということは，死亡者や消滅会社に代わって**新たな当事者がその訴訟を追行する**ことになる，ということを意味します。つまり，これらの事由が生じた場合には，**訴訟が承継される**（新たな当事者に引き継がれる）ことが予定されていると解されます。もっとも，請求が生活保護受給権や扶養請求権のような**一身専属権**であるときは，当事者の死亡により訴訟は承継されずに終了することになります（朝日訴訟，最大判昭42・5・24）。

---

(2) 当事者の確定

　形式的当事者概念の下では，「訴えまたは訴えられることにより，判決の名あて人となるべき者」が当事者とされますが，そこでいう当事者とは誰か，すなわち**当事者をどのような基準で確定すべきか**，が問題となります。当事者が誰であるかが明らかになっていなければ，裁判籍や裁判官の除斥原因等を判断することができず，さらに誰を被告として訴状を送達し口頭弁論期日に呼び出すか，重複訴訟の禁止に当たるかどうか，その他の事項も判断不能となります。したがって，**当事者は訴え提起の当初から明確に定まっている必要がある**わけです。当事者をどのような基準に

よって確定すべきかについては，原告の意思を基準とすべき（意思説）とか，訴訟上当事者らしく振る舞った者を当事者とすべき（行動説）との考え方もありますが，どちらの考え方も，基準としての明確性・客観性を欠くことから，学説上の支持はほとんどありません。現在は，**訴状の表示を客観的に解釈して当事者を定めるべきとする考え方（表示説）**が最も明確な基準を提供するとされ，これが通説（最も有力な見解）となっています。＊

＊判例がどの考え方に立つのか，必ずしも明確ではありませんが，表示説を採ったものと考えられる判決も多く存在します。

Check

「訴状の表示の訂正と任意的当事者変更」

　原告が，「甲野一郎」という人を被告とするつもりで，誤って「甲野二郎」と表示するような場合があります。このように，同じ人であるのに単に表示を誤っただけの場合（当事者の同一性に変更がない場合）には，訴訟中いつでも表示の訂正が認められ，その訴訟状態に変更はありません。

　しかし，被告とすべき者を誤り，別の者を被告として訴えを提起したような場合（当事者の同一性に変更がある場合）には，単に訴状の表示を訂正するだけでは済まず，当事者を変更する必要があります。例えば 設例6 で，債務者は，B個人ではなくBが代表取締役となっている甲株式会社であったような場合，Bと甲株式会社は別人格者ですから，Aは，被告をBから甲株式会社に変える必要があります。この手続を**任意的当事者変更**といいます。ただ，任意的当事者変更については法律に根拠規定がないため，その性質・効果をどのようなものと理解するかについては，争いがあります。通説的な見解は，これを**新当事者に対する訴えの提起**と**旧当事者に対する訴えの取下げ**の複合形態と理解します。この考え方によれば，任意的当事者変更は，両訴間で裁判資料の流用などは認められず，旧訴の訴状の印紙を新訴の訴状に流用するという限度でメリットがあるに過ぎない，ということになります。

ステップアップ

「氏名冒用訴訟」「死者名義訴訟」

　具体的な訴訟の当事者は誰か，という問題を立てたとしても，さしあたっては，訴状の表示を手がかりとして，そこに当事者と表示された者（以下「本人」といいます）を当事者として扱うほかないでしょう。したがって，当事者の確定の問題は，訴訟係属後に手続が進行している段階で，あるいは判決確定後に本人と現実に訴訟追行を行った者が別人であることが判明したというようなレ

アケース（稀な事例）をどう扱うか，という形で問題となるに過ぎません。このようなレアケースとして問題となるのが，いわゆる「氏名冒用訴訟」および「死者名義訴訟」です。

　氏名冒用訴訟とは，本人ではない別人が，本人になりすまして訴訟を提起し追行するような場合です。例えば，設例6で，Bが借りた金を支払わないことを聞きつけ憤慨したCが，勝手にAを原告，Bを被告として貸金返還請求の訴えを提起したような場合がこれに当たります。この場合表示説によれば，原告は本人Aとなりますから，訴訟手続中に氏名冒用の事実が発覚したときは，訴訟行為をなすに必要な授権が欠けているものとしてその訴えは却下されることになるでしょう。もっともこの場合，無権代理に準じてAによる追認の余地はあると考えられます（34条2項類推）。裁判所が氏名冒用の事実に気づかずに本案判決をし，その判決が確定したときは，表示説からは，Aに対して判決の効力が及ぶことになりますが，この場合Aは，再審の訴えで取消しを求めることができるでしょう（338条1項3号類推）。

　死者名義訴訟とは，例えば，設例6で，AがB死亡の事実を知らずにBを被告として貸金返還請求の訴えを提起したところ，相続人Dが訴状を受領し訴訟を追行したような場合です（訴状が送達される前にB死亡の事実が判明したときは，当事者能力を欠くことを理由に訴え却下となります）。この場合，BとDは別人格者ですから，当事者の同一性を欠くことになります。したがって，訴訟係属中にB死亡の事実が明らかになり，AがBからDへの表示の訂正を申し立てても認められず，任意的当事者変更の手続が必要となります。また，判決確定後にその事実が明らかになったとしても，表示説の立場からは，被告はBですから，判決の効力はDに及ばないという結論になります。

(3) 当事者能力，訴訟能力，訴訟無能力，弁論能力

　まずここで，これらの用語の意味を正確に把握しておきましょう。当事者能力とは，民事訴訟の当事者となることのできる一般的な資格ないし地位という意味です。訴訟能力とは，自ら単独で有効に訴訟行為を行い，また相手方や裁判所の訴訟行為を受ける能力です。この訴訟能力を欠く者が訴訟無能力者ということになります。本書では，訴訟能力が全く認められない者を訴訟無能力者，訴訟能力が制限されている者を制限訴訟能力者ということにします。弁論能力とは，法廷で現実に訴訟行為を有効に行う資格

のことです。

当事者能力	当事者となり得る一般的な資格ないし地位
訴訟能力	単独で有効に訴訟行為をなしまたは受ける能力
弁論能力	法廷で現実に有効な訴訟行為をなし得る能力

　民事訴訟法は，「当事者能力，訴訟能力，訴訟無能力者の法定代理は，この法律に特別の定めがある場合を除き，民法その他の法令に従う」と規定しています（28条）。この規定により，どのような者が訴訟上の当事者能力者，訴訟能力者および訴訟無能力者（制限訴訟能力者）となるかは，原則として民法により定まることになります。しかし，それらの者がどの範囲で訴訟行為を行い得るか，またその効果等については民事訴訟法に特別の定めがあります。したがって，民法の規定とは異なった効果を生じます。この点には注意が必要です。*1

　なお，弁論能力については，民事訴訟法に明文規定があるわけではなく，解釈上問題とされるものです。

① 当事者能力

　当事者能力とは，民事訴訟の当事者となることのできる一般的な資格ないし地位のことです。当事者能力については，当事者適格という似かよった言葉がありますから，これと混同しないように注意が必要です。当事者能力は，具体的な事件とかかわりなく，一般的に民事訴訟の当事者となることができるかという問題です。当事者適格は，具体的に問題となっている「その事件」について当事者となり訴訟を追行できるか，という問題です。*2

（ｉ）当事者能力を有する者

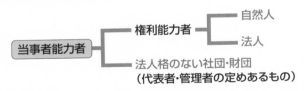

（イ）権利能力者

　訴訟上の当事者能力は，民法上の権利能力に対応する概念であり，民法上の権利能力者はすべて訴訟上の当事者能力が認められます（28条）。つまり，生存している自然人および法人はすべて

＊１ 例えば，後述しますが，法人格のない社団や財団であっても，一定程度の組織性を備えているものは，訴訟上の当事者能力が認められます。また，未成年者の訴訟行為は取り消し得るのではなく，当初から無効となります。

＊２ 当事者適格については，P71以下で説明します。

当事者能力を有することになります。自然人は，たとえ失踪宣告を受けていても，生存している限り当事者能力を失うことはありません。法人は，解散または破産したとしても，**清算の目的の範囲内で権利能力を認められ存続しますから**（会社法476条等），それらの手続中は，訴訟上の当事者能力があります。

（ロ）法人格のない社団・財団

設例7

C大学には，学生の自治組織として「C大学学生自治会（以下「自治会」という）が設けられている。自治会は，規約を備え毎年運営委員および会長を多数決で選任し，加入している全学生から会費を徴収して，大学とはかかわりなく自主的に組織を運営している。「自治会」は，主催するイベントのポスターの印刷を30万円で業者Dに発注したが，その代金が未払いとなっている。

さらに，実体法上は権利能力が認められない社団または財団（法人格のない社団・財団）であっても，**代表者または管理人の定めがあるもの**については，訴訟上の当事者能力が認められます（29条）。これらの社団や財団も取引主体として一定の活動を行うことがありますから，訴訟上の当事者能力を認めてその相手方および団体構成員の便宜を図ろうとする趣旨です。すなわち，仮にこれらの団体に当事者能力が認められないとすると，取引の相手方は，その団体の構成員全員をいちいち調べ上げたうえ，その全員を被告として訴訟を起こさなければならないという，きわめて面倒なことになります。そこで，それらの団体に訴訟上の当事者能力を認めることによって訴訟提起が容易となり，ひいては相手方の権利の実現に役立つことになるわけです。ここにいう社団について，判例は，「団体としての組織を備え，多数決の原則が行われ，構成員の変更にもかかわらず団体そのものが存続し，その組織において代表の方法，総会の運営，財産の管理その他団体としての主要な点が確立している」ことを要件としています（最判昭39・10・15）。大体のイメージとして小中学校のPTA，町内会，各種学会，設例7 の「自治会」のようなものを想定できるでしょう。*

このような社団は，訴訟法上は法人と同様に扱われ，判決の名宛人となり，これらの社団に**権利義務が帰属すること**を前提とし

＊この程度の組織性を備えていない団体には当事者能力は認められませんが，選定当事者の制度（30条）を利用して訴訟を追行するという便宜的な方法があります（P189参照）。

た判決を言い渡すことができます。設例7で,「自治会」の取引
相手であるDは,「自治会」を被告として代金支払請求の訴えを
提起し,勝訴すればその確定判決を債務名義として執行文の付与
を受け,「自治会」の有する銀行預金等に強制執行をすることも
できます。

─一歩前進─

　「自治会」が,構成員全員の名義ではなくその名で訴えを
提起することも当然可能です。ただ,これらの社団名義で不
動産の登記をすることはできないと解されます。その場合は
代表者個人名義への移転登記を求めるほかありません(最判
昭47・6・2)。

ここが狙われる

　最高裁の判例は,民法上の組合は民事訴訟法29条の「社団」に当たり,代
表者の定めがあれば訴訟上の当事者能力が認められる,としています(最判昭
37・12・18)。

(ⅱ)当事者能力を欠く場合の効果

　当事者能力の存在は訴訟要件の1つであり,裁判所は職権でそ
の存否を調査し,それを欠く訴えは不適法として却下されます。

② 訴訟能力

(ⅰ)意義

　訴訟能力とは,自ら単独で有効に訴訟行為を行い,また相手方
や裁判所の訴訟行為を受ける能力です。訴訟能力は,民法上の意
思能力や行為能力に対応する概念ですから,原則として意思能力
や行為能力を基準にその有無が決まることになります(28条)。
つまり,民法上の行為能力者はすべて訴訟能力者であり,意思無
能力者および未成年者・成年被後見人は訴訟能力を認められない
という意味で,訴訟無能力者ということになります。被保佐人お
よび被補助人は訴訟能力が制限されているという意味で,制限訴
訟能力者ということになります。*

(ⅱ)意思無能力者・未成年者・成年被後見人──訴訟無能力者

　意思能力を欠く者の行った法律行為は無効となります(民法3

＊外国人は,その本
国法によれば訴訟能
力を有しない場合で
あっても,日本の法
律によれば訴訟能力
を有すべきときは,
訴訟能力者とみなさ
れます(33条)。

49

条の2）。未成年者は，法定代理人の同意を得て単独で取引行為
をすることができますが，同意なく行った法律行為は原則として
取り消すことができます（民法5条2項）。成年被後見人は，単
独で法律行為を行う能力が認められませんから，自ら行った法律
行為は原則として常に取り消すことができます（同法9条本文）。
私法上の取引行為については，このような形で取引能力の不十分
な者の保護が図られています。

　しかし，訴訟行為は段階的に積み上がっていくものであり，そ
の取消しを認めると手続が遡及的に覆ることになり，著しく不安
定なものとなります。さらに，訴訟については，難解な法律知識
を必要とし，一定の訴訟テクニックも必要となりますから，一般
の取引行為以上にこれらの者を保護する方策が求められます。そ
こで，未成年者や成年被後見人の訴訟行為については，**法定代理
人が代理して行うべきものとし**（31条本文），**意思無能力者，未
成年者および成年被後見人などの行った訴訟行為は無効として**，
これらの者の保護を図るとともに，手続の安定が図られています。*

（ⅲ）被保佐人および被補助人──制限訴訟能力者

　被保佐人が訴訟行為を行うには，**保佐人の同意が必要です**（民
法13条1項4号）。被補助人については，訴訟行為をすることに
つきその補助人の同意を得ることを要するとされた場合には，**補
助人の同意が必要**となります（同法17条1項）。

　ただし，いずれの場合も相手方の提起した訴えまたは上訴につ
いて訴訟行為をするには，保佐人，補助人の同意を必要としませ
ん（32条1項）。この場合も同意を必要とすると，その同意がな
い限り，その相手方は被保佐人，被補助人に対して訴えを提起で
きないという不当な結果を生じるからです。なお，被保佐人や被
補助人が訴訟の終了をもたらすような重要な訴訟行為（訴えの取
下げ，和解，請求の放棄・認諾）や上訴（控訴・上告）をするに
は，特別の授権を必要とします（同条2項）。

（ⅳ）訴訟能力を欠く場合の効果

　訴訟能力は，訴訟要件ではなく**個々の訴訟行為の有効要件**と解
されます。したがって，訴訟能力を欠く者の訴え提起行為は無効
となり，その訴えは却下されることになります。しかし，訴訟係
属後に訴訟能力を欠く者の行った個々の訴訟行為や相手方が行っ

*もっとも未成年者
は，許可された営業
の範囲で行為能力が
認められますから
（民法6条1項），そ
の営業の範囲内の行
為については，訴訟
能力が認められま
す。なお，平成30年
成立の民法改正によ
り，成年年齢が20
歳から18歳に引き
下げられることに注
意してください。こ
の改正の施行時期は
令和4年4月1日で
す。

た訴訟行為は原則として無効となりますが，訴訟能力を欠くことを理由として訴えが却下されるわけではありません。それらの訴訟行為は，法定代理人または能力を回復した本人が追認することができ，追認によって行為の時にさかのぼって有効な訴訟行為となります（34条2項）。ただ，その追認は，それまでの訴訟行為を一括して行わなければなりません（最判昭55・9・26）。そうでないと，手続の安定性を欠く結果となるからです。

裁判所は，職権で訴訟能力の有無を調査することになりますが，訴訟能力を欠くことが明らかになった場合，一定の期間を定めて補正を命じなければなりません（34条1項前段）。＊

③ 弁論能力

弁論能力とは，法廷で現実に訴訟行為を有効に行う資格のことです。わが国では，法廷で弁論等の訴訟行為ができる者を弁護士に限るとの制度（弁護士強制主義）を採っていません。したがって，当事者が訴訟能力を有する限り，弁論能力も認められるのが原則です。しかし，訴訟行為を有効・適正・円滑に行うためには，相当の法律知識と能力・経験が必要となりますから，訴訟能力者であるからといって，現実の法廷で弁論その他の訴訟行為を有効・適正・円滑に行うことができるとは限りません。そこで，弁論能力という基準により，「訴訟能力に欠けるほどではないが法廷での弁論には心もとない」というような者を弁論から排除して訴訟手続の円滑な遂行と訴訟制度の適正かつ効率的な運営を維持しようとするわけです。そのため弁論能力は，当事者本人だけでなく，代理人や補佐人等についても問題とされることになります。

弁論能力については，訴訟能力のような一般的な基準はありませんが，これを欠くと思われる者に対する裁判所の措置が規定されています。つまり，裁判所は，訴訟関係を明瞭にするために，必要な陳述をすることができない当事者，代理人または補佐人の陳述を禁じることができ，その場合口頭弁論の続行のため新たな期日を定めることができる，とされています（155条1項）。陳述を禁止した場合に必要があると認めるとき，裁判所は，**弁護士の付添いを命じる**ことができます（同条2項）。平たくいうと，「この事件は，シロウトにはちょっと無理ですよ。弁護士さんに頼んで何とかしてもらいなさい」と弁護士の選任を命じることです。

＊補正を命じる場合，それによって手続が遅滞し損害を生ずるおそれがあるときは，裁判所は，一時訴訟行為をさせることができます（34条1項後段）。

（4）訴訟上の代理人

①　訴訟上の代理人の種類*

　訴訟上の代理人には，大別して本人の意思によらずに選任される法定代理人と本人の意思により選任される訴訟代理人とがあります。法定代理人は，**実体法上の法定代理人と訴訟法上の特別代理人**（35条）に区別されます。訴訟代理人は，訴訟追行のための包括的代理権を有する任意代理人であり，**訴訟委任による訴訟代理人と法令による訴訟代理人**に分けられます。

　なお，法定代理人，訴訟代理人を問わず，その代理権は**書面で証明**しなければなりません（規則15条，同23条１項）。

＊代理の概念については，民法上の代理と大体同じに考えてください。要するに，代理人の行った行為の効果を本人に生じさせる制度です。

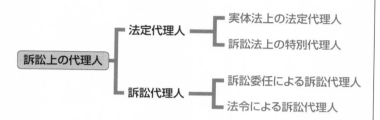

（ⅰ）法定代理人

（イ）実体法上の法定代理人

　未成年者の親権者や成年被後見人の後見人など，実体法上の法定代理人は，当然に訴訟法上も法定代理人となります（28条）。先に説明したとおり，未成年者や成年被後見人は単独では訴訟行為をすることができず，これらの法定代理人が，**未成年者や成年被後見人を代理して訴訟行為を行う**ことになります（31条本文）。当然のことですが，法定代理人が，訴訟は自分の手に負えないと考えたときは，弁護士に訴訟委任をして訴訟追行を委ねることもできます。

一歩前進

　法人の代表者や法人でない社団の代表者も，訴訟上は法定代理人に準じて扱われます（37条）。法人の代表者とは，法人の理事，会社の代表取締役，代表執行役などをいいます。例えば，会社の代表取締役は，**一切の裁判上および裁判外の行為について，会社を包括的に代表する権限が認められてい**

ます（会社法349条4項）。この規定により，会社の代表取締役には，裁判外の取引行為だけでなく訴訟上の包括的な代表権が認められることになります。ということは，訴訟上も法定代理人と同様の扱いを受けることになります。例えば，代表権の存在は書面で証明しなければならず（規則15条，同18条），代表権の消滅は相手方に通知しなければ，その効力を生じません（37条，36条1項）。

　この点に関連して，商業登記簿上会社の代表取締役と記載されている者が真の代表者でなかった場合に，その者を代表取締役と表示して提起し追行した訴えについて，民法109条の表見代理あるいは会社法354条の表見代表取締役の規定を類推適用できるか，という問題があります。判例は，訴訟は一般の取引行為とは異なった性質の行為であること等を理由として，これを否定しています（最判昭45・12・15）。

（ロ）訴訟法上の特別代理人

　民事訴訟法の定めにより裁判所が選任する代理人です。その典型が，訴訟無能力者のための特別代理人です（35条）。この制度は，訴訟無能力者に法定代理人がいないか，あるいはその代理権を行使できないときでも，相手方に裁判上の権利行使の手段を確保させるために設けられたものです。つまり，この制度は訴訟無能力者の相手方が原告となる場合を想定したものですが，**訴訟無能力者が原告となって訴えを提起する場合にも，特別代理人を選任できるもの**とされています（大判昭9・1・23）。*

（ⅱ）法定代理権の範囲と法定代理人の地位

　実体法上の法定代理人の権限の範囲は，原則として民法等の規定によります。特別代理人は，その法定代理人に代わる代理人ですから，その訴訟に関し法定代理人と同一の権限が認められます。

　法定代理権の消滅も実体法の規定によりますが，その**消滅の効果は相手方に通知するまでは生じません**（36条1項）。つまり，法定代理権が消滅したとしても，相手方は，その通知があるまでは従来の法定代理人に対して訴訟行為を行うことができるということになります。

　法定代理人は，当事者ではありませんが，手続上は当事者に準

＊特別代理人の選任は本人の意思が重要視される親族関係上の訴訟には適用されません。例えば，心神喪失者を相手方とする離婚訴訟では特別代理人の選任は許されません（最判昭33・7・25）。

じて扱われます。すなわち，**法定代理人の死亡・代理権喪失により手続は中断し**（124条1項3号），送達も法定代理人宛てになされます（102条1項）。なお，法定代理人が複数あるときでも，送達は，その1人に対してすれば足ります（同条2項）。

> **ここが狙われる**
>
> 　証拠調べにおける法定代理人の尋問は，証人尋問ではなく**当事者尋問の手続**により行われます（211条）。

②　訴訟代理人

（ⅰ）訴訟委任による訴訟代理人

　わが国では，当事者自ら訴訟を行うこと（本人訴訟）が許されています。本人自身が，自分で訴状を書いて裁判所に提出し，その後の訴訟行為も自分で行うことができるのです。しかし，本人が，自分の手には負えないから，誰かに訴訟を委任したいと考えたとき，その相手先である受任者は弁護士でなければなりません。これを**弁護士代理の原則**といいます（54条1項本文）。訴訟は，確かな法律知識と実務経験を必要としますから，誰に任せてもいい，というわけにはいかないのです。もっとも，簡易裁判所では，比較的小規模，少額の事件が多いことを考慮して，弁護士でなくても，**簡易裁判所の許可を受けて訴訟代理人になる**ことが許されています（同条同項ただし書）。

　訴訟代理権は，**当事者の授権行為によって発生**します。これを訴訟委任といいます。訴訟委任は包括的になされることを要し，弁護士以外の者に訴訟委任をする場合を除いて，個別的な制限が禁じられています（55条3項）。しかし，反訴や上訴（控訴・上告）の提起，訴えの取下げ，裁判上の和解，請求の放棄・認諾，上訴の取下げのように特に重要な結果をもたらす行為については，本人の**特別の授権**を必要とします。また，訴訟代理人は，本人との間の信頼関係に基づき選任されているのですから，復代理人を選任する際にも，本人の特別の授権を必要とします（同条2項）。

　訴訟代理人が数人あるときは，**各自当事者を代理**します（56条1項）。したがって，送達はそのうちの1人に対してすれば足り，相手方や裁判所は，数人の訴訟代理人のうち1人に対して訴訟行

為をすれば，当事者本人に対してその効力が生じます。＊

一歩前進

　訴訟委任による訴訟代理人には，委任された事件に関する包括的な代理権が認められます。したがって，その事件に関する一切の法律上および事実上の主張をすることができます。しかし，**訴訟代理人の事実に関する陳述は，当事者が直ちに取り消し，または更正をしたときは，その効力を生じない**とされています（57条）。個別的・具体的な事実については，本人が一番よく知っているはずですから，訴訟代理人の陳述よりも本人の陳述を優先させるということです。

ここが狙われる

　当事者の死亡や合併による消滅，訴訟能力あるいは訴訟担当資格の喪失などによっては，訴訟代理権は消滅しません（58条）。また，訴訟代理人がいる限り，これらの事由によって訴訟手続は中断しません（124条2項）。

（ⅱ）法令による訴訟代理人

　会社法に「支配人」という使用人の規定が存在します。この支配人は，会社法の規定（同法11条1項）により会社の事業に関する裁判外の取引行為だけでなく**裁判上の行為についても代理権を**与えられています。つまり，会社の支配人には訴訟代理権も認められているわけです。このように，法令が一定の地位に結び付けて訴訟代理権を認めている場合，その地位につく者には当然に訴訟代理権が付与されることになります。このような者を法令による訴訟代理人といいます。＊

　その地位につくことによって当然に訴訟代理権をもつことになるという点では，法定代理人と似ていますが，**その地位の取得や喪失は本人の意思に基づく**ことから，任意代理人としての性格をもっています。他に，法令による訴訟代理人の例として，船舶管理人（商法700条1項），船長（同法713条1項）等があります。

＊代理権を共同して行使する旨の定めをしても，その効力を生じません（56条2項・1項）。したがって，その定めがある場合に一部の訴訟代理人が単独でした訴訟行為も有効に効力を生じます。

＊商法には，商業使用人としての支配人の権限が規定されています（商法21条1項）。これは，会社ではなく個人商人の被用者としての支配人です。その地位や権限の範囲等は会社の使用人とほぼ同様です。

実戦過去問

司法書士　平成23年度

管轄及び移送に関する次のアからオまでの記述のうち，正しいものは，幾つあるか。

ア　人の普通裁判籍は，住所又は居所により，日本国内に住所若しくは居所がないとき又は住所若しくは居所が知れないときは最後の住所により定まる。

イ　当事者が第一審の管轄裁判所を簡易裁判所とする旨の合意をした場合には，法令に専属管轄の定めがあるときを除き，訴えを提起した際にその目的の価額が140万円を超える場合であっても，その合意は効力を有する。

ウ　簡易裁判所は，その管轄に属する不動産に関する訴訟につき被告の申立てがあるときは，その申立ての前に被告が本案について弁論をしていない限り，その訴訟の全部又は一部をその不動産の所在地を管轄する地方裁判所に移送しなければならない。

エ　移送の決定及び移送の申立てを却下した決定に対しては即時抗告をすることができるが，その即時抗告は，裁判の告知を受けた日から1週間の不変期間内にしなければならない。

オ　移送を受けた裁判所は，更に事件を他の裁判所に移送することはできないが，移送を受けた事由とは別個の事由によって再移送することはできる。

1　1個　　　　2　2個　　　　3　3個　　　　4　4個　　　　5　5個

解　説

ア　×　人の普通裁判籍は，まず住所を基準として定まります（4条2項）。

イ　○　第一審の裁判所を簡易裁判所と定める旨の合意は，専属管轄の定めがあるときを除き，訴額に関わらず有効に効力を生じます（11条1項）。

ウ　○　不動産に関する訴訟については，簡易裁判所は，被告の申立てにより原則として地方裁判所に移送しなければなりません（19条2項）。

エ　○　移送の決定および却下決定に対する即時抗告は，裁判の告知を受けた日から1週間の不変期間内にしなければなりません（21条，332条）。

オ　○　移送を受けた裁判所は，原則として再移送をすることはできませんが（22条2項），移送を受けた事由とは別個の事由による再移送は可能と解されます。以上より，正しいものは，イ，ウ，エ，オの4個です。

正解　4

　民事訴訟における訴訟能力に関する次のアからオまでの記述のうち，正しいもの
の組合せは，後記１から５までのうち，どれか。

ア　未成年者は，その親権者の同意があるときは，自ら訴訟行為をすることができ
　　る。
イ　被告が未成年者である場合であっても，被告本人に対する当事者尋問をするこ
　　とができる。
ウ　被告が成年被後見人である場合であっても，被告本人に対してされた訴状の送
　　達は有効である。
エ　訴訟係属中に原告が成年被後見人になった場合には，その原告について訴訟代
　　理人があるときを除き，訴訟手続が中断する。
オ　成年被後見人が自らした訴訟行為は，その成年後見人が追認した場合であって
　　も有効とはならない。

１　アウ　　　　２　アエ　　　　３　イエ　　　　４　イオ　　　　５　ウオ

解　説

ア　×　未成年者には訴訟能力が認められず，たとえ法定代理人である親権者
　　の同意を得ても，自ら訴訟行為をすることはできません（31条本文）。未成
　　年者は，法定代理人により訴訟行為を行うことになります。
イ　○　訴訟能力を欠く未成年者であっても，当事者尋問の対象とすることは
　　できます（211条ただし書参照）。
ウ　×　訴訟無能力者に対する送達は，その法定代理人にしなければなりませ
　　ん（102条１項）。これに反して訴訟無能力者である成年被後見人に対して
　　した送達は有効とはなりません。
エ　○　訴訟係属中に当事者が訴訟能力を喪失した場合は，訴訟手続の中断事
　　由とされています（124条１項３号）。
オ　×　訴訟能力を欠く者がした訴訟行為は，法定代理人の追認により，行為
　　の時にさかのぼって効力を生じます（34条２項）。
　　以上より，正しいものはイおよびエであり，３が正解となります。

正解　３

③ 訴えと審理の対象

学習ナビゲーション

　本講では，訴訟審理の対象である訴訟上の請求（訴訟物）とそれに関連した問題および訴えの種類，さらに訴訟要件である訴えの利益・当事者適格といった事項について説明します。

　本講では，訴えとか訴訟上の請求といった多少抽象度の高い基本的概念の理解も求められますが，なるべく具体例と結びつけて理解していけば腑に落ちやすいと思います。さらにここでは，いわゆる訴訟物論争についても言及します。ただ，その対立点を直接問う問題が出題される可能性はきわめて低く，いちおうの理解で十分です。訴えの3類型については，民事訴訟の基本中の基本ともいえる事項ですから，形式的形成訴訟も含めて，その意義・内容，判決の効力等をしっかりと正確に押さえておくことが必要です。訴訟要件の一種である訴えの利益および当事者適格は，民事訴訟法を深く理解するためには重要度が高いので，周到な学習をしておきましょう。

1　処分権主義と訴えの意義・種類

（1）処分権主義と不告不理の原則

　第一審の訴訟手続は，原告が裁判所に対し訴えを提起することによってスタートします。いいかえると，訴えがない限り，裁判所は，訴訟手続を開始することはありません。これを，「訴えなければ裁判なし」あるいは「不告不理の原則」といいます。

　私法上の法律関係については，私人がその自由な意思に基づいて自律的に形成することができるとする「私的自治の原則」が支配しています。これに対応して，民事訴訟においても訴訟をするかどうか，という局面で，原告となる者の意思による自由な選択

が認められているのです。さらに，訴訟を開始するとしてどの範囲でどのような審判を求めるか，およびどのような形で訴訟を終結させるかについても，原告の意思による自由な選択が認められています。これは，当事者処分権主義または単に処分権主義と呼ばれる民事訴訟の根幹となる原則です。

　不告不理の原則は，訴訟の開始段階における処分権主義の表れということができます。

処分権主義の妥当局面 ─── 訴訟の開始
　　　　　　　　　　　　　　審判範囲の特定
　　　　　　　　　　　　　　訴訟の終結

(2) 訴えの意義

　訴えとは，原告が裁判所に対し被告との関係における一定の権利主張を提示し，その権利主張の当否についての審理および判決を求める訴訟行為（申立て）です。この定義は内容的に2つの要素から成り立っています。区分して考えてみると，訴えは，①裁判所に対して審理および判決を求める申立てであり，②当事者と請求を提示するものである，ということになります。要するに，訴えという裁判所に対する申立てにより，原告の被告に対する権利主張（訴訟上の請求）が訴訟手続という土俵にのるというわけです。

　審判の対象である請求の内容と範囲も原告が自由に定めることができます。これは，審判範囲の特定という局面での処分権主義の表れということができます。裁判所は，原告の特定した審判の範囲（申立事項）を超えて，または申立事項に含まれていない判決をすることは許されません（246条）。*

　話がかなり抽象的になっていますから，次の（3）で，訴えの種類と関連させて具体的に考えてみることにしましょう。

┌─ **一歩前進** ──────────────────────
│
│　原告の被告に対する権利主張は，「訴訟上の請求」または
│単純に「請求」と呼ばれ，あるいは「訴訟物」とも呼ばれま
│す。どの用語を使うかは好みの問題かもしれませんが，「訴

用語の説明
「訴訟行為」「申立て」
訴訟行為とは，訴訟上の効果を生じさせる裁判所や当事者などの行為のことです。申立ては，裁判所に応答を求める当事者の要求行為であり，訴訟行為の一種です。

*この点については，P70 Check でより詳しく説明します。

訟物」というほうが，どことなくシャープな感じがして好き
だという方もいるようです。しかし，訴訟物という言葉は条
文に出てくるわけではなく，試験では一般に「請求」という
用語が使われているようですから，以下では原則的に「請求」
という用語を用いることにします。ただ，文脈によっては「訴
訟上の請求」とか「訴訟物」という言葉のほうが通りのよい
場合もありますから，これらの用語も適宜用いることにしま
す（例えば，いわゆる「訴訟物論争」とそれに関連した記述
については，「訴訟物」という用語を使用します）。

（3）訴えの種類

　訴えは，いくつかの観点から分類できますが，請求の内容に着
目すると，給付の訴え，確認の訴え，形成の訴えに分類すること
ができます。

①　給付の訴え（給付訴訟）

設例8

　Aは，BからB所有の高級乗用車を購入し，代金の支払いを終えた。ところ
が，Bは，約定の引渡期日を経過しても，その車を引き渡そうとしない。そこ
でAは，Bを被告として車の引渡しを求める訴えを提起した。

　この設例では，Aは，Bに対する車の引渡請求権を主張し，裁
判所に対しその引渡しを命ずる審判の申立てをしています。この
ように，給付の訴えとは，原告が被告に対し特定の給付請求権を
主張し，その給付を命ずる判決を求める訴えです。貸金返還請求
とか不法行為に基づく損害賠償請求のような一定額の金銭の給付
を求める訴えがその典型ですが，土地，建物の引渡し（明渡し）
とか，設例8のような動産の引渡し等の作為を求める場合もこれ
に当たります。逆に，差止請求など不作為を求める訴えも給付の

訴えとなります。さらに，登記申請などのような意思表示を求める訴えも給付の訴えとなります。この給付の訴えは，訴訟の口頭弁論終結時までに給付請求権の履行期が到来するかどうかによって，現在の給付の訴えと将来の給付の訴えに区分されます。設例8のケースは，訴え提起時点ですでに履行期が到来しているのですから，現在の給付の訴えになります。

給付の訴えに対して，裁判所が原告の請求を認めるという内容の給付判決（請求認容判決）をし，その判決が確定した場合，原告は，その給付判決を債務名義として強制執行により給付請求権の満足を得ることができます。つまり，給付判決には執行力が認められます。設例8で，給付判決が確定したのに，なおBが車を引き渡そうとしないような場合，Aは，この確定判決に執行文の付与を受け，動産執行という強制的な手段によって引渡しを受けることができるわけです。また，確定した給付判決は，原告の主張する給付請求権が存在するとの判断に既判力を生じることになります。

一方，給付の訴えに対して，裁判所が原告の請求を排斥する内容の判決（請求棄却判決）をし，その判決が確定したとき，その判決は，給付請求権の不存在について既判力を生じる確認判決となります。

② 確認の訴え（確認訴訟）

┌─ 設例9 ─
│ Cは甲土地の登記簿上の所有者であるが，最近に至りDが，「甲土地の所有権は，わしが時効取得した」と言い張り，譲ろうとしない。そこでCは，裁判所に対しDを被告として甲土地の所有権が自己にあることの確認を求める訴えを提起した。

この設例では，Cは，Dとの関係で甲土地の所有権が自己にあるとの権利主張をし，裁判所に対しその確認を求める申立てをし

「債務名義」
給付請求権が確実に存在することを表示し，この請求権が強制執行により実現できることを認める公の文書です。確定判決のほかいくつかの種類があります。詳細は，後に第7章で説明します。
「既判力」
確定判決の主文中の判断に生ずる拘束力のことです。第10講で詳述します。

ています。このように，確認の訴えとは，原告が被告との関係で特定の権利ないし法律関係の存在または不存在を主張し，それを確認する判決を求める訴えです。

設例9では，原告Cは，Dを被告として甲土地に対する自己の所有権の確認を求めています。このように，自己の権利の存在の確認を求めるという類型の訴えを積極的確認の訴えといいます。逆に，例えば，相手方の主張している自分の債務は存在しないとの確認を求める訴え（債務不存在確認の訴え）は，消極的確認の訴えとなります。

確認の訴えの対象は，特定の具体的な権利または法律関係の存否に限られ，事実関係の確認を求めることはできないのが原則です。法律関係を判断する前提に過ぎない事実関係を確認してみても，それによって直ちに紛争を解決することはできない（確認の利益を欠く）からです。ただ，遺言書や契約書など，法律関係を証する書面の成立の真否，つまりその文書が作成名義人とされている者の意思に基づいて作成されたかどうか，を確定するために確認の訴えを提起することは例外的に許されます（134条）。これは証書真否確認の訴えと呼ばれます。

確認の訴えにおける請求認容の確定判決は，原告の主張する権利または法律関係の存在または不存在の判断について既判力を生じる確認判決となります。設例9で，請求認容判決がなされ確定すると，Dとの関係で甲土地の所有権がCにある，との判断に既判力が生じることになります。一方，確認の訴えにおける請求棄却判決は，原告の主張とは逆の判断に既判力を生じる確認判決となります。

確認判決は，争いとなった権利または法律関係について既判力をもって確定するという効力を有するだけで，給付判決から生じる執行力や形成判決に認められる形成力などのように現状を強制的に変更する効力は認められません。そのため，確認訴訟においては，確認判決をすることによって**当事者間の紛争を有効・適切に解決することができるかどうか**（「確認の利益」の問題）が厳格に問われることになります。この点の詳細については後述します（P74以下参照）。

③ 形成の訴え（形成訴訟）

設例10

Eは，夫Fが婚姻当初から他の女性と不貞行為を繰り返してきたため両者間にいさかいが絶えず，もはや夫婦間の信頼関係の修復は不可能と考えるに至った。そこでEは，離婚調停が不調に終わったのを機に，Fを被告として離婚を求める訴えを提起した。

この設例では，原告Eは，「配偶者の不貞行為」という民法の定める要件（同法770条1項1号）の存在を主張して，Fとの離婚という法律関係の変動の宣言を求めています。このように，形成の訴えとは，原告が法律に規定された**法律関係の変動のための要件（形成要件）の存在を主張して，その変動を宣言する判決を求める訴えです**

形成の訴えは，この離婚の訴えや認知の訴え等のように，いわゆる身分関係の変動を求める訴えとか，株主総会決議取消しの訴え，取締役解任の訴えなどの会社関係の訴えなど，訴えが多数の利害関係人に少なからぬ影響を与えるために，その明確性や安定性が特に要求される法律関係について，法が形成要件について個別的に規定している場合に認められます。*

形成の訴えにおける請求認容の判決は形成判決と呼ばれ，その確定によって，求められた**法律関係の変動を生じさせる効力**が認められます。これを形成力といいます。**設例10**で，EF間の離婚判決が確定すれば，当然に離婚（という法律関係の変動）の効力

*例えば，民法770条1項は，配偶者の不貞行為（1号）から婚姻を継続し難い重大な事由（5号）まで5つの形成要件（離婚事由）を定めています。なお，詐欺による取消し（民法96条）とか債務不履行による解除（民法541条等）のように，裁判外で行使できる形成権については，詐欺による取消しの訴えとか債務不履行による解除の訴えを提起することはできません。

が生じます。併せて，離婚原因の存在の判断について既判力を生じることになります。離婚判決の後，当事者は役所へ離婚の届出をすることになりますが，その届出は，婚姻の届出などと異なり，すでに成立している離婚を役所に報告するという意味合いを有するに過ぎません。＊

　一方，この離婚の訴えを棄却する判決は，離婚原因（形成要件）の不存在を既判力によって確定する確認判決となります。

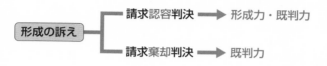

＊ちょっと脱線しますが，婚姻の届出や協議離婚の届出のように，届出が法律関係の変動の要件となっているものを創設的届出といいます。これに対し，死亡届や判決による離婚の届出のように，すでに生じている事実を役所に報告するという意味合いの届出を報告的届出といいます。

一歩前進

　形成の訴えは，法律に個別的に規定された形成要件の存在を前提として認められるものですから，その要件を満たす限り，特に訴えの利益が存在するかどうかは問題とされず，原則としてその訴えは適法なものとなります。上記の離婚の訴え，認知の訴え（民法787条），嫡出否認の訴え（同法775条），株主総会決議取消しの訴え（会社法831条），取締役解任の訴え（同法854条）その他の形成の訴えについては，いずれも「訴えによって行う」とか「訴えをもってのみ主張（請求）する」と表現されています。条文に当たって，確認してみてください。

Check

「形式的形成訴訟」

　上記のように，形成訴訟は，法に定められた形成要件を主張して法律関係の変動の宣言を求める訴えです。ところが，例えば，共有物分割の訴え（民法258条）においては，「その分割を裁判所に請求することができる」と規定されていますが，具体的な形成の基準（形成要件）は明示されていません。同じように，父を定める訴え（同法773条）でも，「裁判所が，これ（父）を定める」と規定されていますが，具体的な要件は明示されていません。このように，法律関係の形成を求める訴えであっても，形成の基準となる具体的な基準が定められていないものを形式的形成の訴え（形式的形成訴訟）といいます。上の２

つの訴えのほか，土地の境界確定の訴え<ruby>境界<rt>けいかい</rt></ruby>も形式的形成訴訟の類型に属すると考えられています。不動産登記法には，「筆界確定の訴え」として２か条の規定が置かれていますが（同法147条，148条），これが境界確定の訴えに相当するものです。実際上，隣り合った土地の境界に関する紛争が頻発し，また試験で狙われやすいところですので，これをテーマとして形式的形成訴訟の内容・特質等について説明します。

　土地は人為的に区分され，１個の土地（「一筆の土地」といいます）ごとに，<ruby>一筆<rt>いっぴつ</rt></ruby>「１番地」とか「２番地」といった地番が付せられます。土地の取引は，一筆ごとに単位とされるのが通常です。登記所に備えられた図面（公図）には，その一筆の土地ごとの境目，すなわち公法上の境界が示されています。ところが，隣り合った土地相互の実際上の境界が不明となっていることも多く，これがお隣さん同士で争いのタネとなり，裁判所にその境界の確定を求める紛争がもち込まれることになります。以下，次の具体例で説明していきます。

　甲地の所有者Ａと乙地の所有者Ｂの間で土地の境界をめぐって争いが起こり，Ａが境界の確定を求めて訴えを提起したとします。下図を参照してください。

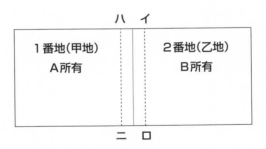

　Ａは，甲地と乙地の境界は上図のイとロを結ぶ線であると主張し，Ｂは，ハとニを結ぶ線が両地の境界であると主張しているとします。しかし，このような境界確定の訴えにおいては，原告は特定の境界線の存在を主張する必要はなく，仮にそれを主張したとしても，裁判所は，その主張に拘束されることなく，常識的に考えて正しいと思われる境界を定めることができます。例えば，ＡＢ両者の申立てと異なり，図の青で示した線を境界とすることもできるのです。それによって，ＡおよびＢの所有権の範囲も事実上定まることもありますが，境界の確定により直接に所有権を確認するという効力はありません。なぜなら，この訴えの判決は公法上の境界を定めるだけで，土地の所有権の確認とは直接の関係がないからです。したがって，裁判所は，境界を定めるに当たって所有

権の範囲に関する当事者の合意や自白に拘束されることはなく（最判昭42・12・26），また取得時効の抗弁とも無関係に境界を定めることができます（最判昭43・2・22）。原告が所有権の確認も求めたければ，別訴として所有権確認の訴えを起こすしかないのです。裁判所は，判決をするに際して，原告の請求を棄却することは許されず，必ず特定の境界線を示さなければなりません。また，一般の訴訟であれば，控訴審では控訴人の不利益に判決内容が変更されることはないのが原則ですが（不利益変更の禁止，304条），境界確定の訴えでは，この不利益変更の禁止の適用はありません。

2　訴訟上の請求＝訴訟物

（1）意義

　上述のとおり，請求（訴訟物）は，原告の被告に対する一定の権利主張であり，これは訴え提起の当初から明確に特定されていなければなりません。そうでないと，裁判所は何について審理・判決すべきかわからないし，被告としても原告の主張に対する防御の対策を立てることもできないからです。

（2）訴訟物特定の基準

　訴訟物の具体的な内容をどのようなものとして構成すべきか，つまり訴訟物をどのような基準によって特定・識別するかについては，以前から学説上の激しい論争があり，現在も諸説入り乱れている状況ですが，まずは，実務・判例を支配している考え方をしっかり押さえておくことが必要です。以下，訴えの類型ごとに実務・判例における訴訟物の特定基準を説明します。

①　給付訴訟

　給付訴訟においては，実体法上の個別的・具体的な請求権を基準として，訴訟物が特定されることになります。いいかえると，実体法上の個々の請求権ごとに訴訟物は別個のものとなります。

　設例8では，Aは売買契約に基づく車の引渡請求権を有すると主張していますから，車の引渡請求の根拠として，まずは「売買契約に基づく車の引渡請求権」を訴訟物として構成することができます。また，売買契約により車の所有権はすでにAに移転して

いると考えられますから（民法555条，同法176条），「所有権に基づく車の引渡請求権」を訴訟物として構成することも可能です。

　もう1つ例を挙げると，同一の事象から，債務不履行を理由とする損害賠償請求権と不法行為に基づく損害賠償請求権の2つが成立することがありますが，この場合も2つのそれぞれの請求権を根拠として，別個に訴訟物を構成することができます。

一歩前進

　設例8では，実体法上の個々の請求権ごとに訴訟物が別個になるのですから，理論上Aは「売買契約に基づく引渡請求の訴え」または「所有権に基づく引渡請求の訴え」という別個の訴えを提起することが可能です。同じ訴えを重ねて提起することは禁止されていますが（重複訴訟の禁止，142条），この場合訴訟物が異なるのですから，事件は別ということになります。したがって，重複訴訟の禁止に抵触することはありません。

　また，同一の訴えで，当初から車の引渡請求の根拠として契約上の請求権と所有権が併せて主張されていれば訴えの併合となり，訴訟の途中からどちらかの主張を入れ替え，あるいは追加すれば訴えの変更となります。また，確定判決に認められる既判力は，訴訟物として主張された請求権についてのみ生じることになります。設例8で，Aは，契約上の請求権に基づく引渡請求の訴えで敗訴しても，さらに所有権に基づく引渡請求の訴えを適法に提起することができるというわけです。＊

---

② **確認訴訟**

　確認訴訟における訴訟物は，**原告の被告に対する特定の権利または法律関係の存否の主張**です。設例9では，CのDに対する甲土地の所有権の主張が訴訟物となります。確認の対象となる権利は所有権，地上権，賃借権その他法律上の名称をもったものでなければならず，単に「使用権」とか「利用権」などといった権利を提示してその確認を求めることはできません。

＊現在の段階では，これらの諸点について十分理解できなくても差し支えありません。該当箇所を説明する際に，再度指摘しますから，いちおう記憶に留めておいてください。

③　形成訴訟

　形成訴訟においては，法律関係の変動の原因となる実体法上の個々の形成要件（形成原因）を基準として訴訟物が特定されることになります。言い換えると，実体法上の個々の形成要件ごとに訴訟物は別個のものとなります。設例10では，Eは，配偶者Fの不貞行為を離婚原因（形成原因）として離婚の判決を求めています（民法770条1項1号）。離婚原因としては民法上，悪意の遺棄等（同法同条同項2号〜5号）もあり，それらを離婚原因として主張する場合は，別個の訴訟物となります。

　会社法上の形成の訴えにおいても，形成要件ごとに訴訟物は別個となります。例えば，株主総会決議取消しの訴えにおいては，取消事由が複数定められていますが（会社法831条1項1号〜3号），その取消事由ごとに訴訟物は別個になります。

ステップアップ

「訴訟物論争」

　訴訟物の特定・識別の基準について，実務および判例は上記のような捉え方をしています。ところが，このような考え方に対しては，半世紀以上も前に，当時若手であった有力な学者（その急先鋒は元法務大臣の故三ヶ月章東大教授）によって異論が唱えられ，その後現在に至るまで，いわゆる訴訟物論争が続いています。この論争では，旧来の実務・判例の考え方を「旧訴訟物理論」，新しく提唱された考え方を「新訴訟物理論」と呼ぶ慣わしになっています。そこで以下では，「旧訴訟物理論」を「旧理論」，「新訴訟物理論」を「新理論」として，その論争の概要を説明しておきます。論争点は多岐にわたりますが，ポイントを絞って簡略に説明します。なお，この論争の対立点そのものを問う問題が出題されることはまずありませんから，試験対策としてはあまり踏み込んだ学習は必要ありません。

　旧理論と新理論が対立するのは，給付訴訟および形成訴訟の訴訟物の捉え方であって，確認訴訟の領域では差異はありません。旧理論は，本文で説明したとおり，給付訴訟の訴訟物を実体法上の具体的な請求権ごとに特定します。また，形成訴訟の訴訟物も実体法上の形成要件ごとに特定されることになります。そうすると，例えば設例8で，Aは，契約上の請求権に基づく引渡請求の訴えで請求棄却判決（敗訴判決）を受けても，理論上は所有権に基づく引渡請求の訴えを提起し，その審判を求めることができます。同様に設例10では，Eは

Fの不貞行為を離婚原因とする訴えで敗訴しても，別の形成要件（例えば「悪意の遺棄」）を主張してさらに離婚の訴えを提起することができる，ということになります。

　これに対し新理論は，旧理論のように請求権あるいは形成要件ごとに訴訟物を特定するという発想では，社会的に1個とみられる紛争が不自然に分断され，紛争をなるべく1回の訴訟で解決すべきという要請（紛争解決の1回性）にも反することになると主張します。例えば，設例8では，原告は，要するに自分の車の引渡請求が認められれば目的を達することができるのだから，契約上の請求権あるいは所有権ごとに2個の訴訟物とする必要はないし，契約上の請求権の主張で敗訴したのに，さらに所有権を根拠として別の訴えを提起できるのでは紛争解決の1回性の要請にも反するというわけです。しかも，「契約上の請求権に基づく引渡請求」と「所有権に基づく引渡請求」という2個の訴訟物が併合請求（同一の訴えで複数の請求の審判を求めること）されている場合には，訴訟物が2個なのだから2つの判決がなされるのが論理的帰結であるはずなのに，旧理論は選択的併合（2つの請求のうち，どちらかが認容されれば，他の請求の審判は求めないという併合形態）というテクニックを用いてその論理的破綻を回避しているとも批判されます。

　このような批判を展開した上で，新理論は，給付訴訟の訴訟物は請求権ごとに別個になるという考え方をすべきでなく，実体法秩序により1回の給付だけが認められるのであれば，「給付を求める法的地位」を訴訟物とすべきと主張します。同じく，形成訴訟では，個々の形成要件ごとに訴訟物が別個になるという考え方をせず，「法律関係の変動を求める法的地位」が訴訟物になるとします。このような考え方によれば，実体法上の請求権や形成要件は訴訟物のレベルとは切り離された法的観点に過ぎないということになります。設例8では，原告Aが車の引渡請求の根拠とする契約上の引渡請求権あるいは所有権に基づく引渡請求権は，単に「車の返還を求める法的地位」という訴訟物を基礎づけるための法的観点（攻撃方法）として位置づけられることになります。そうするとこの場合，原告Aの請求を棄却する判決が確定したとき，Aに対する「車の給付を求める法的地位がない」との判断に既判力が生じ，その後のAの請求は封じられることになります。その結果，1回の訴訟で紛争解決を図ることができるというわけです。

　新理論のこのような主張・批判にもかかわらず，判例・実務の側は，依然として旧理論に依拠した訴訟運営を変えようとせず，現在に至っています。その理由は，新理論の考え方によれば既判力の作用による原告の失権的効果が大き

過ぎて，その利益保護に欠ける結果になるのではないか，という危惧があるものと推測されます。

Check

「申立事項と判決事項」

　上記のように，原告は訴えによって請求を特定し，自己の求める審判の範囲を明らかにするわけですが，これに対応して，「裁判所は，当事者の申し立てない事項について判決をすることができない」とされています（246条）。つまり裁判所は，原告が提示した申立事項に拘束され，この申立事項を超えて，または申立事項に含まれていない判決をすることは許されない，ということになります。これは，「申立事項と判決事項の一致」の原則といわれます。この原則は，先に説明した処分権主義の1つの発現であり，原告がその意思で審判目標を設定するとともに，それを限定するという機能を果たします。他方では，原告の意思による審判範囲の決定は，被告に防御の目標を明示するという機能を併せもつことになります。そのため，裁判所が原告の明示した申立事項を超えた判決をしたりすると，そのような判決は，当事者の予測を超えた「不意打ち判決」となり，上訴による取消しの対象となります。もっとも，申立事項と判決事項がピタリと一致しなければならないというわけではなく，一定の許容範囲を超えない限り，その判決は適法です。その許容範囲を抽象的にいえば，判決内容が原告の意思に反することなく，かつ相手方に不意打ちとならない範囲内にあれば許されるということです。具体的には，次の諸点を理解しておきましょう。

　原告の求める判決の形式と異なる判決をすることは，この原則に違反することになります。設例8では，原告は車の引渡しを求めています。この場合に，車の所有権を確認する判決をすることは許されません。一方，設例9では，土地の所有権の確認が求められていますが，この訴えに対して土地の引渡しを命ずる判決をすることも許されません。また，原告の求める権利保護の範囲を超えて原告に有利な判決をすることも民事訴訟法246条違反となり，許されません。例えば，原告が500万円の給付請求をしている場合に，その額を超えて被告に600万円の給付を命ずる判決，原告が土地賃借権の確認のみを請求しているのに，判決主文でその確認と併せて地代の確認をした判決などは違法となります（最判平24・1・31）。

　しかし，申立事項よりも質的・量的に下回る範囲内で判決をすることは一般に適法と解されます。これを一部認容判決といいます。一部認容として許され

るか否かは，原告の意思に反しないかどうか，および被告に対して不意打ちとならないかといった観点が決め手となります。例えば，500万円の給付請求に対して300万円の給付判決をすることは当然に許されます。このような判決は，「全部棄却されるよりは一部でも認めてほしい」という原告の通常の意思に合致し，また請求額の一部を認めても被告にとって予測外の不意打ちとなることもないからです。現在の給付の訴えに対して履行期の未到来を理由に将来の給付判決をすることも原告の意思の範囲内とみることができますから，一部認容として許容されます。また，無条件の給付請求に対して，被告が代金支払いとの同時履行の抗弁を主張する場合には，請求棄却判決ではなく引換給付判決をすべきであるとした判決（最判昭47・11・16）とか原告の申出額を超える立退料の支払いと引換えに明渡しを命じる判決（最判昭46・11・25）もこの一部認容の論理によるものです。さらに，「1000万円を超えて債務は存在しないことの確認を求める」消極的確認の訴えに対して「1500万円を超えて債務は存在しないことを確認する」との判決は一部認容として許されますが，逆に「500万円を超えて債務は存在しないことを確認する」との判決は原告の申立ての範囲を超えるものとして不適法となります。

　なお，訴訟費用の裁判（67条1項），仮執行宣言および仮執行免脱宣言（259条1項・3項）は，処分権主義の例外として，当事者の申立てを待たずにすることができます。

3　訴えの利益と当事者適格

　民事紛争の公権的解決手段として，上記のような3つの類型の訴えが制度として認められていますが，私人がそれを利用して紛争の解決を求めるためには，紛争の内容が民事訴訟制度を利用するにふさわしい実態を備えている必要があります。先に第1講で説明したとおり，それを判断するためのツールが訴訟要件です（P25参照）。

　訴えの利益と当事者適格は，ともに訴訟要件の一種であり，民事訴訟を利用するための正当な利益ないし必要性があるかどうかを訴訟物あるいは当事者との関連で具体的に判別するための訴訟要件ということができます。すなわち，訴えの利益は具体的な請求（訴訟物）との関連で本案判決をすることの有効性・適切性を

問うものであるのに対し，当事者適格はそれを当事者との関係で問うものです。＊

＊広い意味では，当事者適格も訴えの利益の概念に含まれますが，通常は，この2つは別個に問題とされることになります。

(1) 訴えの利益
① 意義

原告の請求内容からみて，本案判決をすることの必要性ないし利益があることを訴えの利益があるといい，他の訴訟要件に欠けることがなければ，その訴えは，本案判決に至ることになります。しかし，訴えの利益がないと判断されたときは，訴訟要件を欠く不適法な訴えとして却下されることになり，結局本案判決を得ることはできません。訴えの利益は，各類型の訴えに共通して求められるものと各類型の訴えに特有のものとに区別して問題とされるのが通常です。

（i）各類型の訴えに共通して求められる訴えの利益

給付の訴え，確認の訴え，形成の訴えといった訴訟類型のすべてについて一般的に問題となるものとして，通常次の4つが挙げられます。

（イ）請求が裁判所の処理できる具体的な権利関係の存否の主張であること

民事訴訟は，具体的な紛争に法を適用してその解決を図る制度なのですから，法律の適用によって解決することのできない単なる事実関係の存否をめぐる争い，抽象的な法令の解釈の当否についての争い，宗教上の教義の正当性の判断に踏み込まなければ解決できない争い，などは原則として訴えの利益を欠くことになります。

┌─ 一歩前進 ─┐

裁判所の裁判の対象は，「法律上の争訟」とされています（裁判所法3条1項）。法律上の争訟とは，①当事者間の具体的な権利義務の存否に関する紛争であって，②法律の適用によって終局的に解決できるものであること，を内容とします。したがって，この①または②のいずれかの要件を満たさない訴えは，訴えの利益を欠き不適法とされることになります。もっとも，この「法律上の争訟」の要件は司法権の限界を画

するものであり，①または②のいずれかの要件を満たさない訴えは，訴えの利益を問題とする前に，そもそも司法権の範囲外として裁判の対象から排除されるとの考え方もあります。どちらの考え方を採っても，訴え却下という結論は同じですから，突き詰めて考える必要はありません。*

＊例えば「天動説が正しいことの確認を求める」などというクレイジーな訴え（実際にあった話です）は，①および②の要件をともに満たさず，排除されることになります。

（ロ）起訴が法律によって禁止されていないこと

例えば，裁判所にすでに係属している事件と同一の事件について訴えを提起することは禁止されています（重複訴訟の禁止，142条）。また，本案判決後に訴えを取り下げた者は，再度同一事件について訴えを提起することができません（訴え取下げ後の再訴禁止，262条2項）。これらの事由に該当する場合，後からなされた訴えは，訴えの利益なしと判断されることになります。

（ハ）当事者間に訴訟を利用しないという特約のないこと

当事者間に不起訴の合意や仲裁の合意があるときは，訴訟以外の方法で紛争の解決を予定しているのですから，被告がその旨を主張することにより，訴えの利益なしと判断されることになります。逆にいうと，そのような合意があったとしても，当事者からの主張（抗弁）がない限り，その訴えが不適法と判断されることはありません。

（ニ）その他，起訴の障害となる事由がないこと

例えば，原告が同一の訴訟物についてすでに勝訴の確定判決を得ている場合は，後訴には，原則として訴えの利益はありません。また，訴訟費用額の確定は裁判所書記官の専権とされていますから（71条1項），その確定を求める訴えは，訴えの利益を欠くことになります。

（ⅱ）各種の訴えに特有の訴えの利益

設例11
Gは，自己所有の甲土地を代金額3000万円でHに売却する契約を締結した。

（イ）給付の訴え

現在の給付の訴えは，原告が弁済期の到来した給付請求権を主張しているのですから，そのことだけで常に訴えの利益が認めら

れます。原告が訴え提起以前に被告に催告したかとか，被告が履行を拒絶したかといった事情は，訴えの利益の有無の判断には無関係です。また，給付判決を得ても，給付の実現が不可能または著しく困難であるとしても，訴えの利益がないとはいえないとされています（最判昭41・3・18）。つまり，審理の結果給付請求権が不存在と判断されれば，請求に理由がないとして**請求棄却**の判決がなされるのであって，訴えの利益がないとして**訴え却下判決**がなされるのではないのです。*

　一方，将来の給付の訴えは，**あらかじめその請求をする必要がある場合**（給付判決を得ておく必要がある場合）に限り提起することができます（135条）。という意味で，現在の給付の訴えよりも**訴えの利益の存在が厳格に問われます**。時期に遅れて履行されたのでは全く意味のない，いわゆる定期行為（民法542条1項1号）の場合は，あらかじめ給付判決を得ておく必要があるといえます。また，**設例11**で，代金債権の弁済期が到来する前に，買主Hが「契約などしていない」とか「代金は絶対払わない」などと言い張っているような場合は，弁済期に履行がなされるかどうか大いに不安がある，といえますから，あらかじめ給付判決を得ておく必要があるといってよいでしょう。

（ロ）確認の訴え

　確認の訴えについては，被告との関係で原告の法律上の地位に危険・不安が現存し，その危険・不安を除去するために，原告・被告間でその請求について確認判決をすることが有効適切であるとみられる場合に，訴えの利益（確認の利益）が認められます。確認の利益の有無は，次のような観点から判断されます。

（a）確認の対象

　確認の対象は，原則として現在の権利または法律関係でなければなりません。いいかえると，過去の法律関係とか単なる事実関係は，原則として確認の対象となりません。過去の法律関係や単なる事実関係を確認してみても，ほとんどの場合現在の紛争解決に役立たないからです。しかし，遺言無効確認の訴えのように，**過去の法律関係の確認が現在の紛争の直接かつ抜本的解決をもたらす**と考えられる場合には，例外的に確認の利益があるものと解されます（最判昭47・2・15）。遺産に属する個々の財産について，

＊判例は，貸金債権について原告が強制執行認諾文言付公正証書（執行証書）を有しているときでも，訴えの利益は失われないとしています（大判昭18・7・6）。

現在の個別的法律関係を問題とするよりも，**遺言そのものの無効を確認する**ほうが，法律関係を一括して簡明に確定できるからです。これに対し，遺言者の**生存中**に受遺者が提起した遺言無効確認の訴えについては，確認の利益を否定しています（最判平11・6・11）。遺言者が生存している限り，遺言者はその遺言を自由に撤回することができますから，訴訟で遺言の無効確認を求めても紛争の抜本的な解決には役立たないと考えられるからです。*1

また，事実関係というものは法適用の前提となるに過ぎず，それを確認しても紛争の解決につながることは少なく，やはり原則として確認の利益はありません。例えば，設例11で，買主Hが「契約などしていない」と言い張っているからといって，過去に締結した売買契約の存在の確認を求め，それを確認する判決を得たとしても現在の紛争を抜本的に解決することにはなりません。この場合売主Gとしては，より**直接的に目的を達し得る給付の訴え（代金支払請求の訴え）を提起すべき**ということになります。また，金銭消費貸借契約の債務者が，債権者に対しその債務を**弁済した事実自体**の確認を求める訴えは，確認の利益を欠き不適法です（最判昭39・3・24）。このようなケースでは，債務不存在という法律関係の確認を求めることによって直接的に目的を達し得るからです。もっとも，事実関係であっても，それを確認することによって現在の紛争の抜本的解決につながり得るのであれば，例外的に確認の利益が認められます。**証書真否確認の訴え（134条）**は，紛争の解決に役立つものとして法が例外的に事実関係の確認を認めたものです。*2

＊1 判例は，特定の財産が被相続人の遺産に属することについて確認の利益を認めていますが（最判平22・10・8），特定の財産が特別受益財産であることの確認の利益は否定しています（最判平7・3・7）。

＊2 訴訟代理権を証明する書面の真否の確認を求める訴えは，確認の利益を欠き不適法です（最判昭30・5・20）。訴訟代理権の有無は，当該訴訟内で審理すれば足り，わざわざ別訴で確認を求める必要はないからです。

一歩前進

確認の対象は，必ずしも原告・被告間の法律関係に限られません。他人間の法律関係の確認であっても，それによって原告の法律上の地位の危険・不安を除去できるのであれば，確認の利益が認められます。例えば，土地の転借人が，土地の賃貸人および賃借人を被告として，賃貸人と賃借人（転貸人）の間の賃貸借関係存在確認の訴えを提起することもできます。その確認判決を得ることによって，転借人としての地位が安泰となるからです。

（b）即時確定の利益

確認の利益が認められるためには，原告の法的地位に危険・不安が生じており，しかもその不安は，現実的なものであることが必要です（即時確定の利益）。例えば，建物の賃借権について，賃貸人が，賃貸借契約を解除したことを理由として賃借人に対し「出て行ってくれ」と要求しているような場合は，賃借権の確認を求める利益があるといえます。しかし，賃貸人が特に要求していないのに，賃借権の確認を求める利益はありません。*1

（c）確認訴訟によることの適切性

確認の訴え以外の他の類型の訴えの提起が可能であれば，確認の利益は原則として認められません。例えば，給付の訴えを提起することが可能であるときは，給付請求権の確認の利益は認められないのが原則です。この場合は，給付の訴えのほうが，よりダイレクトに目的を達することができるからです。 設例11 で，弁済期が到来したのにHが代金を支払わないとき，Gは，Hに対し代金3000万円の支払いを求める訴えを提起すれば目的を達し得るのですから，売買契約の存在あるいはその有効確認の訴えを提起することはできません。*2

なお，自己の権利の積極的確認請求ができるときは，原則として自己の権利の積極的確認を求めるべきであり，相手方の権利の消極的確認を求めるべきではないとされています（最判昭54・11・19）。

*1 判例は，賃貸借契約存続中に賃借人が賃貸人に対して敷金返還請求権が存在することの確認を求める訴えは，賃貸人が敷金交付の事実を争い返還義務を負わないと主張しているときは即時確定の利益があり，確認の利益が認められるとしています（最判平11・1・21）。

*2 もっとも，すでに給付判決を得ていたとしても，時効の完成猶予の必要があるような場合は，例外的に給付請求権の存在確認の利益が認められます。

ここが狙われる

債務の不存在の確認を求める本訴に対して当該債務の履行を求める反訴が提起された場合には，当該本訴は確認の利益を欠くことになります（最判平16・3・25）。債務の存否の判断は，反訴の審理によって判断されることになるからです。

（ハ）形成の訴え

形成の訴えについては，その主体や要件が法律で個別的に定められているのが通常ですから，その要件を備えた訴えであれば，原則として訴えの利益が認められます。ただ，訴訟中に事情の変化が生じて訴えの利益が失われることはあり得ます。例えば，会

社の役員を選任した株主総会の決議取消訴訟の係属中に，任期満了によりその役員が退任した場合には，訴えの利益が消滅することになり，その訴えは却下されることになります（最判昭45・4・2）。*

＊形成の訴えの提起が可能であれば，形成要件，形成原因の存在についての確認の利益は否定されます。

(2) 当事者適格

① 意義

　当事者適格とは，訴訟物たる特定の請求について当事者として訴訟を追行し，本案判決を求めることのできる資格をいいます。すなわち，当事者適格は（狭義の）訴えの利益とは観点を異にし，特定の請求について誰が当事者となったときに，本案判決をすることが有効適切かを考えるものです。具体的な訴訟について当事者適格を有する者は「正当な当事者」と呼ばれ，その者に訴訟追行権が認められることになります。逆に，当事者適格がないと判断されたときは，訴訟要件を欠く不適法な訴えとして却下されることになります。

② 当事者適格（正当な当事者は誰か）の判断基準

　具体的な訴訟における当事者適格は，抽象的にいえば，原則として訴訟物とされた権利の主体であると主張する者およびその者によって義務者とされた者に認められます。すなわち「権利者と主張する者」に原告適格，「義務者と主張された者」に被告適格が認められます。この基準を訴えの類型ごとに具体化すると，

（ⅰ）給付の訴えでは，一般に自己の給付請求権を主張する者が正当な原告であり，原告によってその義務者と主張される者が正当な被告となります。この場合，原告適格は給付請求権を有すると主張する者であれば認められるのであり，実際に給付請求権を有することまでは必要ありません。したがって，審理の結果，原告が主張する給付請求権が不存在であると判断されても，原告適格が失われるわけではなく，この場合請求棄却の本案判決がなされることになります。

　　判例は，特定の不動産の受贈者が当該不動産の所有権移転登記を求める場合，遺言執行者があるときは，遺言執行者に限り被告適格が認められるとしています（最判昭43・5・31）。

（ⅱ）確認の訴えでは，すでに確認の利益の概念の中に，特定さ

れた原告と被告との間の紛争を有効適切に解決できるか，とい
う観点が含まれています。つまり，確認の利益と当事者適格が
不可分に結びつき，確認の利益を判断する際に当事者適格の有
無の判断も実質的になされていますから，原則として確認の利
益を有する者が正当な原告であり，その確認を必要ならしめて
いる者が正当な被告となります。判例は，共同相続人のうち自
己の相続分の全部を譲渡した者は，もはや遺産分割を求めるこ
とができないことを理由として，遺産確認の訴えの当事者適格
を有しないとしています（最判平26・2・14）。

（ⅲ）形成の訴えでは，それを認める各法律の規定において正当
な当事者が定められています。例えば，嫡出否認の訴えにおい
ては夫が原告，妻が被告と定められ（民法774条，775条），会
社設立無効の訴えにおいては株主等が原告，会社が被告と定め
られています（会社法828条2項1号，834条1号）。このよう
に法に定められた者が訴訟追行資格をもつのであり，それ以外
に特に当事者適格を問題とする必要はありません。

③　第三者の訴訟担当

（ⅰ）意義

上記のとおり当事者適格は，原則として権利義務の帰属主体で
あると主張する者，主張される者に認められますが，特別な理由
から，本来の利益帰属主体（以下「本人」といいます）に代わっ
て，または本人と並んで第三者が当事者適格を有する場合があり
ます。これを第三者の訴訟担当といいます。この場合の第三者は，
訴訟の当事者なのであって，本人の代理人ではありませんが，訴
訟担当者である第三者の受けた判決の効力は本人に及ぶとされて
います（115条1項2号）。

（ⅱ）種類

第三者の訴訟担当には，法定訴訟担当と任意的訴訟担当の2つ
の場合があります。以下，この2つについて説明します。

（イ）法定訴訟担当

設例12

　Iは，Jに対し300万円の貸金債権を有している。しかし，Jは財産状態が悪化して支払いに窮しているうえ，Kに対して200万円の売買代金債権を有するほかには，めぼしい資産もない。

　法定訴訟担当とは，法律の規定により，**本来の利益帰属主体以外の第三者に当然に訴訟追行資格すなわち当事者適格が認められる場合**です。その具体例として，**設例12**では，Iは，債権者代位権に基づき第三債務者Kに対して200万円の売買代金債権の支払いを求める訴えを提起することができます（民法423条1項）。この債権者代位訴訟は，民法423条1項を根拠とする法定訴訟担当ということができます。

　他に，法定訴訟担当の例として，債権を差し押さえた債権者が，その後に第三債務者を被告として提起する**取立訴訟**（民事執行法157条）や会社がその取締役等の役員に対して有する債権について，株主が会社に代わって提起する**株主代表訴訟**（会社法847条）等があります。また，遺言の内容を実現するため選任された遺言執行者は，相続人や受遺者のために訴訟を提起し，これを追行することができます（民法1012条1項）。

（ロ）任意的訴訟担当

設例13

　Lバス会社の運行する観光バスが山あいの観光地を走行中，運転手Mの過失によりカーブを曲がりきれず横転した。この事故により乗客30名が負傷した。

　本人からの授権により第三者が当事者適格を認められる場合を任意的訴訟担当といいます。**設例13**では，バス事故により負傷した乗客は，個人々々で運転手およびバス会社を被告として不法行為に基づく損害賠償請求の訴えを提起することも当然できます（民法709条，同法715条）。ただ，この場合負傷した乗客は，「共同の利益を有する多数の者」に該当しますから，その「多数の者」の中から**全員のために原告となる者**を選定し，その者に訴訟追行

権を授与することができます（30条）。選定された者は，いわゆる選定当事者として，上の訴えの当事者適格をもつことになります。この選定当事者は，法律の明文で認められた任意的訴訟担当の例です。＊

　このように法律で認められている場合のほか，任意的訴訟担当をどのような要件，範囲で認めるかが問題となります。これを無制約に認めると，弁護士代理の原則（54条）および訴訟信託の禁止（信託法11条）をくぐり抜ける脱法手段として悪用されるおそれがあります。しかし一方で，これを認めるべきニーズも一定程度存在します。そこで判例は，上記のような弊害を生じるおそれがなく，かつ，これを認める合理的必要がある場合には，これを許容してよいとの前提を立て，民法上の組合における業務執行組合員に自己の名で組合財産に関する訴訟を追行する任意的訴訟担当を認めています（最大判昭45・11・11）。その後，入会団体構成員名での総有地の登記請求につき任意的訴訟担当を認めています（最判平6・5・31）。

＊選定当事者の詳細については，（P189 Check ）で後述します。

　確認の訴えに関する次のアからオまでの記述のうち，判例の趣旨に照らし誤っているものの組合せは，後記1から5までのうち，どれか。

ア　ある財産が遺産に属することの確認を求める訴えは，確認の利益を欠く。

イ　共同相続人間において具体的相続分についてその価額又は割合の確認を求める訴えは，確認の利益を欠く。

ウ　金銭消費貸借契約の債務者が，債権者に対し，その債務を弁済した事実自体の確認を求める訴えは，確認の利益を欠く。

エ　債務の不存在の確認を求める本訴に対して当該債務の履行を求める反訴が提起された場合には，当該債務の不存在の確認を求める訴えは，確認の利益を欠く。

オ　建物賃貸借契約継続中に賃借人が賃貸人に対し敷金返還請求権の存在の確認を求める訴えは，賃貸人が賃借人の敷金交付の事実を争って敷金返還義務を負わないと主張している場合であっても，確認の利益を欠く。

1　アウ　　　　2　アオ　　　　3　イエ　　　　4　イオ　　　　5　ウエ

解　説

ア　×　判例は，特定の財産が被相続人の遺産に属することについて確認の利益を認めています（最判平22・10・8）。

イ　○　判例は，共同相続人間の具体的相続分について，その確認の利益を否定しています（最判平12・2・24）。

ウ　○　判例は，債務を弁済した事実自体についての確認の利益を否定しています（最判昭39・3・24）。

エ　○　判例は，債務の不存在の確認を求める本訴に対して当該債務の履行を求める反訴が提起された場合には，当該本訴は確認の利益を欠くことになるとしています（最判平16・3・25）。

オ　×　賃貸借契約存続中に賃借人が賃貸人に対して敷金返還請求権が存在することの確認を求める訴えは，賃貸人が敷金交付の事実を争っているときは確認の利益が認められます（最判平11・1・21）。

　以上より，誤っているものはアおよびオであり，2が正解となります。

正解　2

実戦過去問

　申立事項と判決事項に関する次のアからオまでの記述のうち，判例の趣旨に照らし正しいものの組合せは，後記1から5までのうちどれか。

ア　建物の賃貸借契約の終了を理由とする建物明渡請求訴訟において，原告が立退料の支払と引換えに明渡しを求めている場合には，裁判所は，原告の申出額を超える立退料の支払と引換えに明渡しを命ずる判決をすることはできない。

イ　筆界確定訴訟において，裁判所は，原告が主張している筆界よりも原告所有地の面積が大きくなるような筆界を定める判決をすることができる。

ウ　原告が被告に対して200万円の売買代金の残代金債務が100万円を超えては存在しない旨の確認を求める訴訟において，裁判所は，売買残代金債務が150万円を超えては存在しない旨を確認する判決をすることはできない。

エ　建物収去土地明渡請求訴訟において，被告が建物買取請求権を行使し，建物代金の支払があるまで建物の引渡しを拒む旨の抗弁を提出した場合には，裁判所は，建物の時価を認定した上で，その額の支払と引換えに建物の明渡しを命ずる判決をしなければならない。

オ　売買代金支払請求訴訟において，売買代金債務は存在するが，その履行期が未到来であることが明らかになった場合には，裁判所は，原告が当該債務を有する旨を確認する判決をすることができる。

1　アウ　　　2　アエ　　　3　イエ　　　4　イオ　　　5　ウオ

解　説

ア　×　本肢のような判決は，一部認容判決として許されます（最判昭46・11・25）。

イ　○　筆界（境界）確定訴訟は，いわゆる形式的形成訴訟であり，裁判所は，原告の申立ての範囲に拘束されません。

ウ　×　本肢のような判決は，一部認容判決として許されます。

エ　○　大判昭9・6・15。

オ　×　給付の訴えに対して確認判決をすることはできません。

　以上より，正しいものはイおよびエであり，3が正解となります。

正解　3

3

【第3章】

訴訟審理の開始とその過程

4 訴えの提起とその効果

学習ナビゲーション

　訴えの提起とは，原告がアクションを起こして訴訟手続を開始することをいいます。訴状の提出による訴えの提起に続き，その訴状が被告に送達されることによって，訴訟係属が生じます。民事訴訟法の学習は，このあたりからダイナミックさを増し，いよいよ佳境に入っていくことになります。

　これからの学習に当たっては，訴訟手続の開始からその終了に至るまでのプロセスを時間的な流れのなかで把握するとともに，どこにどのような問題点が位置づけられるかを正確に理解していくことが大切です。

1　訴えの提起

（1）訴え提起の方式

　訴えの提起は，原告が訴状という書面を裁判所に提出して行うのが原則です（133条1項）。もっとも，簡易裁判所では，訴状の提出に代えて口頭による訴えの提起（271条）や任意の出頭による訴えの提起（273条）という簡易な方法も認められています。＊

　訴状には，手数料の納付のために訴額に応じた収入印紙を貼らなければなりません。また，訴状は裁判所から被告に送達されますから，その正本のほか，被告の数だけの副本を添付しなければなりません（138条1項，規則58条1項）。

＊簡易裁判所での手続については，第13講で説明します。

（2）訴状の記載事項
① 必要的記載事項

必要的記載事項 ┤ 当事者および法定代理人
請求の趣旨および原因

　訴状に必ず記載しなければならないのは、「当事者および法定代理人」と「請求の趣旨および原因」の2つです（133条2項）。この記載がなくまたは不備があるとき、その訴状は要求された方式に適合しないということで補正命令の対象となり（後述）、それに従わなければ却下されることになります。そのような意味で必要的記載事項と呼ばれます。

（ⅰ）当事者および法定代理人

　当事者の表示として、自然人であればその**氏名と住所**を記載します。当事者が未成年者または成年被後見人であるときは、その法定代理人（親権者・成年後見人等）の記載が必要となります。法人や法人格のない社団・財団については、その**商号または名称**および**本店または主たる事務所の所在地**を記載したうえ、その代表者の表示も必要となります（37条）。例えば株式会社であれば、「○○株式会社」という商号と本店または主たる事務所の所在地を記載し、加えて、その代表者（代表取締役等）を表示する必要があります。＊

（ⅱ）請求の趣旨および原因

＊法定代理人の表示や法人等の代表者の表示は、請求の特定とは関係がないので、それを欠いたからといって、訴状として不適法となるわけではありません。

設例14

　Aは、Bに2000万円の貸金債権を有し、その弁済期が到来している。しかしBは、Aの再三の催告にもかかわらず、返済しようとしない。

設例15

　C・D間で、甲土地の所有権の帰属をめぐって争いが生じている。

　請求の趣旨とは、原告が請求の内容と範囲を示して、いかなる内容の判決を求めるのかを簡潔に記載する部分であり、通常は原告の請求を認容する判決の主文に対応する形で記載されます。例えば、設例14で、AがBに対して2000万円の貸金債権の弁済を請求するのであれば、「被告は原告に対し金2000万円を支払え、との判決を求める」というように記載されます。

　請求の原因とは、請求の趣旨を補足して、審判の対象である原告の請求を特定するのに必要な事実のことです。理論上は、請求の趣旨の記載だけで請求を特定できるのであれば、この請求の原

因の記載は不要ということになります。例えば，設例15でCが，Dを被告として甲土地の所有権確認の訴えを提起する場合，目的物である甲土地の所有権は1個しかなく，原告と被告との関係でその帰属が争われるのですから，請求の趣旨の記載だけで請求は特定されます。したがってこの場合，請求の趣旨として「別紙目録記載の土地（甲土地）につき原告が所有権を有することを確認する，との判決を求める」と記載すれば足り，請求の原因の記載は必ずしも必要ではない，ということになります。

　しかし，金銭支払請求の訴えでは，同一の当事者間で複数の請求権が成立することも稀ではないので，請求の趣旨の記載だけで請求を特定することはできません。したがって，請求の原因として，請求を特定するのに必要な事実を記載しなければなりません。設例14でAは，請求の原因として，請求を特定するのに必要な事実すなわち貸金返還請求権の発生原因，金額，発生日時等の事実を記載する必要があります。例えば，「原告は，令和元年6月1日被告に対し，金2000万円を貸し渡し，被告はこれを受領した」というように記載します。

②　任意的記載事項

　上記の必要的記載事項が漏れなく適切に記載されていれば，訴状としていちおう不備はありません。もっとも，裁判所が迅速・適切に手続を進めるためには，訴状の段階で当事者の具体的な主張や証拠が明らかにされているほうが望ましいといえます。そこで，民事訴訟規則で必要的記載事項のほか，請求を理由づける事実（請求原因事実）を具体的に記載し，かつ，立証を要する事由ごとに関連する重要な事実と証拠を記載しなければならないとされています（規則53条1項）。さらに，その記載の仕方についても細かく指定されています（同条2項）。これらが任意的記載事項であり，原告の最初の準備書面を兼ねるものとされています（同条3項）。もっとも，これらの事項については，その記載が欠けても，訴状としての効力に影響はなく，それによって訴状が却下されることはありません。

一歩前進

　民事訴訟法上，請求原因という用語は3つの異なった意味

に使用されています。すでに2つ出てきましたので，これらについて補足的に説明しておきます。

まず，訴状の必要的記載事項として，請求を特定する契機となる事実関係という意味があります。設例14では，貸金返還請求権が訴訟物ですが，これを特定するためには，先に説明したとおり貸金契約（金銭消費貸借契約）の発生原因，金額，発生日時等の事実関係を明らかにする必要があります（133条2項2号）。民事訴訟規則では，この意味の請求原因を「請求を特定するのに必要な事実」といっています（規則53条1項）。

また，原告が自己の法律上の主張を基礎づけるために主張する主要事実として，請求原因事実という用語が使われます。設例14では，貸金契約の発生（法律上の主張）を基礎づけるために，原告が主張する金銭の授受と返還の合意の2つに該当する具体的事実（主要事実）がこれに当たります。民事訴訟規則では，これを「請求を理由づける事実」といっています（同79条2項）。*

さらに，請求原因という用語には，中間判決の一種である原因判決の対象としての意味もあります。これについては，P212で説明します。

*この意味の請求原因事実という用語を理解するについては，当事者の訴訟行為に関する知識が不可欠です。この点については，P157以下で説明します。

Check

「一部請求」

例えば，AがBに対し2000万円の貸金債権を有している場合，Aは，裁判外でその一部（例えば300万円）を請求するのは当然のことながら自由です。しかし民事訴訟においては，Aが債権額2000万円のうち，その一部である300万円の支払請求権を訴訟物として構成し，訴えを提起することが認められるかどうかについては争いがあります。

このような一部請求を全面的に認めると，その訴訟（前訴）の訴訟物とされているのは300万円だけですから，残部の1700万円については，訴訟物として提示されていないことになります。だとすると，残額の支払いを求める訴え（後訴）の提起は，前訴の勝訴・敗訴を問わず可能ということになります。その結果，前訴と後訴で矛盾した判断がなされ，判決の効力が抵触するという事態を招きかねません。また，実質的に同一の紛争について審理の繰り返しを強

いられる裁判所やわずらわしい応訴を強制される被告の負担の増大も軽視できません。この点を重視すれば一部請求は否定すべきとの結論に至るでしょう。しかし他方では，常に全額請求をしなければならないとすると，高額な訴訟費用を負担しなければならない原告にとって不利益となります。つまり，訴訟費用は訴額に応じて段階的に高くなりますから，原告にとっては，まず債権額の一部について少額の費用で試験的に訴えを提起し，その結果しだいで残額請求の訴えを提起するかどうか判断することができれば，大きなメリットとなるわけです。この点を重視すれば，一部請求を認めるべきとの判断に傾くでしょう。

　この問題について判例は，債権額の一部であることを明示した一部請求は許されるが，明示のない一部請求は許されないとの考え方を採っています（最判昭32・6・7）。原告の利益と裁判所および被告の利益のバランスを考慮した結果，このような判断をしたものと考えられます。この判例の考え方によれば，前訴で一部請求であることを明示した原告が勝訴したとき，さらに残額請求の訴えを提起することができます。しかし，たとえ前訴で一部請求であることを明示していたとしても，原告が敗訴したときは，その後の残額請求は同一紛争の蒸し返しであり，信義則に反し許されない，と結論づけています（最判平10・6・12）。前訴で一部請求であることを明示していなかったときは，全部請求であったものとして扱われ，前訴で敗訴した場合はもとより，たとえ前訴で勝訴したとしても残額請求は許されないということになります。

③　事件の配布と裁判長の訴状審査

　訴状は，裁判所の窓口に持参して提出するほか，郵送により提出することもできます。訴状を受け付けた裁判所書記官は，あらかじめ定められた事務分配の定めに従って，単独制ならその特定の裁判官，合議制ならその合議体に事件を配布します。

　事件の配布を受けたとき，裁判長（単独裁判官または合議体の裁判長）が訴状を審査します（137条）。何を審査するかというと，訴状に必要的記載事項が不備なく記載されているか，手数料額に相当する収入印紙が貼られているかといった形式的事項です。これらに不備があれば，裁判長は，原告に対し相当の期間を定めて補正を命じます（同条1項）。原告が，この補正命令に応じない場合は，裁判長は命令で訴状を却下することになります（同条2項）。補正命令に対して抗告はできませんが，訴状却下命令に対しては即時抗告をすることができます（同条3項）。

　現在は，紙ベースの訴状による訴えの提起しか認められていませんが，民事訴訟手続のIT化の流れの方向に沿って，訴えの提起その他の申立手続についてもインターネットを利用したオンライン化の検討が進められています（民事訴訟法132条の10参照）。さらに，訴えの提起を始めとする裁判所への申立て等の局面に限らず，事件記録の保管や口頭弁論等のあり方まで含めた訴訟手続全般についても，諮問機関による改革の方向性が示されています。そう遠くない将来に，IT化により訴訟手続が激変することもあり得るでしょう。

2　訴えの提起の効果

(1)　訴訟係属

　原告が方式を備えた訴状を裁判所に提出し，裁判所から被告にその訴状が送達されると，その裁判所において，原告の被告に対する請求が審判の対象となっている状態が生じます。このような状態を訴訟係属といいます。これによって，多くの実体法上および訴訟法上の効果が生じます。そのうち，訴え提起によって生じる時効の完成猶予および訴訟係属に伴って生じる重複訴訟の禁止（「二重起訴の禁止」とも呼ばれます）の効果は特に重要ですから，この2点について説明しておきます。*

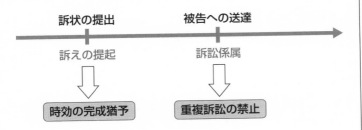

＊時間的な順序でいえば，訴状の提出が訴えの提起であり，訴状の被告への送達により訴訟係属が生じるという関係に立ちます。したがって，訴訟提起から生じる効果と訴訟係属から生じる効果は区別して理解するほうが正確です。

(2)　時効の完成猶予——訴えの提起の実体法上の効果

　訴えの提起によって生じる実体法上の効果としては，時効の完成猶予（民法147条1項）が最も重要です。設例14では，AがBに対する貸金返還請求の訴えの訴状を裁判所に提出した時に，その貸金債権の消滅時効の完成猶予の効力が生じます。Aが，貸金

債権の一部である300万円について，一部請求であることを明示して返還請求の訴えを提起した場合，その300万円の部分についてだけ時効完成猶予の効力を生じ，残部である1700万円については時効完成猶予の効力は生じません（最判昭45・7・24）。

(3)　重複訴訟の禁止——訴訟係属の訴訟法上の効果
①　意義

　裁判所に係属する事件については，当事者は，さらに訴えを提起することはできません（142条）。訴訟係属によって生じる訴訟法上の効果のうち，最も重要なものがこの重複訴訟の禁止です。仮に重複訴訟が許されるとするなら，同一の事件について重ねての審判を強制される裁判所の負担が増大し，わずらわしい応訴を強いられる被告にとっても酷です。また，同一の事件なのに矛盾した判断がなされる可能性も否定できません。このような弊害を防止するために，重複訴訟は禁止されるのです。

②　重複訴訟禁止の範囲

　問題は，どのような範囲で重複訴訟の禁止の効力が及ぶか，いいかえると，どのような場合に事件が同一といえるのか，ということです。この点については，当事者の同一と訴訟物の同一（請求内容の同一）という2つの方向からの検討が必要となります。

（i）当事者の同一

　事件の同一とは，当事者の同一が当然の前提となります。当事者が異なれば，訴訟物たる権利関係が同一であっても事件は別個のものとなります。例えば，XがYに対して提起した不動産の所有権確認訴訟の係属中に，XがZに対し，同一の不動産に関して所有権確認の別訴を提起することは，事件の同一性がなく，重複訴訟の禁止に反しないのです。

　しかし，形式的には当事者が別人であっても，前の訴えの判決の効力の拡張を受ける者が後の訴えの当事者となる場合には，事件の同一性があるということになります。設例14で，Aの債権

者であるEが，債権者代位権に基づき第三債務者Bに対して貸金の返還を求める訴えを起こしたというケースを想定してください。Eは，他人Aのため原告となった者であり，Eの受けた判決の効力は，勝訴，敗訴を問わず本人Aに及びます（115条1項2号）。そうするとこの場合，AのBに対する別訴を許すと，裁判所や被告の負担の増大，判断抵触の可能性といった弊害が生じます。したがって，このような場合にも実質的に事件の同一性があるものとして重複訴訟の禁止が及びます。選定者と選定当事者とが別個に訴えを提起する場合も同様に重複訴訟として禁止されます。

> **ここが狙われる**
>
> 　上記の例で，EのBに対する債権者代位訴訟の係属中に，AがEの代位権を争って独立当事者参加（47条）をする場合は，2つの訴えは併合審理される結果，本文で挙げたような弊害を生じるおそれはないので重複訴訟の禁止は適用されません（最判昭48・4・24）。

(ⅱ) 訴訟物の同一

　当たり前の話ですが，同一当事者間で前訴と後訴の訴訟物が同一の場合には事件は同一となり，後訴は重複訴訟として許されません。しかし，その場合に限定されず，訴訟の対象となっている権利関係が実質的に同一とみられる場合も事件の同一性があるものとして，重複訴訟の禁止が及びます。どのようなケースがこれに当たるかについては，次のような諸点が問題となります。

（イ）前訴と後訴で原告と被告の立場が逆になっていたとしても，訴訟物の内容をなす権利関係が同一であれば，実質的に同一の事件と解され，重複訴訟として許されません。例えば，設例14で，AのBに対する貸金返還請求の訴えの係属中に，Bがこの貸金債務について債務不存在確認の別訴を提起する場合，原告と被告が逆になりますが，争われている権利関係は同一であり，重複訴訟の禁止に抵触することになります。

（ロ）金銭債権の一部の支払いを求める訴え（一部請求）について判例は，先述したとおり，一部であることを明示した訴えは許容するという考え方を採っています（P87 Check 参照）。したがって，前訴で一部請求であることが明示されていれば，

　　残部の支払いを求める後訴の訴訟物は前訴の訴訟物とは別個で
　　あり，後訴は重複訴訟の禁止に抵触することはありません。し
　　かし，一部請求であることを明示しなかったときは，残額請求
　　の後訴は重複訴訟の禁止に抵触し，許されません。
（ハ）すでに別訴で訴求している金銭債権について，さらに別の
　　訴えでその債権を自働債権として相殺の主張をすることは許さ
　　れるか，という問題があります。この点を理解するには，**訴訟
　　上の相殺の主張の特殊性**に関する理解が不可欠の前提となりま
　　す。そこで，その点を解説する際に，併せてこの問題点を指摘
　　し説明することにします（P222参照）。

┌─ 一歩前進 ─┐

　　重複訴訟として禁止されるのは，すでに裁判所に係属して
　いる訴えと同一の訴えを**別訴として提起する場合**です。した
　がって，すでに係属している事件について同一の訴訟手続内
　で，**訴えの変更により請求を追加する場合**や**関連する請求に
　ついて反訴を提起する**ことは一般に許されます。＊

　　反訴とは，本訴の訴訟手続中に，本訴と関連する請求につ
　いて，本訴の被告が原告（反訴原告）となり，本訴の原告を
　被告（反訴被告）として提起する訴えです。 **設例15** で，C
　の甲土地の引渡請求の訴えが係属中にその訴訟手続内で，D
　がCを被告として甲土地の所有権の確認を求める訴え（反訴）
　を提起するような場合がこれに当たります。反訴の審判は，
　本訴と同一の訴訟手続内で一緒に行われますから（併合審
　理），矛盾した判断がなされるおそれはなく，裁判所や当事
　者の負担が増すこともないので，許容されるわけです。

＊訴えの変更や反訴
については，第8講
を参照してください。

③　**重複訴訟の処理**

　重複訴訟の禁止に触れるかどうかは**職権調査事項**であり，裁判
所は，被告の抗弁を待つことなくこれに違反する後訴を**不適法却
下**しなければなりません。

　訴えの提起に関する次のアからオまでの記述のうち，判例の趣旨に照らし正しいものの組合せは，後記1から5までのうち，どれか。

ア　訴状審査により訴状に請求の原因が記載されていないことが判明した場合，裁判長は，直ちに当該訴状を却下しなければならない。

イ　法律関係を証する書面の成立の真否を確定するための確認の訴えは，不適法である。

ウ　簡易裁判所においては，訴えは，口頭で提起することができる。

エ　遺言者の生前における遺言の無効確認の訴えは，現在の法律関係の確認を求めるものとして適法である。

オ　原告が貸金返還請求の訴えを地方裁判所に提起した場合，当該訴えに係る貸金返還請求権についての時効の完成猶予の効力は，その訴状を当該地方裁判所に提出した時に生ずる。

1　アエ　　　　2　アオ　　　　3　イウ　　　　4　イエ　　　　5　ウオ

解　説

ア　×　訴状に必要的記載事項としての「請求の原因」が記載されていない場合，裁判長は，相当の期間を定め，その期間内に不備を補正すべきことを命じなければなりません（137条前段）。

イ　×　確認の訴えは，法律関係を証する書面の成立の真否を確定するためにも提起することができます（134条）。これを証書真否確認の訴えといいます。

ウ　○　簡易裁判所においては，訴えは，書面によることなく口頭で提起することもできます（271条）。

エ　×　遺言者の生前における遺言の無効確認の訴えは，確認の利益がなく，不適法となります（最判昭31・10・4）。

オ　○　訴えが提起されたときは，その時に時効の完成猶予に必要な裁判上の請求があったものとされています（147条）。ここで「訴えが提起されたとき」とは，訴状が裁判所に提出された時を意味します。

　以上より，正しいものは，ウおよびオであり，5が正解となります。

正解　5

⑤ 訴訟審理の過程

学習ナビゲーション

　　訴訟審理とは，訴えの提起を受けた裁判所が，裁判をするために，それに必要な裁判資料を収集する段階の手続です。この訴訟審理の方式やその進め方については，民事訴訟法にさまざまなルールが存在します。そのルールの内容を正確に理解することが本講および第６講，第７講の課題となります。

　　本講では，まず訴訟審理における裁判所と当事者の役割および訴訟審理の中心である口頭弁論の諸原則を解説します。それに引き続き，訴訟の審理が裁判所の主導の下にどのように進行していくのか，およびその過程で生ずるさまざまな問題点の処理を中心に説明していくことにします。

　　弁論主義や証拠調べ等，第６講で学習する内容についても，本講の内容に関連する範囲で，一部先取りするような形で記述してあります。そのため，多少わかりづらい点があるかもしれませんが，気にすることなく読み進めてください。本講および第６講，さらに第７講全体を通じて，訴訟審理の手続面および内容面の全体像をつかめるように配慮してありますから，この３講を読み終えたときにトータルな理解を形成できれば大丈夫です。

１　訴訟審理における裁判所と当事者の役割

　　まずは，審理における裁判所と当事者の役割をしっかり把握しておくことが大切です。この点については，訴訟進行の手続面と訴訟審理の内容面を区別し，**訴訟進行の手続面については裁判所が主導し（職権進行主義），訴訟審理の内容面に関しては当事者が中心的な役割を果たす（弁論主義）**と理解してください。

```
裁判所と当事者の役割 ┬ 審理の手続面 ━ 職権進行主義
                     └ 審理の内容面 ━ 弁論主義
```

(1) 訴訟進行の手続面における職権進行主義

　野球の試合の進行に関してアンパイア（審判）が不可欠の役割を演じるのと同様に，訴訟の進行に関しては裁判所が主導的な役割を果たします。裁判所（または裁判長）には，期日の指定やその変更，口頭弁論の指揮その他さまざまな事項に関して訴訟指揮権が認められ，これに基づき裁判所の広い裁量によって手続が進められていくことになります。これを職権進行主義といいます。手続の進行に当事者の申立ては原則として必要ではないし，仮に申立てがあったとしても裁判所はこれに拘束されることはありません。

　しかし，当事者の都合や意向を全く無視して訴訟手続を円滑に進めることはできませんから，個々の手続において裁判所の判断に当事者の意向が反映されるような仕組みが随所に設けられています。例えば，訴訟の移送（16条等），訴訟救助（82条），期日の指定・変更等（93条）に関しては，当事者に申立権を認め，裁判所にその申立てに対して判断することを義務付けています。また，弁論準備手続の開始や書面による準備手続についての当事者の意見の聴取（168条，175条），審理の計画に関する当事者双方との協議（147条の3第1項）など，裁判所が手続を選択する際に，当事者の意見が反映されるような方策が民事訴訟法に規定されています。また，民事訴訟規則では，口頭弁論の期日外で訴訟の進行に関して必要な事項（例えば，審理の進め方や証拠調べの対象・範囲など）について裁判所と当事者双方が協議（打ち合わせ）する進行協議期日の制度が設けられています（同95条1項）。これらを総合的にみれば，職権進行主義の建前は維持しつつも，当事者との協同進行という観点が相当程度に採り入れられているという見方もできるでしょう。

Check

「責問権」

　当然のことながら，裁判所および当事者は，法に定められたルールを守って訴訟手続を進めていかなければなりません。しかし，裁判所が手続法規に違反する行為を見過ごして手続を進行させることも皆無ではありません。そこで，当事者にも裁判所や相手方の訴訟法規違反行為について異議を述べ，その行為

の無効を主張する権利が認められています。これを責問権といいます。

　もっとも，訴訟手続は連鎖的・段階的に積み重なっていくものですから，さほど重要とはいえない軽微な手続規定違反について，いつまでもその瑕疵を問題とし得るなら，訴訟手続の安定性が害され，訴訟経済の要請に反することになります。そこで，当事者がその訴訟手続に関する規定の違反を知りまたは知ることができた場合には，遅滞なく異議を述べないと，この責問権を失うとされています（責問権の喪失，90条本文）。また，この責問権は放棄できると解されています（同条ただし書反対解釈）。

　ただ，すべての訴訟法規違反についてこの責問権の放棄・喪失が認められるわけではありません。それが認められるのは，訴訟法規のうち，当事者の訴訟追行上の利益を保障し，その便宜を図ることを主たる目的とする規定すなわち任意規定の違反に限られます。例えば，訴えの提起や訴えの変更の方式違反，期日の呼出しに違法がある場合，宣誓させるべき証人に宣誓させないで尋問した場合（大判昭15・2・27），当事者尋問の形式で尋問すべき法定代理人を証人尋問の手続で尋問した場合（大判昭11・10・6）などがこれに該当するとされています。しかし，公益的な色彩の強い訴訟法規いわゆる強行法規の違反については，簡単にその喪失・放棄を認めるわけにはいきません。それらの規定は，「放棄することができないもの」とされ（同条ただし書），文字どおり放棄することもできず，また異議を述べる権利を失うこともありません。例えば，口頭弁論の公開主義（憲法82条），裁判官の除斥（23条），専属管轄（13条，20条），裁判官の交代の場合の弁論の更新（249条2項）などに関する規定に違反した場合がこれに該当します。

(2) 訴訟審理の内容面における弁論主義

　訴訟の審理は，訴訟要件の具備と請求の当否について判断するための資料を収集するために行われますが，審理の中心をなすのは請求の当否を判断するための資料の収集です。

　訴訟審理の場面では，当事者が自分に有利な判決を得るために，さまざまな攻防を展開することになります。その攻防の舞台となるのが口頭弁論です。口頭弁論の場で，原告が本案の申立てを基礎づけるために提出する一切の裁判資料を攻撃方法といい，被告が自己の本案の申立て（反対申立て）を基礎づけるために提出する一切の裁判資料を防御方法といいます（併せて「攻撃防御方法」

といいます）。民事訴訟においては，これらの裁判資料の収集および提出は当事者の権能かつ責任とする原則が支配しています。これを弁論主義といいます。

攻撃方法

原告　　　　　　　　　　　　　　被告

防御方法

2　口頭弁論の意義と基本原則

（1）意義

　訴訟の審理は，上に述べたとおり，口頭弁論という方式で行われます。口頭弁論とは，両当事者が裁判所の面前で直接に，対等の立場で自己の主張を述べ合うという審理方式です。＊

　当たり前の話ですが，訴訟においては裁判所の「えこひいき」は許されません。裁判所が一方当事者の言い分ばかり聴いて，その当事者に対して有利な判決を下したりすると，他方の当事者は到底納得することはできないでしょうし，こんな裁判をされたのでは，国民の信頼を得ることもできません。そこで，口頭弁論においては，当事者双方を対席させ，それぞれの主張を述べる機会を平等に与えるという建前が採られています。これを双方審尋主義といいます。「武器対等の原則」ともいわれます。口頭弁論は，この双方審尋主義を実現するためのステージといえるでしょう。

> **一歩前進**
>
> 　訴訟の審理は，図式的にいえば，当事者が裁判に必要な事実を主張し証拠を提出する「弁論」と裁判所が当事者から提出された証拠を調べる「証拠調べ」とで構成されます。この「弁論」と「証拠調べ」の峻別は，弁論主義を理解するうえで重要な意味をもってきます。この点については次講で詳述しますから，口頭弁論のこのような構造はここでいちおう頭に入れておいてください。

＊口頭弁論という言葉は，本文のように審理方式を意味するほか，本案の申立ておよびそれを基礎づける法律上・事実上の主張，証拠の申出など，当事者の訴訟行為の意味に用いられることもあります。ただ，この点にいちいちこだわる必要はありません。次の（2）の必要的口頭弁論でいうところの口頭弁論という言葉は，審理方式の意味になります。

(2) 必要的口頭弁論

　判決という形式で裁判をするためには，裁判所は，**原則として口頭弁論を開く**ことが要求されます（87条1項本文）。これを必要的口頭弁論の原則といいます。他方，訴訟手続上で派生的に生ずる事項に関する付随的な裁判については，簡易迅速性が要求されますから，決定という軽易な形式で行われます。この場合は，**口頭弁論を開くかどうかは，裁判所の裁量に任されています**（任意的口頭弁論，同条同項ただし書）。口頭弁論を開かず決定するときは，「審尋（しんじん）」という簡易な形式（対席や公開は不要）で当事者に意見を求めることができます（同条2項）。

ここが狙われる

　必要的口頭弁論の原則の例外として，不適法な訴え・控訴・上告で補正不能なものは，口頭弁論を経ることなく判決で却下することができます（140条，290条，319条）。

---

(3) 口頭弁論の基本原則

　口頭弁論の基本原則としては，下図の6つが挙げられます。＊

＊ここでは，これら6つの諸原則のうち，公開主義，口頭主義および直接主義について説明します。双方審尋主義については，前頁で説明したとおりです。他の集中審理主義および適時提出主義については，それが具体的に問題となる箇所で説明します。

① 公開主義

　公開主義とは，訴訟の審理および裁判を，**誰でも自由に傍聴する**ことができる状態で行う，という建前のことです。個々の裁判の公正を実現するとともに，裁判の公正に対する国民の信頼を確保することを目的とします。裁判の公開は**憲法上の要請**です（憲法82条1項）。そこでは，「対審」と「判決」の公開が要求されています。対審とは，弁論に加え証拠調べや判決言渡しを含めた意味での口頭弁論のことです。口頭弁論の公開原則に違反してなさ

れた判決は**絶対的上告理由**となり，上告によって常に取り消されることになります（312条2項5号）。

② 口頭主義

口頭主義とは，弁論において口頭で陳述されたものだけが判決をするための資料（**裁判資料**）となり得るという原則です。このため，準備書面に記載した事実であれ，あるいは弁論準備手続に提出された事実であれ，口頭弁論で陳述されない限り裁判の資料とならないのです。これに対し，書面を中心に審理を進めるという主義を**書面主義**といいます。書面主義に比べて口頭主義には，裁判所や相手方に対して新鮮かつ強いインパクトを与えることが可能であり，またその内容が不明瞭なときは，直ちに釈明することができるという利点があります。その一方で，口頭主義には，誤解や欠落，さらには忘却を生じやすいといった短所もあります。そこで，このような口頭主義の短所を補うために，一定の重要事項については書面の活用が求められています。*

③ 直接主義

直接主義とは，判決をする裁判官が自ら，当事者の弁論を聴取し，また証拠調べを行うという原則です。「判決はその基本となる口頭弁論に関与した裁判官がする」との規定（249条1項）は，この原則を表すものです。このように直接主義は，弁論および証拠調べという局面でそれぞれ問題となります。

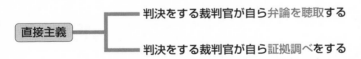

この原則と逆に，他者からの審理結果の報告に基づき裁判をするという方式を**間接主義**といいます。しかし，直接主義を採ることによって口頭主義の長所をより生かすことができ，柔軟な審理が可能になるという考慮から，直接主義が民事訴訟法の基本とされています。もっとも，直接主義を厳格に貫くことは実際上困難ですから，「**弁論の更新**」という間接主義的な便法も採り入れられています。弁論の更新とは，訴訟係属中に裁判官が交代した場合に，当事者が，新裁判官の面前でそれまでの口頭弁論の結果を陳述することです。といっても，両当事者が，それぞれ自己の弁

＊書面を必要とする事項については，それぞれの箇所で指摘します。「書面を要する行為はどれか」という出題もみられますから，こまめに覚えておくほうがよいでしょう。

論の結果を陳述する必要はなく，当事者の一方が自己および相手方の弁論の結果を陳述すれば足ります（最判昭31・4・13）。この弁論の更新によって，従前の訴訟資料はその効果が維持されることになります（249条2項）。

3　訴訟審理の過程

設例16

　Aは，Bに対し甲土地の売買契約に基づき，3000万円の売買代金支払請求の訴えを提起した。

　訴訟審理のプロセスを時間的な流れに沿って，大まかに図で示しておきます。訴訟が最初の口頭弁論期日であっけなく終了することもあり，また終局判決に至らず和解や訴えの取下げによって訴訟が終了することも多いので，必ずしもこのようなプロセスをたどるわけではありませんが，1つのモデルケースと考えてください。以下，この流れに沿って，各段階で生じる問題点およびその場合の処理について説明していきます。

用語の説明
「期日」
裁判所，当事者その他の訴訟関係人が一定の場所（主に法廷）に集まり，訴訟に関する行為を行うために定められた日時のことです。口頭弁論期日のほか，証拠調べ期日，判決言渡期日などが主なものです。なお，証拠調べは口頭弁論期日に行われることも多く，この場合は特に証拠調べ期日として指定されるわけではありません。

訴訟審理のプロセス

①訴えの提起・訴訟係属

②第1回口頭弁論の実施

③争点・証拠の整理手続

④後続の口頭弁論の実施

⑤口頭弁論の終結

判決の言渡し

①　訴えの提起および訴訟係属

　原告が訴状を裁判所に提出して訴えを提起し（133条1項），そ

の訴状が被告に送達されることによって訴訟係属が発生します。訴えの提起および訴訟係属によって生じる効果や問題点については，前講で説明したとおりです。

② 第１回口頭弁論の実施

　口頭弁論の期日は，申立てまたは職権により裁判長が指定し（93条１項），当事者への呼出状の送達その他相当と認める方法によって当事者を期日に呼び出します（94条１項）。この呼出しに応じて，指定期日に当事者またはその代理人が裁判所に出頭したときは，第１回目の口頭弁論が実施されることになります。*1

　口頭弁論では，当事者はまず本案の申立てという訴訟行為を行います。原告側の本案の申立ては，訴状に提示した請求についての判決を求める陳述であり，被告側の本案の申立ては，答弁書（被告の提出する最初の準備書面）に基づく訴えの却下または請求の棄却を求める陳述となります。設例16でいえば，原告Ａの「被告は原告に対し金3000万円を支払え，との判決を求める」との陳述が本案の申立てであり，被告Ｂの「原告の請求を棄却する，との判決を求める」あるいは「原告の訴えを却下する，との判決を求める」という陳述が本案の申立てとなります。これによって，その訴訟の審判の対象が口頭で明らかにされたことになります。

　さらに，訴状には原告の請求を基礎づける法律上の主張とこの法律上の主張を基礎づける事実が記載されているのが通常ですから，これも陳述されることになります。設例16でいえば，Ａの売買代金債権の発生を基礎づける「ＡＢ間で甲土地の売買契約が成立した」という法律上の主張とそれを基礎づける事実（請求原因事実）です。被告の提出する答弁書には，請求原因事実の主張に対する被告の認否が記載されるのが通例ですから，これも陳述されることになります。ここで第１回口頭弁論が終了することも多く，その後の審理は後続の口頭弁論期日にもち越されます。

　もっとも，被告が本案について反対申立てをすることなく，原告の請求に理由があるとの陳述をしたときは請求の認諾となり，逆に原告が被告に対する請求に理由がないとの陳述をしたときは請求の放棄となり，ともに訴訟は終了することになります。*2

＊１当事者の一方または双方が欠席した場合の処置については，後記 Check を参照してください。

＊２請求の認諾および請求の放棄の詳細については，P235以下を参照してください。

101

一歩前進

「時機に後れた攻撃防御方法の却下」

　口頭弁論は何回行われても，証拠調べを含めてその全体が判決の基礎となります。これを口頭弁論の一体性といいます。このことは，当事者の弁論はどの期日において行われたものであっても裁判資料としては同一の価値・効果を有することを意味します。そうすると，当事者としては口頭弁論の終結に至るまで，控訴審を含めていつでも，自分に有利な判断を引き出すための攻撃防御方法を提出できる可能性があるということになります。しかし，攻撃防御方法の提出時期が全く自由であるとすると，審理の焦点が散漫となり，それによって訴訟の進行が遅れる原因ともなります。しかも，審理の最終段階に至ってから，訴訟の勝敗を決定づけるような攻撃防御方法が提出されると，それまで積み重ねてきた審理が水の泡になってしまいかねません。野球の試合では，逆転サヨナラホームランは胸のすく快挙かもしれませんが，訴訟の終盤での一発逆転は，裁判所および相手方を愚弄するものであって，邪道なのです。

　そのような不都合を回避するために，攻撃または防御の方法は，訴訟の進行状況に応じ適切な時期に提出しなければならない，とされています（156条）。これを適時提出主義といいます。さらに，この原則の実効性を確保するために，当事者が故意または重大な過失により時機に後れて提出した攻撃防御方法は，それによって訴訟の完結を遅延させると認められる場合，裁判所は，申立てまたは職権により却下できることとされています（157条1項）。*

　このようなペナルティを科すことによって，訴訟審理の促進ひいては訴訟遅延の解消が目指されているわけです。もっとも，相殺や建物買取請求求権が抗弁として行使される場合には，特段の配慮が必要とされています（P160 | Check | 参照）。

適時提出主義	➡ 時機に遅れた**攻撃防御方法の却下**
	➡ 釈明に応じない**攻撃防御方法の却下**

＊趣旨の不明瞭な攻撃防御方法について，当事者が必要な釈明に応じないとか，釈明の期日に出頭しない場合にも，却下の対象となります（157条2項）。

Check

「口頭弁論期日における当事者の欠席」

　指定された口頭弁論期日に当事者または代理人が出席せず，あるいは出席しても本案の弁論をすることなく退廷してしまった場合は，どのように処理されるのでしょうか。この点については，最初にすべき口頭弁論期日（初回期日）と後続の口頭弁論期日（続行期日）とでその扱いが異なります。まず，一方当事者が欠席した場合についてみていきましょう。

　初回期日に原告または被告のいずれかが欠席した場合には，出席した当事者が本案の申立てを行い，欠席当事者の提出した書面（訴状または答弁書）は陳述したものとみなされます（陳述擬制）。そして，出席した当事者に，この擬制された陳述に対する認否や証拠申出をさせて，当日の審理を進行させることになります（158条）。これは初回期日に限った特別の扱いとなります。こうしないと，弁論が開始されないという不都合を生じるからです。欠席当事者が書面を提出していない場合の扱いも問題となります。実際には，訴えを提起した原告が欠席することは稀であり，被告が欠席し，しかも答弁書等の書面も提出しないケースが多くみられます。この場合には，原告が訴状で主張した事実を被告が全部自白したことになり（159条3項・1項），裁判所は，訴訟が裁判に熟したものとして弁論を終結し，判決言渡期日を指定して原告の請求認容判決をすることもできます（243条1項）。

　続行期日において，当事者の一方が欠席した場合は初回期日の扱いと異なり，欠席当事者の陳述擬制はなされません。要するに，準備書面を出していても，出していないのと同じことです。この場合，それまでの弁論に出席当事者の提出した準備書面に基づく弁論をつき合わせて審理が進められることになります。また，このように当事者の一方が欠席等した場合，裁判所は，審理の現状および当事者の訴訟追行の状況を考慮して相当と認めるときは，出頭した相手方の申出があることを条件に，そのまま口頭弁論を終結し終局判決をすることもできます（244条ただし書）。一方当事者が欠席を繰り返し，訴訟追行に対する誠意のなさが目に余るというようなときは，このような扱いを正当化できるでしょう。

　初回期日，続行期日を問わず，当事者双方が口頭弁論期日または弁論準備手続期日に欠席した場合には，審理を行うことができませんから，その期日はお流れとなります。この場合には，当事者双方が訴訟追行に熱心さを欠くものとみられ，どちらかの当事者が1ヶ月以内に期日指定の申立てをしないと，訴えを取り下げたものとみなされます（263条前段）。そして，この期日指定の申

立てにより新期日が指定された場合に，その新期日にも双方が欠席したとき（連続して2回期日に欠席したとき）は，訴えの取下げがあったものとみなされます（同条後段）。さらに，続行期日に当事者双方が欠席した場合，上記のような取下げ擬制のほか，裁判所は，審理の現状等を考慮して終局判決をするという扱いも認められます（244条本文）。

　このように民事訴訟法は，当事者欠席の対策として，「別に出てこなくてもいいですが，サボると不利益を受けることを覚悟してください」という形で出席を促すという態度を取っているわけです。

③　争点・証拠の整理手続
（ⅰ）準備書面
　ここでのテーマである争点・証拠の整理手続の説明に入る前に，口頭弁論の準備としての意味をもつ準備書面について説明しておきます。

　口頭弁論は書面で準備しなければならないとされています（161条1項）。ここでいう書面が文字どおり準備書面です。つまり準備書面とは，当事者が口頭弁論において陳述する内容を記載し，裁判所および相手方当事者に弁論の予告をするために提出する書面のことです。口頭弁論の場でいきなり複雑な事実関係や法律論を提示されたのでは，即座に理解することが困難なことがあり，相手方や裁判所も困惑することになりかねません。そのようなことのないよう，準備書面は事前に陳述内容を書面化し相手方に予告させるという意味をもつわけです。なお，被告が最初に作成し提出する準備書面を答弁書といいます（158条参照）。当事者は，相手方が記載事項に対する応答の準備をするのに必要な期間をおいて，裁判所にこれを提出しなければなりません（規則79条1項）。なお，準備書面は，当事者間では直送でやり取りされます（規則83条1項）。

　準備書面は，あくまで口頭弁論の準備のために作成・提出が要求されるに過ぎませんから，その記載事項は弁論において口頭で陳述しない限り，裁判資料とはなりません。これは口頭主義からの当然の帰結です。

　準備書面については，その提出（記載）・不提出（不記載）に一定の重要な効果が結び付けられていますから，覚えておきまし

ょう。まず，準備書面に記載しなかった事実は，相手方当事者が在廷しない場合には，主張することができません（161条3項）。相手方に対する不意打ちを防止するためです。これを逆にいうと，準備書面に記載した事実は，相手方が在廷していなくても主張することができます。＊

　さらに，準備書面を提出しておけば，次のような2つのメリットがあります。

　準備書面を提出した当事者は，最初にすべき口頭弁論期日に欠席した場合であっても，その内容を陳述したものとして扱われます（158条，297条）。これは先に述べたとおりです。

　被告が本案について準備書面を提出した後は，原告が訴えを取り下げるには，被告の同意を必要とします（261条2項）。

（ⅱ）準備的口頭弁論，弁論準備手続，書面による準備手続

争点・証拠の整理手続 ┳ 準備的口頭弁論
　　　　　　　　　　　┣ 弁論準備手続
　　　　　　　　　　　┗ 書面による準備手続

（イ）意義

　訴訟にもち込まれた事件の内容が単純であり当事者間に事実関係についての争いがないということであれば，裁判所は，直ちに弁論を終結して判決言渡期日を指定し，その指定期日に終局判決を言い渡すこともできます。これで一件落着です。しかし，事件が複雑であったり，事実関係について当事者間に深刻な対立があるような場合には，事件の内容を整理し当事者間で争いのある事実（争点）は何かを早期に見極めなければ，無用の審理に時間と労力を費消し，ひいては訴訟遅延を招く結果となりかねません。

　弁論主義の下では，当事者間に争いのない事実については，裁判所は，証拠調べをすることなくその事実が存在することを前提に判決をしなければなりません。つまり，当事者間に争いのない事実は審理の必要がありません。しかし，事案の分析が不十分でこの点に関するツメが甘いと，無用・無駄な審理がダラダラと繰り返されるおそれがあります。設例16で具体的に考えてみましょう。Aの売買代金支払請求に対し，Bが重要な錯誤による売買契約の取消しを主張し，それに対してAが，Bには重大な過失が

＊このような効果を生じるには，準備書面のうち相手方に送達されたもの，または相手方からその準備書面を受領した旨を記載した書面が提出されたものに限られます（161条3項かっこ書）。つまり，準備書面の内容について，少なくとも相手方の知り得る状態にあったことを要するわけです。

あったから契約の取消しを主張できない，と反論したとします。
重要な錯誤による取消しの主張は契約の成立を前提とする主張で
すから，ＡＢ間で売買契約が成立したことについての争いはない
ことになります。また，Ａは，Ｂの錯誤に重大な過失があったと
して取消しの主張はできないと反論しているのですから，Ｂに重
要な錯誤があったこと自体は認めていることになります。つまり，
売買契約が成立したこと，買主Ｂに重要な錯誤があった等の点に
ついては当事者間に争いはなく，争点はＢに重大な過失があった
かどうかという一点に絞り込まれることになります。要するに，
売買契約の成立およびＢに重要な錯誤があったかどうかは審理の
必要がありません。というよりむしろ，弁論主義の下では，そも
そも審理の対象としてはならないのです。

　そうすると結局，裁判所としては，Ｂに重大な過失があったか
どうかという一点に絞って審理をすれば足り，証拠調べもその点
に集中するべきということになります。このような審理方式を争
点中心主義，集中証拠調べといいます。この争点中心主義および
集中証拠調べを円滑に実施するために用意されているツールが，
準備的口頭弁論，弁論準備手続および書面による準備手続です。
いずれも，争点・証拠の整理を目的とする手続（以下「争点等整
理手続」といいます）であることをしっかり認識しておいてくだ
さい。裁判所は，この３つの争点等整理手続のメニューの中から，
事案の内容・性質に応じて最も適切なものを選択して実施するこ
とになります。以下，それぞれの争点等整理手続の要点を説明し
ます。

ここが狙われる

　これらの争点等整理手続は，第１回口頭弁論期日以前でも行うことが可能で
す。これらの手続を経ることなく通常の口頭弁論を行うこともできます。

（ロ）準備的口頭弁論

　通常の口頭弁論では，訴訟要件や請求内容に関する主張および
証拠調べが行われますが，この準備的口頭弁論は，争点および証
拠の整理に限定して，裁判所が必要と認めるときに行われます
（164条）。準備的口頭弁論も口頭弁論であることに変わりはなく，

原則として**公開法廷で実施**されなければなりません（憲法82条1項）。このように準備的口頭弁論は、審理の公開が保障されていますから、社会的関心の高い事件、例えば公害事件、薬害事件、行政事件、労働事件等についての利用が主に想定されているといえるでしょう。*1

準備的口頭弁論には、**口頭弁論の規定が適用される**ことになります。したがって、争点整理に関係する限り、裁判所は、釈明権の行使や釈明処分をすることができ、また証人尋問等の証拠調べを実施することもできます。*2

準備的口頭弁論を終了するに際して、裁判所は、この手続で絞り込まれた争点に関して**証拠調べにより証明すべき事実を当事者との間で確認**します（165条1項）。また、その際裁判長は、相当と認めるときは、当事者に準備的口頭弁論における**争点および証拠の整理の結果を要約した書面を提出させる**ことができます（同条2項）。これは、準備的口頭弁論の成果を明確にすることを目的とするものです。

（ハ）弁論準備手続

この弁論準備手続は、裁判所が当事者の意見を聴いたうえで、**当事者双方が立ち会うことができる期日において行う**とされています（168条、169条1項）。裁判所の許可があれば傍聴することもでき、当事者が申し出た者については原則として傍聴を許可しなければなりません（169条2項）。このように、弁論準備手続は制限的に公開されることになります。

弁論準備手続の期日においては、証拠の申出に関する裁判（証拠決定や文書提出命令など）のほか、争点整理と密接に関連する**弁論の期日外の裁判**（訴訟引受決定、補助参加の許否の決定、訴えの変更を許さない旨の決定など）等も行うこともできます（170条2項）。しかし、証拠調べそのものは、「文書」の証拠調べを除いて、することができません。つまり、証人尋問や当事者尋問をすることもできません。

裁判所は、相当と認めるときは、申立てまたは職権で弁論準備手続を取り消すことができますが、**当事者双方の申立てがあるときは、取り消さなければならない**とされています（172条）。弁論準備手続は、原則として公開されずに行われるインフォーマルな

*1 弁論準備手続および書面による準備手続については、公開する必要はありません。

*2 当事者が出頭しないなどの不熱心さがみられるときは、裁判所は、準備的口頭弁論を終了することができます（166条）。

手続であるため，両当事者がそれを望まないのであれば，やめようという趣旨です。＊

　弁論準備手続の終結に当たっては，準備的口頭弁論の場合と同じく証明すべき事実の確認を行い，相当と認めるときは，裁判長は，当事者に争点整理の結果の要約書面を提出させることができます（170条5項，165条）。手続終了後に開かれる最初の口頭弁論期日には，当事者は，弁論準備手続の結果を陳述しなければなりません（173条）。これは口頭主義の要請（弁論において口頭で陳述されたものだけが判決をするための資料となる）を充足するために必要となるものです。

＊当事者が期日に出頭しない等の事由があるときは，準備的口頭弁論の場合と同様，裁判所は，弁論準備手続を終了することができます（170条5項，166条）。

一歩前進

　準備的口頭弁論と異なり，弁論準備手続は一般公開されることはありませんから，音声の送受信つまり電話会議によって争点整理を行うという便宜的な方法が認められています（170条3項本文）。これは，当事者や代理人が遠方に居住しているとか，病気やケガなどのため裁判所への出頭が困難という事情があるような場合に，裁判所が当事者の意見を聴いたうえで行うことができます。自宅や事務所に居ながら手続を行うことができるのですから，当事者や代理人にとっては，きわめて便利でしょう。ただ，これもあくまで期日における手続の一環なのですから，少なくとも当事者の一方が出頭した場合に限って行い得ることとされています（同条同項ただし書）。

　また，次項（ニ）で説明する書面による準備手続でも，裁判所と両当事者の三者が同時に通話できる電話会議システムの利用が認められています（176条3項）。書面による準備手続は，期日を開かないで行われる争点整理手続ですから，両当事者が出頭していなくても，このシステムの利用は可能なのです。

（ニ）書面による準備手続

　準備的口頭弁論や弁論準備手続は，期日に当事者が出頭して行うことを予定した手続ですが，当事者や代理人が遠隔地に居住し

ているとか病気，ケガなどのため，裁判所への出頭が困難なこと
もあります。書面による準備手続は，そのような事情がある場合
に，当事者が裁判所に出頭することなく（つまり期日を開くこと
なく），準備書面の提出等により争点および証拠の整理を可能と
するための便法という性格をもった手続です。つまり，弁論準備
手続と異なり，両当事者が出頭できない場合を想定した手続です。

　書面による準備手続は裁判長が行います。この手続は期日を開
かずに行われることになりますから，それを効果的に行うには経
験豊富なベテラン裁判官に任せるのが適当という考慮によるもの
です。したがって，ベテラン裁判官ぞろいの高等裁判所では，受
命裁判官に行わせることもできます（176条1項）。

　書面による準備手続では，当事者の出頭なしに準備書面の提出
等により争点整理を行うことになりますから，裁判長または手続
を担当する受命裁判官は，必ず準備書面の提出や証拠申出をすべ
き期間を定めなければなりません（同条2項）。なお，先に触れ
たとおり，この手続では，裁判所と両当事者の三者が同時に通話
できる電話会議システムの利用が認められています（同条3項）。

一歩前進

　上記の争点等整理手続終了後であっても，当事者がそこに
提出しなかった攻撃防御方法を新たに主張すること自体は禁
止されているわけではありません。しかし，争点等整理手続
終了後に新たな攻撃防御方法を口頭弁論に提出した当事者
は，相手方の求めがあるときは，争点等整理手続終了前にこ
れを提出することができなかった理由を相手方に説明しなけ
ればならない，とされています（167条）。これは，争点等整
理手続が終了しているにもかかわらず，新たな攻撃防御方法
を提出することは，相手方との関係で信義則（2条）に反す
ることから，一種の制裁措置として相手方に対する説明義務
を課したものとされています。ただ，当事者間でそれだけの
効果しかないとすれば，あまり実効性は期待できません。そ
こで，この場合の効果として，提出が遅れたことについて十
分な合理性・説得性のある説明がなされないときは適時提出
主義（156条）に反するものと考えられますから，そのよう

109

な攻撃防御方法の提出は，時機に遅れた攻撃防御方法として
却下される（157条1項）と考えるべきでしょう。

ここが狙われる

　準備的口頭弁論は，当事者の意見を聴くことなく実施することができますが，弁論準備手続および書面による準備手続を行うについては，当事者の意見を聴く必要があります（168条，175条）。

Check

「集中審理主義」

　従前は複数の事件の審理を同時併行で進める審理方式（併行審理方式）が訴訟審理の主流でした。しかし，この併行審理方式の下では，各事件それぞれの審理の間隔がどうしても長くなり，集中力を欠く散漫な審理となってしまうことが多く，その結果審理が長期化するという弊害が指摘されてきました。そこで，このような審理方式では効率的な訴訟運営を実現できないという認識のもとに，平成10年より施行されている改正民事訴訟法は，1つの事件のための審理を集中的かつ継続的に行い，その事件の審理を終了させたうえで，他の事件の審理に移行するという審理方式の実現を理想としています。これを集中審理主義といいます。上記のような争点および証拠の整理手続の整備（164条以下）に加えて，証人および当事者本人の尋問は，できる限り，争点および証拠の整理が終了した後に集中して行わなければならない（集中証拠調べ，182条），とされているのはこの集中審理主義を実現するための方策の一環ということができます。

---

④　後続の口頭弁論の実施

　さて，上記のような争点等整理手続が行われた場合はもとより，争点等整理手続が行われなかったときでも，当事者が訴状，答弁書に記載した事実関係によって，当事者間に争いのある事実（争点）は，ある程度浮き彫りになってきます。続行期日においては，その争点についての主張，認否，証拠の申出等が行われることになります。例えば，設例16でBが，「代金はすでに全額弁済している」との主張（抗弁）をしたのに対し，Aが「そんな事実はない」との主張（否認）をした場合には，弁済があったかどうかという事実が争点となります。＊

＊否認，抗弁については P158で詳述します。

　争点については，証拠によって証明しなければなりません。そのため，当事者は証拠の申出をすることになります（180条）。当事者の申し出た証拠は，裁判所が採否の決定をし，採用が決定された証拠については，**口頭弁論期日に証拠調べが行われること**になります。**設例16**では，Bは，領収書等の証拠を提出するかあるいは証人の証言等により，自分の主張する弁済の事実を証明しなければなりません。この証明ができなかったときは，弁済の事実はないものと判断され，それを前提に終局判決がなされることになります。

一歩前進

　裁判所書記官は，口頭弁論の経過を公証するために，期日ごとに調書（口頭弁論調書）を作成しなければなりません（160条１項）。期日ごとに口頭弁論調書の作成が要求されているのは，口頭弁論における訴訟手続の経過や内容を明らかにするとともに，その確実な証明文書を残すことを目的としています。

　口頭弁論の方式に関する事項，例えば，期日の開始，弁論の公開・非公開，証人の宣誓，裁判の言渡しなどの事項については，調書が滅失しない限り，調書の記載によってのみ証明することができ，他の証拠で証明することが許されません（同条３項）。もっとも，弁論や証拠調べの内容については，他の証拠によって証明することができ，当事者はその記載内容を争うことができます。

Check

「訴訟手続の停止」

　訴訟係属中に，一定の事由が発生すると**訴訟手続が法律上進行できない状態**になることがあります。これを訴訟手続の停止といいます。訴訟手続の停止には，中断，中止，その他の停止の３つのパターンがあります。訴訟手続の中断については，先に触れましたが（P44参照），ここで多少詳しく説明しておきます。

　訴訟手続の中断とは，当事者の死亡等法定された一定の事由が生じた場合に，新たな訴訟追行者が訴訟に関与できるようになるまでの間，**訴訟手続の進行を**

当然に停止することです（124条）。設例16で，原告Ａが死亡したというケースで考えてみましょう。Ａに相続人Ｃがいる場合，ＣはＡに属していた財産上の権利義務の一切を承継するとともに（民法896条本文），Ｂに対する訴訟上の関係も当然に引き継ぐことになります（当然承継）。ただ，Ｃが訴訟に関与できるようになるには，一定の準備も必要でしょうから，とりあえずは訴訟の進行をストップしておくことになります（124条１項１号）。また，これによって，双方審尋主義の要請を満たすという意味合いもあります。Ｃは，用意が整えば，裁判所に対して受継の申立てをして訴訟手続を再開することができます。逆に，受継の申立ては相手方Ｂの側からもすることができます（126条）。どちらからも受継の申立てがないときは，裁判所の続行命令により弁論が再開されることもあります（129条）。当事者が会社であるような場合には，合併により一方当事者が消滅することがあり，その場合も存続会社あるいは新設会社が受継するまで，訴訟手続は中断することになります（同条１項２号）。当事者の訴訟能力の喪失，法定代理人の死亡，代理権の消滅等も中断事由となります（同項３号）その他の中断事由については，いちおう条文に目を通しておいていただければ結構です（同項４号～６号）。なお，所定の中断事由が発生しても，訴訟代理人があるときは，訴訟手続は中断しません（124条２項）。重要事項ですから，覚えておきましょう。なお，中断事由が生じたときは，上記のように当事者が交替して訴訟が継続されることになりますが，訴訟進行中に係争物が譲渡されたような場合にも当事者の交替が生じることがあります。これについては，訴訟の承継の項で説明します（P201参照）。

　訴訟手続の中止とは，裁判所や当事者に訴訟手続上の障害となる事由が生じた場合に，いったん訴訟手続をストップすることです。例えば，地震で裁判所の建物が倒壊し使用不能になったとか，当事者が病気やケガで裁判所に出頭できないといった事情がある場合が中止事由に当たります（130条，131条）。

　その他の停止事由としては，例えば，裁判官の除斥・忌避の申立てがなされた場合の訴訟手続の停止があります（26条，P33 一歩前進 参照）。

⑤　口頭弁論の終結と判決の言渡し

　当事者の主張と立証が十分尽くされて終局判決ができる状態になると，裁判所は，訴訟が裁判をするのに熟したものとして口頭弁論を終結し，終局判決をすることになります（243条１項）。設例16で，Ｂが弁済の事実を証明することができず，また代金債権についてこれといった消滅事由も主張されていないときは，Ａ

の代金支払請求を認容する判決がなされることになります。もっとも，終局判決言渡し前までは，当事者の主張・立証に不十分な点があると判断すれば，裁判所は，終結した口頭弁論の再開を命じることができます（153条）。

一歩前進

　弁論の併合，分離，制限といった制度もありますが，これは同一当事者間で複数の請求が審理の対象となっている場合（訴えの客観的併合）や同一の訴えに複数の当事者がある場合（共同訴訟）に問題となるものです。この点については，P169 Check で後述します。

閑話休題

　法廷での現実の口頭弁論の様子を想像されたことがありますか。

　実況中継風に描写してみましょう。「厳粛な雰囲気に包まれた法廷に，緊張した面持ちの裁判官および当事者双方の代理人弁護士が対席して陣取り，開廷を告げる裁判所書記官の声が重々しく法廷に響く。裁判長の指示により，双方の弁護士が毅然として本案の申立てを行い，その後は請求原因事実の認否をめぐって両者が白熱の応酬を展開する」などと想像してはいけません。そんなのは，映画やテレビドラマの中だけの話です。

　現実の法廷では，あらかじめ提出された原告の訴状，被告の答弁書について，裁判長が，「原告代理人，陳述しますか」「陳述します」，「被告代理人，陳述しますか」「陳述します」，それだけで期日はあっけなく終了です。これによって，それぞれの書面に記載された申立てや主張が口頭弁論で陳述されたことになるわけです。あとは裁判長が「次は，○月○日午前10時でいいですか」などと次の期日を打診し，両者異存がなければ続行期日が決まります。訴訟法上の正式な言い方をすると，「裁判長が両当事者を審尋のうえ，命令により期日を指定した」という大げさな言い方になります。その間，わずか数分といったところでしょうか。これが，一般的な民事事件の口頭弁論の姿です（もっとも，証人尋問や当事者尋問では，かなり緊迫したやり取りもみられます）。このように，手続上は法の建前と実際上の扱いがかけ離れていることも少なからず見受けられますが，学習を進めていくうえでは，「現実の扱いはこうだ」という発想をしないようにしてください。手続法の学習は，あくまで法の建前を理解することが目的なのですから。

実戦過去問

司法書士　平成26年度

　当事者が期日に欠席した場合に関する次のアからオまでの記述のうち，誤っているものの組合せは，後記1から5までのうち，どれか。

ア　相手方が在廷していない口頭弁論においては，準備書面のうち，相手方に送達されたもの又は相手方からその準備書面を受領した旨を記載した書面が提出されたものに記載した事実でなければ，主張することができない。

イ　当事者が弁論準備手続の期日に出頭しないときは，裁判所は，弁論準備手続を終了することができる。

ウ　証拠調べは，当事者が期日に出頭しない場合には，することができない。

エ　請求の放棄をする旨の書面を提出した当事者が口頭弁論の期日に出頭しないときは，裁判所は，その旨の陳述をしたものとみなすことができない。

オ　判決の言渡しは，当事者が在廷しない場合においても，することができる。

1　アウ　　　2　アオ　　　3　イエ　　　4　イオ　　　5　ウエ

解　説

ア　○　口頭弁論に相手方が在廷していない場合には，準備書面に関し，問題文記載のとおりの制約を受けることになります（161条3項）。

イ　○　当事者が準備的口頭弁論の期日に出頭しないときは，裁判所は準備的口頭弁論を終了することができます（166条）。この規定は，弁論準備手続に準用されています（170条5項）。

ウ　×　証拠調べは，当事者が期日に出頭しない場合においても，することができます（183条）。

エ　×　請求の放棄または認諾をする旨の書面を提出した当事者が口頭弁論等の期日に出頭しないときは，裁判所または受命裁判官もしくは受託裁判官は，その旨の陳述をしたものとみなすことができます（266条2項）。この点については，p236の記述を参照してください。

オ　○　判決の言渡しは，当事者が在廷しない場合においても，することができます（251条2項）。

　以上より，誤っているものはウおよびエであり，5が正解となります。

正解　5

　口頭弁論に関する次のアからオまでの記述のうち，判例の趣旨に照らし誤っているものの組合せは，後記1から5までのうち，どれか。

ア　原告が最初にすべき口頭弁論の期日に出頭しない場合において，被告が当該期日に出頭したときは，裁判所は，当該原告が提出した訴状に記載した事項を陳述したものとみなして当該被告に弁論をさせなければならない。

イ　口頭弁論の方式に関する規定の遵守は，口頭弁論調書が滅失したときを除き，口頭弁論調書によってのみ証明することができる。

ウ　訴訟代理人がある場合であっても，裁判所は，訴訟関係を明瞭にするため，当事者本人に対し，口頭弁論の期日に出頭することを命ずることができる。

エ　当事者の申立てがなくても，裁判所は，終結した口頭弁論の再開を命ずることができる。

オ　裁判所が口頭弁論の制限を命ずる決定をした場合には，当事者は，当該決定に対して即時抗告をすることができる。

1　アイ　　　2　アオ　　　3　イウ　　　4　ウエ　　　5　エオ

解　説

ア　×　問題文に示された状況では，原告の提出した訴状の陳述擬制がなされ，裁判所は，被告に弁論をさせることができます（158条）。

イ　○　口頭弁論の方式に関する規定の遵守は，口頭弁論調書が滅失した場合を除いて，口頭弁論調書によってのみ証明することができます（160条3項）。

ウ　○　裁判所は，訴訟関係を明瞭にするため，当事者本人または法定代理人に対し，口頭弁論の期日に出頭を命ずることができます（151条1項1号）。この場合，訴訟代理人があるか否かで区別はありません。

エ　○　終結した口頭弁論は職権で再開を命ずることができます（153条）。

オ　×　口頭弁論の制限の決定（152条1項）に対して即時抗告できるとの規定はありません。

　以上より，誤っているのは，アおよびオであり，2が正解となります。

正解　2

⑥ 弁論主義と事実の認定

学習ナビゲーション

　本講ではまず，訴訟審理の内容面に関する大原則である弁論主義について説明し，引き続き，訴訟の勝敗を決する重要な要素である事実認定と証拠について説明します。試験対策的にも決して軽視することのできない分野です。

　弁論主義の論理構造は，正確に理解してください。証拠に関しては，細かな技術的・手続的事項を定めた多数の条文があり，しかも民事訴訟規則にも法律の規定を補充する細かな定めが網羅されています。ここでは，証拠調べの骨格となる要点に絞って説明します。規則に定められた事項については，条文を一読すればその意味を了解できるものが多いので，ひと通り目を通しておかれることをお勧めします。

　その後に説明する自由心証主義および証明責任は，理屈の固まりのような民事訴訟法のなかでも，特に理論的色彩の濃い分野といえます。興味深く学習すれば，民事訴訟法の「醍醐味」を味わえるでしょう。当たり前の話ですが，理解すべき事項は正確に理解したうえ，暗記すべき事項はしっかり覚えることが大事です。

1　民事訴訟における審理の構造

　本講のメインテーマの１つである弁論主義の説明に入る前に，裁判所の判断はどのような論理的プロセスを経て形成されるのか，および口頭弁論は「弁論」と「証拠調べ」という２つの局面に区分できる，という審理の実質面および形式面に関連した事項について簡単にコメントしておきます。いずれも，弁論主義を十分に理解するためには必要不可欠です。現段階では多少わかりにくいかもしれませんが，あまり気にせずいちおう頭に入れておく

という程度で結構です。弁論主義の全体的な学習が進めば十分な理解に到達できるでしょう。

> **設例17**
> 　貸金業者Aは，令和元年6月1日にBに300万円を貸し付け，その弁済期を同年10月31日と定めた。ところがBは，弁済期が到来したのに，返済しようとしない。そこで，Aは，Bを被告として貸金返還請求の訴えを提起した。

(1) 裁判所の判断の形成──法的三段論法

　訴訟の審理の場面では，原告の被告に対する一定の権利または法律関係の存否が争われることになります。この権利または法律関係の存否の判断は，民法，商法といった実体私法に定められた一定の法律要件を満たす事実が存在する場合に，そこに定められた一定の法律効果の発生を認めるという論理で形成されます。つまり，法律の規定を大前提とし，具体的な事実を小前提とする当てはめの結果として法的結論を得る，というプロセスを経て判断が示されます。これを法的三段論法といいます。こんな風に抽象的な言い方をすると，なんだか難しそうに思われるかもしれませんが，設例17の事例を単純化していえば，「貸した金は返してもらえる」（大前提）→「AはBに金を貸した」（小前提）→「AはBから金を返してもらえる」（結論）という論理になります。要するに，これは法の論理と現実の事例の関係を考えるうえで，誰でも無意識に行っている論理操作に過ぎませんから，別に難しいわけではありません。

　弁論主義の下では，事件に適用すべき法律の探索およびその解釈・適用は裁判所の職責，法適用の前提となる事実と証拠の収集およびその提出は当事者の責任となります。したがって，上の例では，「金を貸した」という事実の主張およびその証拠の提出が原告Aの権能であり，かつ責任となるのです。

(2) 弁論と証拠調べ──訴訟資料と証拠資料

　前講でも触れましたが，訴訟審理の舞台である口頭弁論は，構造的に「弁論」のレベルと「証拠調べ」のレベルに区分すること

ができます。

　当事者は，口頭弁論の場で自分の設定した本案の申立てを基礎づけるために，**法律上の主張，事実上の主張**および**証拠の申出**といった訴訟行為を展開することになります。具体的にみてみましょう。設例17では，Aは訴訟物である貸金返還請求を根拠づける貸金債権という法律上の主張をし，さらにその貸金債権を基礎づけるために，貸金契約成立の事実（請求原因事実）を主張することになります。Bが，「金など借りていない」とこの事実を否定（否認）するのであれば，Aは，その事実を証明するための証拠の申出をすることになります。ここまでが「弁論」の段階です。この段階までで，裁判所は，当事者の主張とそれに対する認否等の資料を得ることができます。この**弁論によって得られる資料を訴訟資料**といいます。

　弁論における「証拠の申出」は，両当事者間で争いのある事実の真否を証明するために，一方当事者が裁判所に対し「こんな証拠があるので，調べてください」と申し立てる行為です。この証拠の申出を受けて，裁判所が文書や証人について証拠調べを行ったとき，そこからも判決をするための判断材料となる一定の資料（主張された事実の真偽を判断するための資料）を得ることができます。このように「**証拠調べ**」によって得られた資料を**証拠資料**といいます。例えば，設例17で，AがB名義の300万円の借用書を証拠として提出しその証拠調べを行えば，それによって得られた内容が証拠資料となります。

　訴訟資料と証拠資料は併せて裁判資料と呼ばれます。弁論主義の下では，「**訴訟資料と証拠資料の峻別**」とか「**証拠資料をもって訴訟資料に代替することはできない**」といわれます。その意味については，後述しますから（P122　一歩前進　参照），ここでは訴訟資料と証拠資料の意味を覚えておいてください。

2 弁論主義

(1) 弁論主義の意義と内容

① 弁論主義の意義

弁論主義とは，判決の基礎となる**事実と証拠の収集およびその提出を当事者の権能かつ責任**とする原則です。この弁論主義に関して，民事訴訟法に明文の根拠規定は存在しません。しかし，私的自治の原則の支配する財産権上の争いについては，弁論主義を当然の大原則と理解することについて異論はありません。＊

② 弁論主義の内容

弁論主義の原理的帰結として次の３つの法理が導かれます。この点は重要ですから，正確に覚えておいてください。

（ⅰ）裁判所は，当事者によって**主張されていない事実**を判決の基礎とすることができない。

（ⅱ）裁判所は，当事者間に**争いのない事実**は，そのまま判決の基礎としなければならない。

（ⅲ）裁判所が，当事者間に争いのある事実を証拠によって認定する場合には，必ず当事者の申し出た証拠によらなければならない。

（ⅰ）は**主張責任**，（ⅱ）は**自白の拘束力**，（ⅲ）は**職権証拠調べの禁止**といわれるものです。以下，（ⅰ）を第１法理，（ⅱ）を第２法理，（ⅲ）を第３法理ということにします。第１法理については，次の④以下（P121）で説明し，第２法理および第３法理は，証拠に関連した法理ですから，本講３の事実認定の部分で説明します。

ただ，これらの法理の内容は，訴訟上問題となる事実の性質との関連で理解する必要がありますから，まずは訴訟上の事実の種類とその機能について説明しておきます。

＊民事訴訟において，なぜ弁論主義が採用されているのか，すなわち弁論主義の根拠に関しては，現在でも学説上の争いがありますが，この点には立ち入らないでおきましょう。

┌─ 一歩前進 ─┐

弁論主義と逆に，判決の基礎となる資料の収集を裁判所の職責とする原則を**職権探知主義**といいます。この主義の下では，裁判所は，当事者による主張のない事実でも裁判の基礎

とすることができ，自白に拘束力は認められず，また職権で証拠調べをすることも禁じられない，ということになります。私的自治の原則の支配する財産法の領域と異なり，私人による自由な処分の制限される人事訴訟では，職権探知主義が原則とされています。参考までに，これを端的に表す人事訴訟法の条文を挙げておきましょう。

　「人事訴訟においては，裁判所は，当事者が主張しない事実をしん酌し，かつ，職権で証拠調べをすることができる」（人事訴訟法20条前段）。

③　訴訟における事実

（ⅰ）訴訟上の事実の種類——主要事実・間接事実・補助事実

　訴訟上で問題となる事実（意味をもつ事実）は，主要事実，間接事実，補助事実に分類することができます。

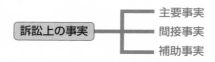

（イ）主要事実

　主要事実とは，権利の発生・変更・消滅といった法律効果を判断するのに直接必要な事実です。直接事実ともいわれます。このように，主要事実は適用される法律の構成要件に該当する事実ですから，要件事実といわれることもあります。

　しかし，一般には，法律が規定している一般的抽象的な事実が要件事実であって，この要件事実に該当する個々具体的な事実が主要事実と理解されていますから，この用法に従うことにしましょう。例えば，民法587条の規定する金銭消費貸借契約（以下「貸金契約」といいます）の成立に必要な事実は，①金銭の授受と②返還の合意の２つであり，これが要件事実です。一方，設例17でＡは，貸金債権の発生を主張するために，「令和元年６月１日，弁済期を同年10月31日と定め，自分の事務所でＢに300万円を手渡した」という具体的な事実を主張することになるでしょう。このような，要件事実に該当する具体性のあるリアルな事実が主要事実です。また，このようなＡの主張に対し，Ｂが「令和元年10

参照条文
「民法587条」
消費貸借は，当事者の一方が種類，品質及び数量の同じ物をもって返還することを約して相手方から金銭その他の物を受け取ることによって，その効力を生ずる。

月31日に約束どおり300万円をＡの銀行口座に振り込み返済した」
と答弁した場合，Ｂは，弁済の要件事実に該当する主要事実を主
張していることになります。

(ロ) 間接事実

　間接事実とは，主要事実の存否を間接的に推認するのに役立つ
事実です。例えば，設例17でＢが，300万円の貸付日時と主張さ
れている令和元年６月１日の直後に，高級新車をディーラーＣか
ら購入し代金を支払ったという事実は，ＡＢ間の貸金契約の存在
を推認させる間接事実ということができます。反対に，Ｂが海外
出張中であり，貸付日時とされる令和元年６月１日に日本国内に
居なかったという事実は，貸金契約の不存在を強く推認させる間
接事実となります。

　このように，間接事実というものは，主要事実の証明のための
手段として働くところから，一般の証拠と同様の機能をもってい
るということができます。

(ハ) 補助事実

　補助事実とは，証拠の信用性を判断するのに役立つ事実のこと
です。つまり，証拠能力や証拠力（証明力，証拠価値）に関する
事実のことです。＊

　例えば，設例17で，Ａが証拠として提出したＢ名義の借用証
の筆跡が，Ｂの筆跡と明らかに異なっているという事実は，その
借用証の証拠力をガタ落ちさせる補助事実といえるでしょう。

④　弁論主義と事実の分類の意義

　上記のように，訴訟上問題となる事実を主要事実，間接事実，
補助事実の３つに分類することと弁論主義はどのような関係に立
つのでしょうか。この点は，先に紹介した第１法理との関係で特
に問題となります。

　第１法理とは，「裁判所は，当事者によって主張されていない
事実を判決の基礎とすることができない」というものでした。こ
こでいう事実とは，主要事実のみを指し，間接事実および補助事
実を含まない，と考えるのが判例も含めた一般的な理解となって
います。つまり裁判所は，主要事実については弁論で主張されて
いない限り判決の基礎とすることはできないが，間接事実および
補助事実については弁論で主張されていなくても，判決の基礎と

＊証拠能力，証拠力
の意味については，
P125を参照して
ください。

121

することができるという意味になります。もう少し詳しくいうと，裁判所は，弁論で主張されていない主要事実の存在が証拠調べの結果明らかとなったとしても，判決をするに際して，**その主要事実の存在を前提とした判断をすることは許されない**，ということになります。例えば，設例17で，AからBへの300万円の授受の有無が争われていたとします。ところが，裁判所が証拠調べをしたところ，被告Bの提出した証拠の中に原告A名義の300万円の領収証が含まれ，それによって弁済の事実が明らかになったとしても，Bが弁論で弁済したとの主張をしていない限り，裁判所は，弁済の事実があったことを前提とした判決をすることはできないのです。Bが当事者尋問で弁済をしたと主張しても，当事者尋問は証拠調べの一種ですから，同じことです。Bとしては，証拠調べ終了後にあらためて開かれる**口頭弁論の場で弁済の事実を主張しない限り，敗訴を免れない**ことになります。＊

　その一方，間接事実および補助事実については，弁論で主張されていなくても，証拠調べによってその事実の存在が明らかとなれば，それを前提として判決をすることも可能ということになります。このように，弁論主義の下では，当事者から主張されていない主要事実は，判決の基礎とされません。ということは，ある主要事実について弁論で主張がなされていない場合には，その事実は判決の基礎とされず，その結果として，当事者の一方が不利益な判決を受けることを意味します。このような**一方当事者の負う不利益を主張責任**といいます。ある主要事実について，どちらの当事者が主張責任を負うのかは，**証明責任の分配と一致する**と理解されています。証明責任については，本講4で後述します（P147参照）。

＊主要事実について弁論での主張を必要とするのに，なぜ間接事実および補助事実についてそれが要求されないのか，その理由については後述します。

一歩前進

　先に触れたとおり，当事者の弁論から得られた資料を訴訟資料といい，証拠調べの結果として得られた資料を証拠資料といいます。弁論主義の下では，証拠資料の中に主要事実の存在を確認できたとしても，その主要事実について弁論での主張がない限り，その事実はないものとして扱われることになります。先に触れた「**証拠資料をもって訴訟資料に代替す**

ることはできない」とは，このような意味です。このような
扱いを不合理と感じられる方もあるでしょう。しかし，当事
者の側からすれば，弁論で相手方が主張していない主要事実
は判決の基礎とされないというルールがあるからこそ，提示
された争点だけを攻防の対象とすれば足りるということにな
ります。これはつまり，当事者は攻防の焦点としていなかっ
た別の観点からの不意打ちを食らって不利な判断をされるこ
とはない，という保障があるのと同じことです。いいかえる
と，弁論主義（の第1法理）は，この不意打ち防止機能を果
たしているとみることができます。

ここが狙われる

　裁判所は，主要事実についてはどちらの当事者によって主張されたかを問わ
ず，判決の基礎とすることができます。つまり，その主要事実が認定されるこ
とによって不利益を受ける当事者が陳述した場合でも，判決の基礎とすること
ができます。設例17で，Bが弁済の事実を主張していないのに，Aが，たま
たまあるいは不用意に弁済の事実を弁論で陳述したとき，裁判所は，弁済の事
実があったものとして判決をすることができます。これを主張共通の原則とい
います。弁論主義は，事実の主張と証拠の申出について，裁判所と当事者の間
での役割分担を定めるに過ぎませんから，弁論で主張された主要事実を主張者
の不利益に斟酌（考慮）しても，弁論主義に反しないのです。

3　訴訟における事実認定

　弁論主義の一般的な説明は上記のとおりです。以下では，訴訟
の勝敗を決する重要な要素である事実認定の説明に入ります。た
だ，事実認定や証明責任の領域でも弁論主義が関係する部分があ
りますから，弁論主義（特に第2法理と第3法理）との関連を意
識しながら，読み進めるようにしてください。

(1) 証拠裁判主義

　裁判は，確定された事実に法を適用してそこに規定された法律
効果を導き，その法的結論としての判決を得るというプロセスで

行われます（法的三段論法）。裁判のこのような構造から，法適用の前提となる事実認定が適正・公正になされなければならないのは明らかです。法の解釈・適用がいかに適正であったとしても，その前提となる事実認定が適正でなければ，結局適正な裁判を実現することはできないからです。

そしてまた，事実認定が裁判官の直観や単なる印象によって行われたのでは，その公正・適正を確保することはできません。こんな裁判では，裁判に拘束される当事者を納得させることはできないし，国民一般の裁判に対する信頼を確保することもできません。そこで，事実認定における裁判官の独善・独断・恣意（何の制約もなく思うがままに行うこと）を排除し，適正・公正な事実認定に基づく裁判を実現するために，事実認定の過程をできるだけ合理的・客観的なものとする必要があります。この要請に応えるため，近代の訴訟法においては，刑事，民事を問わず，事実の認定は証拠によらなければならない，とする大原則が採られています。これを証拠裁判主義といいます。

民事訴訟においては，裁判官の拠るべき事実認定の資料が「証拠調べの結果と弁論の全趣旨」に限定され（247条），また証拠に関して民事訴訟法第2編第4章に多数の規定が設けられているのは，この証拠裁判主義の趣旨を実現するためと考えられます。

(2) 証拠の意義と種類

証拠という概念は多義的な内容をもっていますから，まずは訴訟法上使用される用語の意味を押さえておきましょう。

① 証拠方法，証拠資料，証拠原因

証拠方法とは，証拠調べの対象となる人や物のことです。対象が人である場合を人証といい，物である場合を物証といいます。具体的にいうと，人証には，証人，鑑定人，当事者本人の3種があり，物証は文書と検証物に区別されます。

証拠資料とは，証拠方法の取調べから得られるその内容のことです。つまり，証言，鑑定意見，当事者の供述，文書の記載内容，検証の結果などがこれに当たります。*

証拠原因とは，証拠資料のうち，事実の存否について裁判官の確信を得させる原因となった資料のことです。証拠原因は，原則

＊再三述べているとおり，訴訟資料と証拠資料の区別は明確に意識することが必要です（P122 一歩前進 参照）。

として証拠方法の取調べの結果として得られた証拠資料が中心となりますが，弁論の全趣旨からの心証（裁判官の内心に形成される確信）形成も認められています。したがって，弁論の全趣旨も証拠原因となり得ます。

証拠方法	証拠調べの対象となる人や物（人証・物証）
証拠資料	証拠方法の取調べから得られる内容
証拠原因	裁判官の確信形成の原因となった証拠資料

② 証拠能力，証拠力

証拠能力とは，証拠方法の取調べから得られた証拠資料を事実認定に利用し得る資格・適性のことです。刑事訴訟では，伝聞証言（いわゆる「また聞き」の証言）の証拠能力は否定されますが，民事訴訟では証拠能力に法律上の制限は設けられていません。この点，反対尋問を経ない伝聞証言の証拠能力も否定されない，とした判例があります（最判昭27・12・5）。

また，証拠能力という用語は，証拠方法として証拠調べの対象となり得る資格という意味でも使われることがあります。民事訴訟においては，この意味での証拠能力について制限はなく，あらゆる人または物が証拠方法となるのが原則です。ただ，忌避された鑑定人は鑑定能力を欠く（214条1項），手形・小切手訴訟では証拠方法が文書に制限される（352条1項，367条2項）といった例外があります。

証拠力とは，証拠調べの結果得られた証拠資料が事実認定に役立つ程度のことです。証拠力の評価は，裁判官の自由心証に委ねられます（247条）。＊

＊詳しくは，後述します（P144参照）。

(3) 証明の意義と対象
① 証明と疎明（そめい）

証明とは，当事者間に争いのある事実の存否につき，裁判所が確信を得た状態のことです。また，そのために当事者が行う証拠提出行為の意味にも証明という言葉が使われることがあります。

確信とは，裁判官が事実の存否について合理的な疑いの余地のない程度の心証を得た状態をいいます。請求の当否を判断するのに必要な事実については，原則として証明が要求されます。

　これに対し疎明は，いちおう確からしいという程度の心証を得た状態を指します。つまり，確信よりも低い程度の心証で足りる場合です。疎明は，迅速性が要求される事項や派生的な事項について要求されるものですから，即時に取り調べることの可能な証拠（持参文書や在廷証人）によってしなければならない，とされています（188条）。疎明で足りる場合は，原則として明文で規定されています（35条1項，44条1項，91条2項，198条等）。＊

＊これらの条文には，「疎明して」とか「疎明しなければならない」といった表現が使われています。確認しておいてください。

事実の存否　→　証明　→　確信を得た状態

事実の存否　→　疎明　→　一応確からしいとの心証を得た状態

Check

「厳格な証明と自由な証明」

　厳格な証明とは，民事訴訟法所定の証拠調べ手続の規定（179条〜242条）に沿って行われる証明であるのに対して，自由な証明とは，法定の手続によらないで行われる証明です。請求の当否を判断するのに必要な事実の証明は，必ず厳格な証明によらなければなりません。これに対し，職権調査事項や決定手続における証明は，法定の証拠調べ手続から解放された自由な証明で足りるとされています。例えば，地方の条例や外国法などの法規の証明は，いちいち証拠調べの手続を経なくても，裁判所が法令集を取り寄せるなどして独自に認識すれば足りるわけです。もっとも，どちらも「証明」であるという点では同じですから，確信という程度の心証が要求されます。

---

② **証明の対象**

　訴訟における証明の対象として問題となるのは，裁判をするのに必要な事実，法規および経験則です。

設例18

　Cは，自己所有の甲土地についてDと売買契約を締結したが，Dは約定の期限が到来しているのに代金を支払おうとしない。そこでCは，Dを被告として売買代金支払請求の訴えを提起した。

（ⅰ）事実

（イ）要証事実──証明を要する事実

　訴訟上意味をもつ事実としては，主要事実，間接事実，補助事実の３種があります。そのいずれについても，当事者が主張した事実について相手方が争うときは，原則として**証拠**による**証明の対象**となります。このように，当事者がその存否を争うことによって証明が必要とされるに至った事実を**要証事実**といいます。例えば，設例18で，Dが売買契約成立の事実を争う（請求原因事実を否認する）ときはその事実が要証事実となり，Cはその事実を証明しなければなりません。*1

　逆に，当事者が主張した事実であっても証明を要しない事実もあり，これを不要証事実といいます。

（ロ）不要証事実──証明を要しない事実

　当事者は，主張した事実のすべてについて証明しなければならないわけではなく，**裁判上の自白**が成立した事実および**顕著な事実**は証明の必要がありません（179条）。

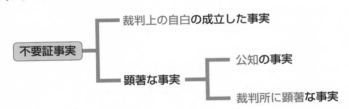

（a）裁判上の自白──当事者間に争いのない事実

［意義・要件］

　裁判上の自白とは，口頭弁論期日または弁論準備手続期日において相手方が主張する自己に不利益な事実を認める陳述をいいます。*2

　設例18で，Dが弁論で売買契約成立の事実を認めた（請求原因事実を認めた）ときは，裁判上の自白が成立します。自己に不利益な陳述が先行して行われ，後に相手方が自分の有利に援用した場合も裁判上の自白となります（先行自白）。訴訟外で自己に不利益な事実を認めたとしても，証明不要といった訴訟上の効果は生じません。それは単に，その事実が真実であることを推認させる間接事実となるに過ぎないのです。

＊1　主要事実を直接証明する証拠を直接証拠，間接事実，補助事実を証明する証拠を間接証拠といいます。

＊2　当事者が当事者尋問において，自己に不利益な事実を認める陳述をしたとしても，裁判上の自白は成立しません。

　裁判上の自白は主要事実についてのみ成立し，間接事実や補助事実については成立しません（最判昭31・5・2）。間接事実や補助事実は，それに経験則を適用して主要事実の存否を推認させるという働きをします。つまり，その機能は証拠と同じなのですから，間接事実や補助事実の自白に拘束力を認めると，裁判官の自由な心証形成の妨げとなり，自由心証主義に反する結果となる，と説明されます。裁判上の自白が成立する「自己に不利益な事実」とは，相手方が証明責任を負う事実と理解するのが判例の立場です。*1

[効果]——裁判上の自白の拘束力

　裁判上の自白の成立した事実は，裁判所および当事者の双方に対して一定の拘束力を生じます。

　まず裁判所に対しては，証拠調べによる認定を排除するという意味の拘束力を生じます。つまりその場合，裁判所は，事実の存否について証拠調べをしてはならないのです。弁論主義の下においては，当事者の弁論に現れた事実であっても争いのないものについては，そのまま判決の基礎にしなければならないのですから（弁論主義の第2法理），裁判上の自白の成立した事実は証明を要することなく，当然に判決の基礎となるわけです。

　さらに，当事者に対しては，自由な撤回を許さないという拘束力が生じます。自白の撤回を自由に許すなら，自白によって有利な地位を得た相手方の利益を不当に害することになり，また審理の混乱・遅延の原因となるからです。例えば，設例18でDが売買契約の成立を自白したうえ，弁済の事実を主張したとします。この場合，審理の焦点は弁済の事実があったかどうかに移行し，裁判所もCも，その点に集中して訴訟進行に努めることになります。にもかかわらず，後になってDが自白を撤回し，売買契約成立の事実を争うという態度に出ると，Cに予想外の不利益を生じさせることになり，また審理の混乱のもとになります。自白の撤回を原則として許さないのは，このような理由によります。もっとも，判例は，相手方の同意がある場合，刑事上罰すべき他人の行為によって自白がなされた場合，自白が真実に反しかつ錯誤に基づく場合などには，例外的に撤回が許されるとしています。*2

＊1 経験則，自由心証主義，証明責任等の意味については，後述します。

＊2 判例は，自白が不真実かつ錯誤による場合，真実に反することが証明されれば，錯誤が事実上推定されるとしています（最判昭25・7・11）。

自白の拘束力 ── 対裁判所 ➡ 証拠調べによる事実認定を排除

── 対当事者 ➡ 自由な撤回を許さない

Check

「擬制自白」「権利自白」

　自白は，口頭弁論期日や弁論準備手続期日において当事者が明示的に行った場合のほか，当事者の一方が主張した事実をその相手方が明らかに争うことをせず，かつ弁論の全趣旨から争ったと認められないときにも成立したものとみなされます（159条1項，170条5項）。これを擬制自白といいます。当事者が指定された口頭弁論期日に欠席した場合も相手方の主張を争わないものとみなされ，擬制自白が成立します（159条3項本文）。ただし，欠席当事者が公示送達による呼出しを受けたに過ぎないときは，争う機会が実質的に与えられていないので，擬制自白とはなりません（同条同項ただし書）。

　権利自白とは，請求の当否の判断の前提となる権利または法律関係についての自白です。設例18でDが，代金支払請求の前提となるCの代金債権を認めた場合などがこれに当たります。このような権利自白には，どのような効果が認められるのでしょうか。権利や法律関係の存否は，事実に法規を適用して判断されるものです。そして，法規の解釈および適用は，裁判所の専権に属することを考えれば，権利自白を認めることはできない（裁判所はそのような自白に拘束されない）とも考えられます。しかし，判例は，権利自体の自白は認められなくても，法律上の主張の中での事実陳述と認められる部分については，自白が認められるとしています（最判昭37・2・13）。さらに，当事者が正確な事実認識をもちつつ権利の内容を十分に理解して権利自白をした場合には，事実の自白と同様の拘束力を認めるべきとの主張も有力となっています。

（b）顕著な事実

　顕著な事実とは，あえて証明を要求するまでもなく，その事実関係が明らかなものです。これには，公知の事実と裁判所に顕著な事実の2種があります。これらの事実については，あえて証明を要求しなくても，判断の客観性・合理性が損なわれることはないからです。

[公知の事実]

　公知の事実とは，歴史的事件や過去の大災害など世間一般の人々が誰でも知っているような事実のことです。公知の事実を主張する当事者は，それを立証する必要はありませんが，その相手方は，公知であってもその真相は違うということを主張し立証することを妨げられません。

[裁判所に顕著な事実]

　裁判官がその職務を遂行する過程で知り得た事実，例えば，過去に自ら行った裁判の内容や他の裁判官がした破産手続開始決定などがこれに当たります。

（c）法規

　裁判所は，法規の解釈・適用のプロなのですから，当事者がその存否・内容について証明する必要はないのが原則です。ただ，外国法，地方の条例，慣習法などについては，裁判所といえども熟知していないことがあり，その場合には，その適用を求める当事者が，その存在を証明しなければならない場合があります。*

*もっとも，その証明は自由な証明で足ります。

（d）経験則

　経験則とは，経験的に得られた事物に関する知識や法則のことです。人間が，一定の事実から一定の判断に到達するには，常にこの経験則の助けを借りることになります。例えば，「急ブレーキをかければ道路上にブレーキ痕が残る」という経験則から，道路上にブレーキ痕が残っていれば，急ブレーキをかけたという判断が可能となります。また，間接事実から主要事実の存否を推認するのも経験則の助けを借りることになります。例えば，金策に窮していたのにある日を境に急に金回りが良くなった，という事実があれば，金を借りたのは確かだろう，との推認が可能です。

　経験則は，一般常識的なものから専門科学的知識に属するものまで，きわめて広範囲にわたります。例えば，「車は急に止まれない」というのは初歩的な経験則でしょうが，「時速○○キロで走行中の車の制動距離は○○メートル」というのは専門的科学的経験則に属するでしょう。一般常識的な経験則については，判断の客観性は確保されているといえるので証明は不要です。しかし，専門的科学的経験則については，必ずしも裁判官が知っていることを期待し難いので，当事者が証明しなければなりません。

(4) 証拠調べ

　以下では，要証事実に関する証拠調べが，どのような手順・方法によって行われるのかを説明していきます。

① 証拠収集手続

　平成8年の民事訴訟法の全面改正以来，証拠調べの前提となる証拠収集手続の拡充が進められ，現在の証拠収集手続の道具立ては相当に充実したものとなっています。ここでは，まず**訴え提起前の証拠収集手続と証拠保全手続**について，その概略を説明します。証拠収集手続の一環である文書提出義務についても拡充が図られていますが，これについては文書提出命令の項で説明します。

（ⅰ）訴え提起前の証拠収集手続

　訴えを提起しようとする者は，被告となるべき者に対し**訴えの提起を予告する通知を書面ですること**ができます（提訴予告通知）。この書面には，提起しようとする訴えに係る**請求の要旨および紛争の要点**を記載します（132条の2第3項）。そして，この提訴予告通知をした者およびこれに返答した者は，次の通り訴え提起前であっても，その相手方から情報を入手する手段（照会）および裁判所による4種類の証拠収集処分が認められます。予告通知をした者だけでなく，予告通知を受けた者も訴え提起前にこれらの手段を利用できることに注意しましょう。*1

（ⅱ）訴え提起前における照会

　提訴予告通知をした者またはこれに返答した者は，それぞれ相手方に対し，訴えの提起前に，訴えを提起した場合の**主張や立証準備に必要であることが明らかな事項**について，相当の期間を定めて書面による回答を求めることができます（132条の2，132条の3）。その一例として，医療過誤訴訟を提起しようとする者が，手術に立ち会った医師，看護師の氏名，住所等の照会をするなどが考えられます。ただし，相手方や第三者のプライバシーや営業秘密等にかかわる照会は禁じられています。この照会ができるのは，**提訴予告通知の日から4ヶ月以内**に限られます。*2

（ⅲ）訴え提起前における証拠収集の処分

　提訴予告通知をした者またはこれに返答をした者は，訴え提起の前に，**訴訟での立証に必要であることが明らかな証拠となるべき**ものを収集するよう裁判所に申し立てることができます。この

*1 この訴え提起前の証拠収集手続を利用したからといって，必ず訴えを提起しなければならないというわけではありません。

*2 照会に対する回答は任意であり，応じなかったからといって過料等のペナルティがあるわけではありません。

申立てがあった場合，裁判所は，申立人が自ら収集することが困難であると認められるときは，相手方の意見を聴いたうえで，次の 4 種類の処分をすることができます（132 条の 4 第 1 項）。

（イ）文書および準文書（図面，写真，録音テープ等）の送付の嘱託

（ロ）官庁その他の団体への調査の嘱託

（ハ）専門的な知識経験を有する者への陳述の嘱託

（ニ）執行官への現況調査の命令

　これらの手続により収集された証拠は，後の訴訟では当然に証拠となるわけではなく，訴えを提起した後にあらためて証拠申出をして，証拠調べの手続を踏まなければなりません。

② **証拠保全手続**

　裁判所は，あらかじめ証拠調べをしておかなければその証拠を使用することが困難となる事情があると認めるときは，申立てにより，本来の証拠調べに先立って証拠調べをすることができます（234 条）。そして，その結果を保存しておくことによって，後の訴訟で利用することができます。つまりこれは，事前の証拠保全手続です。裁判所も，必要に応じて，職権で証拠保全の決定をすることができます（237 条）。

　この手続を利用できるのは，例えば，文書の保存期間が経過して廃棄されるおそれがあるとき，文書が改ざんされるおそれがあるとき，あるいは重要な証人と目される者が病気等で死亡してしまうおそれがあるとき等の事情がある場合が考えられます。＊

＊この証拠保全の申立ては，訴え提起の前後を問わずにすることができます。

③ **証拠調べ手続**

　証拠調べ手続は，当事者の証拠調べの申出（証拠申出）に始まり，証拠決定を経て，証拠調べの実施へと進みます。

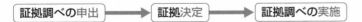

証拠調べの申出　➡　証拠決定　➡　証拠調べの実施

（ⅰ）証拠申出と証拠決定

（イ）証拠申出

　弁論主義の第 3 法理により，職権証拠調べは原則として禁止されますから，当事者からの申出のあった証拠方法についてだけ証拠調べが行われます。ただ，例外として，管轄権の有無（14 条）等の職権探知事項，当事者尋問（207 条 1 項），公文書の成立の照

会（228条3項），訴訟係属中の証拠保全（237条）等は職権でも可能です。*1

証拠の申出は，**証明すべき事実を特定するとともに，これと証拠との関係を具体的に明示してしなければなりません**（180条1項，規則99条1項）。申出は，書面のほか口頭で行うこともできます（規則1条）。証拠申出を記載した書面は相手方に直送することになっています（規則99条2項，同83条1項）。

*1 証拠の申出は期日前でもすることができます（180条2項）。

> **ここが狙われる**
>
> 証拠の申出は，証拠調べの実施前はいつでも撤回することができますが，証拠調べが開始してからは相手方の同意がなければ撤回できません。証拠共通の原則（P145 **ここが狙われる** 参照）により，相手方に有利な証拠が明らかになる可能性があるからです。証拠調べ終了後は撤回の余地はありません（最判昭32・6・25）。

（ロ）証拠決定

当事者からの証拠申出があったとき，裁判所はその裁量で証拠調べを行うかどうかを決定します。当事者が申し出た証拠のうち必要でないと認めるものや証拠調べについて不定期間の障害があるときは，証拠調べをする必要はありません（181条）。*2

もっとも，その裁量は無制限ではなく，当事者の申し出た唯一の証拠方法については，却下決定できないとの主張が有力です。判例も，特段の事情もないのに唯一の証拠方法につき採否を決定せず弁論を終結したのは違法であるとしています（最判昭53・3・23）。

*2 不定期間の障害とは，いつになったら証拠調べができるのかわからない状態，例えば，証人が病気でいつ回復するか目途が立たないような場合です。

④ 証拠調べの方法

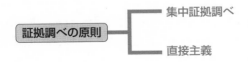

（i）集中証拠調べ

証人および当事者本人の尋問は，できる限り，争点および証拠の整理が終了した後に集中して行わなければなりません（182条）。これを集中証拠調べの原則といいます。絞り込まれた争点につい

て，証人尋問等の人証調べを集中的に行うことにより，訴訟審理の促進を図ることを目的としたものです。

ここが狙われる

　当事者には証拠調べに立ち会う権利が認められていますから，裁判所は，証拠調べの期日を指定し，当事者を呼び出さなければなりません。しかし，証拠調べは，当事者双方が指定された期日に出頭しない場合でも，実施することができます（183条）。当事者の欠席によって証人が何度も期日に呼び出されるのでは，証人にとって迷惑だし，また証拠調べの遅れによる訴訟遅延を防止する必要があるからです。

（ii）直接主義

　口頭弁論の基本原則である直接主義（P99参照）は，証拠調べの局面にも当てはまります。すなわち，弁論のみならず証拠調べも，判決をする裁判官の面前で行うのが原則です。つまり証拠調べは，受訴裁判所の法廷内で行われなければならないのが原則です。例外として，文書の証拠調べは，弁論準備手続の場ですることもできます（170条2項）。また，相当と認められる場合は，裁判所外で証拠調べを行うこともでき，その場合，受命裁判官・受託裁判官による証拠調べもできるとされています（185条1項）。証人に出頭義務がない等一定の事由があるときは，受命裁判官，受託裁判官による法廷外での証人尋問，当事者尋問も可能です（195条，210条）。

　その場合には，証拠調べの結果は，口頭弁論で陳述しなければ証拠資料とすることができません。

ここが狙われる

　訴訟係属中に，単独裁判官または合議体の過半数の裁判官が交代した場合に，当事者の申出があれば，交代前に尋問をした証人に対し証人尋問を再度実施しなければなりません（249条3項）。

　証人の証言態度も裁判官の心証形成の重要な要素となりますから，新裁判官の面前で証人尋問をやり直すのが適当と考えられたものです。

⑤　証拠調べの実施

> ┌─**設例19**─────────────────────
> │　Eは，信号のない交差点を自転車で通行中，交差点の左側から進行してきた
> │ Fの車に接触して転倒し，全治３ヶ月の重傷を負った。Eは，Fを被告として
> │ 不法行為に基づく損害賠償請求の訴えを提起した。
> └──────────────────────────────

　これまで，証拠調べのいわば総論的事項を説明してきましたが，以下では，それぞれの証拠方法についての証拠調べの意義，方式等の各論的事項について説明します。

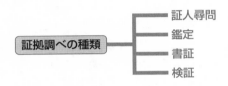

（ⅰ）証人尋問
（イ）意義

　証人とは，過去に経験した事実や状態について，裁判所で供述することを命じられた自然人のことです。例えば，設例19で事故を目撃した者は，有力な証人となるでしょう。しかし，当事者およびその法定代理人は証人となることができません。証人となることのできる一般的資格を証人能力といいますが，**当事者自身およびその法定代理人には，この証人能力が認められないのです**。また，法人の代表者は法定代理人に準じて扱われますから，その法人を当事者とする訴訟について証人になることができません。

　わが国の裁判権に服する者は，原則としてすべて証人となる義務（証人義務）を負います（190条）。証人義務の具体的内容は，**出頭義務，宣誓義務，供述義務**の３つです。これらの義務違反に対しては，過料（192条，200条），罰金・拘留（193条，201条）といったペナルティが科せられるほか，勾引されることもあります（194条）。＊

　もっとも，証人が出頭した場合でも，自己または一定範囲の親族が証言によって刑罰を科せられるおそれがある場合やそれらの者の名誉を害する事項等については，**証言拒絶権**が認められてい

＊なお，16歳未満の者や証言の趣旨を理解することができない者を証人として尋問する場合には，宣誓をさせることはできません（201条2項）。

ます（196条）。さらに，医師や弁護士など一定種類の職業に就いている者または就いていた者の職務上黙秘すべき事項，技術・職業上の秘密事項等についても証言を拒むことができます（197条）。

（ロ）証人尋問の方式

　尋問は，いわゆる交互尋問の方式で行われます（202条1項）。すなわち，はじめに尋問の申出をした当事者が主尋問を行い，その後に相手方が反対尋問を行い，その後さらに主尋問を行います。当事者は，さらに必要があるときは，裁判長の許可を得て，これを繰り返すことができます（規則113条1項・2項）。裁判長は，当事者の尋問の終了後に補充尋問をすることができ，陪席裁判官も裁判長に告げて尋問をすることができます（規則113条3項・4項）。裁判長は，適当と認めるときは，当事者の意見を聴いて，上記の尋問順序を変更することができます（202条2項）。なお，証人は，自分の経験した事実を記憶のままに証言する義務を負っていますから，裁判長の許可を得た場合を除いて，書類に基づいて陳述することは禁じられています（203条）。

　遠隔地に居住する証人の尋問には，いわゆるテレビ会議システムを利用することができます（204条）。また，裁判所が相当と認める場合で，当事者に異議がなければ，尋問に代えて書面の提出をさせることも認められています（205条）。

用語の説明

「過料」「勾引」

過料とは，一般に法の定める秩序違反に科せられる金銭罰のことです。ここでは，訴訟法に対する違反行為であるが，罰金・拘留等刑法上の刑罰を科するほどの重大な法違反ではない場合に科せられるものと理解してください。

勾引とは，本来刑事訴訟法上の用語ですが，ここでは出頭義務があるのに任意に出頭しそうにない証人を裁判所に連れて行く強制処分と理解してください。

閑話休題

　設例19で，たまたま交通事故を目撃してしまったGが証人申請され，裁判所から証人として呼び出されたとします。この場合Gは，他人の事件について裁判所で証言しなければならない立場に置かれます。Gは，法廷などという普段全くなじみのない場所に出て行って，衆人の眼にさらされながら証言をしなければなりません。その証言はどちらかの当事者の不利になるでしょうから，その当事者の恨みを買うことも覚悟しなければならないでしょう。多少の日当は支払われますが，Gとしては，当然気が進むはずもありません。しかし，呼び出された期日に正当な理由なく出て行かなかったり，出て行っても証言を拒否したりすると10万円以下の過料，情状によっては罰金・拘留という刑罰まで科せられる可能性があります。しかも，悪事を働いたわけでもないのに，勾引などという人聞きの悪い名目で裁判所に強制的に連れて行かれる，ということにもなりかねません。そのうえ，宣誓をした当事者本人が虚偽の陳述をした場合は，単に過料の制裁が科せられるだけなのに，証人が記憶に反した証言（虚偽

の陳述）をした場合には、なんと偽証罪（刑法169条）という刑法上の犯罪に問われる可能性まであります。Gにしてみれば、「何でこんな目に遭わなければならないのか、ついてない！」というのが正直なところでしょう。

（ii）当事者尋問
（イ）意義

当事者尋問とは、当事者本人、その法定代理人または法人等の代表者を証拠方法として尋問する証拠調べをいいます。設例19では、原告E、被告Fに対しての尋問が当事者尋問となります。

宣誓をした当事者が虚偽の陳述をしたときは、過料が科せられますが（209条1項）、証人の場合のように罰金や拘留の制裁はなく、また勾引されることもありません。*1

> **一歩前進**
>
> 当事者尋問での本人の供述は、弁論における陳述と異なり、証拠資料となります。したがって、当事者がそこで主要事実を陳述したとしても、弁論での主張がない限り、裁判所は、その事実の存在を前提とした判決をすることはできません。また、相手方当事者の主張と一致したとしても、裁判上の自白となることはありません。

> **ここが狙われる**
>
> 当事者尋問は、申立てによるほか、職権で行うこともできます（207条1項前段）。当事者が正当な理由なく出頭せず、または宣誓や陳述を拒んだときは、裁判所は、尋問事項に関する相手方の主張を真実と認めることができます（208条）。

（ロ）当事者尋問の方式

当事者尋問の方式には証人尋問の規定が準用されますから（210条）、証人尋問とほぼ同様の方式で行われます。

証人尋問と当事者尋問の両方を併せて行う場合は、証人尋問から先に行うのが原則です（207条2項本文）。当事者は事件について最も強い利害関係をもつことから、その供述の信用性は証人の証言よりも劣ると考えられたことによるものです。*2

*1 当事者尋問に際し、当事者本人に宣誓をさせるかどうかは、裁判所の裁量に任されます（207条1項後段）。

*2 平成8年の法改正以前は、当事者尋問は他の証拠方法によって心証を得ることのできない場合に用いられる補充的な証拠調べとの位置づけでしたが、このような制限は撤廃されました。

しかし，裁判所は，適当と認めるときは，当事者の意見を聴いたうえで，まず当事者尋問をすることもできます（同条同項ただし書）。

（iii）鑑定
（イ）意義

鑑定とは，特別の学識経験を有する鑑定人に，その学識経験に基づく**判断や意見を裁判所に報告させる証拠調べのことです。**＊

鑑定に必要な学識経験を有する者は，出頭し，宣誓のうえ，鑑定意見を報告するという鑑定義務を負い（212条1項），その違反に対しては証人と同様のペナルティが科せられます（216条，192条，193条）。しかし，鑑定人は証人と違って，「余人をもって代えがたい」というわけではない（代替性がある）ので，出頭しなくても勾引はできません。

鑑定人には，中立性が求められるため，裁判官に対するのと同様の忌避制度があります（214条）。

（ロ）鑑定の方式

当事者は，鑑定事項を記載した書面を提出して申出を行います（規則129条1項）。この申出があれば，裁判機関（受訴裁判所，受命裁判官，受託裁判官）が鑑定人を指定し（213条），裁判長が書面または口頭で鑑定意見の報告をさせることになります（215条1項）。

鑑定は，原則として証人尋問に準じた手続で行われます（216条）。鑑定人の意見陳述については，テレビ会議システムの利用が認められます（215条の3）。

（iv）書証
（イ）意義

書証とは，文書に記載されている内容を裁判所が閲読して，その意味内容を証拠資料とする証拠調べのことです。

ここでいう文書とは，作成者の意思や思想を伝えるために，それらを文字などの記号を用いて表現したものです。したがって，材質が紙であってもその形状のみが問題となる場合は文書ではなく検証物となり，逆に意思や思想を表していれば，石碑や布などでも文書となります。また，図面，写真，録音テープ，ビデオテープその他の情報を表すために作成された物件も文書に準じて証

＊最近，刑事裁判で何かと話題になる「DNA鑑定」を鑑定の典型例として覚えておきましょう。当然，民事訴訟でも利用できます。

拠調べの対象となります（231条）。

一歩前進

　書証に特有の問題として，文書の形式的証拠力と実質的証拠力の問題があります。

　文書は，その文書に作成名義人と表示されている者と実際にその文書を作った者が一致していることによって，初めて証拠としての価値をもつことになります。このように**作成名義人が作成した文書であることが明らかになった文書は「真正文書」**と呼ばれ，形式的証拠力（証拠としての価値）をもつことになります。この形式的証拠力が認められれば，その記載内容が要証事実の証明にどの程度役立つか，すなわち実質的証拠力の問題となります。そして，真正文書の実質的証拠力は，裁判官の自由な心証によって判断されることになります。

　作成名義人と実際の文書作成者が一致していない文書（人の名前を勝手に使用して作った文書）は，いわゆる「偽造文書」であり，その成立自体がインチキですから，形式的証拠力が否定されます。したがって，まずはその文書が真正であることの証明が求められることになります（228条1項）。その証明に関して，公文書は真正に成立したものと推定され（同条2項），私文書については，本人またはその代理人の署名または押印があるときは，真正に成立したものと推定されることになります（同条4項）。文書の成立の真否は，筆跡または印影の対照によっても，証明することができます（229条1項）。筆跡鑑定や印鑑照合の方法でもOKということです。

用語の説明
「公文書」「私文書」
公文書とは，その方式および趣旨により公務員が職務上作成した文書であり（228条2項），私文書はそれ以外の文書のことです。公文書の成立の真否について疑いがあるときは，裁判所は，職権で当該官庁または公署に照会をすることができます（同条3項）。

（ロ）書証の方式

　書証の申出は，当事者が文書を自ら所持しているときは，その文書を裁判所に提出します（219条）。**設例18**のような，取引上の契約書などは通常2通作成され，契約当事者が各1通ずつ所持しているのが普通ですから，原告は，それを提出すればOKです。他の訴訟において行われた証人尋問の口頭弁論調書についても書証の申出をし，これを提出することができます（最判昭26・2・

22)。提出の方法として，当該文書の写しとそれらの証拠説明書を作成し，提出することとされています（規則137条2項）。

　一方，相手方当事者が文書を所持し，あるいは第三者が文書を所持している場合で，相手方当事者または第三者が提出義務を負うときには，文書提出命令の申立てによることになります（219条，221条）。この文書提出命令の詳細については，次の Check で説明します。

　所持者が提出義務を負う負わないにかかわらず，所持者による提出が期待できるときは，文書の送付嘱託の申立てによることになります（226条）。その文書としては，登記簿謄本とか戸籍謄本，住民票などがこれに該当します。

Check

「文書提出命令」

　書証の対象となるべき文書について，相手方当事者または第三者（所持者）に提出義務があるときは，その事実を証明しようとする当事者（挙証者）は，裁判所に対し書面で文書提出命令の申立てをしてその文書を入手し，それを証拠として提出するという手段によることになります。そうすると，文書の提出義務の範囲をどのように画するかが重要な問題となります。この点について現在の民事訴訟法は，①当事者が訴訟において引用した文書，②挙証者が所持者に引渡請求権または閲覧請求権を有する文書，③挙証者と所持者との法律関係について作成された文書，を提出義務のある文書として例示しています（220条1号～3号）。さらに，これら以外の文書でも，④一定の除外事由がない限り一般的に提出義務が認められるものとされています（同条4号）。このように規定の体裁はややこしくて，わかりにくい形になっていますが，要するに，文書提出義務は一般義務とされたのですから，④の除外事由に該当しない限り提出義務があるということになります。④の除外事由として挙げられているのは，（イ）親族等が刑事訴追を受ける事項等が記載されている文書，（ロ）職務上知り得た事実で黙秘すべきもの，または技術・職業上の秘密に関する事項で黙秘の義務が免除されていないものが記載されている文書，（ハ）もっぱら文書の所持者の利用に供するための文書，（ニ）公務員の職務上の秘密に関する文書，（ホ）刑事事件に係る訴訟に関する書類等です。特定の文書がこれらの除外事由に該当するか否かについては，除外事由の規定が新設された平成13年以降，相当数の最高裁の判例の集積がみられます。もっとも，その内容につ

いてまで問われることはまずないと思われますから，試験対策としては，文書
提出命令の具体的な手続および命令に違反した場合の効果が重要です。以下，
この点について説明しておきますから，その概要を押さえておきましょう。

　文書提出命令を申し立てる当事者（申立人）は，その文書の表示（表題，作
成年月日，作成者等），文書の趣旨（文書の内容），文書の所持者，証明すべき
事実，および提出義務の原因を明らかにして，書面で申立てをしなければなり
ません（221条，規則140条1項）。文書の具体的な特定が困難な場合は，提
出を求める文書を識別できる事項を明らかにすれば足りることとされています
（222条1項前段）。この場合には，申立人は，裁判所を通じて所持者に対して
文書の表示または趣旨を明らかにするよう申し出ることが必要です（同条同項
条後段）。

　申立てを受けた裁判所は，その申立てに理由があるかどうかを審査します。
その際，相手方が，提出命令を申し立てられた文書は上記（イ）（ロ）（ハ）の
除外事由のいずれかに該当する文書である旨の主張をした場合には，裁判所の
みがその文書を閲覧し，この手続のために提出された文書は裁判所以外何人も
開示を求めることができないとされています（223条6項）。この手続は「イ
ンカメラ審理」と呼ばれます。カメラとは「裁判官室」という意味です。そう
すると「インカメラ」とは，「裁判官室で」という意味になります。つまりこ
れは，裁判官が法廷ではなく裁判官室で閲覧するということですから，裁判所
が申立人に文書の内容を知らせずに判断を下すための手段ということになりま
す。裁判所は，文書の一部について取り調べの必要のない場合や提出義務のな
い場合には，その部分を除いた形での提出を命じることができます（同条1項
後段）。なお，裁判所は，第三者に対して文書の提出を命じようとする場合には，
その第三者を審尋しなければなりません（同条2項）。文書提出命令に対しては，
その文書の所持者は即時抗告をすることができ，申立てが却下された場合は申
立人が即時抗告をすることができます（同条7項）。

　以上の手続を経て，文書提出命令が発せられたにもかかわらず，文書を所持
している当事者がそれを提出しない場合，あるいは申立人の使用を妨げる目的
で当該文書を滅失等使用できないようにした場合には，裁判所は当該文書の記
載に関する申立人の主張を真実と認めることができます（224条1項・2項）。
ただし，第三者が所持する文書については，このような効果は認められません。
なお，当該文書を所持する第三者が文書提出命令に従わないときは，裁判所は，
決定で20万円以下の過料に処することができます（225条）。

（ｖ）検証

（イ）意義

　検証とは，裁判官が自ら五感の作用によって，つまり対象物を見たり，聞いたり，触ったりしてその形状や性質等を認識し，その結果得られた内容を証拠資料とする証拠調べのことです（232条）。人，物いずれも検証の対象となります。例えば，設例19のような交通事故による不法行為訴訟で，事故現場の地形や見通し，道路状況，被害者のケガの部位・程度を取り調べたりすることです。境界確定訴訟で，争いとなっている土地の現況を取り調べることなども検証です。

　相手方および第三者は，検証に協力すべき義務（検証協力義務）を負います。この検証協力義務には，裁判所に提出し得る物に関する検証物提出義務および提出できない物について，その所在場所での検証を容認する検証受忍義務があります。正当な理由なく，これらの義務に従わない場合，当事者は文書提出命令の場合と同様の事実認定上の不利益を受け（232条1項，224条），第三者の場合は過料の制裁を受けることになります（232条2項）。

（ロ）検証の方式

　検証の方式は，おおむね書証の手続に準ずることとされています（232条，219条）。職権で行うことはできず，必ず申出によることが必要です。

（5）裁判官による証拠の評価——自由心証主義

①　自由心証主義と法定証拠主義

　裁判所は，これまで説明してきた証拠調べの方法を駆使して，どちらの当事者の主張が真実なのか，事実認定を行うことになります。その際に，裁判官はどのようなやり方で事実を認定していくべきか，が問題となります。1つの方法として，「契約の成立は書面によって認定しなければならない」とか「2人以上の証言が一致したときは，その事実を真実と認定しなければならない」といったように，一定の証拠法則を定めて，裁判官の心証形成のあり方を拘束することが考えられます。このような事実認定の仕方を法定証拠主義といいます。この方法によれば，事実認定がいわば機械的に行われることになりますから，裁判官の恣意的な事

実認定を抑えることができ，裁判の形式的な公正を実現することが可能となるでしょう。

　しかし，このような形で事実認定を拘束すると，裁判官に硬直的な判断を強いることになり，その結果，真実から離れた事実認定につながるおそれがあります。例えば，「証人2人以上の証言が一致したときは，その事実を真実と認定しなければならない」という証拠法則の下では，証人の証言態度や証言内容に怪しい点があり，裁判官が証言を信用できないとの印象をもったとしても，証言どおりの事実認定を強制されることになり，かえって真実から遠ざかるおそれが出てきます。また，医療過誤訴訟，製造物責任訴訟，公害訴訟などのいわゆる現代型不法行為訴訟などでは，膨大かつ複雑な専門的科学的知見が要求されることが多く，限られた証拠法則で機械的に対処することは不可能です。

　そのようなことから，現在では，裁判官に対するこのような拘束を撤廃し，裁判官が事実認定をするに当たっては，**審理に現れたすべての資料や状況に基づいて，自由に心証を形成できる**とする自由心証主義が採られるに至っています。もっとも，「自由に心証を形成できる」といっても，裁判官の恣意（何の制約もなく思うがままに判断すること）を許すものではなく，適法に行われた**証拠調べの結果および弁論の全趣旨**からの心証形成が要求され，さらにその判断は，常に論理法則や合理的経験則に従わなければならないという点に注意が必要です。＊

② **自由心証主義の内容**

　自由心証主義の内容は，「裁判所は，判決をするに当たり，**口頭弁論の全趣旨及び証拠調べの結果**をしん酌して，自由な心証により，事実についての主張を真実と認めるべきか否かを判断する」との条文（247条）に端的に表されています。「心証」という言葉は，日常用語としてはなじみがありませんが，これは裁判官の内心に形成される確信的判断と考えてください。「しん酌」とは，総合的に考慮して判断するというほどの意味です。なお，ここでいう事実には，主要事実のみならず，間接事実および補助事実も含まれます。

　以下，「証拠調べの結果」および「弁論の全趣旨」について，説明していきます。

＊刑事裁判の事実認定についても，基本的に自由心証主義が採られていますが（刑事訴訟法318条），証拠の証拠能力に相当な制限をかけるなど，民事訴訟法の自由心証主義とはかなり様相が異なっています。

（ⅰ）証拠調べの結果

　証拠調べの結果とは，証拠方法を取り調べて得られた証拠資料をいいますが，自由心証主義の下では，この証拠方法についても制限がないこと（証拠方法の無制限）および証拠方法を取り調べることによって得られた証拠資料をどのように評価してもよい（証拠力の自由評価）という２つの内容をもっています。つまりは，事実認定に際して，裁判官の識見に全面的な信頼を置くということです。

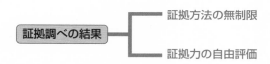

（イ）証拠方法の無制限

　この原則は，さらに次の２つに区別されます。

（ａ）まず，原則としてあらゆる人または物が証拠方法となります。これには，いくつか例外がありますが，次の２つは覚えておきましょう。

　　手形訴訟・小切手訴訟では，文書のみを証拠方法としなければならない（352条１項，367条２項）。

　　少額訴訟においては，即時に取り調べることのできる証拠だけが証拠方法となる（371条）。

（ｂ）さらに，特定の事実を認定するための証拠方法が限定されません。例えば，高額な取引上の契約についても，契約書によらず証人の証言だけでその存在を認定することもできます。これには，代理権の付与は書面で証明しなければならない（規則15条，同23条１項），口頭弁論の方式遵守は調書によってのみ証明することができる（160条３項）等の例外があります。

（ロ）証拠力の自由評価

　証拠調べの結果得られた証拠資料をどの程度評価して事実認定をするか，ということも裁判官の自由に委ねられます。もっとも，

144

自由に判断できるといっても，無制約な放縦が許されるわけではなく，その判断は論理法則や経験則に従ってなされなければならないのは当然です。

この原則についてもわずかながら制限が設けられています。例えば，先に説明したとおり，公文書および私文書の真正については推定規定が存在します（228条2項・4項）。これは，経験則の法定であり，裁判所の自由な証拠評価に対する一定の制限といえます。また，一方の当事者が故意に相手方の立証を妨げる行為（「証明妨害」といいます）をした場合には，それだけでその相手方の主張を真実と認めることができる旨の規定（208条，224条等）は，自由心証主義に対する軽微な制限とみることができます。

ここが狙われる

証拠力の自由評価は，証拠をその提出者にとってプラスにもマイナスにも評価できるということを意味します。つまり，当事者の一方が提出した証拠は，提出者に有利な事実認定に用いることができるのはいうまでもなく，その相手方にとって有利な事実の認定に用いることも許されます。これを「証拠共通の原則」といいます。証拠調べの開始後は，原則として相手方の同意がなければ，証拠申出の撤回が許されないとされている（最判昭58・5・26）のは，この証拠共通の原則が働くからです。

（ⅱ）弁論の全趣旨

弁論の全趣旨とは，口頭弁論に現れた一切の資料・模様・状況を指します。当事者の弁論内容のほか，証人の証言態度，当事者や代理人の陳述態度，攻撃防御方法の提出時期なども含まれます。

弁論の全趣旨は，証拠調べの結果を補充するだけでなく，証拠調べの結果以上に重視してもよいし，弁論の全趣旨によって心証形成ができるときは，証拠調べをしなくても差し支えないのです。

③ 証明の程度（証明度）

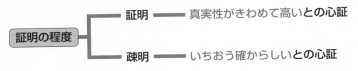

裁判官が要証事実を認定するのに，どの程度の心証が形成され

なければならない（証明度）のでしょうか。

　民事訴訟における要証事実の証明は，主張された事実が真実である可能性がきわめて高いという程度（高度の蓋然性）の心証形成が必要とされています。判例はこれを，「通常人が疑いをさしはさまない程度に真実性の確信をもち得るものでなければならない」と表現しています（最判昭50・10・24）。*

　要証事実について証明責任を負う当事者は，証明責任の分配により，証明に成功しなければ敗訴せざるを得ない地位に立たされます。そのため，裁判官に事実の存否について確信を抱かせるに足るだけの証拠（本証）を挙げて要証事実の証明をする必要があります。一方の当事者が，この本証により証明に成功しかかっている場合，相手方は，裁判官の内心に形成されつつある確信を動揺させるための証拠を提出することになります。これを反証といいます。反証は，本証と同程度の証明度をもつ必要はなく，裁判官の確信の形成を妨げる程度のものであれば，その目的を達することができます。つまり反証により，その事実について裁判官を真偽不明の状態に追い込むことに成功すれば，その事実を要件とする法規は適用されないこととなり（証明責任の分配），勝訴できるわけです。

＊疎明については，「いちおう確からしい」という程度の心証で足ります。

用語の説明
「本証」「反証」
ある事実について証明責任を負う当事者が提出する証拠を「本証」，その相手方の提出する証拠を「反証」といいます。

Check

「損害賠償額の裁量的認定」

　不法行為に基づく損害賠償請求訴訟では，原告（被害者）は損害の発生および損害額について主張・証明しなければならないのが原則です。しかし，例えば幼児の逸失利益（生存していたなら得られたであろう利益）の額や慰謝料額の算定には困難が伴うのが通常です。そのような場合に，損害の発生は認められても，損害額が算定不能であるという理由で原告の請求を棄却したのでは，著しく被害者の保護に欠ける結果となります。そこで，被害者の救済を図るため，裁判所が損害の発生自体を認めた場合には，損害の性質上その具体的な額を証明することがきわめて困難であるときでも，裁判所は，口頭弁論の全趣旨および証拠調べの結果に基づき，相当な損害額を認定することができるとされています（248条　最判平20・6・10）。

4 証明責任（客観的証明責任）

(1) 意義

　これまでの説明のとおり，裁判官は，弁論の全趣旨および証拠調べの結果をもとに，自由に形成する心証によって事実認定をしていくことになります。しかし，裁判官の柔軟な判断が保障されている自由心証主義の下においても，最終的に事実の真偽に関する心証が形成できず，要証事実の存否が不明に終わるという事態も想定できます。例えば，設例18で売買契約の存否が争われたため，原告Cが，被告Dの印鑑証明書の添付された売買契約書を証拠として提出したとすると，裁判官の心証は売買契約が存在するとの確信に大きく傾くことになるでしょう。これに対して，Dが何の反証も提出しなければ，有効な売買契約が存在するとの事実が認定され，Cの代金支払請求が認容されることになります。しかしDが，その契約書に記載された日時に海外旅行中であったとの間接事実を主張しそれを証明したとき，売買契約が存在するとの裁判官の確信は揺らぐことになるでしょう。その後に，Cが何の有力な証拠も提出できず，裁判官に契約の存在についての確信を抱かせることができなかったときは，契約の存否について真偽不明とならざるを得ません。しかし，このように審理を尽くしたが要証事実の真偽不明という状態を生じた場合でも，裁判官は，事実の真偽不明を理由に裁判を拒否することは許されません。このような形での裁判拒否は，憲法で保障された裁判を受ける権利（憲法32条）を奪うことになるからです。

　そこで民事訴訟では，要証事実が真偽不明でも裁判を可能とするため，真偽不明の結果生じる不利益を一方当事者に負わせるという形で，裁判不能に陥ることを回避しています。すなわち，訴訟の最終段階に至っても要証事実が真偽不明であるとき，その事実について証明責任を負う当事者は，その事実を要件とする法規の適用を受けることができない，という不利益ないし危険を負担することになります。このような形で，当事者の一方に負わされることとなる不利益ないし危険を客観的証明責任といいます。一般に証明責任という用語は，この客観的証明責任の意味に使われ

ます。設例18で，売買の事実が裁判官に不明のまま口頭弁論が終結した場合，売買の事実について証明責任を負うCは，その事実を前提とする法規（民法555条）の適用を受けることができず，Cの代金請求の訴えは棄却されることになります。＊

┌─ 一歩前進 ─┐

　上記のとおり，（客観的）証明責任は，審理の最終段階（口頭弁論終結時）に至っても要証事実の真偽不明の場合に裁判の不能を回避するための訴訟上の法技術です。したがって，証明責任は１つの事実について一方の当事者のみが負い，証明責任の所在は訴訟の最初から抽象的に定まります。審理の過程でその所在が移動することはありません。設例18でいえば，売買の事実については，その成立を主張する原告Cが証明責任を負い，審理の過程で被告Dに移ることはありません。もしCが，売買の事実について有力な本証を提出して裁判官の確信形成に成功しそうになれば，Dは，敗訴を免れるために裁判官の心証を動揺させるための反証を提出する必要に迫られます。しかしこれは，「立証の必要性」がDに移動しただけであり，証明責任が移ったわけではないのです。

　証明責任が働くのは，口頭弁論終結時に至ってもなお，要証事実の真偽不明が残る場合です。それ以前に裁判所が要証事実の存否について心証を形成できた場合には，機能する余地がありません。そういう意味で，「証明責任は裁判所の自由心証の尽きたところで機能する」といわれます。しかし，弁論主義の下においては，当事者は，敗訴を免れるためには，必要な主要事実すなわち証明責任を負う事実を周到に主張しまた立証活動に努めなければならず，裁判所としても，その点に配慮した適切な訴訟指揮が求められることになります。そのような意味で，証明責任は当事者の訴訟活動の指針として，また裁判所の訴訟指揮の指標としての役割も果たすことになります。証明責任は民事訴訟の脊椎（バックボーン）であるという言葉は，証明責任のこのような機能を表すものです。

＊客観的証明責任を負う当事者は，真偽不明による不利益を回避するために，十分な立証活動に努めなければなりません。このように，客観的証明責任を負う当事者の負担する行為責任は主観的証明責任と呼ばれることがあります。

(2) 証明責任の分配

証明責任の分配とは，どの要件事実についてどちらの当事者に証明責任を負担させるか，の定め方の問題です。この点について，民事訴訟法に明文の規定は存在しませんから，その分配基準は解釈によって定まることになります。証明責任の分配に関しては，いくつかの考え方が主張されていますが，実務および判例を支配している**法律要件分類説**という考え方をしっかり理解しておけば十分です。

① 法律要件分類説

法律要件分類説は，証明責任の所在は民法，商法等の実体法規の構造（定め方）から導かれるとする考え方です。この考え方によれば，当事者は自己に有利な法律効果の発生を定めた法規の要件事実について証明責任を負うことになります。これを多少具体化していうと，法規はまず，権利の発生を定めた「権利根拠規定」，権利の発生を阻止する「権利障害規定」，およびいったん発生した権利の消滅を定める「権利消滅規定」に分類されます。そして，権利根拠規定の要件事実については権利の発生を主張する当事者，権利障害規定および権利消滅規定の要件事実については，その権利を否定する当事者が証明責任を負うことになります。

設例18 で，売買契約の成立を主張するCは，権利根拠規定である民法555条の定める売買の合意（**財産権の移転および代金支払いの合意**）という要件事実（請求原因事実）について証明責任を負い，それに対し，Dが要素の錯誤による取消しを主張したとき（抗弁），Dは，権利消滅規定である錯誤（民法95条本文）の要件事実について証明責任を負うことになります。さらに，Dの錯誤による取消しの主張に対しCが，Dには重大な過失があるとの主張（再抗弁）をしたとき，Cは，重大な過失（同法同条ただし書）の要件事実について証明責任を負うことになります。＊

また，Dが代金は弁済したとの主張をしたとき，Dは，権利消

＊民法95条のように，本文とただし書の形式からなる条文では，ただし書で除外された事由は本文の不適用を表すものですから，その要件事実については，本文の法律効果の発生を争う者が証明責任を負います。

149

減規定である弁済（民法474条以下）の要件事実について証明責任を負うことになります。

｜一歩前進｜

　上記のように，法律要件分類説は，法規の構造を客観的に解釈して証明責任の所在を明らかにしようとする考え方です。ただ，この考え方を形式的に貫くと不都合，不合理を生じる場合があり，この場合は個別的に解釈による修正がなされます。例えば，平成29年改正前の民法では，債務不履行（改正前415条）の要件事実の1つである債務者の帰責事由については，条文の構造からすれば債権者にその存在について証明責任があると考えられます。しかし，学説・判例は一致して，この場合は，**債務者が自己の帰責事由の不存在について証明責任を負う**と解していました（最判昭34・9・17）。

　さらに，このような実体法規の解釈による修正のほか，次に説明する証明責任の転換および法律上の推定は，法律要件分類説を基調とした証明責任の分配を，**特別な政策的考慮から変更し（証明責任の転換）**，あるいは証明の困難な事実について実質的に証明責任を転換し立証の負担を軽減する（法律上の推定）ものです。

｜参照条文｜
改正前民法415条
債務者がその債務の本旨に従った履行をしないときは，債権者は，これによって生じた損害の賠償を請求することができる。債務者の責に帰すべき事由によって履行することができなくなったときも，同様とする。

② 証明責任の転換と法律上の推定——立証負担の軽減
（ⅰ）証明責任の転換

　証明責任の転換とは，法律で通常の証明責任の所在を変更し，**相手方に反対事実の証明責任を負担させる**ことです。例えば，一般の不法行為に基づく損害賠償請求訴訟（民法709条）では，原告（被害者）が被告（加害者）の過失について証明責任を負いますが，設例19のような自動車事故の場合には，注意を怠らなかったこと（無過失）の証明責任を被告（加害者）に負わせています（自動車損害賠償保障法3条ただし書）。これは，自動車事故の被害者を厚く保護しようとの政策的考慮によるものです。＊

（ⅱ）法律上の推定

　一般に推定とは，ある事実から他の事実を推認することをいいます。この推定に関して法が特に規定を設けている場合があり，

＊「証明責任あるところ敗訴あり」という言葉があるくらい，一般に事実の証明は困難です。証明責任の転換により，自動車事故の被害者はこの困難から解放されることになります。

これを法律上の推定といいます。法律上の推定には，**事実推定と権利推定**の２種類があります。いずれも**立証上の負担を軽減する**法律上のテクニックです。

　なお，事実上の推定という用語もありますが，これは，自由心証主義の下で裁判官がある事実に論理則，経験則を当てはめて他の事実を推認する作用を意味するに過ぎません。ただ，法律上の事実推定と混同しないよう注意しましょう。

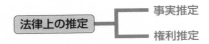

（イ）事実推定

設例20

　Hは，Iの所有する甲土地を所有の意思をもって，平穏，公然，善意，無過失で10年間占有し甲土地を時効取得したと主張し，Iに対し甲土地の所有権確認の訴えを提起した。

　法律上の事実推定は，立証の困難な事実（推定事実）について，より立証の容易な事実（前提事実）の存在を証明することによって，**いちおう推定事実の証明がなされたものとして扱う**という法技術です。立証者が前提事実を証明したとき，相手方が推定事実を覆すには，単なる**反証すなわち裁判官の心証を動揺させるだけでは足りず，反対事実の証明をしなければならない**ということになります。つまり，この法律上の推定により，**実質的に証明責任の転換がもたらされる**ことになります。＊

　設例20では，Hは，甲土地の時効取得を主張していますから，まずは短期取得時効（民法162条２項）の要件事実である10年間の占有継続を証明する必要があります。これが直接証明できるのであれば問題はありません。しかし，10年間にわたって占有が中断することなく継続していたとの事実を証明することは，一般的にはきわめて困難です。そこで，この困難を軽減するため民法は，**前後の両時点で占有をしていた証拠があるときは，占有は，その間継続したものと推定する**，との規定を置いています（民法186条２項）。そうするとHとしては，証明の容易な10年の間隔をお

＊立証者からすると，推定事実そのものを立証してもよいし，あるいは前提事実の立証で推定事実の立証に代えることもできるという意味で，証明主題の選択が認められていることになります。

いた前後両時点における占有の事実（前提事実）を証明できれば，
10年間の占有継続の事実（推定事実）があったものとして扱われ
ることになります。他方 I は，この推定事実を覆すために，Hの
占有不継続（占有中断）の事実を証明しなければならない立場に
立たされることになります。このような形で，**実質的な証明責任
の転換**が図られることになるわけです。

（ロ）権利推定

法律上の権利推定とは，法律の規定により，**ある事実から一定
の権利が存在するものとして扱い，あるいはその権利が帰属する
ものとして扱う**ということです。例えば，民法188条は，「占有者
が占有物について行使する権利は，適法に有するものと推定する」
と規定しています。この規定により，例えば所有者として占有す
る者はその所有権を，賃借人として占有する者はその賃借権を，
いちおう適法に有するものとして扱われることになります。

┌─ 一歩前進 ─┐

法律上の推定は，一定の事実の存在から他の事実や権利を
推認するものです。しかし，同じ推定規定であっても，推定
の前提となる事実の存在さえ必要とせず，**無条件に一定事実
を推認**し，当該規定の要件事実の証明責任を相手方に転換す
るものもあります。これを，変な用語ですが**暫定真実**といい
ます。例えば，民法162条2項は，取得時効の成立要件とし
て10年間の占有，所有の意思，平穏，公然および善意無過失
を挙げています。このうち，所有の意思，善意，平穏かつ公
然については，民法186条1項により推定されることになり
ます。この暫定真実は，法律上の推定と同じく証明責任の転
換をもたらしますが，前提事実の存在すら必要としない無条
件の推定となっている点で，法律上の推定と区別されます。

参照条文
「民法186条1項」
占有者は，所有の意
思をもって，善意で，
平穏に，かつ，公然と
占有するものと推定
する。

　民事訴訟における証人尋問及び当事者尋問に関する次のアからオまでの記述のうち，正しいものの組合せは，後記1から5までのうち，どれか。

ア　裁判所は，弁論準備手続の期日において，当事者尋問をすることができる。
イ　証人尋問は，当事者が期日に出頭しない場合においても，することができる。
ウ　証人尋問が実施される前に当事者が当該証人尋問の申出を撤回した場合には，その当事者は，その審級において，同一の証人について証人尋問の申出をすることは許されない。
エ　裁判所は，主要事実について当事者間に争いがある場合において，相当と認めるときは，職権で証人尋問をすることができる。
オ　当事者本人を尋問する場合において，その当事者が正当な理由なく出頭しないときは，裁判所は，尋問事項に関する相手方の主張を真実と認めることができる。

1　アウ　　　　2　アオ　　　　3　イエ　　　　4　イオ　　　　5　ウエ

解　説

ア　✕　弁論準備手続期日では，証拠の申出に関する裁判その他の口頭弁論の期日外においてすることができる裁判および文書の証拠調べ等をすることができますが（170条2項），当事者尋問をすることはできません。

イ　○　証拠調べは，当事者が期日に出頭しない場合においてもすることができます（183条）。証人尋問も証拠調べの一種です。

ウ　✕　証人尋問が実施される前に当事者が証人尋問の申出をいったん撤回したからといって，同一の審級で，同一の証人について，再度申出をすることができないとの規定は存在しません。

エ　✕　主要事実について争いがあるからといって，裁判所が職権で証拠調べをすることは弁論主義に反し許されません。

オ　○　当事者本人を尋問する場合において，その当事者が，正当な理由なく出頭せず，または宣誓もしくは陳述を拒んだときは，裁判所は，尋問事項に関する相手方の主張を真実と認めることができます（208条）。

　以上より，正しいものはイおよびオであり，4が正解となります。

正解　4

実戦過去問　　　　　　　　　　　司法書士　平成24年度

　貸金返還請求訴訟における証人尋問又は当事者尋問に関する次のアからオまでの記述のうち，判例の趣旨に照らし誤っているものの組合せは，後記1から5までのうち，どれか。

ア　証人尋問及び当事者尋問のいずれも，当事者の申立てにより又は裁判所の職権で，することができる。

イ　裁判所は，証人尋問においては，証人の尋問に代えて書面の提出をさせることができるが，当事者尋問においては，簡易裁判所の訴訟手続に限り，当事者本人の尋問に代えて書面の提出をさせることができる。

ウ　通常共同訴訟において，共同訴訟人A及びBのうちAのみが第一審判決に対して控訴を提起し，Bについては第一審判決が確定している場合には，Bは，Aについての控訴審において証人となることができる。

エ　宣誓能力のある限り証人尋問における証人は，法令に特別の定めがある場合を除き，宣誓義務を負うが，当事者尋問における当事者本人は，裁判所が宣誓を命じた場合においてのみ，宣誓義務を負う。

オ　証人尋問及び当事者尋問のいずれについても，呼出しを受けた証人又は当事者が正当な理由なく出頭しない場合の制裁として，過料の規定が民事訴訟法に定められている。

1　アエ　　　　2　アオ　　　　3　イウ　　　　4　イエ　　　　5　ウオ

解　説

ア　×　証人尋問をするには，当事者からの申立てが必要です。

イ　○　証人尋問および簡易裁判所での当事者尋問等については，書面の提出で代えることができる場合があります（205条，278条）。

ウ　○　本肢と同旨の最高裁判例（最判昭34・3・6）が存在します。

エ　○　証人は原則として宣誓義務を負いますが，当事者に宣誓させるかどうかは裁判所の裁量によります（201条1項，207条1項後段）。

オ　×　当事者尋問における当事者不出頭には，過料の制裁はありません。

　以上より，誤っているものはアおよびオであり，2が正解となります。

正解　2

　証拠の収集又は立証の準備に関する次のアからオまでの記述のうち，正しいものはいくつあるか。

ア　当事者は，訴訟の係属中，相当な期間を定めて，相手方に対し，主張又は立証を準備するために必要な事項について，相手方の意見を書面で回答するよう照会をすることができる。

イ　裁判所が，訴訟の当事者以外の者に対し，その所持する文書の提出を命じたが，その者が文書提出命令に従わない場合，裁判所は，その文書の記載に関する相手方の主張を真実と認めることができる。

ウ　文書送付の嘱託は，文書所持者の文書提出義務の有無にかかわらず申し立てることができる。

エ　裁判所による調査の嘱託は，官庁・公署，会社その他の団体のみならず，自然人である個人に対しても行うことができる。

オ　証拠保全の申立ては，訴えの提起後においてもすることができる。

1　1個　　　　2　2個　　　　3　3個　　　　4　4個　　　　5　5個

解　説

ア　×　訴訟の係属中，相手方に一定事項の照会をすることができますが，相手方に意見を求める照会は禁止されています（163条4号）。

イ　×　訴訟当事者以外の者が文書提出命令に従わない場合には，その文書の記載に関する相手方の主張を真実と認めるという効果は認められません。第三者に対して，単に過料の制裁があるだけです（225条1項）。

ウ　○　文書の送付嘱託は，文書所持者の文書提出義務の有無にかかわらず申し立てることが可能です（226条本文）。

エ　×　調査の嘱託は，官庁，公署，学校，商工会議所，取引所その他の「団体」に対して行われるものです（186条）。

オ　○　証拠保全の申立ては，訴え提起の前後を問わず，することができます（235条1項参照）。

　以上より，正しいものはウおよびオの2個であり，2が正解となります。

正解　2

7 当事者の訴訟行為

学習ナビゲーション

　弁論主義の下において，当事者は，申立て・主張・証拠の申出という3種類の訴訟行為によって攻撃防御を展開することになります。手続の流れに沿って，これら当事者の訴訟行為がどのように行われるのか，についてみていくことにします。本講の内容を理解するためには，自分を当事者の立場に置き換え，どのような攻防を展開するべきか，という視点から考察してみるのもよい方法かもしれません。

　本講の内容には，前に説明したところと一部重複した部分が含まれていますが，復習の意味を兼ねてもう一度確認しておきましょう。

1　本案の申立て

設例21

　画商Aは，顧客Bに有名画家の描いた絵を300万円で売却したが，Bは，約束の代金支払期日を過ぎても代金の支払いをしない。そこでAは，Bを被告として300万円の代金支払いを求める訴えを提起した。

　口頭弁論では，当事者はまず**本案の申立て**という訴訟行為を行います。原告側の本案の申立ては，訴状に提示した請求（訴訟物）についての判決を求める陳述であり，被告の側の本案の申立ては，答弁書（被告の提出する最初の準備書面）に基づく訴えの却下または請求の棄却を求める陳述となります。

　設例21でいえば，原告Aの「被告は原告に対し金300万円を支払え，との判決を求める」との陳述が本案の申立てであり，被告Bの「原告の請求を棄却する，との判決を求める」あるいは「原

告の訴えを却下する，との判決を求める」という陳述が本案の申立てとなります。これによって，その訴訟の審判の対象が口頭で明らかにされたことになります。

被告Bが訴え却下の申立てをしたときは，まず訴訟要件の存否が審理されることになります。そして例えば，Bが不起訴の合意の存在を抗弁として主張し，それが認められれば，訴えの利益なしとして不適法却下されることになります。

原告Aの請求に理由があることをBが認めたときは請求の認諾となり訴訟は終了しますが，以下では，被告Bが請求棄却の申立てをしたとの前提で話を進めます。この場合，訴訟要件に欠けるところがなければ，口頭弁論によりAの請求の当否についての実質的審理が進められることになります。

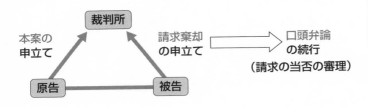

2　主張

(1)　法律上の主張

設例21で，被告Bが請求棄却の反対申立てをしたとき，原告Aは，この代金支払請求を基礎づけるために，**代金債権の成立という法律上の主張**をすることになります。この主張をBが認めたときには，いわゆる**権利自白の成否**が問題となります。法律上の判断は裁判所の専権に属しますから，限られた範囲での権利自白成立の可能性を除いて，原則として権利自白は認められません。

(2)　事実上の主張

原告は，自己の**法律上の主張を基礎づけるための主要事実**を主張することになります。ここで原告が主張する主要事実を**請求原因事実**といいます。設例21でいえば，売買契約成立のための，民法555条の要件事実（財産権移転の合意および代金支払いの合

参照条文
「民法555条」
売買は，当事者の一方がある財産権を相手方に移転することを約し，相手方がこれに対してその代金を支払うことを約することによって，その効力を生じる。

157

意）に該当する具体的な事実が請求原因事実です。

　原告の請求原因事実の主張に対する被告の態度としては，「争う」「知らない」「認める」「黙っている」の4つがあります。順に，否認，不知，自白，沈黙という訴訟行為になります。このうち，原告の主張を否定する効果をもつのは否認と不知であり，逆に原告の主張を認める効果を生じるのは自白と沈黙です。さらに，原告の主張事実を認めつつ（制限付自白），別の事実を主張して，結局原告の主張を否定しようとすることもあります。これを抗弁といいます。以下，それぞれの訴訟行為ごとに説明します。

①　否認と不知および抗弁

（ⅰ）否認

　否認には単純否認と理由付否認（積極否認）があります。

　単純否認は，原告の主張を明示的かつシンプルに否定するものです。設例21で，Bが「絵を買った覚えはない」と主張する場合がこれに当たります。単純否認がなされた場合，Aは証拠によって請求原因事実を証明しなければなりません。

　これに対し理由付否認は，例えば「絵は確かに受け取ったが，くれるというから受け取ったのだ」というように，贈与として受領したことを主張して「代金支払いの合意があった」という原告の主張を間接的に否定するものです。この場合，売買契約の要件事実の一部である「財産権の移転」については，裁判上の自白の成立が認められますが，「代金支払いの合意」については，Bは争っていることになります。したがって，Aは，「代金支払いの合意」があったという事実を証拠によって証明しなければなりません。要するに，否認は相手方が証明責任を負う事実を否定する陳述です。

（ⅱ）不知

　不知とは，相手方の主張する事実について「そんなことは知らない」旨の陳述をすることです。不知の陳述をした被告は，原告の主張事実を争ったものと推定されますから（159条2項），原告は，その主張事実を証拠によって証明しなければなりません。

（ⅲ）抗弁

　抗弁とは，原告の主張を排斥するために，被告が，自ら証明責任を負う主要事実を主張する行為です。先述したとおり，否認は

相手方が証明責任を負う事実を否定する陳述ですが，抗弁は**自分が証明責任を負う事実を主張**するものです。

　抗弁には，相手方の主張を認めつつ，つまり相手方の主張を自白したうえで（制限付自白），**それと両立する事実を主張して相手方の主張を否定するものと相手方の主張を争いながら，予備的に主張する抗弁**の2種類があります。後の場合を予備的抗弁または仮定抗弁といいます。設例21で，被告Bが「代金は弁済した」との主張をした場合，Bは，売買契約の存在は認めていますが，弁済という事実を主張してAの請求を否定しようとしています。弁済は権利消滅事由に該当しますから，その要件に該当する事実についてはBが証明責任を負います。つまり，この弁済の主張は抗弁ということになります。同様に，Bが代金債務の免除を受けたと主張する場合，債務免除を受けたとの事実はBが証明責任を負うことになりますから，これも抗弁です。Bの債務免除の抗弁に対してAが，「自分の行った債務免除の意思表示には重要な錯誤があったから取り消した」と主張した場合は**再抗弁**となり，Bがそれを否認したときは，Aが意思表示の重要な部分に錯誤があったことを証明しなければなりません。

　一方，Bが「代金は支払ったはずだが，仮に支払っていないのであれば，自分がAに対して有する貸金債権で相殺する」という形で争う場合は予備的抗弁です。この相殺に関する主要事実はBが証明しなければなりません。

否認	相手方が証明責任を負う事実を否定**する陳述**
抗弁	自己が証明責任を負う事実の主張

┤一歩前進├

　抗弁には，さらに**事実抗弁**と**権利抗弁**の区別があります。弁済や債務免除の抗弁は必ずしも被告が主張しなくても，その事実が弁論に現れていれば，裁判所はそれを顧慮した判断をすることができます。つまり，弁済や債務免除等の抗弁は，主張共通の原則により，どちらの当事者が主張した場合でも，裁判所は判決の基礎とすることができます。このような抗弁が事実抗弁です。一方，例えば，同時履行の抗弁（民法533条）

については，当該権利を有する当事者が権利を行使する意思を表明しない限り，裁判所はこれを斟酌した判断をすることができません。設例21で，Ｂが同時履行の抗弁権の成立を基礎付ける事実を主張し，この事実が証拠から認められるとしても，Ｂが同時履行の抗弁権を行使するとの主張をしていないと，裁判所はそれを前提とした判決（引換給付判決）をすることはできないのです。このような性質をもった抗弁を権利抗弁といいます。同時履行の抗弁のほか，留置権，相殺権，取消権等に基づく抗弁も権利抗弁となります。

Check

「相殺の抗弁の特殊性」

　一般に抗弁というものは，弁済や債務免除のように，訴求債権（原告の被告に対する債権）自体に関連した一定の事由（訴求債権そのものに付着した瑕疵）を主張して，原告の請求を排斥しようとするものです。ところが，相殺の抗弁は，訴求債権とは別個の反対債権を主張して，原告の請求を否定するために主張されるものです。つまり，相殺の抗弁は被告が原告に対して有する反対債権をいわば犠牲に供して，原告の請求を否定しようとする特異な性格をもった抗弁です。訴求債権自体について争った被告にとってみれば，訴求債権が認められそうなので，訴求債権と自分の反対債権とを泣く泣く（？）帳消しにして，相手方の主張を排斥することになります。要するに被告は，相殺の予備的抗弁が認められて請求棄却の判決を得たとしても，実質的には敗訴したのと同じことです。そのため相殺の抗弁は，原告の請求を排斥するための「最後の切札」として位置づけられることもやむを得ないという面があります。このような相殺の抗弁の特殊性から，その主張を時機に遅れた攻撃防御方法として却下することには慎重であるべきとの主張が有力です。判例も，その点に配慮した判断をしています（最判昭40・4・2）。また，被告が建物買取請求権を行使する場合も，同じ性質の問題が生じます（最判昭30・4・5，Ｐ219参照）。

　さらに，抗弁として反対債権による相殺が主張され，判決理由中でそれを考慮に入れた判決がなされた場合には，判決理由中の判断についても例外的に既判力が生じることとされ（114条2項），ここから種々の問題が生じてきます。この点については，第10講で詳述します（Ｐ222参照）。

② 自白と沈黙

（ⅰ）自白

　自白とは，相手方の主張と一致する自己に不利益な陳述です。このような陳述が弁論準備手続または口頭弁論でなされたときは，いわゆる裁判上の自白となります。裁判所は，裁判上の自白が成立した事実については，当然に判決の基礎としなければなりません。すなわち，裁判上の自白が成立した事実については証拠による事実認定を行ってはならないのであり，裁判所がその事実の存否について審判すること自体が禁じられることになります（179条）。設例21で，Bが本件売買の要件事実を認めた場合，裁判所は，それを前提とした判断をしなければならない，ということになります。

（ⅱ）沈黙

　沈黙とは，相手方の主張に対して否認するのか認めるのか，態度をはっきりさせないことです。このようなアイマイな態度を取り続けていると，弁論の全趣旨から争っていると認められない限り，その事実を自白したものとみなされることになります（159条1項）。

Check

「釈明権」「釈明義務」

　釈明権とは，訴訟における事実関係・法律関係を明らかにするために，事実上および法律上の事項について，当事者に対して質問をし，または立証をうながす裁判所の権能です。当事者が釈明をする権能のことではなく，当事者に釈明を求める裁判所の権能であることに注意してください。釈明は，争点等整理手続期日または口頭弁論期日において裁判長によって行われるほか，期日外の釈明も認められています（149条1項，170条5項，176条4項）。陪席裁判官も，裁判長に告げて釈明を行うことができます（149条2項）。また，当事者には，釈明権は認められていませんが，釈明権を相手方に対して行使するよう裁判長に求めることができます（同条3項）。これを求問権といいます。裁判所にこのような権能が認められているのは，次のような理由によります。

　弁論主義の下では，事実の主張および証拠の申出についての責任は当事者が負うものとされていますが，この原則を形式的に厳格に貫くと実質的に不公平な結果となることがあります。訴訟では，高度な専門知識が必要となり，加え

て，「勝つためのスキル」も重要ですが，両当事者に明らかな力量の差があることもあるでしょう。特に，当事者の一方が弁護士を訴訟代理人としているのに，他方の当事者は本人自ら訴訟を追行しているような場合は，プロとアマを同じフィールドで競わせるようなもので，その力量の差は明らかです。これでは，本来有利な裁判を得られるはずであった者が不利な裁判を受けてしまい，ひいては裁判に対する国民の信頼が失われる，という好ましくない結果を生ずる可能性があります。そのような可能性はできる限り排除する必要があります。裁判所の釈明権は，弁論主義から生ずるこのような不合理を是正し，当事者間の実質的公平を実現するための訴訟上の制度ということができます。

　もっとも，釈明権の行使が行き過ぎると，一方当事者は「裁判所がエコヒイキをしたから負けた」という不満をいだくことになりかねません。このように裁判所の行う釈明には，「適正な裁判」と「公平な裁判」という2つの要請が微妙に絡み合う面がありますから，釈明権は適切な範囲でバランスよく行使されなければなりません。ただそうはいっても，個々の事件の内容・性質は千差万別ですから，その基準を形式的に線引きするのはきわめて困難です。そのため，いちおうの基準として，釈明の内容を，①当事者が行った不明瞭な主張や申立てについて，その内容を問いただす消極的釈明と②当事者が行っていない主張や申立てをするようにうながす積極的釈明に分類し，消極的釈明は進んで行うべきであるが，積極的釈明については，慎重に行使すべきであるとの主張が有力となっています。

　以上は，裁判所の釈明する権能に関するものですが，判例および通説は，一定の場合には，裁判所は釈明をすべき義務を負うことがあると解しています。そうすると，裁判所が釈明すべき場合に釈明をせずに裁判をしたときは，その裁判は違法となり，上訴による取消しの対象となり得ます。この釈明義務の範囲について，上述の消極的釈明についてはその範囲に含まれるということに異論はありません。さらに，積極的釈明も一定の場合は裁判所の義務の範囲に含まれ，その違反を理由とする破棄判例も増える状況にあるようです。

3　証拠の申出

　自分が証明責任を負う事実を相手方が否認したときは，当事者は，その事実を証拠によって証明しなければなりません。そして，弁論主義の第3法理により，職権証拠調べは原則として禁止され

ることから，当事者からの申出のあった証拠方法についてのみ，裁判所の証拠決定を条件に証拠調べが行われます（181条1項）。

┌─ 一歩前進 ─┐

これまでの説明のとおり，訴訟審理の進行プロセスを当事者の訴訟行為という観点から眺めれば，請求の提示→法律上の主張→事実上の主張→証拠の申出（証拠調べ）の4段階に区分でき，それぞれ法的三段論法により**後者が前者を基礎づける**という関係に立ちます。＊

そして，これらの訴訟行為は，訴訟審理の構造上，①請求レベル，②法律上の主張レベル，③事実上の主張レベル，④証拠レベルに位置づけることができます。このように，当事者の訴訟行為と審理の構造を結びつけて理解すると，思考の整理に役立ちます。そこで，この点について，まとめを兼ねて簡単にコメントしておきます。複雑そうにみえる訴訟審理の構造も，単純に図式化して把握し，問題となっている事項がどのレベルに位置づけられるのかを意識するようにすれば，混乱を避けられるでしょう。

（処分権主義）	（裁判所の権能）	（弁論主義）	（弁論主義）
訴訟上の請求 →	法律上の主張 →	事実上の主張 →	証拠の申出

① 請求レベル

まず原告は，相手方に対する請求を提示して裁判所に審判の申立てをします。設例21でいえば，AのBに対する代金支払請求権の主張が請求（訴訟物）ということになります。これは，処分権主義の領域に属する行為です。請求の内容・範囲の特定は原告の自由であり，被告の請求の認諾あるいは原告の請求の放棄があると，請求そのものに関する争いが存在しなくなり，訴訟は終了することになります。

② 法律上の主張レベル

被告が請求棄却の申立てをした場合は，原告は請求を法律上の主張によって基礎づけることになります。設例21では，Aは，代金支払請求権の主張を基礎づけるために，売買契約の成立という法律上の主張をすることになります。この法律

＊つまり，証拠調べによって得られた証拠資料に経験則を当てはめて事実を認定し，また認定された事実に法を適用して法律効果の発生を認めるという関係に立ちます。

163

上の主張に対する判断は，裁判所の専権に属する領域です。裁判所は，一定範囲での権利自白の成立の可能性を除けば，原告の法律上の主張に拘束されずに，法律的判断を形成することができます。

③　事実上の主張レベル

原告は，自己の法律上の主張を基礎づけるために，事実上の主張をすることになります。この段階から弁論主義の適用される領域に入り，その法理に従って審理が行われることになります。設例21でいえば，原告は，代金債権の要件事実（「財産権移転の合意」と「代金支払いの合意」）に該当する具体的な事実（請求原因事実）を主張することになります。原告の請求原因事実の主張に対して，被告は否認あるいは抗弁という形で応戦し，被告の抗弁に対しては原告の再抗弁，さらに被告の再々抗弁という形で攻防が展開されることになります。

④　証拠レベル

裁判上の自白が成立した事実を除き，当事者は，自己が証明責任を負う要件事実について証拠により証明しなければなりません。弁論主義の下では，職権証拠調べは禁止されているため，当事者からの申出がなければ，証拠調べが行われることはありません。

この証拠による事実認定の局面では，裁判官の自由心証主義による事実認定が行われることになります。

【第4章】

複雑な訴訟形態

8 請求の複数

学習ナビゲーション

　民事訴訟は，原告と被告が1つの請求の当否について争うことをその基本型としています。しかし，社会に生じる紛争は，このような単純なものだけではありません。同一の当事者間で複数の紛争が生じる場合もあれば，複数の当事者を巻き込んだ紛争が発生することも稀ではありません。このような形態の紛争を合理的かつ効率的に解決するために，民事訴訟法は，1つの訴訟に複数の請求を併合した訴訟形態や複数の当事者や利害関係人が関与する訴訟形態を用意しています。このような形態の訴訟が，本章の標題となっている「複雑な訴訟形態」です。

　本講では，この複雑な訴訟形態のうち，1つの訴えに複数の請求が併合されている場合を説明します。このような併合形態は「訴えの客観的併合」と呼ばれます。この併合形態には，原告が訴え提起の当初から複数の請求の審判を申し立てている場合のほか，訴訟係属後に原告または被告の行為によって請求が複数になる場合があります。前の場合を「固有の訴えの客観的併合」といいます。後の場合としては，原告からの訴えの変更，被告からの反訴，さらに，いずれの当事者からも提起できる中間確認の訴え等があります。このように複数請求には多数のバリエーションがありますから，混乱しないように，知識を確実に積み上げていくように理解してください。

1　訴え当初からの請求の併合——固有の訴えの客観的併合

（1）意義と要件

① 意義

　同一の当事者間で複数の紛争が生じている場合，その紛争ごとに別々に訴えを提起し，審判を求めることは当然可能です。とい

うよりむしろ，民事訴訟法はこれを原則としているとみることも
できます。しかし，どうせなら１つの訴えでそれらの請求の審判
をまとめて申し立てれば訴状も１通ですむし，弁論も同一の期日
に行うことができ，訴訟経済の要請にかなうといえます。

　また，請求の内容が同一不動産に対する所有権の確認とその引
渡しの請求というように一定の関連性がある場合には，それらの
訴えをまとめて審理すれば，矛盾のない統一的な解決を期待する
ことができます。そこで，請求の併合は，次のような比較的緩や
かな要件の下で認められます。この要件を満たす限り，**処分権主
義の１つの内容として併合請求が認められる**（併合審判を求める
かどうかも原告の自由）ことになります。

② **要件**

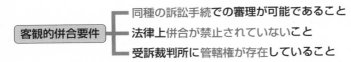

客観的併合要件
- 同種の訴訟手続での審理が可能であること
- 法律上併合が禁止されていないこと
- 受訴裁判所に管轄権が存在していること

（ⅰ）数個の請求が同種の訴訟手続で審理されるものであること

　例えば，通常の民事訴訟手続と人事訴訟手続，行政事件訴訟手
続等は，異なった種類の手続であり，それぞれ審理の基本原則が
異なります。例えば，人事訴訟では職権探知主義が採られていま
す。そのため，併合するとかえって手続が複雑化することになり
ますから，併合することは許されません（136条）。

（ⅱ）法律上併合が禁止されていないこと

　当然のことながら，法律上明文で併合が禁止されている場合に
は，訴えの併合審判を求めることはできません。もっとも，同種
の訴訟手続であって併合が禁止されている例は，多くはありませ
ん。＊

（ⅲ）各請求について受訴裁判所に管轄権があること

　請求ごとに裁判所の管轄が違っているときは，併合提起は許さ
れません。もっとも，併合請求の裁判籍の規定により（7条），
受訴裁判所が１つの請求について管轄権を有する場合には，他の
裁判所の専属管轄に属する請求を除き，本来管轄権のない他の請
求についても受訴裁判所に管轄権が生じることに注意してくださ
い（P39参照）。

＊その一例として，
行政事件訴訟法上の
取消訴訟において，
関連しない請求につ
いての併合禁止があ
ります(行政事件訴
訟法16条１項反対
解釈)。

> **一歩前進**
>
> 　請求の併合要件は，併合訴訟の訴訟要件ですから，裁判所が職権で調査することになります。併合要件が欠けているときは，訴え全部を不適法却下するのではなく，**各請求ごとに別個の訴えが提起されたものとして扱い**，弁論の分離が可能であれば必要に応じて弁論を分離し，あるいは管轄裁判所に移送することになります。

(2)　併合の形態

　請求の併合には，単純併合，予備的併合および選択的併合の3つの形態があります。併合された請求は，**同一の訴訟手続で審理裁判されることになります**。争点整理，弁論および証拠調べは，すべての請求に共通してなされます。

①　単純併合

> **設例22**
>
> 　Ａは，Ｂに対して1000万円の貸金債権を有するとともに，500万円の売買代金債権も有している。

　単純併合とは，相互に両立し得る数個の請求を並列的に併合し，**そのすべての請求について審判を求める併合形態です。**設例22で，ＡがＢに対し，貸金の返還請求と併せて売買代金の支払請求の訴えを提起するような場合がこの併合形態となります。請求間の関連性は特に要求されていません。ただ，設例22のように，併合された2つの請求に何ら関連性がない場合には，同一の期日に弁論や証拠調べをしてもかえって審理の錯雑化を招くおそれがあります。このような場合には，裁判所は，**弁論の分離を命じ，2つの請求をそれぞれ別個の訴訟手続で審理することができます**（152条1項）。しかし例えば，同一の不動産について，その所有

権の確認請求と引渡請求が単純併合されているような場合には，主要な争点を共通にします。したがって，同一の期日に弁論や証拠調べを行うことに合理性があり，また矛盾した判断を避けるためにも弁論の分離は不適当です。したがって，一般に，関連した数個の請求は分離されることなく併合審理されることになります。併合審理がなされる場合，そこに現れた訴訟資料・証拠資料は，いずれの請求についても共通して裁判の資料となります。

　請求が単純併合されている場合，裁判所は，併合されたすべての請求について審判しなければなりません。また，併合審理された数個の請求のうちの一部について判決すること（一部判決）も原則的に可能です（243条2項）。また，その一部について訴えの取下げをすることもできます（261条1項）。

Check

「弁論の制限・分離・併合」

　裁判所は，口頭弁論の制限，分離もしくは併合を命じ，またはその命令を取り消すことができます（152条1項）。これは，弁論を整序（整理し順序だてること）するために，裁判所がその訴訟指揮権に基づき行うものです。それぞれの意味内容は次のとおりです。

　弁論の制限とは，裁判所が訴訟審理を整序するために，ある争点だけに限定して審理を集中することです。争点が多岐にわたって錯綜しているような場合には，論理的な順序に従って審理を進めるほうが効率的でしょう。そこで，まずある争点に絞って審理を行うために，この弁論の制限が行われます。

　弁論の分離とは，上記本文で説明したとおり，1個の手続に併合されて審理されている数個の請求を，別個の手続で審判するためそれぞれの請求に分離することです。一部判決をするためには，この弁論の分離をする必要があります。

　弁論の併合とは，同一官署としての裁判所に別々に係属している数個の訴えを，1個の手続で審判するために結合することです。この場合の数個の訴えとは，同一当事者間での別個の訴えのほか，異なった当事者間での別個の訴えである場合（例えば，同一の不動産の所有権をめぐって，AがBとCを別々に訴えているような場合）があります。このような場合に，別個の審判がなされることによって判決が相互に矛盾することを防止するため，同一の手続で審判できるように弁論の併合が行われます。この場合，併合前にそれぞれの事件についてなされた証拠調べの結果は，併合された事件の関係のすべてについて，当

初の証拠調べと同一の性質のまま，証拠資料となります（最判昭41・4・12）。

②　予備的併合

> ### 設例23
>
> 　Cは，代金額を600万円とする高級車の売買契約をDと締結し，その車を引き渡した。ところがDは，約束の期限が到来したのに，代金を支払わない。そこでCは，Dを被告として売買代金の支払いを求めるとともに，売買が無効とされた場合に備えて売却した車の引渡請求の訴えを提起した。

　予備的併合とは，**論理的に両立し得ない数個の請求に順位を付し，主位的請求（第1次的請求）が認容されることを解除条件として，予備的請求の審判を求める**という併合形態です。平易な言葉でいいかえると，原告が「主位的請求を認めてくれるのなら，予備的請求の審判はしてくれなくていい。でも，主位的請求を認めてくれないのなら，予備的請求の審判をしてくれ」という形で請求を併合するわけです。この場合，主位的請求と予備的請求は，**法律上両立できない関係にある**ことが必要です。設例23では，Cは，まず売買契約が有効であることを前提に代金の支払いを請求し，売買契約が無効と判断された場合に備えて予備的に引渡済みの車の返還請求をすることになります。つまり，Cの主位的請求は売買契約の有効を前提としていますから，これが認められる限り，予備的請求は認められず，逆に，売買契約の無効を前提とする予備的請求が認められるのであれば，主位的請求は認められないという関係に立ちます。法律上両立できない，とはこのような意味です。

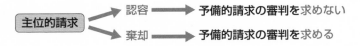

　予備的併合の場合，矛盾した判断を防止するため，弁論の分離は許されません。裁判所は，主位的請求を認容するときは予備的請求についての裁判はできません（大判昭16・5・23）。しかし，主位的請求を棄却するときは予備的請求についても審判しなけれ

ばなりません（最判昭38・3・8）。どちらの場合も，判決は1個の全部判決となります。つまり，予備的併合の場合には，一部判決をする余地はないということです。

ステップアップ

設例23の事例を逆にして，買主Dが代金を支払ったのに，売主Cが車を引き渡さないというケースを想定してください。DがCを被告として，まず車の引渡請求を求め，それが不能であるときに備えて，車の引渡しに代わる代償請求（損害賠償請求）の訴えを併合提起する場合を考えてみましょう。

この場合，一見するとDの2つの請求は論理的に両立し得ず，予備的請求の関係に立つように思われます。確かに，車の引渡請求が認められるのであれば，代償請求は認められないという関係にありますから，この2つの請求は同一の時点では両立しません。

しかし，この2つの請求はともに売買契約が有効であることを前提とし，車の引渡請求は口頭弁論終結時までの引渡請求権の主張であるのに対し，代償請求はその後の返還不能により現実化する金銭の支払請求の主張ですから，時点を異にして両立するものと解することができます。したがって，この2つの請求は，現在の給付の請求（引渡請求）と将来の給付の請求（代償請求）の単純併合であると理解することができます（大判昭15・3・13）。

---

③ 選択的併合

設例24

Eは，引越しをするに際し，高価なピアノの運送を専門業者であるFに依頼した。ところがFは，ピアノの運送途中で過失による交通事故を起こし，そのピアノが破損して使用不能となってしまった。そこでEは，Fを被告として損害賠償請求の訴えを提起した。

選択的併合とは，同一の目的を有し論理的に両立することのできる数個の請求のうち，どれか1つが認容されることを解除条件として他の請求について審判を求める，という併合形態です。つまり，この場合の原告の請求内容は，「どちらでもいい，とにかくどちらかを認めてほしい。どちらか一方を認めてくれれば，他方は審判してくれなくていい」というものです。

設例24での，EのFに対する損害賠償請求の実体法上の根拠としては，運送契約上の債務不履行（商法577条）および不法行為（民法709条）が考えられます。どちらも訴訟上の請求（訴訟物）の構成単位となりますから，この2つを併せて請求する場合は（選択的）併合請求となるわけです。その他，同一の特定物について所有権および占有権に基づき返還請求をする場合なども，この併合形態となります。*

選択的併合の場合には，弁論の分離は許されません。裁判所は，併合された請求のうちのいずれかを認容するときは，他の請求について審判する必要はありません。この場合は，原告の請求を認容する全部判決となります。しかし，原告の請求を棄却するためには，すべての請求についての審判を経なければなりません（最判昭58・4・14）。つまり，予備的併合の場合と同様，一部判決の余地はありません。

*いわゆる新訴訟物理論の考え方によれば，設例24のケースは，金銭の給付を求める1個の法的地位が訴訟物であり，債務不履行あるいは不法行為に基づく請求権は，この法的地位を基礎づける法的観点に過ぎないものとされ，訴えの併合形態ではないということになります。

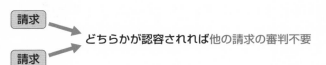

どちらかが**認容**されれば他の請求の審判不要

2　訴訟係属後に請求が複数になる場合

（1）訴えの変更

設例25

Aは，Bとの売買契約により甲建物の所有権を取得したことを理由として，Bに対し甲建物の引渡請求の訴えを提起した。

①　意義・態様

訴えの変更とは，訴訟係属中に原告が同一の被告との関係で新

たな請求を審判対象とすることです。訴えの変更は，訴状の記載
事項である請求の趣旨・請求の原因の一方または双方を変更する
ことにより行われます（143条1項）。

　訴えの変更の態様としては，それまでの請求に新たな請求を追
加する追加的変更とそれまでの請求に代えて新たな請求を提示す
る交換的変更があります。例えば，設例25でAが，甲建物の引
渡請求に加えて甲建物の所有権の確認請求を追加する場合は追加
的変更に当たり，引渡請求に代えて甲建物の引渡不能による損害
賠償請求に変更する場合は交換的変更に当たります。*1

　訴えの変更は，争いの基本的な部分に共通性がある場合（請求
の基礎の同一）について許されます。もし仮に，訴えの変更とい
う制度がないとすると，原告は，係属している訴訟とは別個に訴
えを提起するという回り道をしなければならず，裁判所としても，
関連する請求について別個に審判をしなければならなくなりま
す。訴えの変更は，そのような不経済を回避するための便宜な方
法ということができます。

② 要件

（ⅰ）事実審の口頭弁論終結前であること

　原告は，請求の基礎に変更がない限り，口頭弁論の終結に至る
まで，請求または請求の原因を変更することができます（143条
1項本文）。控訴審においても，口頭弁論終結前であれば，訴え
の変更は可能です（297条）。この場合，被告の同意は不要です。*2

（ⅱ）請求の基礎に変更がないこと

　訴えの変更は，原告・被告間で全く別個の訴えの提起を許すも
のではなく，旧請求と新請求の間に一定の関連性が必要です。請
求の基礎に変更がないこと，とはこのことを表現するものです。
それがどのような意味をもつのかについては，さまざまな考え方
が主張されていますが，結論的にはほとんど差が生じないようで
す。有力な見解に従い，「旧請求の裁判資料と新請求の裁判資料
との間に審理の継続的施行を正当化するに足りる程度の一体性が
あること」と理解しておきましょう。設例25で，甲建物の引渡
請求を所有権の確認請求に変更する，あるいは引渡請求に加えて
確認請求を追加するような場合には，問題なくこの要件を満たす
ことになります。

*1 交換的変更の場
合は，新訴の提起と
旧訴の取下げが組み
合わされたものと理
解されています（最
判昭32・2・28）。

*2 この点，控訴審
における反訴の提起
には，被告の同意を
要する（300条1項）
ことと対比して覚え
ておきましょう。

173

ここが狙われる

　請求の基礎の同一性の要件は被告の保護を主眼とするものです。つまり，全く関連性のない請求への変更を許すと，その防御に困難が生じ被告に不利益となるからです。したがって，請求の基礎に同一性がない場合でも，被告が新請求に同意し，あるいは被告が異議なく新請求に応訴したときは，訴えの変更は許されると解されます。

（ⅲ）著しく訴訟手続を遅滞させないこと

　訴えの変更が認められるのは，旧請求の審理を新請求の審理に生かすことができ，別訴提起によるよりも審理の促進に役立つというメリットがあるからです。訴えの変更によって訴訟手続が著しく遅れるというのでは本末転倒ですから，そのような場合訴えの変更は認められないのです（143条１項ただし書）。

（ⅳ）請求の併合の一般的要件を具備していること

　同種の訴訟手続によるべきこと，受訴裁判所に管轄権があること等の客観的併合要件を満たしていることが必要です（P167参照）。

③　訴えの変更の手続

　訴えの変更は書面によることが必要です（143条２項）。新請求については訴え提起の実質をもっているからです。この書面が被告に送達されることによって，新請求につき訴訟係属が生じます。

一歩前進

　訴えの変更の書面が提出された場合，裁判所は，訴えの変更の要件を具備しているか否かを職権で調査します（職権調査事項）。訴えの変更に当たらない（単なる攻撃防御方法の変更に過ぎないなど）と判断したときは，そのまま審理を続行します。訴えの変更に当たるが，それを不当である（訴えの変更の要件を具備していない）と判断したときは，被告の申立てまたは職権で訴えの変更を許さない旨の決定をしなければなりません（143条４項）。その場合，従来の請求について審判することになります。

(2) 反訴

① 意義

　ある訴訟で被告とされている者が，原告にいわば逆襲をかけて反撃したい場合（関連する請求をしたい場合）には，別訴を提起するよりも同じ手続で審判を求めるほうが訴訟経済的にみて合理的であるし，訴訟資料を共通に利用できるため，判決の矛盾を防止することもできます。そこで，訴訟の係属中に，被告にも，その訴訟手続を利用して**原告の請求と関連する請求について訴えを提起する**ことが認められています（146条）。このような，被告による係争中の訴えを反訴といいます。*1

原告	訴え →	被告
反訴被告	← 反訴	反訴原告

　反訴には，単純な反訴と予備的反訴があります。例えば，設例25で被告Bが，原告Aに対し甲建物の所有権の確認を求める反訴は単純な反訴です。予備的反訴は，本訴が棄却または却下されることを解除条件として反訴請求について審判を求めるものです。例えば，設例25で，Bが売買契約の無効を主張して請求棄却の申立てをしたが，もし売買契約が有効と判断されて本訴請求が認容される場合には，売買代金の支払いを請求するという形の反訴です。

② 反訴の要件

（i）本訴が事実審に係属し，かつ口頭弁論の終結前であること

　被告は，口頭弁論の終結に至るまで反訴を提起することができます（146条1項本文）。控訴審での反訴の提起については，**原則として本訴原告の同意を必要**とします（300条1項）。本訴原告にとっては，第一審を省略された形になりますから，本訴原告の審級の利益に配慮して，その同意を必要としたものです。したがって，訴訟物たる権利関係が本訴と同一である場合など，反訴請求につき第一審で実質上審理がなされている場合には，本訴原告の同意は不要とされています（最判昭38・2・21）。*2

（ii）反訴請求が本訴請求またはこれに対する防御方法と関連すること

（イ）本訴請求との関連性は，訴え変更の要件である「**請求の基**

*1 この反訴に対して，もともとの原告の訴えを「本訴」といいます。反訴を提起する者（本訴の被告）が「反訴原告」であり，その相手方（本訴の原告）を「反訴被告」といいます。

*2 本訴原告が異議を述べることなく，反訴の本案について弁論をしたときは，同意したものとみなされます（300条2項）。

175

礎の同一性」にほぼ対応するものです。設例25で，Bが，甲
建物の所有権確認の反訴を提起する場合は，本訴請求との関連
性は問題なく満たされることになります。

（ロ）本訴請求に対する防御方法と関連する反訴の例としては，
例えば，代金支払請求の本訴に対して，本訴被告が防御方法と
して相殺の抗弁を主張し，反対債権のうち対当額を上回る部分
について支払請求の反訴を提起するような場合がこれに当たり
ます。

（iii）その他の要件

　著しく訴訟手続を遅滞させないこと（146条1項2号），反訴請
求が他の裁判所の専属管轄に属しないこと（同条同項1号），訴
えの併合の一般的要件を満たしていること，等があります。

③　反訴の手続

　反訴の提起は，本訴と同様の手続によりますから（146条4項），
反訴状を裁判所に提出することが必要です。

　要件を欠いた反訴は却下すべきとされています（最判昭41・
11・10）。反訴が適法であるときは，本訴と併合して審理される
ことになります。

｜一歩前進｜

　反訴提起後に本訴が取り下げられたとしても，反訴は依然
として受訴裁判所に係属したままです。この点明文の規定は
ありませんが，本訴の取下げがあった場合，被告（反訴原告）
は，原告（反訴被告）の同意なく反訴を取り下げることがで
きるとの規定（261条2項ただし書）は，反訴提起後に本訴
が取り下げられたとしても，反訴は影響を受けないというこ
とを前提としているものとみることができるからです。

（3）中間確認の訴え

①　意義

　中間確認の訴えは，訴訟の係属中に，本来の請求の当否の判断
に対し先決関係にある法律関係の存否について，原告または被告
が追加的に提起する確認の訴えです（145条）。この訴えは，先決

関係にある法律関係について，同一の訴訟手続で**既判力のある確定を得たいとき**に利用することができます。*1

　例えば，設例25で，原告Aの甲建物の引渡請求が認容されたとしても，その先決関係にある所有権の存否については判決の理由中で判断されるため，Aが勝訴しても，甲建物の所有権がAに帰属するとの判断に既判力は生じません。そうすると，後訴でこの点が蒸し返される可能性があります。つまり，A勝訴の本案判決後に，Bが甲建物の所有権の確認を求める訴えを提起してその所有権を争うことができる，ということになります。Aとしては，このような不都合を防止するため，中間確認の訴えを提起して所有権を確認する判決を得ておく実益があるわけです。*2

┤一歩前進├

　　原告の提起する中間確認の訴えは，訴えの追加的変更ということになります。逆に，被告Bも甲建物の所有権の確認を求めて中間確認の訴えを提起することができ，この場合は反訴ということになります。

----

② **要件**

（イ）中間確認の請求の対象が，本来の請求の当否の判断に対し先決関係にあり，この点について当事者間に争いがあること

（ロ）事実審の口頭弁論終結前であること

（ハ）中間確認の請求の対象が他の裁判所の専属管轄に属さないこと等，請求の併合要件を満たすものであること

③ **手続**

　中間確認の訴えの提起も**書面**によることが必要であり，その書面は相手方に送達されなければなりません（145条4項，143条2項・3項）。

＊1 この点については，判決の効力についての理解が不可欠ですから，該当箇所（P220以下）を読了後にもう一度考えてみてください。

＊2 要するに，中間確認の訴えは，判決理由中の判断に既判力が認められないことから生じる不都合を緩和する制度と理解することができます。

実戦過去問　　　　　　　　　　　　司法書士　平成14年度

　訴えの変更に関する次のアからオまでの記述のうち，判例の趣旨に照らして正しいものの組合せは，後記１から５までのうちどれか。

ア　旧請求と新請求との間に請求の基礎の同一性がない場合には，被告が同意したときであっても，請求又は請求の原因の変更をすることはできない。

イ　請求又は請求の原因の変更は，著しく訴訟手続を遅滞させることとなるときは，することができない。

ウ　控訴審において請求又は請求の原因を変更するためには，第一審の被告の同意を得なければならない。

エ　請求又は請求の原因の変更は，書面でしなければならない。

オ　裁判所は，請求又は請求の原因の変更を不当であると認めるときは，申立てにより又は職権で，その変更を許さない旨の決定をしなければならない。

1　アウ　　　　2　アエ　　　　3　イウ　　　　4　イオ　　　　5　エオ

解　説

ア　×　請求の基礎の同一性がない場合であっても，被告の同意があれば，訴えの変更が許されます（大判昭11・3・13）。

イ　○　訴えの変更により，著しく訴訟手続を遅滞させることになるときは，訴えの変更は許されません（143条１項ただし書）。

ウ　×　控訴審において訴えの変更をする場合でも，請求の基礎の同一性がある限り，被告の同意を必要としません（143条１項本文）。

エ　×　簡易裁判所では，口頭による訴えの提起が認められます（271条）。したがって，簡易裁判所における訴えの変更は，書面による必要はありません。このように，司法書士試験の択一では，原則を示して例外で引っ掛けるという手口が目に付きますから，注意が必要です。

オ　○　民事訴訟法143条４項の条文どおりです。

　以上より，正しいものはイおよびオであり，4が正解となります。

正解　4

反訴に関する次の記述のうち，正しいものはどれか。

1　反訴は，その請求が本訴の係属する裁判所の管轄に属さない場合であっても，請求と本訴が牽連し，かつ，他の裁判所の管轄に属さないものであるときは，提起することができる。

2　訴訟代理人が反訴を提起するには，本人からの特別の委任を受けることを要しない。

3　反訴は，弁論準備手続中は，提起することができない。

4　反訴は，相手方当事者の同意がある場合に限り，提起することができる。

5　反訴の提起後に本訴の取下げがあったときは，反訴は，初めから係属しなかったものとみなされる。

解　説

1　○　反訴は，本訴請求との関連性があれば，本訴の係属する裁判所に提起することができます（146条1項）。その場合，反訴請求が他の裁判所の専属管轄に属さない限り，本訴の係属する裁判所の管轄に属する必要はありません。なお，問題文中に「牽連」とあるのは古い用語であり，現在は「関連」という用語に改められています。

2　×　訴訟代理人が反訴を提起するには，本人からの特別の授権が必要です（55条2項1号）。

3　×　反訴は，口頭弁論の終結に至るまで，提起することができます（146条1項本文）。弁論準備手続中は提起できないという制限はありません。

4　×　控訴審で反訴を提起するには，原則として相手方の同意を必要としますが（300条1項），第一審での同意は不要です。

5　×　本訴の取下げがあった後に，反訴を取り下げるには，原告の同意を必要としません（261条2項ただし書）。これは，反訴提起後に本訴が取り下げられたとしても，反訴は影響を受けないということを前提としています。

正解　1

⑨ 当事者の複数

学習ナビゲーション

　本講では，１つの訴訟手続に複数の関係者が絡んでくる訴訟形態について説明します。社会生活が複雑化し，利害の錯綜した現代社会においては，必然的に多数の者を巻き込んだ紛争が多発します。このような複数当事者の関与する紛争を統一的かつ効率的に解決するために，民事訴訟法は，共同訴訟，訴訟参加，訴訟承継等に関するいくつかのメニューを用意しています。そのため，この複数当事者訴訟の部分は，かなり複雑な様相を呈していますから，これを正確に理解し必要事項を記憶するのは，一苦労を要することになります。

　学習方法としては，いきなり細かい部分にまで目配りするよりも，まず，その大枠を把握してしっかりと「幹」となる部分を構築するようにしてください。それから枝葉を位置づけていくようにするほうが，効率的に知識を習得できると思います。

１　共同訴訟の意義と要件

（1）意義

　共同訴訟とは，１つの訴訟手続に複数の当事者が関わる訴訟形態のことです。つまり，原告または被告の少なくともどちらか一方が複数の場合に共同訴訟となります。そのうち，訴え提起の当初から共同訴訟の形態を採っている場合を訴えの主観的併合といいます。つまりこれは，複数の当事者が共同訴訟人として訴えまたは訴えられる場合です。

　訴訟係属後に当事者が複数となる場合もありますが，これについては本講２で後述することにして，まずこの訴えの主観的併合について説明します。

(2) 主観的併合要件

　共同訴訟として併合審理をするためには，共同訴訟人の請求相互間にそれにふさわしいだけの合理性・関連性が備わっていることが必要です。その要件は次のように規定されています（38条）。このうちのどれか1つに該当すれば，主観的併合要件を満たします。それぞれ具体例を覚えてください。＊

① 訴訟の目的である権利義務が数人に共通であるとき

　例えば，債権者の数人の連帯債務者に対する支払請求，数人の土地共有者による不法占拠者に対する目的物の引渡請求などがこれに該当します。

② 訴訟の目的である権利義務が同一の事実上および法律上の原因に基づくとき

　例えば，債権者の主たる債務者と保証人に対する支払請求，同一事故に基づく複数の被害者の加害者に対する損害賠償請求などがこれに該当します。

③ 訴訟の目的である権利義務が同種であって，事実上および法律上同種の原因に基づくとき

　このパターンの併合では，請求相互間の関連性は要求されていませんから，広い範囲で共同訴訟が認められます。例えば，数通の手形の所持人の各振出人に対する手形金の支払請求，数棟の建物の家主の各借家人に対する賃料支払請求などがこれに該当します。

(3) 共同訴訟の種類とその審判

　共同訴訟には，大きく分けて，通常共同訴訟と必要的共同訴訟の2種類があり，さらに必要的共同訴訟は，解釈上類似必要的共同訴訟と固有必要的共同訴訟の2つに区分されます。

```
                ┌─ 通常共同訴訟
  共同訴訟 ──────┤
                │                    ┌─ 類似必要的共同訴訟
                └─ 必要的共同訴訟 ───┤
                                     └─ 固有必要的共同訴訟
```

＊主観的併合の場合も請求の併合を伴いますから，請求の併合要件（同種の訴訟手続によることが可能，受訴裁判所に管轄権があること，併合が禁止されていないこと）を満たす必要があります（P167参照）。もっとも，主観的併合要件を満たさない訴えが併合提起されても，弁論の分離によって対処できるのであれば，直ちに不適法却下すべきではないとされています（大判昭10・4・30）。

①　通常共同訴訟

設例26

　Aは，Bに対し300万円を貸し付け，Cがその債務について連帯保証人となっている。Aは，期限が到来したにもかかわらずBが返済しようとしないので，BおよびCを被告として支払請求の訴えを提起した。

設例27

　D，EおよびFは，信号のない交差点を通行中，交差点の左側から進行してきたGの車にはねられ，それぞれ入院加療を要する重傷を負った。D，E，FはGを被告として不法行為に基づく損害賠償請求の訴えを提起した。

（i）意義

　通常共同訴訟は，本来各当事者が別々に訴えを起こす（起こされる）ことができる訴訟が，たまたま同一の訴訟手続で併合審判されることになっている，というタイプの共同訴訟形態です。したがって，通常共同訴訟では，判決内容が各共同訴訟人それぞれについて区々（まちまち）であってもよい，いいかえると一律に勝敗や内容を決する必要がない，という性質をもつことになります。設例26では，Aは，B，Cに対しそれぞれ別個に支払請求の訴えを提起することも可能ですが，両者まとめて共同被告とし，訴えを提起することもできます。判決も，例えばBに対して勝訴，Cに対しては敗訴，またはその逆ということもあり得ます。＊

（ii）通常共同訴訟の審判──共同訴訟人独立の原則

　通常共同訴訟では，共同訴訟人の1人の訴訟行為，共同訴訟人の1人に対する相手方の訴訟行為および共同訴訟人の1人について生じた事由は，他の共同訴訟人に影響を及ぼさない，とされています（39条）。つまり，共同訴訟人各人は，他の共同訴訟人に制約されることなくそれぞれ独立に訴訟を追行することになります。この建前を共同訴訟人独立の原則といいます。

　その具体的内容は，次のとおりです。

（イ）共同訴訟人の1人から，あるいは共同訴訟人の1人に対して主張された事実は，その共同訴訟人に関する請求についてだけ訴訟資料となり，他の共同訴訟人に関する訴訟資料となりま

＊設例27の事例も通常共同訴訟となりますから，DEFは共同原告としてGに訴訟を提起することができます。

せん。

例えば、設例26で、Bだけが弁済の抗弁を主張した場合、裁判所は、Cについては、Bによる弁済の主張をしたものとして扱うことはできません。判例も同様に、共同訴訟人の1人のした主張について、他の共同訴訟人も主張したものとして扱うことは、訴訟関係を混乱させることになるという理由で、認められないとしています（最判昭43・9・12）。*1

共同訴訟人は、各自独立して自白、請求の放棄・認諾、和解、訴えの取下げ、上訴等を行うことができ、その効果はその行為をした者と相手方の間にしか及びません。例えば、設例26で、共同被告の1人であるCが、弁論でAの主張する貸金債権成立の事実を認め、裁判上の自白が成立したとしても、その自白の効力はAとCの間だけで生じ、Bには及びません。また、設例27で共同原告であるDが被告Gと和解したうえ、訴えを取り下げたとしても、その効力はDにだけ生じ、他のEおよびFには無関係です。さらに、共同訴訟人の1人に訴訟の中断事由が生じたとしても、他の共同訴訟人との関係では、訴訟は中断しないで進行することになります。そのため、訴訟の進行も結果も、さらには判決の確定時期も各共同訴訟人ごとに異なり得ることになります。

(ロ) 裁判所は、共同訴訟人の1人についてだけ弁論を分離し、また共同訴訟人の1人についてだけ一部判決をすることもできるのが原則です。*2

上記のように、通常共同訴訟においては、原則として共同訴訟人間での審理および裁判の統一の法律上の保障はありません。もっとも、ほとんどの場合、各共同訴訟人は足並みをそろえて共同歩調をとることになります。したがって、同じ事実認定に基づき共通の心証が形成されることになるでしょうから、事実上、矛盾のない統一的な判決を期待することができます。

> **一歩前進**
>
> 共同訴訟人独立の原則の適用される通常共同訴訟においても、共同訴訟人の1人に対しまたは1人より提出された証拠については、他の共同訴訟人が援用しているかどうかにかかわらず、裁判所は、他の共同訴訟人についても証拠資料とす

*1 これは、共同訴訟人間での主張共通は認められないということです。なお、共同訴訟人間での証拠共通は認められます。この点については、次の 一歩前進 に記述するとおりです。

*2 この場合の一部判決とは、例えば、AのBに対する請求についてだけ先に終局判決をすることです。仮にAが敗訴判決を受けたとすると、Aは、Bに対する請求について上訴（控訴）することができます。一部判決の詳細は後述します（P209）。

ることが認められます。これを共同訴訟人間での証拠共通の原則といいます。例えば，設例26で，主たる債務者Bが弁済を主張し，CもBによる弁済を主張していた場合に，BがA名義の300万円の領収書を証拠として提出したとします。これによって裁判所がBによる弁済があったとの心証を得たときは，裁判所は，AとBの関係についてはもとより，AとCとの関係でもその証拠資料を事実認定に利用することができます。もっとも，前述のとおり共同訴訟人間での主張共通は認められませんから，Cが，Bによる弁済を主張していなければ，弁済はないことを前提として判断されることになります。＊

＊証拠資料を提出者の有利にも不利にも斟酌できるという意味での「証拠共通の原則」（P145参照）とここでの「共同訴訟人間での証拠共通の原則」は異なりますから，注意してください。

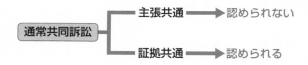

| 通常共同訴訟 | 主張共通 ——→ 認められない |
| | 証拠共通 ——→ 認められる |

Check

「同時審判申出共同訴訟」

　例えば，売主Aが，買主Bの代理人と称するCと不動産の売買契約を締結したとします。当然のことながら，Cに代理権が存在すればAB間に売買契約が成立し，Aは，Bに対しその履行を求めることができます（民法99条）。しかし，Cに代理権がなく，かつBによる追認もないときは，Aは，Cに無権代理人としての責任を追及することができます（同法117条1項）。そうすると，Bが契約の履行をしようとしない場合，Aは，Cの代理権が存在することを前提に，Bを被告として代金の支払いを求める訴えを提起することができる一方で，無権代理の疑いもあるとすると，Cを被告として無権代理人の責任を追及することも考えられます。このケースは，両者に対する請求が法律上並び立たず，「両方には勝てないが，どちらか一方には勝てる」はずの通常共同訴訟ということになります。通常共同訴訟においては，弁論の分離および一部判決は，裁判所の自由な裁量で行われるのが原則です。ところがこの場合，裁判所が弁論の分離をしたりすると，BとCに対する審判が別個になされる結果，Aは，B，C両者に敗訴するということになりかねません。また，BまたはCに対する一部判決がなされると，上訴によって審理および判決が分離することになり，同じような事態が生じるおそれがあります。このような弊害は，土地工作物の占有

者の責任および所有者の責任（同法717条1項）を追及する場合などにも生じることになります。

このような弊害を避けるため，共同被告に対する請求が法律上併存し得ない場合において，原告の申出があったときは，弁論および裁判は，分離しないでしなければならない，とされています（41条1項）。この原告の申出により，通常共同訴訟であることを前提にしつつも，同一の手続で審理され，全部判決がなされますから，事実上裁判の統一が図られることが期待できます。上記の例でも，代理権の存否の判断が両請求で逆になり，Aが「0勝2敗」の結果に終わるという事態は起こらないでしょう。この申出は，控訴審の口頭弁論終結まででき（同条2項），その時点までならいつでも撤回することができます。

② 必要的共同訴訟

（ⅰ）意義

必要的共同訴訟は，判決内容が各共同訴訟人ごとに区々であってはならない，という法律的要請（判決が合一に確定されなければならないという要請）のある共同訴訟です（40条）。つまり，共同訴訟人全員について，一挙一律に矛盾なく紛争の解決を図るため，共同訴訟人全員について判決の合一確定が法律上要請される共同訴訟です。この必要的共同訴訟には，類似必要的共同訴訟と固有必要的共同訴訟という2つの種類があります。

設例28

C株式会社の株主Aは，令和元年6月に行われた同社の株主総会の決議の取消しを求めて，株主総会決議取消しの訴えを提起した。また，同社の株主Bも同株主総会の決議の取消しを求めて訴えを提起した。

設例29

D株式会社の株主Eは，同社の取締役Fの解任を求めて取締役解任の訴えを提起した。

（ⅱ）類似必要的共同訴訟

類似必要的共同訴訟とは，共同で訴えまたは訴えられなければならないわけではないが，共同訴訟とされた以上は判決の合一確定が図られなければならないという類型の共同訴訟です。

判決を合一に確定すべき場合とは，判決の効力の抵触を避けなければならない法律的要請のある場合，すなわち共同訴訟人の受けた判決の効力が他の共同訴訟人にも及ぶ場合です。例えば，設例28でAの提起した株主総会決議取消しの判決（原告勝訴判決）が確定すると，その判決の効力は，訴訟当事者だけでなく第三者に対しても生じることになります（会社法838条）。そうするとこの場合，もしBが敗訴して判決が区々になると，Aが受けた判決の効力（原告勝訴判決）とBが受けた判決の効力（原告敗訴判決）が衝突して，収拾のつかない混乱が生じる結果となります。そのため，訴訟当事者全員についての合一確定が要求され，訴えがバラバラに提起された場合，**弁論の併合により同一手続での審理・判決**をしなければなりません。会社法には，上記の株主総会決議取消しの訴えのほか，設立無効の訴え（同法828条１項１号），合併無効の訴え（同法同条同項７号）等，この種類の訴えが多く規定されています。＊

（ⅲ）固有必要的共同訴訟

固有必要的共同訴訟とは，判決の合一確定が法律上要請され，かつ**共同訴訟とすることが法律上強制される**タイプの共同訴訟です。つまり，固有必要的共同訴訟においては，**数人が共同してはじめて，ある請求について当事者適格が認められる**ことになります。したがってこの場合，全員がそろって訴えあるいは訴えられるのでないと，その訴えは**不適法却下**されることになります。

必要的共同訴訟のうちで，固有必要的共同訴訟となるのは，基本的に次のようなパターンです。

（イ）他人間の法律関係を変動させることを目的とする訴訟

設例29の取締役解任の訴えを提起する際には，会社と取締役を共同被告としなければなりません（会社法854条，855条）。また，第三者の提起する婚姻無効または取消しの訴えは，夫婦を共同被告としなければなりません（人事訴訟法12条２項）。これらの訴えは，一方だけを被告としたのでは，**当事者適格を欠く不適法な訴え**ということになります。

（ロ）数人が共同して管理処分すべき財産に関する訴訟

数人の破産管財人のある破産財団に関する訴訟（破産法76条１項本文），数人の選定当事者の訴え（30条）などがこれに該当し

＊類似必要的共同訴訟とされる場合，当事者適格を有する者が単独で訴えを提起しても，訴えが不適法となるわけではありません。このように，類似必要的共同訴訟においては訴訟共同が強制されるわけではないので，「必要的」という言葉は適切ではないとの指摘もあります。

ます。

　財産の共同所有関係をめぐる訴訟については，一筋縄ではいかない特殊な考慮を必要としますから，次の　Check　で多少詳しく説明することにします。

Check

「共同所有関係と必要的共同訴訟」

　ある財産が数人の共同所有に属する場合，その財産に関して生じるさまざまなパターンの紛争を，どの範囲で固有必要的共同訴訟として処理すべきか，という問題が生じます。この問題に関してはいくつかの考え方が主張されていますが，判例の一般的傾向としては，固有必要的共同訴訟の範囲を縮小していく（相対的に，通常共同訴訟の範囲を拡大していく）という方向にあるようです。固有必要的共同訴訟は，全員が当事者としてそろわなければ訴えが不適法となるという意味で，当事者の訴訟追行の自由を制約するという側面をもつことになります。判例は，このような問題点を考慮して，固有必要的共同訴訟の範囲を縮小する方向を採っているものと考えられます。

　共同所有関係と共同訴訟の関係については，実体法的視点を基調としながらも，紛争の統一的解決や紛争解決の実効性といった訴訟法的観点からの修正を加えて定められることになります。主要な判例の考え方を整理しておきますから，覚えておきましょう。試験対策としては，これで十分と考えられます。ただ，全部暗記するのは，かなりシンドイものがありますから，固有必要的共同訴訟となるものをまず記憶しておき，それ以外は通常共同訴訟となると覚えておくという手もあります。

　共同所有関係には，各人に持分権および持分処分の自由が認められる共有，構成員に持分を観念できず使用収益権だけが認められる総有，および持分を観念することはできるがその処分権能を制限される合有に区別することができます。まずは，共有に関する判例をみていくことにします。

① 共有者相互間で，共有関係自体を対象とする訴訟は，固有必要的共同訴訟となります。この場合は共有者全員に関わる紛争ですから，一部の者を除外したのでは実効性ある解決にならないからです。その例としては，共有物分割の訴え（民法258条），遺産を共有する共同相続人が，他の共同相続人に対してその者が遺産につき相続人の地位を有しないことの確認を求める訴え（最判平16・7・6）などが，これに当たります。

② 共有者と第三者との間の訴訟については，共有者が原告として第三者に訴

えを提起する場合と，逆に共有者が被告として第三者から訴えを提起される
場合を区別して理解しましょう。

（i）共有者が原告となる場合

　第三者に対し共有不動産について共有関係の確認を求め，さらに共有者全員
への所有権移転登記手続を求める場合は，固有必要的共同訴訟となります（最
判昭46・10・7）。また，土地の共有者が共同原告として，隣地所有者に対し
て提起する境界確定の訴えは固有必要的共同訴訟となるとされています（最判
昭46・12・9）。

　しかし，共有者がその共有持分権に基づき第三者の不実登記の抹消を求める
場合（最判昭31・5・10）や共有物の妨害排除請求として，共有者が共有権
に基づく明渡しを求める場合（最判昭42・8・25）には単独での訴え提起が
可能とされています。いずれも共有者が単独で行い得る保存行為である（民法
252条ただし書）ことが理由とされています。また，共有者が自己の持分権の
確認を求める場合（最判昭40・5・20）にも単独での訴え提起が可能です。

（ii）共有者が被告とされる場合

　共有名義の所有権移転登記の抹消登記手続を求める訴えは，その名義人全員
を被告とする固有必要的共同訴訟となります（最判昭38・3・12）。

　しかし，賃借人が賃貸人の共同相続人に対して提起する賃借権確認の訴え（最
判昭45・5・22），土地の所有者がその所有権に基づいて地上の建物の所有者
である共同相続人を被告として建物収去・土地明渡しを求める訴え（最判昭
43・3・15）などは，共有者である共同相続人の債務が不可分債務であるこ
とを理由として，いずれも固有必要的共同訴訟ではないとされています。

③　共同所有財産が総有または合有であるときは，その財産に関する訴えは原
　則として固有必要的共同訴訟となります。例えば，入会権者の総有に属する
　入会地について，入会権の確認を求める訴えは，入会権者全員を当事者とす
　る固有必要的共同訴訟とされています（最判昭41・11・2）。もっとも，最
　近の判例の中には，入会権の構成員の一部に訴え提起に同調しない者がある
　ときは，その者を被告に加えることにより入会権確認訴訟を提起できるとし
　たものがあります（最判平20・7・17）。

③　必要的共同訴訟の審判

　前述のとおり，通常共同訴訟では共同訴訟人独立の原則が適用
されることになります。しかし，必要的共同訴訟では，共同訴訟
人相互に緊密な関係があり，判決の合一確定の必要から，共同訴

訟人相互間にいわば連合関係が認められ，訴訟資料の統一および訴訟進行の統一を図ることが要求されています。

（ⅰ）訴訟資料の統一

共同訴訟人の１人の行った訴訟行為は，全員の利益においてのみその効力を生じます（40条１項）。つまり，共同訴訟人の１人がした有利な行為は全員のために効力を生じますが，不利な行為は全員がそろってしない限り効力を生じないということです。例えば，共同訴訟人の１人が相手方の主張を争った場合は，全員が争ったことになりますが，１人が裁判上の自白をしても，その効力は生じないということになります。＊

一方，相手方の訴訟行為は共同訴訟人のうちの１人に対してなされた場合でも，全員に対して効力を生じます（同条２項）。

（ⅱ）訴訟進行の統一

共同訴訟人の１人について訴訟手続の中断または中止の原因があるときは，全員について訴訟の進行が停止されることになります（40条３項）。弁論の分離や一部判決も認められません。

判決に対して１人が上訴すれば全員に対する判決の確定が遮断され，全訴訟が上訴審に移審し，共同訴訟人全員が上訴人の地位につくことになります。

＊訴えの取下げは，類似必要的共同訴訟の場合は単独でできますが，固有必要的共同訴訟の場合は全員が共同でしなければなりません。

Check

「選定当事者」

選定当事者制度は，共同の利益を有し共同訴訟人となることのできる多数者（総員）が，その中から代表者を選んで訴訟追行を授権し，この選ばれた者（選定当事者）が全員のために当事者として訴訟を追行できる制度です（30条）。先に当事者適格について説明した際にも触れましたが，この制度は，民事訴訟法に明文の規定のある任意的訴訟担当です（P79参照）。

この制度は，理論上は２人以上の多数者があれば利用できますが，実際上は同一事故，公害，薬害，悪徳商法等で多数の被害者が存在するような場合（いわゆる大規模訴訟）に使い勝手のよい制度です。このような事件では，「○○

事件被害者の会」といった名称の団体が組織されることがよくみられますが，このような団体は民事訴訟法29条の「社団」とみることは困難です。したがって，その名で訴えを提起することは一般的には無理です。そうかといって，被害者全員が共同訴訟人として訴訟に加わるとなると，訴訟手続が煩雑となるうえ訴訟費用もかさみ，時間ばかりかかって円滑に訴訟が進行しないという状況が生じがちです。そこで，選定当事者の制度を利用すれば，訴訟手続上の当事者の数を少数にとどめることができますから，訴訟手続の単純化と迅速化を図ることができ，上記のような大規模訴訟の弊害を緩和することに役立つわけです。ただし，選定当事者は必ず「共同の利益を有する多数者」の中から選定されなければなりません。無関係の第三者を選定できるとすると，弁護士代理の原則が骨抜きになりかねないからです。

　選定当事者の選定には，次の３つのパターンがあります（30条）。

① 　共同の利益を有する者が訴えの提起前に選定当事者を選定し，その選定当事者が訴えを提起する（同条１項）

② 　共同の利益を有する者が，共同訴訟人として訴えを提起した後に選定当事者を選定して訴訟追行を任せ，選定者がその訴訟から脱退する（同条２項）

③ 　すでに訴えが提起されているという状況の下で，共同の利益を有する者で訴訟の当事者となっていない者が，その訴訟で当事者となっている者を自分のために選定当事者として選定する（同条３項）

　選定者は，その選定を取り消し，または選定された当事者を変更することもできます（同条４項）。選定当事者のうちに，死亡等の理由によりその資格を喪失した者があるときは，他の選定当事者が全員のために訴訟行為をすることができます（同条５項）。

　選定当事者の制度は，任意的訴訟担当の一類型ですから，選定当事者の受けた判決の効力は選定者全員に及ぶことになります（115条１項２号）。

閑話休題

「クラスアクション」

　アメリカでは，多数の権利者の存在する大規模訴訟の形態として，クラスアクションという制度が設けられています。これは大雑把にいうと，同種の権利を有する多数者の集団を「クラス」として把握し，そのクラスに属する全員の権利を個別的な授権なしでまとめて行使できる制度です。この制度の下では，例えばあるメーカーの欠陥商品によって多数の被害者が出たような場合に，そのクラスの代表者が全員のために損害賠償訴訟を追行しますから，個々の被害額は小さくても全体では莫大な金額とな

ります。放っておけば消えてしまうような権利の実現に有用であるうえ，訴えられる企業にとっては「恐怖の制度」となりますから，違法な行為の事前抑止に役立つという側面もあるわけです。日本でも，このクラスアクションを制度化すべきという意見も高まってきていたところ，「日本版クラスアクション」とも称される「消費者裁判手続特例法」が平成28年10月1日より施行されています。この法律については，紙幅の関係で詳細をお伝えする余裕はありませんが，将来の学習課題として覚えておかれることをお勧めします。

ところで，いきなり話を変えて恐縮ですが，ジュリア・ロバーツ主演のアメリカ映画「エリン・ブロコビッチ」という作品をご覧になったことがありますか。この映画は，法律事務所に勤務するエリンという型破りなシングルマザーが，住民に深刻な健康被害をもたらすことを知りつつ有害物質をタレ流し続けている巨大企業を相手に孤軍奮闘し，被害者全員のためにアメリカ史上最高額（3億3千万ドル）で和解を勝ち取るという痛快でヒューマニズムにあふれた実話物語です。訴訟手続としては，クラスアクションではなく，600人を超える被害者全員から個別的な委任を取り付けるという方法に依っていますが，アメリカの大規模訴訟の一端を垣間見ることができます。

2 訴訟参加

これまで訴え提起の当初から複数の当事者が存在するタイプの訴訟について説明してきましたが，訴訟の途中から第三者が訴訟に積極的に関与してくることもあります。これを訴訟参加といいます。このように，第三者が自ら他人間の訴訟に関与してくるパターンとしては，補助参加およびその亜種としての共同訴訟的補助参加，共同訴訟参加，独立当事者参加および訴訟承継による参加があります。

共同訴訟参加，独立当事者参加，訴訟承継による参加は，第三者が当事者として参加する形態ですが，補助参加あるいは共同訴訟的補助参加をする第三者は当事者となるわけではありません。

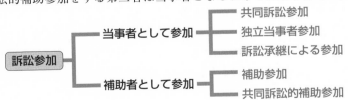

(1) 補助参加

① 意義

　補助参加とは，他人間の訴訟の結果に利害関係を有する第三者が，当事者の一方を補助するため訴訟参加をする形態です（42条）。補助参加する者を補助参加人，補助参加される当事者を被参加人といいます。

　補助参加をする第三者の目的は，当事者の一方を勝訴させることによって自己の利益を守ることです。つまり，補助参加人は単なるボランティアではなく，参加することに独自の利益を有しているわけです。もっとも，補助参加人は，当事者のいずれか一方をサポートする形になりますから，参加後は一方当事者の「味方」になりますが，その訴訟の当事者となるわけではありません。

② 要件

> **設例30**
>
> 　Aは，Bに300万円を貸し付け，CがBの連帯保証人となった。Aは，Bが弁済期に300万円を返済しないことを理由として，連帯保証人Cに対し保証債務の支払いを求める訴えを提起した。

　補助参加をするためには，第三者が他人間の訴訟の結果について利害関係を有することが必要です（42条）。この要件を満たす場合に「補助参加の利益」が認められます。なお，後述するとおり，参加について当事者に異議がなければ，補助参加の利益は問題となりません。

(ⅰ)「利害関係」とは

　ここでいう利害関係とは，あくまで法律上の利害関係であることを要し，単なる経済上の利害関係あるいは感情上の利害関係では足りません。例えば，**設例30**で，Aの債権者が「Aが勝てば大金が入るので，貸した金を返してもらえる」という経済的な理由で参加することはできないし，またCの親友が「Cが負けては気の毒だ」という理由から参加することはできません。

　法律上の利害関係とは，参加人に独自の法律上の利益がある場合であり，これは被参加人の敗訴により参加人の法的地位が不利となることを意味します。

（ⅱ）「訴訟の結果」とは

　訴訟の結果とは，他人間の訴訟の判決主文でなされる判断によって，第三者の法律上の地位が直接的に影響を受けることを意味します。つまり，判決主文でなされる請求（訴訟物）についての判断によって，第三者の権利義務が論理上決せられるという関係にある場合に参加の利益が認められます。

一歩前進

　設例30では，もしＣが敗訴した場合，判決主文でＣのＡに対する保証債務の支払いが命じられ，Ｃがこれを履行すれば，ＢはＣから求償権を行使されるという法的地位に立たされることになります（民法459条１項）。つまりこの場合，Ｂの法的地位は，ＡＣ間の訴訟の主文中の判断によって左右されるという関係にありますから，Ｂは，Ｃの側に補助参加できるということになります。

---

③　参加の手続

　補助参加の申出は，参加の趣旨および理由を明らかにして，補助参加により訴訟行為をすべき裁判所に書面または口頭によって行います（43条１項）。書面によらず，口頭でもできることを覚えておきましょう。申出は，補助参加人としてすることができる訴訟行為とともにすることができます（同条２項）。参加申出とともに，上訴の提起をするような場合がその例です。

　参加の理由があるか否かの裁判は，当事者からの異議があった場合に限り，決定で行います（44条１項前段）。つまり，当事者に異議がなければ，そのまま補助参加が認められることになります。当事者が異議を述べないで弁論等をしたときは，異議を述べることができなくなります（同条２項）。当事者が異議を述べたときは，補助参加人は参加の理由を疎明しなければなりません（同条１項後段）。＊

　参加に対して当事者からの異議があった場合でも，参加不許の決定が確定するまでは，申出人は訴訟行為をすることができ，その訴訟行為は，参加不許の裁判が確定した場合でも，当事者が援用したときは，効力を生じます（45条３項・４項）。

＊補助参加の許否についての裁判に対しては，即時抗告をすることができます（44条３項）。

ここが狙われる

　補助参加するについて，訴訟がどの審級にあるかは問われませんから，上告審でも補助参加は可能です。また，他人間に訴訟が現に係属していることは特に要件とされていません。したがって，すでに判決が確定していても，補助参加して再審の訴えを提起することも可能です。

---

④　補助参加人の訴訟上の地位

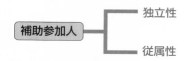

（ⅰ）補助参加人の独立性

　補助参加人は，他人間の訴訟に参加することに独自の利益を有しています。その限りでは，被参加人から独立した地位にあるということができます。このような補助参加人の独立性から，補助参加人は，攻撃防御方法の提出，異議の申立て，上訴や再審の訴えの提起その他被参加人を勝訴させるために必要な一切の訴訟行為をすることができます（45条1項本文）。このように独立した地位で訴訟行為をするのですから，補助参加人は，訴訟能力を有していなければならないのは当然です。＊

（ⅱ）補助参加人の従属性

　しかし他方，補助参加人は，自身の請求を立てて他人間の訴訟に参加するわけではなく，当事者の一方を勝訴させるという目的で参加するのであり，その目的の限りでは，被参加人に従属すべき地位にあるということができます。このような補助参加人の従属性から，補助参加人のなし得る行為には，以下のような制限があります。

（イ）訴えの取下げ，訴えの変更，反訴，請求の放棄・認諾，和解のような，**訴訟自体の処分に関わる行為**はできません。

（ロ）補助参加の時点での訴訟状態からみて**被参加人ができない行為**，例えば，時機に後れた攻撃防御方法の提出等はできません（45条1項ただし書）。

（ハ）**被参加人の行為と抵触する行為**はできません（同条2項）。
　例えば，被参加人がすでに自白している事実については，補助

＊期日の呼出しや訴訟書類の送達なども被参加人とは別個になされます。

参加人もその事実を争うことはできません。また，被参加人に不利な行為もできません。例えば，被参加人が自白していない事実を参加人が自白することはできません。

ここが狙われる

補助参加人の上訴の申立ては，被参加人の上訴期間内に限り認められます（最判昭50・7・3）。

---

⑤ **補助参加人に対する判決の効力——参加的効力**

補助参加訴訟においてなされた判決は，一定の除外事由がある場合を除いて，補助参加人に対してもその効力を生じます（46条）。

この効力の性質については，補助参加訴訟で被参加人が敗訴した場合に，参加人と被参加人の責任分担を図るため，公平の見地と禁反言の原則から認められた「参加的効力」であるとするのが，判例も含めた一般的な理解です。判例の言葉を借りれば，「この効力は，いわゆる既判力ではなく，判決の確定後補助参加人が被参加人に対してその判決が不当であると主張することを禁ずる効力」ということになります（最判昭45・10・22）。

この参加的効力は，

（イ）被参加人が敗訴した場合にのみ生じる

（ロ）参加人と被参加人との間でのみその効力が及ぶ

（ハ）判決理由中の判断についても拘束力が生じる

（ニ）裁判所は当事者の援用を待って顧慮すれば足りる（職権調査事項ではない）

といった内容をもつものです。この参加的効力が問題となるのは，補助参加訴訟における被参加人敗訴の結果を受けて，その後に補助参加人と被参加人との間で争いが生じた場合です。これを，**設例30**のケースで具体的に考えてみましょう。債権者Aと連帯保証人Cの間の訴訟に，主債務者BがCの側に補助参加し，Bは主債務の不存在を主張したが認められずCが敗訴し，その後Aに保証債務を弁済したCが，Bに求償権を行使してその支払いを請求する訴え（後訴）を提起したとします。この訴訟で，Cが，前訴（補助参加訴訟）の判決理由中でなされた「主債務が存在する」との判断を援用したとき，Bはこれを否定することができないの

です。つまりこの場合，裁判所は，主債務が存在することを前提
に後訴の判断をしなければならないということになります。*

　このように参加的効力は，補助参加人にも被参加人敗訴の責任
を分担させるべきという観点から認められたものです。したがっ
て，敗訴の責任を被参加人が単独で負うべき事情があるときは，
補助参加人はこの事情を抗弁として主張し，参加的効力が自分に
及ぶことを阻止することができます（46条）。そのような事情と
して，時機に後れた等の理由により補助参加人が補助のための必
要な行為をできなかったとき（同条1号），被参加人の行為と抵
触するため補助参加人の行為が効力を生じなかったとき（同条2
号），および被参加人が補助参加人の訴訟行為を妨げたとき（同
条3号）の各場合が規定されています。

（2）　共同訴訟参加

　当事者の一方および第三者について判決を合一にのみ確定すべ
き場合において，その第三者が原告または被告の共同訴訟人とし
てその訴訟に参加する形態です（52条1項）。その要件は，①他
人間に訴訟が係属中であること，②参加人に当該他人間の訴訟の
判決の効力が拡張される関係にあること，③参加人が当該訴訟に
ついて当事者適格を有することです。第三者の参加後は，必要的
共同訴訟となります。

　株主総会決議取消訴訟の係属中に，被告会社の他の株主がその
訴訟に原告として参加するような場合が典型例です。この参加形
態は，参加後に類似必要的共同訴訟となる場合には問題なく認め
られます。固有必要的共同訴訟の場合には，共同訴訟人となるべ
き者を欠いて訴えが提起されたとき，当事者適格を事後的に補充
するために認められると解されています。

┌─── **一歩前進** ───
│
│　訴訟係属後に共同訴訟の形態を生じるのは，上記のように
│共同訴訟参加がなされた場合および後述の片面的独立当事者
│参加のほか，当事者の異なる訴訟について，裁判所の弁論の
│併合によって生じる場合があります（152条1項）。この場合
│には，併合前に尋問をした証人について，尋問の機会がなか

＊後述の訴訟告知
（P204 Check 参
照）は，実際に参加し
なかったときでも，
参加的効力を生じさ
せる制度であり，ど
ちらかというと，告
知者に有利な制度と
いうことができま
す。

った当事者から尋問の申出があれば，証人尋問をしなければ
なりません（同条2項）。

Check

「共同訴訟的補助参加」

　共同訴訟的補助参加とは，当事者間の訴訟の判決の効力の及ぶ第三者が，訴
訟上の請求（訴訟物）について当事者適格を欠くために共同訴訟参加できない
場合に，その訴訟に補助参加することによって生じる参加形態です。例えば，
C株式会社の株主Aが，C社を被告として株主総会決議取消訴訟を提起してい
たとします。この場合C社の他の株主Bは，上記本文で説明したとおり，その
訴訟に共同訴訟参加をすることができ（52条1項），原告として共同訴訟参加
をしたBは，Aとともに共同訴訟人として訴訟追行することになります。とこ
ろが，株主総会決議取消しの訴えの出訴期間は，決議の日から3ヶ月間に限定
されていますから（会社法831条1項，同法834条17号），その期間が経過す
るとBの原告適格が失われ，Bは共同訴訟参加をすることはできません。そう
するとこの場合，Bは，その訴訟に補助参加するしかないわけです。しかし，
単なる補助参加しかできないとすると，本来Aとともに共同訴訟人の地位に立
つことができ，判決の効力が及ぶBに対する手続保障としては十分とはいえま
せん。Bの地位は単なる補助参加の場合よりも強化する必要があります。そこ
で，民事訴訟法に明文の規定はありませんが，判例および通説は，共同訴訟的
補助参加という形態を認めています（最判昭45・1・22）。この共同訴訟的補
助参加の場合，補助参加人は，通常の補助参加人ができる訴訟行為に加えて，
被参加人の行為と抵触する行為もでき，また，補助参加人に生じた事由により
訴訟手続が停止され，さらに上訴期間も被参加人とは独立して起算される等，
単なる補助参加に比べて，補助参加人の地位の独立性が強化されることになり
ます。会社法関係の訴訟や人事訴訟などの形成訴訟にその例が多くみられます
が，債権者代位訴訟に債務者が補助参加する場合もこの形態となります。

Check

「訴えの主観的追加的併合」

　これは，訴訟係属中にその手続内で，原告が被告以外の第三者を新たな被告
として訴えることにより，共同訴訟を生じさせることをいいます。例えば，債
権者が主たる債務者を被告として貸金返還請求の訴えを追行中に，その手続内
で保証人に対して訴えを提起し，両者を共同被告とするような場合がこれに当

たります。この主観的追加的併合が認められれば，訴訟の省力化に役立ち，また矛盾のない統一的判断を期待することができます。しかし判例は，この主観的追加的併合については明文の規定がなく，また訴訟の複雑化を招くこと等を理由として，この併合形態を認めることに消極的な態度をとっています（最判昭62・7・17）。そのため，実務的には，別訴を提起したうえ，弁論の併合により共同訴訟とするというルートが一般的な方法です。

(3) 独立当事者参加

① 意義

　訴訟の係属中に，第三者が原告と被告の双方またはその一方を相手方として，原告・被告間の請求と関連する自己の請求について同時かつ矛盾のない判決を求めて，その訴訟に参加する形態です（47条）。*

　民事訴訟は，原告と被告の二当事者対立構造を基本としています。しかし，社会に生じる実際の紛争には，1つの目的物の財産権を三者が争うようなケースも存在します。このような紛争を無理に二当事者対立構造に分解せず，三当事者の対立する訴訟構造として把握し，三者間で統一的な審判を行うほうが紛争実態に即した適正な解決の実現を期待できます。そのようなことから，独立当事者参加訴訟は，原告，被告および参加人の三者間相互の紛争を1つの訴訟手続によって一挙に矛盾なく解決しようとする訴訟形態（三面訴訟）と理解されています。

　もっとも，参加人は，本訴の原告・被告の双方を相手方として参加することもでき，また原告・被告の一方のみを相手方として参加することもできます（47条1項）。後の場合を片面的独立当事者参加または準独立当事者参加といいます。

＊判例は，独立当事者参加の申出は，参加を申し出た訴訟において，裁判を受けるべき請求を提出してしなければならない，としています（最判 平26・7・10）。つまり，参加人は，必ず自己の請求を立てて参加しなければならず，単に当事者の一方の請求に対して訴えの却下または請求の棄却の判決を求めるだけの申出は許されません。

設例31

　AからBに移転登記されている甲土地について，Bが自分の債権者Cのために抵当権を設定・登記していたところ，Aが，Bへの所有権移転登記はBが登記書類を偽造して行った虚偽の登記であると主張して，Bに対し移転登記抹消請求の訴えを提起した。

> **設例32**
>
> Dは，自分の所有する乙建物をEに売却し登記を移転した。Eは，この乙建物をFに転売したが，まだ移転登記をしていない。このような状況の下で，Dは，Eとの売買契約の無効を主張し，Eを被告として乙建物の移転登記抹消請求の訴えを提起した。

② **要件**

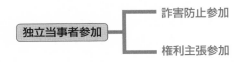

独立当事者参加は，第三者が，（ⅰ）他人間の訴訟の結果によって自己の権利が害されることを主張する場合，（ⅱ）他人間の訴訟の目的の全部または一部が自己の権利であると主張する場合に認められます（47条1項）。（ⅰ）の場合を詐害防止参加，（ⅱ）の場合を権利主張参加といいます。まずは，どのような事件がこれらの場合に該当するかをみていきます。

（ⅰ）詐害防止参加

この参加形態の要件である「訴訟の結果によって権利が害される」とは，当事者がその訴訟を通じて第三者を害する意思を有するものと客観的に認められる場合と理解しておきましょう。例えば，設例31で，BがAといわば「八百長」を仕組み，口頭弁論期日に出席せずかつ準備書面も提出せず，擬制自白を成立させてわざと負ける行動をとるような場合がこれに当たります。こんなことをされると，勝訴したAがその後，Cに抵当権抹消登記請求の訴えを起こすことが十分考えられます。要するに，AB間の訴訟によって，Cの利益が害されるおそれがありますから，これを防止する必要があるわけです。つまり，この詐害防止参加の趣旨は，原告・被告間の「馴合い訴訟」の防止にあると考えられます。このような場合Cは，自己の権利を守るため，AB間の訴訟に自らの請求を立てて独立当事者参加をすることができます。

（ⅱ）権利主張参加

この権利主張参加の要件とされている「他人間の訴訟の目的の全部または一部が自己の権利である」とは，原告・被告間の請求

（本訴請求）と参加人の請求が論理的に両立し得ない関係にある場合と理解されています。例えば，設例32で，Ｆが乙建物の所有権は自分にあると主張し，Ｄに対しては乙建物の所有権の確認を求め，Ｅに対しては乙建物の引渡しおよび所有権移転登記を求めるような場合です。

③　手続

　参加人は，参加の趣旨および理由を明らかにして参加の申出をしなければなりません（47条4項後段，43条）。独立当事者参加は，訴え提起の実質をもちますから，参加申出は必ず書面ですることが要求されています（47条2項）。この書面は，当事者双方に送達されます（同条3項）。*

④　審理および判決

　独立当事者参加の審判については，**必要的共同訴訟に関する規定が準用されます**（47条4項）。簡単に確認しておきます。

（ⅰ）1人の行った訴訟行為は，全員の利益においてのみその効力を生じます（40条1項）。例えば，原告と被告のみでは，和解，請求の放棄・認諾をすることはできません。また，原告，被告間での自白は，参加人に利益となる場合にのみ効力を生じます。一方，相手方の訴訟行為は1人に対してなされた場合でも，全員に対して効力を生じます（同条2項）。

（ⅱ）1人について訴訟手続の中断または中止の原因があるときは，**全員について訴訟の進行が停止されることになります**（同条3項）。期日は共通に定めなければならず，弁論の分離や一部判決も認められません。

（ⅲ）判決に対して1人が上訴すれば全員に対する判決の確定が遮断され，全訴訟が上訴審に移審し，共同訴訟人全員が上訴人の地位につくことになります。

⑤　脱退──二当事者対立訴訟構造への還元

　独立当事者参加がなされた場合，参加前の原告または被告は，**相手方の承諾を得て訴訟から脱退することができます**（48条前段）。例えば，貸金返還請求訴訟の係属中に，第三者が原告からその貸金債権を譲り受けたと主張して参加（権利主張参加）してきた場合，被告である債務者としては，原告と参加人の間で決着がつけば，勝訴者に支払うという趣旨で訴訟から脱退することが

＊上告審においては独立当事者参加は許されません（最判昭44・7・15）。

できます。この脱退があると，訴訟は二当事者対立の形に還元され，判決も残っている当事者間の請求についてのみなされますが，判決の効力はその脱退者に対して及びます（同条後段）。

■一歩前進■

　参加人の参加後も，原告は本訴を取り下げることができますが，この場合の取下げには被告の同意に加えて参加人の同意も必要とされています（最判昭60・3・15）。取下げ後は，参加人から本訴の原告と被告に対する共同訴訟となります。参加の申出も，訴えの取下げに準じて取り下げることができます。この場合，取り下げる請求の相手方の同意を必要とします。参加人が原告・被告に対する請求をともに取り下げると，本訴のみの訴訟となります。

（4）訴訟承継
① 意義

　訴訟の進行中に当事者が死亡したとか，訴訟の目的である係争物が第三者に譲渡されたような場合，つまり実体法上の権利の帰属に変更があった場合，従来の当事者を名あて人として判決をしても紛争の実効的解決を図ることはできません。しかし，そこで訴訟を終了させ相続人や目的物の譲受人を新たな当事者として，初めから審理をやり直さなければならないとすると，裁判所および当事者の負担が過重となり，きわめて不経済といわざるを得ません。また，その訴訟で有利な地位を得ている当事者にとって不公平になります。

　そこで，訴訟の係属中に上記のような実体法上の権利関係に変更があった場合には，新たに当事者となるべき者が，従来の訴訟上の地位をそのまま引き継ぎ，その後も継続して審理を行うという扱いがなされます。これを訴訟承継といいます。*

　この訴訟承継の態様としては，訴訟中に一定の事由が生じた場合に，新たな当事者が当然に訴訟を承継する「当然承継」と裁判所に対する申立てによる「申立てによる承継」に大別することができ，さらに申立てによる承継は「参加承継」と「引受承継」に

＊訴訟の承継によって，新たな当事者が旧当事者と入れ替わることになります。このように訴訟中に当事者が入れ替わる場合としては，訴訟承継のほかに任意的当事者変更（P45 Check 参照）があります。

区別することができます。*1

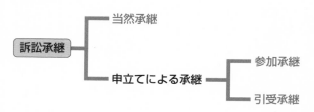

＊1もっとも，生活保護受給権のような一身専属的権利が訴訟の対象となっていた場合に，原告が死亡したときは，当該訴訟は終了し訴訟の承継は生じません（最大判昭42・5・24）。

② **当然承継**

　これは，一定の事由の発生により，**法律上当然に訴訟承継が生じる場合**です。この当然承継に関する明文の規定は存在しません。しかし，訴訟手続の中断および受継に関する民事訴訟法124条は，同条所定の事由が生じたときは，**当然にその手続が承継されることを予定したもの**と考えられます。つまり，この場合の訴訟承継は，訴訟手続の中断・受継の規定から間接的に推知されるわけです。

　訴訟手続の中断事由すなわち当然承継の生じる原因として重要なものは，当事者の死亡および会社の合併による消滅，当事者の訴訟能力の喪失，法定代理人の死亡・代理権の消滅です（124条1項1号・2号・3号）。他の中断事由については，いちおう条文に目を通しておく程度で結構です。*2

　訴訟手続の中断が生じたときは，**承継人または相手方による受継申立てまたは裁判所による続行命令**によって訴訟が続行されることになります（この点については，P44を確認してください）。

③ **参加承継・引受承継**

　参加承継，引受承継は，いずれも事実審の口頭弁論終結前に，係争物の譲渡すなわち紛争の主体たる地位が移転した場合に，関係者からの申立てをまって行われます。承継人による**訴訟参加の申立てによる場合が参加承継**であり（49条，51条），**当事者からの訴訟引受の申立てによる場合が引受承継**です（50条，51条）。

＊2当事者死亡による中断が生じた場合，相続人は，相続の放棄をすることができる間は，訴訟手続を受け継ぐことはできません（124条3項）。しかし，訴訟代理人があるときは，死亡，合併等の中断事由が生じたとしても中断しないことに注意してください（同条2項）。

┌─ 設例33 ─┐

　Bに対して貸金債権を有するAは，弁済期が到来しているのに返済がないため，Bを被告として貸金返還請求の訴えを提起した。

（ⅰ）参加承継

設例33でAのBに対する貸金返還請求訴訟の口頭弁論終結前に，AがCに貸金債権を譲渡したとします。この場合，係争物である貸金債権を譲り受けたCは，承継人として独立当事者参加の方式で当事者の地位につきます（49条，47条1項）。Cは，Aに対して貸金債権の帰属確認請求を，Bに対しては貸金の支払請求を立てることになります。もっとも，この場合，AC間で，債権譲渡の事実につき争いがないときは，Bだけを被告として片面的参加の形式によることもできます。＊

参加後は，必要的共同訴訟の審理原則に従って，手続が進められることになります（47条4項，40条）。

＊Cが，AB両者を相手方として参加した場合，AはBの承諾を得て訴訟から脱退することができます（48条）。

（ⅱ）引受承継

訴訟の係属中第三者がその訴訟の目的である義務の全部または一部を承継したときは，裁判所は，当事者の申立てにより，決定で，その第三者に訴訟を引き受けさせることができます（50条1項）。設例33で口頭弁論終結前に，DがBの債務を免責的に引き受けたとします。この場合，原告Aは，Bの債務の引受人であるDに対し訴訟引受の申立てを行うこともできます。この申立てがあったとき，裁判所は，A，B，D三者を審尋したうえ引受決定の裁判をします（同条2項）。

この引受承継の場合は，AB間の訴訟にAD間の訴訟が追加される形になりますから，通常共同訴訟の形態になります。ただ，AB間の請求とAD間の請求は，同一の貸金債権についてAがBとDの両者に支払いを求めるという形になり，実体法上両立しない関係になります。そこで，判決内容の矛盾を防止するため，同時審判の申出がなされた共同訴訟の審理原則に従って手続が進められることになります（50条3項，41条1項・3項）。そうすると，弁論の分離，一部判決はできませんから，その限りで審理の足並みがそろい，統一的な内容をもつ判決が期待できることになります。

一歩前進

上記（ⅰ）のケースのように，口頭弁論終結前の権利承継人は参加承継，（ⅱ）のケースのように，義務承継人に対し

ては相手方当事者の側から引受承継の申立てをするのが通常でしょう。しかし，例えば（ⅰ）の場合に，被告Bが訴訟に勝てる見込みが高いのであれば，権利承継人Cを訴訟に引き入れて決着をつけたいと考えるでしょう。逆に（ⅱ）で承継人Dが参加を望むこともあり得ます。そこで，権利承継人に対して当事者の側から引受承継の申立てをすること，あるいは義務承継人が自ら参加承継することも認められます（51条）。つまり，権利承継か義務承継かにかかわらず，承継人の側から自ら進んで訴訟を承継するのが参加承継であり，承継人の相手方の側から承継人を訴訟に引き入れて承継させるのが引受承継ということになります。

Check

「訴訟告知」

　訴訟告知とは，訴訟の係属中に，当事者がその訴訟に参加することのできる第三者に対して，訴訟係属の事実を法定の方式によって通知することです（53条1項）。訴訟告知は，告知の理由と訴訟の程度を記載した書面を裁判所に提出して行います（同条3項）。訴訟告知を受けても，参加するかしないかは告知を受けた者（被告知者）の自由です。

　一見すると，この制度は，被告知者にその訴訟に参加する機会を与えるための親切な制度のように思われます。確かに，訴訟告知にはそのような側面があります。しかし，それだけではなく，訴訟告知には被告知者が実際に訴訟参加しなかった場合でも，参加することができた時に参加したものとみなして参加的効力を及ぼすという効果が認められています（同条4項）。つまり，訴訟告知は，自分が敗訴した場合に第三者に求償，賠償等の権利行使をする場合に意味をもつということから，「告知者のための告知」という性格をもった制度となっています。例えば，被告とされている保証人が主債務者に対して訴訟告知をすれば，主債務者が参加しなかった場合でも参加することができた時に参加したものとみなされて参加的効力が生じます。そうすると，その訴訟で主債務が存在すると判断されて保証人が敗訴すると，保証人を原告，主債務者を被告とする求償訴訟では，主債務者は，主債務の存在を否定することはできないのです。

　複雑訴訟形態に関する次のアからオまでの記述のうち，正しいものの組合せは，後記1から5までのうちどれか。

ア　同時審判の申出のある共同訴訟において，被告の一方が期日に欠席し，擬制自白が成立する場合，裁判所は弁論を分離してその被告についてのみ原告勝訴の判決をすることができる。

イ　請求の客観的併合の場合，併合請求についての証拠は共通である。

ウ　固有必要的共同訴訟において，共同訴訟人となるべき者の全員が共同して訴えを提起しなかった場合，共同訴訟人となるべきその余の者は共同訴訟参加をして原告となることはできない。

エ　請求の選択的併合の場合，裁判所は弁論を分離することができない。

オ　反訴の提起後に本訴が取り下げられた場合，反訴も取り下げられたものとみなされる。

1　アイ　　　　2　アウ　　　　3　イエ　　　　4　ウオ　　　　5　エオ

解　説

ア　×　同時審判の申出のある共同訴訟では，弁論および裁判は分離しないでしなければなりません（41条1項）。

イ　○　請求の客観的併合の訴訟形態では，全請求の審理が共通して行われ，証拠資料も共通となります。

ウ　×　固有必要的共同訴訟においては，全員が共同して訴えを提起しないと当事者適格を欠くことになります。しかし，判例は，一部の者が脱落していたとしても，その者の共同訴訟参加によって，補正できるとしています（大判昭9・7・31）。

エ　○　請求の選択的併合の場合，統一した審理を行い裁判の矛盾を避けるため，弁論の分離は許されません。

オ　×　反訴の提起後に本訴が取り下げられたとしても，反訴は影響を受けることはありません（261条2項ただし参照）。

以上より，正しいものはイおよびエであり，3が正解となります。

正解　3

> **実戦過去問**　　　　　　　　　　　　　　司法書士　平成21年度

　補助参加に関する次のアからオまでの記述のうち，誤っているものの組合せは，後記1から5までのうちどれか。

ア　補助参加は，参加する他人間の訴訟が控訴審に係属中であってもすることができるが，上告審においてはすることができない。

イ　補助参加の申出は，参加の趣旨及び理由を明らかにして，補助参加により訴訟行為をすべき裁判所にしなければならない。

ウ　当事者は，補助参加について異議を述べないで弁論をし，又は弁論準備手続において申述をした後には，裁判所に対し，補助参加について異議を述べることはできない。

エ　補助参加人は，上訴の提起をすることはできるが，訴えの変更や反訴の提起をすることはできない。

オ　訴訟告知を受けた者が告知を受けた訴訟に補助参加しなかった場合には，当該訴訟の裁判の効力は，その者には及ばない。

1　アイ　　　2　アオ　　　3　イウ　　　4　ウエ　　　5　エオ

解　説

ア　×　補助参加は，参加の利益がある限り，第一審，控訴審に限らず上告審でもすることができます（42条）。

イ　○　民事訴訟法43条1項の条文どおりです。

ウ　○　当事者が補助参加について異議を述べないで弁論をし，または弁論準備手続において申述をした後は，異議を述べることはできません（44条2項）。

エ　○　補助参加人は，訴訟について，上訴の提起を含め原則として一切の訴訟行為をすることができますが（45条1項本文），訴えの取下げ，訴えの変更，反訴の提起等の訴訟行為はできません。

オ　×　訴訟告知を受けた者が補助参加しなかった場合，その裁判の効力は，参加しなかった者に対しても及びます（53条4項，46条）。

　以上より，誤っているものはアおよびオであり，2が正解となります。

正解　2

【第5章】

訴訟の終了

10 判決による訴訟の終了と判決の効力

学習ナビゲーション

　本講では，まず判決の種類とその内容について説明します。判決という言葉は，一般的な用語法としては，争いに最終的な決着をつける裁判所の判断とイメージされるようです。しかし，訴訟法上の判決という言葉にはいくつかの種類があり，その内容もさまざまですから，その種類と内容をしっかり整理して頭に入れておきましょう。

　さらに本講では，終局判決によって生じる判決の効力とそれに関連する問題点について説明します。判決は，言渡しによって，裁判所もその内容を自由に変更できないという効力が生じます。これは判決の自己拘束力といわれます。さらにその判決が確定すると，判決の種類に応じて，既判力，執行力，形成力といった内容的な効力を生じます。この確定判決の効力に関しては，学説上難解な議論が展開されていますが，これに深入りすることは試験対策としては得策とはいえません。条文の基本的な意味と内容を押さえておくに留めておきましょう。

1　判決の種類

　判決は，さまざまな観点からの分類が可能ですが，当該審級での審理を完結させるものかどうかといった観点からは，終局判決と中間判決に区別することができます。終局判決は当該審級を完結させる判決ですが，中間判決は，その審理手続内で終局判決に先立ちなされる判決です。これは，審理を整理し順序立てて終局判決を準備するという性質のものであり，中間判決によっては当該審級の完結がもたらされることはありません。その後も当該審級での審理が継続されます。

さらに，終局判決もいくつかに分類されますから，混乱しないように，まずはその大枠を把握しておきましょう。

(1) 終局判決

終局判決とは，訴訟の全部または一部をその審級につき完結させる判決です。終局判決は，全部判決と一部判決，本案判決と訴訟判決に分類されます。

① 全部判決と一部判決

終局判決は，審理を完結させる範囲という観点から分類すると，全部判決と一部判決に分けることができます。全部判決とは，原告が審理を求めた請求の全部について同時になされる判決であり，一部判決とは，請求の一部を他の部分と切り離してなされる判決です。

裁判所は，訴訟の全部が裁判をするのに熟したときは全部判決をすることになりますが（243条1項），1個の請求の一部，併合された数個の請求の一部，または反訴が提起された場合の本訴または反訴のいずれかが裁判に熟したと判断したときは，一部判決をすることができます（同条2項）。請求の一部の判決であっても，それによって当事者に迅速な救済を与えることができるし，複雑化した審理を簡易化しその後の審理を迅速に進めることも可能になるからです。

一部判決をするかどうかは，基本的には裁判所の裁量によることになります（同条2項）。ただ，その裁量も無制約ではなく，一定の制限があります。というのは，一部判決については，残部と独立して上訴することができますから，この場合審理が残部と分離することになります。したがって，それによって審判の不統

一をもたらすおそれがあるような場合には，一部判決は許されないのです。

　請求が単純に併合されている場合には，一部判決をすることができます。請求の予備的併合および選択的併合の場合には，先述したとおり一部判決をすることはできません。＊

＊その理由については，P170以下を参照してください。

　通常共同訴訟の場合には，一部判決は原則として可能ですが，同時審判の申出のある共同訴訟では矛盾のない判決をしなければなりませんから，一部判決はできません。必要的共同訴訟や独立当事者参加の場合にも，合一確定の必要があるので一部判決は許されません。

　一部判決がなされた場合に，当該審級に係属する残りの請求を完結させる判決を残部判決といいます。

② **本案判決と訴訟判決**

設例34

　Aは，Bを被告として，300万円の貸金返還請求の訴えを提起した。

　終局判決は，請求の内容に立ち入った判断をしたものかどうかによって，本案判決と訴訟判決に区別することができます。

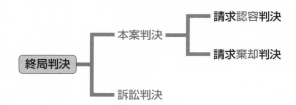

　本案判決とは，請求の当否についてシロクロ決着をつける判決です。これには，請求認容判決と請求棄却判決があります。請求認容判決は原告の請求を認める判決（いわゆる原告勝訴判決）であり，請求棄却判決は原告の請求を排斥する判決（いわゆる原告敗訴判決）です。また，本案判決は，訴えの類型に応じて，給付判決，確認判決，形成判決に区別されます。設例34の訴えは給付の訴えに属しますから，Aの請求を容認する判決は給付判決，Aの請求を棄却する判決は，給付請求権の不存在について既判力をもって確定する確認判決となります。

　訴訟判決とは，訴訟要件を欠くことを理由として訴えを却下する判決です。この場合，請求の当否について決着をつける判断はなされませんから，俗に「門前払い判決」ともいわれます。

┌─**一歩前進**──────────────────────┐

　裁判所が，終局判決において，判断すべき請求の一部について裁判をしていない場合を裁判の脱漏といいます。脱漏部分は，依然として訴訟係属したままですから（258条1項），裁判所がこれに気がつけば職権で判決をしなければなりません。これを<u>追加判決</u>といいます。なお，裁判の脱漏は，主文で判断すべき請求について，その判断が漏れていた場合であり，判決理由中で判断すべき攻撃防御方法について判断が漏れていたときは<u>判断の遺脱</u>と呼ばれます。判断の遺脱は上訴および再審の理由となります（338条1項9号）。

└──────────────────────────────┘

(2) 中間判決

　中間判決とは，審理の過程において当事者間で争いとなった事項や先決事項について，終局判決に先立って判断を示す判決です。訴訟関係を明瞭にし，終局判決を容易にするためになされます。

① 中間判決の対象

　中間判決は次の事項について行うことができます。中間判決をするかどうかは，裁判所の裁量に任されます（245条）。つまり，当事者に申立権はありません。

中間判決の対象 ─┬─ 独立した攻撃防御方法
　　　　　　　　├─ 中間の争い
　　　　　　　　└─ 請求の原因

（ⅰ）独立した攻撃または防御の方法

　独立した攻撃または防御の方法とは，それだけで独立の法律効果を発生させる攻撃防御方法です。例えば，設例34で被告Bが弁済と消滅時効の抗弁を主張しているとします。弁済および消滅時効は，どちらも独立して債権消滅という効果を生じますから，独立の防御方法に当たります。この場合，もし弁済がなされてい

るとの判断に到達したときは，請求棄却の本案判決が可能です。したがって，中間判決としては，有効な弁済がなされていない旨を認定したとき，その旨の判決をすることになります。これによって，後は消滅時効の成否の判断に審理を集中することができる，というメリットがあるわけです。

（ⅱ）中間の争い

訴訟上の先決事項に関する争いのうちで，口頭弁論に基づき判断できるものです。例えば，訴訟要件の存否，訴えの取下げや訴訟上の和解の効力などがこれに当たります。もっとも，訴訟要件が欠けていたり，訴えの取下げ，訴訟上の和解が有効であるとの判断に達したときは，終局判決の対象となり，中間判決をする余地はありません。＊

（ⅲ）請求の原因

ここでいう請求の原因とは，実体法上の請求権の存否をめぐる一切の事情のことです。例えば，損害賠償請求で損害額以外の過失，因果関係などがこれに当たります。つまり，損害賠償請求訴訟で，損害賠償請求権の存否とその額の両方が争われている場合に，まずその額以外の権利関係の存在を認める判決をするわけです。これによって，審理に区切りをつけ，その後は賠償額の問題に集中した審理を行うことができます。請求の原因を否定するときは，損害賠償請求権の発生自体が認められないことになりますから，直ちに請求棄却の本案判決をすることになります。

②　中間判決の効力

中間判決をした場合，その言渡しをした裁判所はその判断に拘束され，これと矛盾した終局判決をすることができなくなります。つまり，その主文で示した判断を前提として終局判決をしなければなりません。当事者は，中間判決の基礎となる口頭弁論終結前に主張できた攻撃防御方法を提出して中間判決の判断を争うことはできません。

中間判決に対しては，独立の上訴はできず，終局判決に対する上訴に基づいて，上級裁判所の判断を受けることになります（283条）。上訴審が終局判決だけを取り消し，事件を原審に差し戻したときは，先になされた中間判決はなお有効で，原審裁判所を拘束します（大判大2・3・26）。

＊訴訟要件が欠けるときは訴え却下判決，訴えの取下げや訴訟上の和解が有効と判断されるときは訴訟終了宣言の判決がなされることになります。

2 判決の成立と確定

(1) 判決の成立と効力の発生

　判決は，その基本となる口頭弁論に関与した裁判官によってその内容が確定された後，判決書が作成され（249条1項，252条），これに基づき言渡しがなされることによって効力が生じます（250条）。判決の言渡しは，当事者が在廷しない場合にもすることができます（251条2項）。判決の言渡しは口頭弁論終結の日から2ヶ月以内にすることとされています（同条1項）。*

　判決書には，主文，事実，理由，口頭弁論終結の日付，当事者および法定代理人，裁判所名を記載することになっています（253条1項）。さらに，判決主文に記載されるものとしては，**訴訟費用の裁判**（67条1項），**仮執行の宣言**があります（259条4項）。

　判決主文は，当事者の本案の申立てに対応する形で，結論を簡潔に記載します。設例34で，原告Aの請求が認容された場合，その判決の主文に「被告は原告に対し金300万円を支払え」と記載されます。逆にAの請求を棄却する場合は，「原告の請求を棄却する」と記載されます。事実の記載には，請求を明らかにし，かつ主文が正当であることを示すのに必要な主張を摘示しなければなりません（253条2項）。理由の部分には，事実認定と法の適用に関する裁判所の判断過程を記載します。これは，主文の判断に至った論理過程を明らかにし，裁判官の独善・恣意を排除し判断の客観性・合理性を確保するという意味合いがあります。口頭弁論終結の日は，判決が確定した場合の**既判力の基準時を示す**という重要な意味をもちます。

> *「2ヶ月以内に言い渡さなければならない」との規定は，一般に訓示規定と解されています。したがって，2ヶ月経過後に言い渡された判決も有効です。なお，判決の言渡しは訴訟手続の中断中であっても，することができます（132条1項）。

> 用語の説明
> 「仮執行宣言」
> 給付判決に示された原告の給付請求権（通常は金銭支払請求権）を迅速に実現するため，判決確定前であっても，強制執行をなし得るとする制度です（259条）。

Check

「調書判決」

　判決の言渡しは，公開の法定において，裁判長が判決書の原本に基づき主文を朗読して行うのが原則です（憲法82条，民事訴訟法252条）。しかし，その例外として「調書判決」という簡易な制度が設けられています。これは，実質的に当事者間に争いがないものと評価できる事件について，判決書の形式および言渡しの方式をより簡易化して，当事者が迅速に判決の言渡しを受けること

ができるように配慮した制度です。すなわち，①被告が口頭弁論で原告の主張事実を争わずその他何らの防御方法も提出しない，②被告が公示送達による呼出しを受けたにもかかわらず口頭弁論期日に出頭しない等の場合に，原告の請求を認容する判決に限って，判決書原本に基づかず判決を言い渡すことができます（254条 1 項）。その後裁判所は，裁判所書記官に，当事者および法定代理人，主文，請求ならびに理由の要旨を，判決の言渡しをした口頭弁論期日の調書に記載させ，これを判決書に代えることになります（同条 2 項）。

■一歩前進■

　判決がいったん言い渡されると，その判決をした裁判所も自由に撤回や変更をすることはできません。これを判決の自己拘束力といいます。裁判所自身を縛るという意味で，「自縛性」ともいわれます。安易な撤回や変更が行われたのでは，判決の法的安定性が失われ，裁判所の判断に対する信頼を確保することができなくなってしまうからです。しかし，判決に形式的かつ軽微な誤りがあるとか，判決に法令違反のあることを発見した場合には，一定の要件の下で判決の更正または変更が認められています。＊

　判決の更正とは，判決に計算違い，誤記などの明白な誤りがある場合に，裁判所は，当事者の申立てまたは職権による決定で，いつでもその誤りを訂正することです（257条 1 項）。更正決定に対しては，適法な控訴がない限り，即時抗告をすることができます（同条 2 項）。適法な控訴があれば，その誤りは控訴審の審理の対象となりますから，即時抗告による不服申立てを認める必要はないのです。

　判決の変更とは，判決裁判所が自ら判決の法令違反に気づいた場合に限り，その判決内容を変更することです（256条 1 項本文）。事実認定の誤りについては上訴審の審理対象になりますから，それに気づいたとしても変更の判決をすることはできません。判決の変更は，言渡し後 1 週間以内に限り，口頭弁論を経ることなく職権による判決で行われます（同条 2 項）。従前の判決はこの変更判決によって失効し，上訴期間は変更判決の送達時から起算されます。

＊判決の自己拘束力は，判決の言渡しによって直ちに生じる形式的な効力です。判決の内容上の効力である既判力，執行力，形成力等は判決の確定によって生じることになります。いちおう，この点を区別して理解しておきましょう。

判決の効力	
言渡しによって生じる効力	自己拘束力
確定によって生じる効力	既判力　執行力　形成力

ここが狙われる

　判決は裁判の一種であり，基本的には口頭弁論を経てなされますが，例外的に，訴訟要件を欠きしかも補正不能な訴えを却下する場合には口頭弁論を経ることなく判決をすることができます（140条）。変更の判決をする場合には，口頭弁論を経ないで判決をしなければなりません（256条2項）。

(2) 判決書等の送達

　判決書（または調書判決の調書）は，その正本を当事者に送達することが義務づけられています。調書判決の場合は，調書の謄本を送達することになります（255条1項，254条2項）。判決の言渡しは法廷で主文の朗読のみによって行われ，しかも当事者が在廷していなくても可能とされていますから，判決書という書面によって当事者にその詳細な内容を知らせる必要があるわけです。

(3) 判決の確定

① 意義

　終局判決に対しては，上訴の提起という形で不服申立てをして争うことができるのが原則です。しかし，上訴期間の経過等一定の事由が発生すれば，上訴による取消しの可能性がなくなります。そのような状態になることを判決の確定といい，それによって訴訟は終了します。敗訴当事者の側からすると，判決が確定してしまうと敗訴が確定し，そこでアウトということになります。＊

② 判決の確定時期

　判決が確定するのは，その判決に対する不服申立ての手段が尽きたときです。不服申立て手段は，次のような事由が生じたときに尽き，これによって判決が確定します。

（i）控訴および上告は判決書または調書（調書判決の場合）の

＊取消しの余地のなくなった判決を確定判決といいます。

215

送達を受けた日から2週間以内に提起することができます（285
条，313条）。これを上訴期間といいます。この上訴期間を徒過
してしまうともはや上訴提起の余地はなくなり，判決は確定し
ます。いったん上訴がなされても，それが取り下げられたよう
な場合には，その上訴はなかったことになり，やはり上訴期間
の満了により判決は確定します。

ここが狙われる

　控訴や上告の提起期間は，判決の日からではなく，判決書または調書判決の
調書の送達を受けた日から2週間です。うっかりミスをしがちですから，注意
しましょう。

（ⅱ）当事者間に上訴をしない旨の合意（不上訴の合意）がある
　　ときは，判決の言渡しと同時にその判決は確定します。判決言
　　渡しの後，上訴期間経過前に不上訴の合意がなされたときは，
　　合意成立の時に確定します。
（ⅲ）上告審での終局判決については，もう「上」はありません。
　　したがって，上告審判決は，その言渡しとともに確定します。

3　確定判決の効力

　確定判決に生ずる効力としては，既判力，執行力，形成力の3
つがあります。既判力は，給付判決，確認判決，形成判決のいず
れにも認められますが，執行力は給付判決だけ，形成力は形成判
決だけに認められる効力です。以下，既判力を中心に説明し，執
行力および形成力については，その意味内容を簡略に説明します。

（1）既判力
① 意義
　判決（本案判決）は関係者間の紛争解決の基準を示すものです。

もし仮に，確定判決に示された裁判所の判断に何の拘束力もないとすると，同一事件について紛争が何度も蒸し返され，判決をしたところで紛争は一向に解決しないという不都合を生じる可能性があります。そこで，判決が確定し同一手続での取消し，変更の可能性がなくなると，その実効性を確保するため，**当事者および裁判所に対する一定の拘束力が生じる**ことになります。この，民事訴訟の確定判決に認められる制度的拘束力を既判力または実質的確定力といいます。

　既判力の作用は，前訴の判決が確定した後に別の訴え（後訴）が提起された場合に，**当事者は前訴の判断に反する主張や立証をすることができず（消極的作用），また後訴裁判所も前訴裁判所の判断を前提として判決をしなければならない（積極的作用）**，という形で表れます。ここでいう後訴とは，前訴と同一の権利関係に関する訴え，前訴の債務名義の効力を争う請求異議訴訟などのことです。*

　この既判力については，前訴のどの時点の判断について生じるのか（時間的範囲），確定判決でなされた判断のどの部分について生じるのか（客観的範囲）およびどのような範囲の人に及ぶのか（主観的範囲）が問題となります。以下，順に説明します。

（ⅰ）既判力の時間的範囲（時的限界）——基準時と遮断効

*既判力の作用の詳細についてはP219 Check にまとめてありますので，これを参照してください。請求異議訴訟については，P297以下で詳述します。

設例35

　Aは，Bを被告として，車の売買契約に基づく300万円の代金支払請求の訴えを提起した。

　民事上の法律関係は常に変転の可能性がありますが，判決は，当該訴訟の口頭弁論終結時までに当事者から提出された裁判資料に基づく判断として示されます。そうすると，判決の既判力も，**口頭弁論終結時点における当事者の権利関係を確定する**ことになります。この時点を既判力の基準時といいます。

　当事者は，この基準時までは裁判資料（攻撃防御方法）を提出しようと思えば提出できたはずです。にもかかわらず，前訴の審理でその提出をしなかった場合には，後訴では，その主張をすることができなくなります。つまり，基準時以前に存在した事由に

ついては，当事者の知・不知，故意・過失の有無を問わず，後訴
での主張はできなくなります。これを**既判力の遮断効**といいます。
反面，前訴の口頭弁論終結後に生じた事由については，前訴の既
判力の遮断効に妨げられることなく後訴で主張することができま
す。例えば，設例35で，Ｂが車の代金をすでに弁済済みであっ
たとしても，前訴の口頭弁論終結時までに抗弁として弁済の主張
をしなかったときは，後訴でその主張をすることはできなくなり
ます。しかし，口頭弁論終結後に弁済をしたときは，後訴でその
主張をすることができます。

　以上の点についての条文上の根拠は，一般に民事執行法35条2
項に求められます。同条は，債務名義の効力を争う請求異議の訴
えを規定したものですが，同規定は，「確定判決についての異議
の事由は，口頭弁論の終結後に生じたものに限る」としています。
これを反対解釈すると，**口頭弁論終結前に存在した事由は異議事
由とならない**，と帰結できるわけです。

一歩前進

　上記のとおり，判決が確定してしまうと，前訴の口頭弁論
終結前に存在し主張し得た事由は，後訴で一切主張できなく
なるのが原則です。設例35でもＢは，弁済のほか，債務免除，
代金債権の時効消滅，契約の無効等の事由を主張できなくな
ります。さらに判例は，意思表示の無効のほか，詐欺による
売買契約の取消し（最判昭55・10・23），書面によらない贈
与の取消し（最判昭36・12・12），白地手形の補充権の行使（最
判昭57・3・30）等の実体法上の形成権についても，**その行
使が口頭弁論終結前に可能であった以上，前訴の既判力によ
って遮断される**（後訴でその行使をすることはできない）と
しています。

　しかし，同じ形成権であっても，相殺権および建物買取請
求権については，取消権や白地手形の補充権などの抗弁事由
と同列に解するわけにはいかない事情があります。先に相殺
の抗弁の特殊性について説明したとおり（P160参照），訴訟
上の相殺権の行使は，訴求債権とは別個の反対債権をいわば
犠牲に供して，原告の請求を排斥しようとするものです。判

用語の説明
「白地補充権」
手形所持人が手形債務者に対して手形金の支払いを求めるには，手形上に必要的記載事項がすべて記載されていなければなりません。必要的記載事項の一部が空白の白地手形についても，その空白を埋めておかなければ，手形金額の支払いを請求することができません。この空白を補充する権利を白地補充権といいます。

例は，このような相殺権をいつどのように行使するかは権利者の自由であることを根拠として，前訴で相殺適状にあった反対債権による相殺をしなかったとしても，後訴（請求異議訴訟）における相殺権の行使は既判力によって遮断されないとしています（最判昭40・4・2）。

また判例は，借地契約終了を理由とする建物収去明渡請求の前訴で，建物買取請求権を行使することなく敗訴した被告が，その明渡しの強制執行に対する請求異議訴訟で建物買取請求権を行使することは，前訴判決の既判力によって遮断されないとしています（最判平7・12・15）。建物買取請求権は，借地人が，借地権の期間満了により借地を明け渡すことを前提として行使する権利です（借地借家法13条参照）。つまり，建物収去明渡請求訴訟の被告が建物買取請求権を行使するのは，もはやその訴訟で勝ち目がないことを自覚したからこそであり，建物収去義務自体を争っている被告が前訴でこの権利を行使するのは期待し難いといえるからです。

用語の説明
「建物買取請求権」
借地契約が終了し契約が更新されない場合に，借地権者が借地上に所有する建物を地主（借地権設定者）に時価で買い取らせる権利（借地借家法13条）。

Check

「前訴の既判力の後訴に対する作用」

前訴の確定判決の既判力が後訴にどのように作用するのか，具体的に考えてみましょう。

まず，後訴の訴訟物が前訴と同一の場合には，前訴の基準時前の事由に基づいて前訴の確定判決を争うことはできません。後訴裁判所は，前訴の基準時後の事由が主張されていなければ請求を棄却し，基準時後の事由が新たに主張されていれば，これを考慮したうえで後訴の請求の当否を判断することになります。例えば設例35のケースでは，前訴で敗訴したBが，自己の債務の不存在の確認を求める後訴で，基準時前に代金を弁済したとの主張をすることは許されませんが，基準時後に弁済をしたとの主張は許され，後訴裁判所は，その主張を前提に判断しなければなりません。一方，前訴で請求認容判決を得たAが，同一内容の後訴を提起した場合には，後訴は訴えの利益を欠くものとして却下されるのが原則です。例外的に，前訴判決で認められた代金債権の消滅時効の完成猶予のために訴えの提起以外に方法がない等の特別の事由があるときは，後訴提起が許されることになります。

前訴の訴訟物が後訴の請求の先決関係にある場合は，前訴の判断を前提に後

訴の審判が行われます。例えば，前訴の土地所有権確認訴訟で請求認容判決を得た原告が，前訴の被告に対してその土地の所有権移転登記請求訴訟を提起する場合などです。この場合，後訴裁判所は，原告に土地所有権があるとの確定判決の判断および基準時後の事由を前提に後訴の請求の当否を判断することになります。

　後訴の請求が前訴請求と矛盾関係にある場合，例えば土地所有権確認訴訟で敗訴した被告が，前訴原告に対し後訴でその土地の所有権確認を求めるような場合には，前訴基準時後の新たな事由が主張されているかどうか，が決め手となります。前訴の被告が，前訴の基準時後の新たな事由を主張していない限り，その請求は棄却されることになります。当然のことながら，基準時後に原告からその不動産を買い受けた等の新たな事由が追加されていれば，その事由を考慮に入れたうえで後訴の判断がなされることになります。

　既判力は，前訴の判決で有利な判断を得た者の利益に作用するのが通常ですが，不利に作用することもあります。これを既判力の双面性といいます。例えば，建物の所有権確認訴訟で勝訴した前訴原告は，土地所有者である前訴被告から建物収去土地明渡しを請求された場合，自分はその建物の所有者でないとの主張をすることはできないのです。なお，既判力が後訴に及んでいるかどうかは，職権調査事項です。したがって，裁判所は，当事者が既判力を援用しない場合でも，職権で指摘して判決の基礎とすることができます。仮に，後訴裁判所が前にした判決と抵触した判決をした場合には，当事者は上訴により争うことができ，またその判決が確定したときは，再審の訴えで取消しを求めることができます（338条1項10号）。

（ii）既判力の客観的範囲
（イ）原則──既判力は判決主文中の判断に生じる

設例36

　Aは，Bを被告として，甲建物の所有権移転登記請求の訴えを提起した。

　既判力は，判決の主文中でなされた判断，すなわち請求の当否についての判断に生じるのが原則です（114条1項）。これを逆にいえば，判決理由中でなされた「事実」や「理由」の判断には，原則として既判力が生じないということになります。例えば，設例36でAの移転登記請求を認容する判決がなされた場合，判決

主文中のAのBに対する登記請求権が存在するとの判断に既判力が生じます。この場合，移転登記請求の前提となるAの所有権については判決理由中で判断されます。したがって，Aが甲建物の所有権を有するとの判決理由中の判断には，既判力は生じないのです。そうすると，この判決がなされた後，BがAを被告として所有権確認の訴えを提起し，甲建物に対する所有権を争うことは既判力に抵触しないということになります。

一歩前進

　上記のような結論は，常識的に考えると多少違和感があるかと思います。しかし，理由中の判断にまで既判力が生じるとなると，既判力による遮断効の範囲が拡大する結果，裁判所および当事者の訴訟行為は慎重にならざるを得ず，審理が重くなって結局審理が長期化するという弊害が生じるおそれがあります。既判力の生じる範囲が主文中の判断に限定されるという保障があるからこそ，当事者は遮断効による失権をおそれることなく自由かつ柔軟に訴訟追行をすることができ，また裁判所の審理の迅速化・弾力化につながる面があるわけです。設例36で，Aが甲建物の所有権の帰属についても既判力のある確定を得たいのであれば，甲建物の所有権確認の訴えを併合提起するか，中間確認の訴えによるべきというのが，民事訴訟法の基本的態度と理解することができます。

　ただ，主文中の判断にしか既判力が生じないとの原則を貫くと，上記のように多少不自然な状況が生じ，紛争解決の実効性という観点からも問題があります。そこでこの点を是正するため，学説上は，理由中の判断についても一定の要件の下に争点効という効力を認めるべきとの考え方が有力に主張されてきました。争点効に関する詳細な説明は省略しますが，この争点効の理論は，紛争の統一的・実効的解決という観点からはきわめて卓見であるところから，学説上は多くの支持を集めたようです。しかし判例は，法律に明文のない争点効を認めることには消極的な態度を採っています（最判昭44・6・2）。判例の中には，以前から，信義則を用いて事案の妥当な解決を図ろうとするものが見受けられました。その後

平成8年の改正により，民事訴訟法に信義則の条文が採り入れられたこともあり（2条），判例は，**信義則の活用により妥当な結果を導こうする方向に向かいつつあるようです。**

（ロ）例外——判決理由中でなされた相殺の判断

設例37

　Aは，Bを被告として300万円の貸金返還請求の訴えを提起していたところ，Bは，その訴訟でAに対して有する300万円の売買代金債権で相殺する旨の抗弁を主張した。

　「判決理由中の判断に既判力は生じない」という原則の例外として，「相殺のために主張した請求の成立又は不成立の判断は，相殺をもって対抗した額について既判力を有する」と規定されています（114条2項）。これは，**判決理由中でなされた相殺の抗弁についての判断には，例外的に既判力が生じる**という意味です。すなわち，被告が原告に対して有する反対債権で相殺するとの主張をし，これが認められる場合には，判決理由中でその反対債権は訴求債権と対当額において消滅した，と判断されることになります。この場合，既判力の基準時である**口頭弁論終結時において，反対債権が不存在であることが既判力をもって確定されます。設例37**では，Bが相殺の用に供した300万円の反対債権は不存在であることが既判力によって確定されます。また，**審理の結果反対債権が存在しないとして相殺の抗弁が排斥される場合にも，反対債権の不存在が既判力によって確定される**ことになります。

　仮に反対債権の不存在の判断に既判力が認められないとすると，Bは，別訴で反対債権を請求することができることになります。そうなると，その別訴でAのBに対する貸金債権の存否およびBのAに対する反対債権の存否の審理を繰り返さなければならないということになります。つまり，判決によって決着したはずのAのBに対する債権の存否に関する紛争が反対債権の存否をめぐる争いとして蒸し返され，判決による解決が実質的に意味を失うおそれがあります。判決理由中の相殺の判断に既判力を認めることにより，このような不都合をシャットアウトできるわけです。

222

ここが狙われる

　上記のような相殺の抗弁の特殊性から，判例は，別訴で訴求している債権について，その債権を自働債権として他の訴訟において相殺の抗弁を主張することは，重複訴訟禁止の趣旨に抵触し，許されない，としています（最判平3・12・17）。

（ⅲ）既判力の主観的範囲——既判力は誰に及ぶか

（イ）相対効の原則

　民事訴訟は，特定の当事者間の法的紛争を解決するための制度ですから，確定判決に生じる既判力は，その訴訟に当事者として関与した者に対してだけ及ぶのが原則です（115条1項1号）。しかし，紛争の実効的解決を図るという見地から，訴訟当事者以外の第三者に対して既判力が拡張される場合が予定されています。それは次のような場合です。

（ロ）特定の第三者に既判力が拡張される場合

（a）第三者の訴訟担当における本人（被担当者）*1

　本来の利益帰属主体以外の第三者が，本人に代わって訴訟追行資格をもつ場合としては，法律の規定による場合（法定訴訟担当）と本人からの授権による場合（任意的訴訟担当）の2つがあります。そのいずれの場合も訴訟担当者の受けた判決の既判力は，その有利・不利にかかわらず，本人に及ぶと理解しておきましょう（115条1項2号）。この点，任意的訴訟担当のうち債権者代位訴訟については，代位債権者の受けた有利な判決（勝訴判決）の既判力のみが本人に及ぶ，との考え方も主張されていますが，判例は，有利不利にかかわらず既判力が及ぶとの立場を採っています（大判昭15・3・15）。

（b）請求の目的物の所持者

　当事者本人のために，単に請求の目的物を所持する者に対しては，確定判決の既判力が及びます（115条1項4号）。ここでいう「所持者」とは，目的物を占有するについて自己自身の固有の法的利益をもたない者のことです。例えば，家屋明渡請求訴訟における被告の同居人・家族，動産引渡請求訴訟における被告の受寄者（単に預かっているだけの者）などがこれに当たります。所持者の占有の取得時期が口頭弁論終結の前か後かを問いません。*2

*1第三者の訴訟担当については，P78以下の記述も併せ参照してください。

*2家屋の賃借人とか，動産の質権者等は固有の利益を有していますから，ここでいう「所持者」ではありません。

（c）口頭弁論終結後の承継人

　口頭弁論終結後の承継人（以下「承継人」といいます）に関しては，多くの議論が錯綜していますが，あまり深入りすることなく，判例の基本的立場を理解しておけば十分です。

設例38

　　Aは，Bから有名画家の描いた絵画を購入し代金200万円を支払ったが，Bが引渡しをしようとしないので，Bを被告として絵画の引渡請求の訴えを提起し勝訴判決を得た。ところが，その訴訟の口頭弁論終結後に，Bはその絵画をCに譲渡し引き渡していた。

設例39

　　Dは，自分の所有する甲土地について，債権者からの執行を免れるため，Eと通謀して登記名義をEに移転した。その後，Eが移転登記抹消の請求に応じないので，DはEを被告として移転登記抹消請求訴訟を提起し勝訴した。ところが，この訴訟の口頭弁論終結後に善意のFがEから甲土地を買い受け，Eから移転登記を受けてしまっていた。

　口頭弁論終結後に，訴訟物である権利義務関係そのものを引き継いだ特定承継人，包括承継人が，ここでいう「承継人」に当たることには異論がありません。例えば，貸金請求の訴えで，口頭弁論終結後に原告から債権の譲渡を受けた者，被告の債務を引き受けた者および当事者の相続人は「承継人」に当たり，前訴判決の既判力が及びます。

　しかし，設例38のCのように，係争物の所有権を被告から譲り受けた者は，目的物の引渡義務を被告から引き継いでいるわけではありません。そこで，Cのような立場にある者を「承継人」の範囲に含めるべきかどうかが問題となります。この場合，仮にCが承継人の範囲から除外されるとすると，AB間でなされた判決の既判力がCに及ばないということになり，紛争解決の実効性が著しく阻害される結果となります。そこで，判例は，訴訟物である権利義務関係そのものの承継人でなくても，訴訟の当事者適格ないし紛争の主体たる地位を引き継いだ者は，承継人に当たり得るとの考え方を採っています。この考え方によれば，Cは，A

が新たに引渡請求の訴えを提起する際の当事者適格者ということ
になりますから，Cは前訴判決の既判力の及ぶ「承継人」に当た
り得ることになります。

　もっとも，「承継人」に当たるかどうかを判定するに際しては，
実体法上の固有の防御方法の有無も考慮することになります。例
えば，設例38でCが，口頭弁論終結後に善意無過失で絵画の引
渡しを受けている場合は，Cは善意取得（民法192条）の要件を
満たし，絵画の所有権を取得することになります。そうするとこ
の場合，結局Cは「承継人」に当たらず，前訴判決の既判力はC
に及ばない，と結論づけられることになります。判例も，設例
39と同様のケースで，Fが善意の第三者としての地位を有する
とき，Dは，虚偽表示による無効をFに対抗できないのだから（民
法94条2項），Fは「承継人」に当たらないとの考え方を示して
います（最判昭48・6・21）。

一歩前進

　上記のように，既判力の主観的範囲については相対効を原
則としながらも，紛争解決の実効性の観点から，その例外と
して特定の第三者に既判力が拡張される場合が規定されてい
ます（115条1項各号）。一方で，身分関係訴訟や多数の利害
関係者の存在する会社関係訴訟などにおいては，法律関係の
画一的確定が要求されることから，その判決の既判力は一般
の第三者にも及ぶとされています。＊

　身分関係に関わる訴訟の判決は，請求認容・棄却を問わず，
一般第三者にもその既判力が及ぶとされています（人事訴訟
法24条1項）。判決のこのような効力は対世効とも呼ばれま
す。また，会社をめぐる法律関係には多数の利害関係者が存
在し，その法律関係を画一的に定めなければ，収拾のつかな
い混乱が生じることになります。そこで，その訴訟の判決に
ついては，請求認容判決の場合に限り対世効が生じること
とされています。例えば，株主総会決議取消訴訟等の会社の組
織に関する訴えについては，その請求を認容する確定判決は，
第三者に対してもその効力を有するとされています（会社法
838条）。

＊破産手続における
破産債権確定訴訟に
ついてなされた判決
の効力は，破産債権
者全員に対して及ぶ
とされています（破
産法131条1項）。
このように，一定範
囲の第三者に既判力
の拡張される場合も
あります。

（2）執行力

　執行力とは，判決による給付命令を民事執行法所定の**強制執行手続によって実現する**ことのできる効力のことです。強制執行を発動させる効力を有する文書を債務名義といいますが，確定した給付判決は典型的な債務名義です（民事執行法22条1号）。

　もっとも，執行力という言葉は，強制執行以外の方法により裁判の内容に適合した状態を作り出すことのできる効力という意味に使われることがあります。これは，広義の執行力といわれます。例えば，婚姻無効の確定判決に基づく戸籍の訂正（戸籍法116条），土地所有権を確認する確定判決に基づく変更の登記（不動産登記法63条）等をすることのできる効力がこれに当たります。

（3）形成力

　形成力とは，確定した形成判決によって，**実体法上の法律関係を変動させる効力**のことです。例えば，離婚判決が確定すると離婚の効果が直ちに生じ，また株主総会決議取消判決の確定により決議取消しの効果が直ちに生じるのは，この形成力によるものです。

ステップアップ

「反射効」

　当事者間に一定内容の確定判決が存在することの反射として，当事者と実体法上の依存関係にある第三者が，その確定判決の効力を有利または不利に援用できるとの見解があり，確定判決から生じるそのような効力を反射効といいます。もっとも，この反射効を認めるべきかどうかについては，争いがあります。

　例えば，Aが主債務者Bに対して貸金返還請求訴訟を提起したところ，主たる債務が存在しないと判断されてAが敗訴し，その判決が確定したというケースを想定してください。反射効を認める見解によると，その後Aが，Bの保証人であるCに保証債務の履行を求めて訴えを起こした場合，Cは，AB間の訴訟でなされた判決を自己に有利に援用し勝訴することができる，ということになります。つまり，AB間の訴訟でなされた主たる債務の不存在の判断は，AC間の訴訟の判断を拘束するというわけです。民法上の保証債務の付従性の論理からすると，この反射効を認めることによって実体法との整合性のある結論を得ることができます。このように反射効は，実体法の解釈から導かれる実

体法上の効果として位置づけられ，既判力の相対効の原則から生じる実際上の不都合を解消することを狙いとしています。ただこの反射効に関しては，それを認める明文の規定がないことが弱味となり，学説上は消極に解する考えが強く，判例も，法に明文のない反射効を認めることには否定的な態度を採っています（最判昭51・10・21）。

4　確定判決の効力を争う方法──再審

終局判決の内容に問題がある場合，判決確定前であれば，その救済方法として上訴という制度が用意されています。つまり，当事者は，判決の確定前に控訴をし，さらには上告という手段によって判決内容を争うことができます。しかし，判決が確定してその内容上の効力が生じてしまうと，もはやこの上訴という手段による判決内容の変更は望めません。という意味で，確定判決は紛争解決基準として尊重されなければなりません。とはいえ，判決手続に重大な瑕疵があるとか，裁判をした裁判官に犯罪を構成するような深刻な違法行為があるといった重大な事情があれば，当事者は，判決が確定した後でも再審という救済方法により，確定判決の取消しおよび事件の再度の審判を求めることができます。そうでないと，当事者にとって酷であるうえ，裁判の適正とそれに対する国民の信頼を失う結果となりかねないからです。

［アドバイス］
再審については，判決確定前の通常の不服申立て方法である上訴に続けて説明されるのが一般的ですが，再審は確定判決に対する非常の救済方法であるという点で上訴とは多少異なった性格をもっています。そこで再審については，覚えておくべき基本的事項に絞ってここで簡略に説明しておくことにします。もっとも，第12講の上訴の部分を読了後に，この部分に目を通されても結構です。

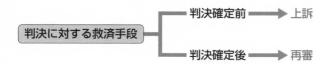

（1）再審事由

再審は確定した終局判決に対する特別な不服申立て方法ですから，法に列挙された一定の事由（338条1項）に該当する場合にだけ認められます（制限列挙）。この再審事由は，①重要な手続上の瑕疵に関するもの，および②裁判の基礎についての瑕疵に関するものに分類することができます。

① **重要な手続上の瑕疵に関するもの**[1]

（イ）法律に従って判決裁判所を構成しなかったこと（1号）

（ロ）法律により判決に関与することができない裁判官が判決に関与したこと（2号）

　　例えば，除斥事由のある裁判官が裁判をした場合などがこれに当たります。

（ハ）法定代理権，訴訟代理権または代理人が訴訟行為をするのに必要な授権を欠いたこと（3号）

　　この場合は，追認によってその瑕疵が治癒されますから（312条2項ただし書参照），追認があると再審の訴えは排斥されます。

② **裁判の基礎に関する瑕疵に関するもの**

（ニ）判決に関与した裁判官が事件について職務に関する犯罪を犯したこと（4号）

　　例えば，裁判官が事件に関連して職権濫用，収賄等の犯罪を犯した場合がこれに当たります。

（ホ）刑事上罰すべき他人の行為により自白をするに至ったことまたは判決に影響を及ぼすべき攻撃防御方法を提出することを妨げられたこと（5号）

（ヘ）判決の基礎となった文書その他の物件が偽造または変造されたものであったこと（6号）[2]

（ト）証人，鑑定人，通訳人または宣誓した当事者・法定代理人の虚偽の陳述が判決の基礎となったこと（7号）

（チ）判決の基礎となった民事，刑事の判決その他の裁判または行政処分が後の裁判または行政処分により変更されたこと（8号）

（リ）判決に影響を及ぼすべき重要な事項について**判断の遺脱が**あったこと（9号）

（ヌ）不服の申立てに係る判決が前に確定した判決と抵触すること（10号）

┌─ 一歩前進 ─┐

　　再審の訴えは補充的な救済手段という性格をもつものであり，通常の上訴によって**再審事由を主張して排斥されたとき**，または**再審の事由を知りつつ主張しなかったとき**には，再審

*1 （イ）（ロ）（ハ）の事由は，絶対的上告理由と共通しますから，覚えておきましょう（P254参照）。

*2 （ニ）（ホ）（ヘ）（ト）のように，犯罪行為の存在を理由とする事由については，原則としてその犯罪行為についての確定有罪判決が必要となります（338条2項）。例えば，当事者の一方が他人に脅されて自白を強要された場合（ホの場合）に再審の訴えを提起するには，強要罪（刑法223条）の確定有罪判決がなければなりません。

の訴えを提起することはできません（338条1項ただし書）。

(2) 要件

① 管轄裁判所

再審の訴えは，原則として不服の申立てに係る裁判をした裁判所の管轄に属します（340条1項）。つまり，再審事由があると主張されている原判決をした裁判所の専属管轄となります。＊

② 当事者適格

再審の原告は，原確定判決の効力を受け，かつその取消しを求める利益を有する者です。通常は，原判決の敗訴当事者ということになりますが，判決効の及ぶ口頭弁論終結後の承継人も再審での原告適格が認められます（最判昭46・6・3）。再審の被告は，通常，原判決の勝訴当事者です。

③ 対象

再審は確定した終局判決に限って認められます（338条1項）。終局判決の前提となった中間判決（245条）などに対しては，独立して再審の訴えを提起することはできません（339条）。

＊審級を異にする裁判所が同一の事件についてした判決に対する再審の訴えは，上級の裁判所が併せて管轄します（340条2項）。

一歩前進

当事者の一方が，詐害的意図をもって相手方の訴訟手続への関与を妨げるなどの不正な行為を行い，その結果本来あり得ない内容の確定判決を取得して執行したとします。このようなケースについて判例は，損害を被った相手方は，再審の訴えを提起できるとしても，別訴で不法行為に基づく損害賠償を請求することができる，としています（最判昭44・7・8）。

ここが狙われる

再審の訴えは，当事者が，判決の確定した後再審の事由を知った日から30日以内，判決が確定した日から5年以内に提起しなければなりません（342条1項・2項）。しかし例外的に，代理権の不存在およびその判決と矛盾する確定判決の存在を理由とするときは，この期間制限は適用されません（同条3項）。

(3) 手続

　再審には，**再審事由の存否の判断（再審開始決定手続）**と**再審開始決定後の本案の再審判**という2つの段階があります。

　再審開始決定手続では，再審の適法要件および再審事由の存否が審理され，再審の適法要件を欠くときは訴え却下決定がなされ（345条1項），適法要件を満たしても，**再審事由の存在が認められなければ再審申立てが決定で棄却されることになります**（同条2項）。再審の事由がある場合には，裁判所は，相手方を審尋のうえ再審開始の決定をしなければなりません（346条）。これらの決定に対しては即時抗告をすることができます（347条）。

　再審開始決定が確定すると，不服申立ての限度で，本案の審理および裁判をすることになります（348条1項）。本案の審理の結果，原判決を正当とするときは再審請求を棄却し（同条2項），そうでないときは原判決を取り消し，新たな判決をしなければなりません（同条3項）。*

*再審の訴訟手続には，その性質に反しない限り，各審級における訴訟手続に関する規定が準用されます（341条）。

Check

「定期金による賠償を命じた確定判決の変更を求める訴え」

　判決が確定した後は，再審の訴えによらない限り判決内容の変更は認められないのが原則です。しかし，この原則を貫くと，当事者間の公平，原告被害者の保護といった観点から妥当でない結果を生じることがあり得ます。例えば，交通事故等の不法行為訴訟などで毎月一定額の損害賠償の支払い（定期金賠償）を命じる判決が確定したとします。ところが，当該訴訟の口頭弁論終結後，被害者に後遺障害の発生等著しい事情の変化が生じ，当初の賠償額では損害の補てんに不足を来たすケースが間々みられます。このように，定期金による賠償額の算定の基礎となった事情に著しい変更が生じたことを理由として，定期金賠償を命じた確定判決の変更を求める訴えが制度化されています（117条1項本文）。ただ，変更を求め得るのは，この訴えの提起の日以後に支払期限が到来する定期金に係る部分に限られます（同条ただし書）。

判決に関する次の1から5までの記述のうち，判例の趣旨に照らし正しいものはどれか。

1　訴えが不適法でその不備を補正することができないときでも，裁判所が判決で訴えを却下するには，口頭弁論を経る必要がある。
2　中間判決は，当事者の申立てがなくても，することができる。
3　原告が，被告に対する貸金債務の残存元本は100万円を超えては存在しない旨の確認を求める訴えを提起した場合において，裁判所は，残存元本が100万円を超えて存在すると認定したときは，請求を棄却しなければならない。
4　簡易裁判所の訴訟手続においては，通常の手続であっても，判決書の原本に基づかないで，判決の言渡しをすることができる。
5　判決に明白な計算誤りがあるときは，裁判所は更正決定をすることができ，更正決定に対しては，不服を申し立てることはできない。

解　説

1　×　訴えが不適法でその不備を補正することができないときは，裁判所は，口頭弁論を経ないで，判決で，訴えを却下することができます（140条）。

2　○　中間判決は，訴訟の進行過程で争いとなった一定の事項について，終局判決に先立ってなされる判決であり，それをするかどうかは裁判所の裁量に任されます（245条）。

3　×　本肢のような場合には，裁判所は，原告の請求を棄却するのではなく，残債務額を明らかにして確認判決をすることになります。

4　×　簡易裁判所の訴訟手続については，通常の訴訟手続と異なった特則が設けられていますが，判決の言渡しについては，原則どおり判決書の原本に基づき言い渡されます。

5　×　判決の更正決定に対しては，即時抗告をすることができます（257条2項）。

正解　2

11 裁判によらない訴訟の完結

学習ナビゲーション

　処分権主義を基本原則とする民事訴訟においては，訴訟の開始，請求範囲の特定といった局面のみならず，訴訟の終了という局面においても，当事者の自由な処分が認められています。原告は，訴えの取下げや請求の放棄という形で一方的に訴訟をやめることもできるし，被告は請求の認諾という形で原告の請求を認めて早々に訴訟を終わらせることもできるのです。また，当事者双方がその主張を互いに譲り合ったうえで訴訟終了の合意をすれば，訴訟上の和解が成立して訴訟終了の効果が生じます。

　このように，裁判によらない訴訟の終了，いいかえると当事者の意思による訴訟の終了には，訴えの取下げ，請求の放棄・認諾，訴訟上の和解という3つのパターンがありますから，その意義と内容および差異を正確に押さえておきましょう。

判決以外の訴訟終了原因
- 訴えの取下げ
- 請求の放棄・認諾
- 訴訟上の和解

1　訴えの取下げ

(1)　意義

　訴えの取下げとは，裁判所に対する審判要求の全部または一部を撤回する旨の，原告の裁判所に対する一方的な意思表示（訴訟行為）です。訴えの取下げにより，訴訟係属は訴え提起の当初にさかのぼって消滅します。つまり，訴えの提起はなかったものとなり，訴訟は終了することになります（261条，262条）。

　訴えの取下げは，原告の意思に基づく訴訟終了原因である点で，請求の放棄と共通します。しかし，後述するように請求の放棄の場合は，その効果として確定判決と同一の効力が生じますが，訴えの取下げでは，そのような効力が生じない点で基本的な違いがあります。

　なお，訴えの取下げは，上訴の取下げとも異なりますから，混同しないよう注意が必要です。上訴の取下げは，上訴審に対する審判要求のみを撤回し，上訴審における訴訟係属を上訴提起の時点にさかのぼって消滅させるものです。したがって，上訴の取下げの時点で上訴期間を徒過している場合や上訴取下げ後に上訴期間を徒過した場合には，原判決が確定することになります。他方，上訴審係属中に訴えの取下げをしたときは，原審を含めた訴訟係属の全体を遡及的に消滅させることになります。

┤一歩前進├

　訴え提起後に当事者間で裁判外の和解が成立したような場合には，同時に訴えの取下げの合意がなされるのが通常です。原告がその合意に反して訴えを取り下げない場合の扱いとしては，被告がその合意の存在を陳述すれば，裁判所は，訴えの利益が欠けるものとして訴え却下判決をすべきとされています（最判昭44・10・17）。

---

(2)　要件

①　原告は，判決が確定するまでは，訴えを取り下げることができます（261条1項）。いいかえると，本案判決後であっても取下げは可能ですが，判決確定後の取下げはできません。なお，取下げに条件を付けることはできません。

┤ここが狙われる├

　被告が，本案について準備書面を提出し，または弁論準備手続での申述，口頭弁論等の応訴行為をした後は，被告の同意がなければ取下げは効力を生じません（261条2項本文）。被告にとっては，その訴訟で有利な判決も期待できますから，その期待権を保護する趣旨です。ただし，本訴の取下げがあった場

合の反訴の取下げについては，本訴原告（反訴被告）の同意は不要です（同条同項ただし書）。また，本案について終局判決（本案判決）があった後に訴えを取り下げた者は，同一の訴えを提起することができません（**本案判決後の再訴禁止効**，262条2項）。しかし，訴えを却下した訴訟判決後に訴えを取り下げた場合は，同一の訴えを再び提起することができます。

② 訴えの取下げを単独で行うには，訴訟能力を必要とします。訴訟能力を制限されている被保佐人や被補助人が訴えの取下げをするには，保佐人，補助人等による**特別の授権**が必要です（32条2項1号）。*

③ 請求の一部のみ，あるいは通常共同訴訟人の1人から，または1人に対する訴えの取下げも**一部取下げ**として許されます（261条1項）。類似必要的共同訴訟の場合は，共同訴訟人の1人が単独で取下げをすることができますが，固有必要的共同訴訟の場合は全員が共同してしなければ，効力を生じません。

*訴訟代理人が訴えの取下げをするには，原告本人からの特別の委任が必要です（55条2項2号）。

┌─ **一歩前進** ─┐

　訴えの取下げに意思表示の瑕疵があった場合について，判例は，手続の安定という観点を重視すべきであり，意思表示の瑕疵に関する**民法95条，96条等の規定は基本的に適用すべきでない**としています。ただ，詐欺，脅迫等明らかに刑事上罰すべき他人の行為によりなされた訴えの取下げは，再審事由に関する338条1項5号の法意に照らして無効としています（最判昭46・6・25）。なお，当事者双方が期日に出頭しない場合等の訴えの取下げ擬制に関しては，P103の記述を確認しておいてください。

（3）手続

　訴えの取下げは，原則として取下書という**書面を提出してしな**ければなりませんが，口頭弁論等の期日に口頭で取下げの陳述をしてすることでもできます（261条3項）。口頭弁論「等」の期日とは，口頭弁論期日のほか**弁論準備手続期日**，和解の期日のことです。取下げについて相手方の同意を要する場合には，相手方は，

訴えの取下げ書面の送達を受けた日または取下げの意思表示のあった口頭弁論等の期日から2週間以内に異議を述べないときは，訴えの取下げに同意したものとみなされます（同条5項）。＊

（4）効果

訴訟は，訴えの取下げがあった部分については，初めから係属していなかったものとみなされます（262条1項）。つまり訴えの取下げにより，訴え提起に基づく当事者や裁判所の訴訟行為は遡及的に消滅し，効力を失います。

＊訴えの取下げに被告が同意しなかった場合，訴えの取下げは無効に確定しますから，その後に被告が改めて同意をしても，取下げは効力を生じません（最判昭37・4・6）。

2 請求の放棄・認諾

> **設例40**
>
> Aを売主，Bを買主として，代金額300万円で骨董品の壷の売買契約が成立した。ところがBは，弁済期が到来しても代金の支払いをしようとしない。そこでAは，Bを被告として代金支払請求の訴えを提起した。

（1）意義

請求の放棄とは，原告が自らの訴訟上の請求についてその理由がないことを自認する意思表示です。他方，請求の認諾は，被告が原告の訴訟上の請求について理由があることを認める意思表示です。いずれも，期日における裁判所に対する一方的な意思表示として行われ，それが調書に記載されることにより，確定判決と同一の効力を生じ（267条），訴訟は終了します。例えば，**設例40**で，売主Aが，買主Bに対する支払請求に理由がないことを認めれば請求の放棄，買主Bが，Aの支払請求に理由があることを認めれば請求の認諾となり，**請求そのものについて争いが消失**します。そのため，調書への放棄の記載は請求棄却，認諾の記載は請求認容の確定判決と同一の効力を生じ，訴訟終了という効果が生じるわけです。つまり，訴えの取下げのように訴訟係属の遡及的消滅という効果を生じるのではなく，放棄・認諾によって紛争は実体的な解決をみることになります。

請求の放棄または認諾に条件を付けることは許されません。例

えば，**設例40**で，「被告Bは，原告Aから目的物の引渡しを受けることを条件として原告の請求を認める」旨の陳述をしても請求の認諾とはなりません。

(2) 要件

① 請求の放棄・認諾は，本案判決と同じく，その請求に関する訴訟を終了させる効果をもちますから，その前提要件として**訴訟要件の具備が必要**とされています。

② 請求の放棄・認諾をするには，原告または被告に，それぞれ訴訟物たる権利関係についての**実体法上の処分権が必要**です。財産上の権利関係については一般に当事者の処分権が認められますが，当事者に処分権のない権利関係については，処分権主義の一内容である放棄・認諾の余地はないのです。この点，人事訴訟に関する手続では，民事訴訟法の請求の放棄・認諾および訴訟上の和解に関する規定は適用しないものとされています（人事訴訟法19条2項）。婚姻，嫡出否認，認知，養子縁組等の身分関係の訴訟手続（人事訴訟）では，当事者が自由に権利・法律関係を処分することが制限されているので，請求の放棄・認諾や訴訟上の和解を認めるのは適当でないからです。＊

(3) 手続

請求の放棄・認諾は，口頭弁論等の期日に，**口頭の陳述**によって行われます（266条1項）。つまり，口頭弁論期日のほか，弁論準備手続期日，和解の期日でもできます。上告審でもすることができます。原則として，現実に口頭で陳述する必要がありますが，**請求の放棄または認諾をする旨の書面を提出した当事者**が，口頭弁論等の期日に出頭しないときは，裁判所または受命裁判官・受託裁判官は，その旨の陳述をしたものとみなすことができます（同条2項）。これによって，放棄または認諾の効力が生じることになります。これは，書面で放棄または認諾の意思を表示した当事者の裁判所への出頭負担を軽減するためです。

請求の放棄・認諾の陳述がなされれば，裁判所は，その要件の具備を審査し，当事者の意思を確認したうえ要件が満たされれば，書記官にその陳述を**調書に記載**させます（規則67条1項1号）。

＊請求認容判決の対世効が認められる会社関係訴訟では，請求の放棄は認められますが，請求の認諾は認められないとされています。

(4) 効果

　請求の放棄・認諾が記載された調書が成立すると，訴訟は終了します。そして，放棄調書は請求棄却の，認諾調書は請求認容の確定判決と同一の効力を生じるとされています（267条）。「確定判決と同一の効力」を生じるのですから，給付請求の認諾調書に執行力が生じ（民事執行法22条7号），また形成請求の認諾調書に形成力が生じることに問題はありません。

　しかし，放棄・認諾調書に既判力が生じるかどうかについては，争いがあります。この点，判例は，有効に放棄・認諾がなされた場合には既判力が生じるとの考え方（制限的既判力説）を採るようです。これを逆にいうと，放棄・認諾に私法上の詐欺，強迫，錯誤などの取消事由がある場合既判力は生じない，というわけです。したがって，この場合は既判力に妨げられることなく，その取消しを主張することができるということになります。

```
┌─ 一歩前進 ─────────────────────┐
│
│　放棄・認諾調書に既判力を認める見解によれば，取消し事
│由は既判力の遮断効により主張できないことになります。し
│たがって，この考え方による場合，放棄・認諾に取消事由が
│あったとしても，それが民事訴訟法上の再審事由に該当しな
│い限り，当事者は救済されないという結論に至ることになり
│ます。既判力否定説や判例のような制限的既判力説によれば，
│再審事由がある場合に限らず，広く取消しの主張が認められ
│ることになります。なお，訴訟上の和解についても同じ問題
│が生じますが，判例は，放棄・認諾の場合と同様，調書の記
│載に制限的に既判力を認めるとの考え方を採っています（P
│241参照）。
│
└───────────────────────────┘
```

3　裁判上の和解

(1) 和解とは

① 意義と種類

　一般に和解とは，紛争当事者双方が互いにその主張を譲り合っ

て円満に争いを解決することです。裁判外で和解が成立することも多く（民法695条），この場合は「示談」と呼ばれることがあります。これに対し，裁判所が関与して両当事者に争いの矛先を収めさせることがあり，これを裁判上の和解といいます。

　裁判上の和解には，起訴前の和解（275条）と訴訟上の和解の2つがあります。以下，起訴前の和解（「即決和解」または「訴え提起前の和解」とも呼ばれます）について簡略に説明し，続けて訴訟上の和解について説明します。

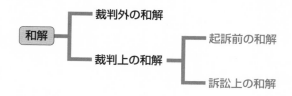

②　起訴前の和解

　民事紛争の当事者は，請求の趣旨および原因ならびに争いの実情を示して，相手方の普通裁判籍の所在地を管轄する簡易裁判所に和解の申立てをすることができます（275条1項）。これを起訴前の和解といいます。起訴前の和解は，簡易裁判所の事物管轄である訴額140万円を超える事件であっても，簡易裁判所に申し立てることができます。その申立ては，当事者双方が共同して行う必要はなく，一方当事者の申立てで足ります。*1

　その裁判所で和解が調えば，裁判所書記官は調書に記載し（規則169条），この調書は確定判決と同一の効力を有することになります（267条）。この起訴前の和解は，すでに当事者間に裁判外で和解が成立していることを前提に当事者双方が裁判所に出頭し，あらかじめ作成された和解条項に基づいて和解調書を作成してもらうという意味合いをもっています。つまり，裁判所は，和解をあっせんするのではなく，当事者が作成した和解条項を公証し，それによって債務名義を作り出すという役割を果たしているわけです。

　和解が調わない場合には，期日に出頭した当事者双方の申立てがあるときは，和解申立ての時に訴えの提起があったものとみなし，裁判所は当事者に直ちに訴訟の弁論を命じます（275条2項）。*2

*1 起訴前の和解は簡易裁判所の専属管轄に属しますから，地方裁判所に申立てをすることはできません。

*2 申立人または相手方が期日に出頭しないときは，裁判所は，和解が調わないものとみなすことができます（275条3項）。

(2) 訴訟上の和解

① 意義

　訴訟上の和解とは，訴訟係属中に当事者双方が請求あるいはこれに関連する権利関係について，互いにその主張を譲り合って（互譲），訴訟を終了させる旨の期日における合意です。互譲が要件ですから，例えば，設例40でBが無条件に代金300万円を支払うというのは請求の認諾であって和解ではありません。しかし，例えば，分割払いの約定をしたときは互譲があったものとして，和解が成立するとみてよいでしょう。また，期日すなわち口頭弁論期日，弁論準備手続期日および和解期日における合意ですから，訴訟手続中であっても期日外の合意は裁判外の和解であって訴訟上の和解とはなりません。もっとも，期日外の合意であっても，両当事者がその内容を期日に陳述したときは，訴訟上の和解としての効力を生じます。訴訟上の和解は，調書に記載されることにより，確定判決と同一の効力を生じ（267条），訴訟は終了します。

　なお，訴訟上の和解をするについて，訴えが訴訟要件を具備している必要はなく，事実上訴訟係属していれば足りると解されます。例えば，訴えの利益を欠く場合であっても，当事者間の合意により訴訟上の和解は有効に成立します。

② 要件（対象）

　財産関係上の事件については，一般に当事者の自由な処分が認められますから，和解内容が公序良俗違反（民法90条）や強行法規違反となるような場合を除いて，訴訟上の和解が認められます。

　しかし，公益的色彩の色濃い身分関係事件を対象とする人事訴訟では，訴訟上の和解についての規定が適用されないとされています（人事訴訟法19条2項）。*

　また，会社法上の株主代表訴訟では，株主単独での訴訟上の和解はできないのが原則ですが，当該会社が和解内容について承認を与えた場合には，当事者は訴訟上の和解をすることができるとされています（会社法850条1項）。

*この点は，請求の放棄・認諾と同様です。

③ 手続

　訴訟上の和解の手続として，次のような多様な方式が用意されています。当事者はこれらの方式の中から，事情に応じて最適な手段を選択することができます。

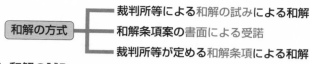

和解の方式
- 裁判所等による和解の試みによる和解
- 和解条項案の書面による受諾
- 裁判所等が定める和解条項による和解

（ⅰ）和解の試み

　裁判所は，訴訟手続がいかなる段階にあるかを問わず，和解を試み，または受命裁判官・受託裁判官に和解を試みさせることができます（89条）。上告審でも可能です。

　通常は，口頭弁論期日，争点整理手続期日，和解期日に両当事者が合意のうえ口頭で和解内容を陳述することにより訴訟上の和解が成立します。裁判所は，当事者の意思を確認したうえ職権で和解の成立要件を審査し，適法であれば書記官に和解内容を調書に記載させます（規則67条1項1号）。

（ⅱ）和解条項案の書面による受諾

　一方当事者が，遠隔地に居住している等，裁判所に出頭できない困難な事情がある場合には，その当事者が前もって裁判所（または受命裁判官・受託裁判官）の提示した和解条項案を受諾する旨の書面を提出していれば，他の当事者が期日に出頭し，その和解条項案を受諾することにより和解の成立が認められます（264条，規則163条）。遠いところに住んでいる人にとっては，裁判所に出てくるだけでも相当の負担になります。そこで，裁判所への出頭負担を軽減することにより当事者の利便性を高め，ひいては和解の成立を容易にすることを目的とする制度です。

（ⅲ）裁判所等が定める和解条項

　両当事者が共同で裁判所（または受命裁判官・受託裁判官）の定める和解条項に服する旨を書面で申し立てたときは，裁判所等は，和解条項を定めることができます。当事者の一方の申立てだけでは和解条項を定めることはできないことに注意しましょう。この和解条項の定めが当事者双方に告知されると，それによって当事者間に和解が調ったものとみなされます（265条）。＊

④　効果

　訴訟上の和解が成立すると，その内容が調書に記載され，それは確定判決と同一の効力を有することになります（267条）。確定判決と同一の効力を有するとの具体的意味は，次のとおりです。

＊この和解方式は，実質的には裁判所による仲裁ということができます。

（ⅰ）訴訟は，和解が成立した範囲で当然に終了します。

（ⅱ）調書の和解条項に，被告の給付義務と履行期が明示されている場合，その和解調書は**執行力をもち**，**債務名義**となります（民事執行法22条7号）。

（ⅲ）訴訟上の和解に既判力が生じるかどうかについては，肯定説，否定説の中間的見解として，訴訟上の和解に**実体法上の瑕疵がなく有効である場合に限り既判力を有する**との考え方が主張され，判例もこの考え方に立つものと解されています（最判昭33・6・14）。この考え方によれば，和解内容に取消事由があるとき，当事者は，既判力によって妨げられることなく，その事由を主張することができます。

ここが狙われる

訴訟代理人が，訴えの取下げ，和解，請求の放棄・認諾をするには，特別の委任を必要とします（55条2項2号）。

ステップアップ

訴訟上の和解に実体法上の瑕疵がある場合に，当事者はどのような手段で救済を受けることができるかが問題となります。この点，訴訟上の和解が意思の瑕疵を理由とする取消しにより無効となれば論理上訴訟終了の効力もないはずだから，従来の訴訟について**期日指定の申立て**をするという手段が考えられます。さらに，**和解無効確認の訴えの提起**あるいは**請求異議の訴えの提起**による救済という選択肢もあり得ます。判例は，そのいずれについても可能とするようです。

なお，和解自体に瑕疵はないが，訴訟上の和解の内容が履行されないときは，債務不履行を理由として和解を解除することができ，その場合どのような救済手段によるべきか，ということも問題となります。この場合，判例は，解除によって単にその契約に基づく私法上の権利関係が消滅するだけであり，いったん終了した訴訟が復活するものではないことを理由として，別訴を提起して救済を求めるべきとしています（最判昭43・2・15）。

実戦過去問（問題文の一部を変更してあります）　　司法書士　令和元年度

　裁判によらない訴訟の完結に関する次のアからオまでの記述のうち，判例の趣旨に照らし正しいものの組合せは，後記1から5までのうち，どれか。

ア　提起された訴えが訴えの利益を欠く場合には，訴訟上の和解をしたとしても，当該和解は，無効である。

イ　訴えの取下げは，和解の期日において口頭ですることができる。

ウ　当事者が期日外において裁判所に対し請求の放棄をする旨の書面を提出した場合であっても，その当事者が口頭弁論の期日に出頭してその旨の陳述をしない限り，請求の放棄の効力は生じない。

エ　口頭弁論の期日で訴訟上の和解が成立した場合において，錯誤による取消しを理由に当該和解の効力を争う当事者は，口頭弁論の期日の指定の申立てをすることができる。

オ　訴えの取下げは，相手方が訴えの却下を求める準備書面を提出した後にあっては，当該相手方の同意を得なければ，その効力を生じない。

1　アウ　　　　2　アオ　　　　3　イウ　　　　4　イエ　　　　5　エオ

解　説

ア　×　明文の規定はありませんが，訴訟上の和解の有効要件として，提起された訴えが訴訟要件を備えている必要はないと解されます。

イ　○　訴えの取下げは，和解の期日においては口頭ですることができます（261条3項ただし書）。

ウ　×　請求の放棄をする旨の書面を提出した当事者が口頭弁論等の期日に出頭しないときは，裁判所または受命裁判官等は，その旨の陳述をしたものとみなすことができます（266条2項）。

エ　○　判例は，訴訟上の和解に取消原因がある場合，再審の訴え，別訴の提起といった方法のほか，期日指定の申立てといった救済方法を認めています。

オ　×　原告が，本案についての準備書面ではなく訴え却下を求める準備書面を提出したに過ぎないときは，同意なく取り下げることができます。

以上より，正しいものはイおよびエであり，4が正解となります。

正解　4

【第6章】

上訴および特別な訴訟手続

12 控訴と上告

学習ナビゲーション

　本講では，判決手続の締めくくりとして，上訴の部分を扱います。民事訴訟法の学習は，第一審手続がヤマ場ですから，試験対策として上訴にまで用意周到に準備できている方は少ないのが実情です。しかし，判決手続の全体像を把握するには，上訴についてもいちおうの知識を習得しておくことが望ましいのは，いうまでもありません。ただ，上訴の部分からの出題は基本的な条文の知識に限られ，判例の細部にまで立ち入って学習する必要もありません。というわけで，本講では，上訴に関する全体的な構造と控訴および上告，抗告に関する基本的事項にポイントを絞って説明することにします。

1　上訴とは

　上訴とは，裁判が確定する前に，上級裁判所に対してその裁判の取消し・変更を求める通常の不服申立方法です。上訴には，第一審の終局判決に対する控訴（第二審）および控訴審の終局判決に対する上告（第三審）と，第一審の決定・命令に対する上訴としての抗告（第二審）および再抗告（第三審）があります。＊

　まずは，控訴および上告について正確な知識を習得しておきましょう。

*確定判決の効力を排除する再審は，いわば非常の不服申立て方法です（P227参照）。

```
              ┌─ 第一審判決 ──▶ 控訴 ──▶ 上告
        上訴 ─┤
              └─ 決定・命令 ──▶ 抗告 ──▶ 再抗告
```

　第一審と第二審（控訴審）は事実の存否の審理および法律の解釈適用等の法律問題の審理を行う事実審であり，第三審（上告審）

は法律の解釈適用等の法的問題のみを扱う**法律審**として構成されています。当事者の側からすると，控訴審では第一審に引き続き事実問題および法的問題も審判の対象としてもらえますが，上告審では法的問題だけに的を絞って審判されることになるわけです。上訴制度のこのような構造から，**控訴審は主に当事者の救済を目的とし，上告審では法令解釈の統一に目的の重点がある**と考えられます。＊

　上訴が提起されると，裁判の確定が遮断され（確定遮断効），事件は上級裁判所に舞台を移してさらに審理および裁判の対象となります（移審効）。なお，上訴は，簡易裁判所が第一審であるときは地方裁判所が控訴審，高等裁判所が上告審となり，地方裁判所が第一審であるときは，高等裁判所，最高裁判所がそれぞれ控訴審，上告審となります。

＊控訴および上告の制度が保障されていることによって，当事者は第一審，控訴審，上告審という3つの審級で事件の審理を受けることができます。当事者のこのような権利ないし利益を審級の利益といいます。

上訴提起のルート

第一審	控訴審	上告審
簡易裁判所	地方裁判所	高等裁判所
地方裁判所	高等裁判所	最高裁判所

2　控訴

設例41

　Aは，Bを被告として300万円の貸金の返還を求める訴えを提起したところ，Bは請求全部について棄却を求めた。審理の結果，Aは200万円の支払いを命ずる判決を得た。

(1) 意義

　控訴とは，簡易裁判所または地方裁判所の第一審の終局判決に対する第二の事実審裁判所への上訴です（281条1項本文）。**設例41**のAのBに対する訴えは，裁判所の事物管轄により地方裁判所が第一審となります。したがって，この裁判に対する控訴は，高等裁判所に提起することになります。

(2) 控訴の適法要件——控訴の利益

　当事者が控訴を提起して，第一審の終局判決に対する不服の当否について控訴審の審判を求め得ることを**控訴の利益がある**といい，当事者の控訴できる地位を指して**控訴権**といいます。つまり，**当事者が控訴の利益をもつことが控訴の適法要件**であり，これを欠く控訴は不適法却下されることになります。＊

　どのような場合に控訴の利益が認められるかについて，判例・通説は，第一審における**本案の申立てと判決主文を比較して**，判**決主文で与えられたものが**，**本案の申立てで求めたものよりも小**さいときに，不服の利益が認められるとしています。両者の形式的な比較によるところから，**形式的不服説**と呼ばれます。**設例41**では，原告Aは300万円の支払請求の申立てに対して判決で認容されたのはその一部の200万円であり（一部認容判決），他方被告Bは請求全部棄却の申立てに対して棄却を得たのは100万円です。したがって，Aは残余の100万円，Bは認容された200万円について控訴の利益が認められます。

　形式的不服説の考え方によれば，請求が全部認容された原告または請求の全部棄却を得た被告には，控訴の利益は認められないのが原則です。しかし，これにも例外があります。例えば**設例41**で，BがAに対する300万円の反対債権による予備的相殺の抗弁を主張して全部棄却判決を得たとします。この場合，申立てどおりの請求棄却判決を得たBにも控訴の利益が認められます。相殺の抗弁は判決理由中で判断されますが，反対債権の不存在について既判力を生じます（114条2項）。つまり，この場合Bは，自分のAに対する反対債権をいわば犠牲に供して請求棄却判決を得たとみることができます。したがって，**Bは実質的には敗訴した**ものとして，控訴の利益が認められるというわけです。

＊訴訟費用の裁判に対しては，独立して控訴をすることができません（282条）。また，第一審の中間判決やその他の中間的裁判など（終局判決前の裁判）については，原則として独立の控訴を提起することはできません。これらの裁判については，終局判決に対する控訴とともに控訴裁判所の判断の対象となります（283条）。

ここが狙われる

　例えば，商品の売主が買主に対し主位的に代金の支払いを求め，売買契約が認められない場合に備えて予備的に引き渡した商品の返還を求めるという形で請求を併合している（予備的併合）とします。この場合，主位的請求を棄却し，予備的請求を認容する第一審判決に対しては，原告にも被告にも控訴の利益が認められることになります。原告としては主位的請求が棄却されたことにより

不服の利益があり，被告としては予備的請求が認容されたことにより不服の利益が認められるからです。

一歩前進

控訴の利益がある場合でも，**当事者双方が控訴をしない旨の合意をしている場合には，控訴権は発生しません**。[*1]

この合意は，第一審判決後に限らず言渡し前であっても可能ですが，**特定の事件について必ず書面による**ことが要求されています（281条2項，11条2項）。この場合，控訴権が発生しないということは，上告もできなくなることを意味します。なお，当事者は控訴をする権利を放棄することができます（284条）。

これに対し，終局判決後に当事者双方が，ともに上告をする権利を留保して控訴をしない旨の合意をしたときは，上告の権利は失われません（281条1項ただし書）。この合意は飛躍上告の合意と呼ばれます。当事者間に事実関係についての争いがない場合に，速やかに上告審の判断を受けることを可能とするという意味があります。

*1 当事者の一方のみが控訴しない旨の合意は，著しく不公平であり無効とされています（大判昭9・2・26）。

(3) 控訴提起の手続と効力

① 手続

控訴の提起は，判決書または判決書に代わる調書の**送達を受けた日から2週間の不変期間内**に，**控訴状を第一審裁判所に提出して**しなければなりません（285条本文，286条1項）。[*2]

控訴状には，当事者および法定代理人，第一審判決の表示およびその判決に対して控訴をする旨の2つを必要的記載事項として記載しなければなりません（286条2項）。民事訴訟規則では，より詳しい内容の記載が求められていますが（規則179条，同53条），これが記載されていない控訴状も不適法ではなく，必要的記載事項が記載されていれば，却下されることはありません。[*3]

提出された控訴状は，まず第一審裁判所がその適法性の審査を行い，補正できないことが明らかな不備があるときは，決定で訴状却下となります（287条1項）。第一審裁判所の訴状審査をクリ

*2 判決の言渡し後その送達前に提起された控訴も有効です（285条ただし書）。

*3 控訴状に第一審判決の取消しまたは変更を求める事由の具体的な記載がないときは，控訴人は，控訴の提起後50日以内に，これらを記載した書面（控訴理由書）を控訴裁判所に提出すべきこととされています（規則182条）。

アすれば，第一審の訴訟記録が控訴裁判所に送付されることになります（規則174条）。

　訴訟記録が送付されると，**控訴裁判所の裁判長が控訴状の形式的審査を行い**，不備のある控訴状については補正命令を発し，控訴人がその補正命令に従わないときは，命令で控訴状が却下されることになります（288条，137条2項）。控訴が適法になされると，控訴状が被控訴人に送達されます（289条1項）。

②　効力

（ⅰ）確定遮断効

　控訴期間内に控訴の提起がなされると，控訴期間が経過しても原判決は確定しません（116条2項）。

（ⅱ）移審効

　控訴によって，第一審判決で裁判された事件の係属は，第一審裁判所から控訴裁判所に移行します。

｜一歩前進｜

　確定遮断効と移審効は，控訴人の不服の主張の限度にとどまらず，**原判決で判断された全部の事項について生じる**ことになります（控訴不可分の原則）。そのため，控訴人が不服を申し立てていない部分についても，控訴人は控訴審の口頭弁論終結に至るまで，**不服申立ての範囲を拡張して審判の対象とする**ことができます。また，原判決中，控訴人の勝訴の部分についても確定されませんから，被控訴人もこれに対して附帯控訴をすることができます（293条）。附帯控訴の詳細については，次頁　Check　で説明します。

（4）控訴審の審理と判決

①　審判の対象

　控訴審における口頭弁論は，当事者が第一審判決の変更を求める限度（不服申立ての限度）においてのみ行われ（296条1項），第一審判決の取消しおよび変更は，不服申立ての限度においてのみすることができます（304条）。これは，控訴人からみれば，自分の不服申立ての範囲を超えた不利益な判断はなされない，とい

うことになります。これを不利益変更の禁止といいます。例えば，設例41で，請求額300万円のうち200万円について一部認容判決を得たＡが，全部認容を求めて控訴したとします。この場合300万円の請求全部について控訴審に移審します。しかし，第一審判決の取消し・変更の限度はＡが不服を申し立てている100万円の範囲内となります。そうすると，控訴裁判所が，審理の結果，Ａの請求の全部について理由がないと考えたとしても，控訴を棄却できるにとどまり，第一審判決を取り消して，Ａの請求全部を棄却する判決をすることはできないのです。しかし，被告Ｂは，附帯控訴という手段を使うことにより，原判決よりも有利な判決を得られる可能性があります。

Check

「附帯控訴」

　附帯控訴とは，被控訴人が，控訴人による控訴を機会に控訴審の口頭弁論終結時までに審判の範囲を拡張し，自分に有利に原判決の変更を求める不服申立てです（293条1項）。この制度は，不利益変更の禁止を突き崩す被控訴人の攻撃的申立てとして位置づけることができます。例えば，設例41で，200万円の一部認容判決を受けたＡが，請求全部について認容を求めて控訴を提起したとき，控訴審の審判は控訴人Ａの不服申立ての限度，すなわち第一審で認められなかった100万円の請求の範囲に限定されます。ここで不利益変更の禁止が適用され，Ａは，控訴審で認容額を200万円以下に減らされることはないのが原則です。しかし，被控訴人Ｂから請求の全部棄却を求める附帯控訴があれば，審判の範囲が請求全部に拡張され，認容額を200万円より低く認める判決もできることになります。

　この附帯控訴は，控訴審の口頭弁論終結前であれば，被控訴人の控訴権消滅後でもすることができます。もっとも，附帯控訴は控訴人の提起した控訴に便乗してなされるものですから，控訴の取下げがあったとき，または控訴が不適法として却下されたときは，その効力を失います（同条2項本文）。ただ，附帯控訴であっても，独立の控訴としての要件を備えるものは，独立した控訴とみなされ，控訴の取下げや却下がなされても効力を失うことはありません（同条同項ただし書）。すなわち設例41で，Ｂが，控訴できる期間内に提起した附帯控訴については独立の控訴として扱われることになり，その後にＡの控訴が取り下げられたとしても，その効力を失うことはありません。

②　審理の構造──続審制

　控訴審の審理においては，第一審で収集された裁判資料が効力を有し（298条1項），これに**控訴審で新たに収集された資料を加えて，控訴申立ての範囲内で新たに事件についての審理をし直す**という方式が採られます。このような審理方式を続審制といいます。続審制のもとでは，第一審でいったん終結した弁論を再開して続行する建前になります。口頭弁論は，**第一審および控訴審の全体を通じて一体のものとして扱われます**から（口頭弁論の一体性），当事者は第一審の口頭弁論に提出しなかった新たな攻撃防御方法を提出し，また訴えの変更（297条，143条）あるいは反訴を提起する（300条）こともできます（適時提出主義）。もっとも，新たな攻撃防御方法の提出が時機に後れたものとして却下される可能性はあります。この適時提出主義の建前を生かすため，控訴審の裁判長は，当事者の意見を聴いたうえで控訴審における当事者の攻撃防御方法の提出，訴えの変更，反訴の提起等をすべき期間を定めることができます（301条1項）。*1

┌─**一歩前進**─┐

　控訴審のあり方としては，第一審の訴訟資料・証拠資料を用いず控訴審で提出された訴訟資料・証拠資料だけを基礎として審理をやり直す覆審制，第一審で得られた訴訟資料・証拠資料だけを用いて，第一審の判断の当否を審理する事後審制と呼ばれるものも考えられます。現行の民事訴訟法は，上記のような続審制を採っています。*2

*1 この期間を徒過して訴訟行為を行った当事者は，期間内にすることができなかった理由を説明しなければなりません（301条2項）。

*2 刑事訴訟では，覆審制が採られています。

┌─**ここが狙われる**─┐

　控訴審における反訴の提起は，原則として**相手方の同意が必要**です。相手方の審級の利益（事実審理を2回受けられるという利益）を保護するためです。しかし，相手方が異議を述べることなく反訴の本案について弁論をしたときは，反訴の提起に同意したものとみなされます（300条1項・2項）。

③　審理の方式

　控訴審手続には，特別の定めがある場合を除いて地方裁判所における第一審手続の規定が準用されます（297条）。

　続審制の下では，第一審の訴訟資料や証拠資料を控訴審においても判断資料としますから，これらを控訴審の口頭弁論に上程する必要があります。そこで，当事者は**第一審の口頭弁論の結果を陳述する**ものとされています（296条2項）。これを控訴審における弁論の更新といいます。これは，裁判官が交代した場合の弁論の更新と同じ趣旨です。

④　**控訴審の終了**

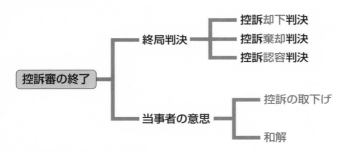

（ⅰ）終局判決による終了
（イ）控訴却下判決
　控訴審では，控訴の適法・不適法および控訴人の不服申立ての当否が審判の対象となります。控訴が不適法でその不備を補正することができないときは，口頭弁論を経ないで，判決で控訴を却下することができます（290条）。
（ロ）控訴棄却判決
　控訴が適法であるときは本案の審理がなされ，その結果，第一審判決を相当とするときは，控訴棄却判決がなされます（302条1項）。また，理由が不当である場合でも，他の理由により結論が正当であるときは，控訴は棄却されます（同条2項）。そして，上告期間の経過により**控訴棄却の判決が確定すれば，第一審判決も確定する**ことになります。
（ハ）控訴認容判決
　第一審判決を不当とするとき，あるいは第一審の判決手続が法律に違反しているときは，控訴裁判所は，第一審の判決を取り消さなければなりません（305条，306条）。この判決は，控訴人の控訴に理由があることを認める控訴認容判決となります。この場合，第一審判決を取り消すと，訴えに対する応答がなくなること

になりますから，訴えに対して自判，差戻し，管轄裁判所への移
送といった3つの措置のいずれかを執る必要があります。

　まず，控訴審で第一審判決を取り消す場合は，控訴裁判所が自
ら第一審に代わって訴えに対する裁判をするのが原則です。これ
を取消自判といいます。しかし，訴えを不適法として却下した第
一審判決を取り消す場合には，事件を第一審に差し戻さなければ
なりません（307条本文）。この場合は，第一審で本案の審理がな
されていないのですから，差戻しによって審理をやり直させなけ
れば当事者の審級の利益を奪う結果となるからです。この場合の
差戻しを必要的差戻しといいます。また，控訴裁判所が事件につ
きさらに弁論をする必要があると認めるときは，その裁量により
事件を第一審に差し戻すことができます（308条1項）。これを任
意的差戻しといいます。第一審判決を専属管轄違背で取り消すと
きは，控訴裁判所は，判決で，事件を管轄裁判所に移送しなけれ
ばなりません（309条）。

（ⅱ）当事者の意思による終了
（イ）控訴の取下げ

　控訴は，控訴審の終局判決があるまで，取り下げることができ
ます（292条1項）。控訴の取下げは，控訴審の終局判決まで可能
ですから，控訴審の終局判決後は，訴えの取下げはできますが，
控訴の取下げはできません。*

　控訴の取下げにより，控訴はその提起当初にさかのぼって効力
を失いますが（292条2項，262条1項），第一審判決は生きてい
ますから，控訴期間が満了していれば，第一審判決が確定します。
なお，取下げは原則として書面でしなければならないこと，当事
者双方欠席による取下げ擬制についても，訴えの取下げに関する
規定が準用されます（292条2項，261条3項，263条）。

＊しつこいようです
が，訴えの取下げと
控訴の取下げの効果
の違いには十分注意
してください。

ここが狙われる

　控訴の取下げは，訴えの取下げと異なり，相手方（被控訴人）の同意は常に
不要です。控訴の取下げにより，被控訴人勝訴の第一審判決が確定するので，
被控訴人に不利益はないからです。

（ロ）和解，請求の放棄・認諾

　控訴審でも，和解および請求の放棄・認諾は可能であり，これらも控訴の終了原因となります。

閑話休題

　例えば，不動産の明渡請求訴訟では，明渡しを命じる判決が確定するまでは，被告を強制的に立ち退かせることはできないのが原則です。ということは，原告が第一審で勝訴判決を得ても，被告が控訴を提起すれば判決内容を強制的に実現することはできず，結局，敗訴被告に有利な結果となります。このように，訴訟は長引けば長引くほど一方当事者に利益になることが多くみられます。そのため，敗訴当事者が訴訟を長引かせる手段として勝ち目のない控訴を提起することがあり得ます。そこで，その対策として，裁判所は，控訴人が訴訟の完結を遅延させることだけを目的として控訴を提起したものと認めるときは，控訴を棄却するに際し控訴人に対し，控訴の提起の手数料の10倍以下の金額の納付を命ずることができるとされています（303条1項）。控訴権の濫用を阻止するために，敗訴者にこのようなペナルティを科すわけです。

3　上告

（1）意義

　上告は，原則として控訴審の終局判決に対する上訴として認められます。上告は，控訴と異なり法律審への上訴であり，原判決が法令に違背するか否かといった観点から原判決を審査することになります。

　上告をすべき裁判所は，簡易裁判所が第一審の事件については管轄高等裁判所，地方裁判所または高等裁判所が第一審の事件については，最高裁判所となります（311条1項）。

（2）上告の要件

　上告が認められるためには，上告の利益（不服の利益）があるだけでは足りず，必ず法令違背を内容とする上告理由が主張される必要があります。これらの要件を欠く上告は不適法として却下されることになります。

① **上告の利益**

　上告の利益は，控訴審判決がそのまま確定すると，自己に不利益な判決効が生じることになる当事者に認められます。したがって，控訴審で全部勝訴した当事者には，上告の利益は認められません。*1

② **上告理由**

　上告裁判所は，高等裁判所である場合と最高裁判所である場合とがありますが，そのどちらであるかによって多少規制が違ってきますから，注意しましょう。まず，いずれの上告にも共通する上告理由としては，

（ⅰ）原判決に憲法の解釈の誤りその他憲法の違反があるとき

（ⅱ）絶対的上告理由（312条2項）があるとき

の2つがあります。このいずれかが主張されていれば，高等裁判所および最高裁判所のどちらに対しても上告理由となります（312条1項・2項）。さらに，

（ⅲ）判決に影響を及ぼすことが明らかな法令の違反

については，高等裁判所への上告理由となりますが（同条3項），最高裁判所への上告理由とはならないのが原則です。

　しかし，一定の要件を満たした事件については，上告受理の申立ての手続を経て最高裁判所への上訴が可能とされています（318条1項）。簡単に触れておきましょう。*2

　当事者は，原判決に最高裁判所の判例と相反する判断がある等法令の解釈に関する重要な事項を含むものと認められる事件について，原裁判所に最高裁判所への上告の受理を申し立てることができます。この上告受理の申立てに基づき，最高裁判所の判断を受けさせるのが適当と認められる事件については，最高裁判所は，決定で上告審としてその事件を受理します。上告受理の決定があった場合，上告があったものとみなされ，その申立ての理由が上告の理由とみなされることになります（同条4項）。

*1 全部勝訴した以上，既判力の生じない判決理由中の判断に不服があっても，上告の利益は認められません（最判昭31・4・3）。

*2 この上告受理の申立ての制度は，長年にわたって上告事件の滞留に悩まされてきた最高裁判所の負担を軽減するために，平成10年施行の改正法により採り入れられたものです。

Check

「**絶対的上告理由**」

　絶対的上告理由とは，原判決に一定の重大な手続法規違反があるとき，それが判決に影響を及ぼすかどうかを問わず，それだけで上告理由となるものです。

絶対的上告理由としては，次の７つが列挙されています（312条２項）。＊印を付したものについては，下に若干のコメントをしておきます。

① 法律に従って，判決裁判所を構成しなかったこと＊1

② 法律により判決に関与することができない裁判官が判決に関与したこと＊2

③ 日本の裁判所の管轄権の専属に関する規定に違反したこと

④ 専属管轄に関する規定に違反したこと

⑤ 法定代理権，訴訟代理権または代理人が訴訟行為をするのに必要な授権を欠いたこと＊3

⑥ 口頭弁論公開の規定に違反したこと

⑦ 判決に理由を付せず，または理由に食違いがあること

＊１基本たる口頭弁論に関与しない裁判官によってなされた判決は，直接主義（249条１項）違反となり，①の事由に該当するとされています（最判昭32・10・4）。

＊２除斥原因のある裁判官が判決の評議，判決書の作成に関与した場合などがこれに当たります。

＊３⑤の事由に該当する場合でも，追認があったときは上告理由となりません（312条２項ただし書，34条２項）。

(3) 上告提起の手続

① 上告期間は，控訴と同様，原判決書または判決に代わる調書の送達後２週間以内となっています（313条，285条）。上告は，この期間内に上告状を原裁判所に提出して行います（314条１項）。

上告状の必要的記載事項は，当事者および法定代理人，第二審判決の表示およびその判決に対して上告をする旨の２つです（313条，286条２項）。上告状に上告理由の記載がないときは，上告人は，上告提起通知書の送達を受けた日から50日以内に，上告理由書を原裁判所に提出することが義務づけられています（315条１項，規則194条）。上告期間内に上告理由書を提出しないときは，上告は却下されることになります（316条１項２号）。

② 上告状が原裁判所に提出されると，まず原裁判所の裁判長が上告状を審査し，不備があれば補正を命じ，当事者が従わないときは，上告状は命令で却下されることになります（314条２項，288条，137条）。

上告状そのものは要件を備えた適法なものであっても，上告

期間を経過しているとか，提出期間内に上告理由書の提出がないなど，上告が不適法でその補正ができないことが明らかな場合には，裁判所は，決定をもって上告を却下します（316条1項）。*1

　原裁判所は，上告状の却下または上告の不適法却下がない限り，事件を上告裁判所へ送付します。これによって，事件は上告裁判所に移審することになります。

（4）上告審の審理と判決
① 書面による審理・判決

　上告裁判所は，上告状および上告理由書などについて，まず書面審理を行います。その結果，上告が不適法でその不備を補正することができない場合，上告の理由の記載が所定の方式を満たしていないことが明らかな場合，あるいは上告理由書が提出されていないような場合は，決定で上告を却下することができます（317条1項，316条1項）。*2

　上告審は法律審ですから，原裁判所が適法に認定した事実に拘束され（321条1項），自ら事件の事実認定を行うことはなく，原判決の手続および判断を事後的に審査するにとどまります。その際，上告裁判所は，職権調査事項を除いて，上告の理由に基づき，不服の申立てがあった限度においてのみ，原判決の当否を審査します（320条，322条）。

　上告裁判所は，上告状，上告理由書，答弁書その他の書類により，上告を理由がないと認めるときは，口頭弁論を経ないで，判決で，上告を棄却することができます（319条）。さらに，上告裁判所が最高裁判所である場合には，上告状および上告理由書などの書面から，上告人によって主張された上告の理由が憲法違反および絶対的上告理由に該当しないことが明らかであるときには，決定で上告を棄却することができます（317条2項，312条1項・2項）。この場合，口頭弁論を経ないで上告棄却とすることができますから，最高裁判所の負担軽減に役立つわけです。

② 口頭弁論による審理・判決

　上記のように，原判決を却下または棄却する場合，口頭弁論を経ないですることができることもありますが，それ以外の場合には，口頭弁論を開いて審理し判決をすることになります。特に，

＊1 上告の不適法却下は，裁判長の命令ではなく，原裁判所の決定によることに注意しましょう。

＊2 これらの形式的な適法要件の審査は，まず原裁判所が行うことになっています（上記（3）の②参照）。したがって，原裁判所が見落とした瑕疵があるときに，上告裁判所による却下決定の対象となります。

上告を認容して原判決を破棄する場合には，原則どおり必ず口頭弁論を経る必要があります（87条1項本文）。

　審理の結果，上告に理由がないと判断した場合には，判決で上告を棄却します。上告に理由があると判断したとき，および原判決に影響を及ぼすことが明らかな法令の違反があるときは，原判決を破棄したうえ，事件を原裁判所に差戻しまたは移送し（325条1項・2項），あるいは自ら本案に関する判決（自判）をしなければなりません（326条）。

用語の説明

「破棄」
破棄とは，上告審が原判決を取り消す場合の民事訴訟法上の特別な呼び方です。原判決を破棄したうえ原審に差し戻す場合を「破棄差戻し」，自ら判決をする場合を「破棄自判」といいます。

4　抗告

(1)　意義

　抗告とは，決定・命令に対する上級裁判所への不服申立てです。

　決定や命令は，終局判決前になされる中間的裁判であり，このような裁判については，終局判決に対して上訴がなされたとき，上級審の判断を受けるのが原則です（283条）。しかし，本案との関係が薄い付随的・派生的な手続的事項や上級審で争う機会のない事項については，簡易迅速に処理するほうが合理的です。そのような見地から，決定・命令に対しては，抗告という不服申立方法が認められているわけです。抗告については，その種類と内容および手続の概要を押さえておけば十分です。

(2)　種類

①　即時抗告と通常抗告

　抗告は，抗告期間の有無により即時抗告と通常の抗告に区別されます。即時抗告は，決定・命令の告知を受けた日から1週間の不変期間内にしなければなりません（332条）。通常抗告については，特に期間の制限はなく，決定・命令の取消しを求める利益（抗告の利益）がある限り，いつでもできます。＊

②　最初の抗告・再抗告

　審級による区別です。最初の抗告は原裁判所のした裁判に対して最初になされる抗告です。再抗告は最初の抗告についてなされた抗告裁判所の決定に不服があるとき，憲法違背または法令違背を理由として行う抗告です（330条）。

＊即時抗告をなし得る場合は，個別の規定に定められています。例えば，21条，25条5項，86条等を参照してください。

③　特別抗告

　地方裁判所および簡易裁判所の決定・命令で不服を申し立てることができないもの並びに高等裁判所の決定・命令に対して，**憲法違反があることを理由**として，最高裁判所に対して行う抗告です（336条1項）。

④　許可抗告

　高等裁判所の決定・命令に対する最高裁判所への抗告です。この許可抗告は，**当該決定をした高等裁判所が許可した場合に限って**，行うことができます（337条）。最高裁判所の負担軽減を図りながら，法令の解釈の統一を確保するための制度です。＊

＊許可の判断を最高裁判所ではなく，原審高等裁判所が行う点は上告受理の場合と異なっています。

（3）抗告の対象

　抗告の対象となる裁判は，①口頭弁論を経ずに訴訟手続に関する申立てを却下した決定・命令，および②判決で裁判しなければならない事項であるのに，誤って決定・命令で行った裁判（このような裁判を「違式の裁判」といいます）の2つです（328条）。

（4）手続

　原裁判所の決定・命令によって法律上の不利益を受ける当事者または第三者は，**抗告状を原裁判所に提出して抗告を提起する**ことができます（331条，286条）。抗告状の提出を受けた原裁判所または裁判長は，その抗告に理由があると認めるときは，その裁判を更正（取消し・変更）しなければなりません（333条）。このように，**原裁判所が事案の見直しをして，裁判の更正をすることを「再度の考案」**といいます。

　抗告に理由がないと認めるときは，その旨の意見を付して事件が抗告裁判所に送付され，そこで審判されることになります。

ここが狙われる

　抗告は，即時抗告に限り，執行停止の効力を有します（334条1項）。
　例えば，移送決定に対して即時抗告がなされたときは（21条），移送決定の執行は停止され，当面は移送できないということになります。

　控訴に関する次のアからオまでの記述のうち，判例の趣旨に照らし正しいものの組合せは，後記1から5までのうち，どれか。

ア　控訴が不適法でその不備を補正することができないときは，控訴裁判所は，口頭弁論を経ないで，決定で，控訴を棄却することができる。

イ　控訴審においては，反訴の提起は，相手方の同意がある場合に限り，することができる。

ウ　控訴は，被控訴人から附帯控訴が提起された場合には，当該被控訴人の同意がなければ，取り下げることができない。

エ　簡易裁判所の終局判決に対する控訴の提起は，控訴状を地方裁判所に提出してしなければならない。

オ　原告の主位的請求を棄却し，予備的請求を認容した判決に対しては，原告も被告も控訴をすることができる。

1　アウ　　　　2　アエ　　　　3　イウ　　　　4　イオ　　　　5　エオ

解　説

ア　×　控訴が不適法でその不備を補正することができない場合には，控訴裁判所は，口頭弁論を経ないで，判決で，控訴を却下することができます（290条）。

イ　○　控訴審での反訴の提起は，相手方の同意を必要とします（300条1項）。

ウ　×　控訴の取下げについては，被控訴人の同意を得る必要はありません。被控訴人が附帯控訴をしている場合であっても同様です。

エ　×　控訴の提起は，控訴状を第一審裁判所に提出してしなければなりません（286条1項）。つまり，簡易裁判所の終局判決に対する控訴の提起は，当該簡易裁判所に控訴状を提出してすることになります。

オ　○　原告の主位的請求を棄却し，予備的請求を認容した判決については，原告も被告も控訴することができます。

　以上より，正しいものは，イおよびオであり，4が正解となります。

正解　4

13 特別な訴訟手続

学習ナビゲーション

前講までの解説のとおり，地方裁判所を第一審とする通常訴訟手続においては，適正公平な審理を実現するため，詳細な規定に律せられた慎重かつ厳格な手続が予定されています。その反面，その制度を利用するためには，それなりのコストと労力を必要とします。

しかし，現実の社会においては市民間で少額・小規模の紛争が多発し，そのような紛争を安い費用で迅速に解決してもらいたい，という社会的ニーズが根強く存在します。また，債務名義の迅速な取得を可能とするべき要請もあります。そこで，そのような要請に応えるために，簡易で迅速かつ経済的な訴訟手続のシステムが用意されています。これが，本講で説明する特別な訴訟手続です。これには，簡易裁判所における訴訟手続，少額訴訟，督促手続，手形小切手訴訟等があります。この特別な訴訟手続については，手続の基本的な仕組みと流れを押さえておけば，あとは条文をしっかり読み込むことが，有効な試験対策となるでしょう。

1　簡易裁判所の訴訟手続

(1) 簡易裁判所の訴訟手続の特則

設例42

Aは，友人Bから新車購入のための頭金100万円を貸してほしいと懇願され，貸付けの日から１年以内に全額返済するとの合意のうえ，Bに100万円を貸し渡した。ところが，Bは，貸付けの日から１年を経過しても一向に返済しようとしない。

① 意義

　簡易裁判所の民事訴訟手続は，設例42のケースのような訴額が140万円以下の少額軽微な事件を簡易・迅速に処理することを目的としています（裁判所法33条1項1号）。そこで，簡易裁判所の訴訟手続については，「簡易な手続により迅速に紛争を解決する」（270条）という理念の下で，次のような特則が定められています。簡易裁判所でも，地方裁判所の通常手続と同様の手続によって訴訟を進めることも多いようですが，こんな方法も認められている，という視点で理解していきましょう。

ここが狙われる

　簡易裁判所は，訴訟がその管轄に属する場合においても，相当と認めるときは，その専属管轄に属するものを除き，申立てによりまたは職権で，訴訟の全部または一部をその所在地を管轄する地方裁判所に移送することができます（18条）。この点については管轄の項（p42）で説明しましたが，頻出事項ですからここでもう一度確認しておきましょう。

---

② 訴えの提起

```
                          ┌── 口頭での訴え提起
簡易裁判所の訴え提起の特例 ┤
                          └── 任意の出頭による訴え提起
```

（ⅰ）口頭による訴えの提起

　訴えの提起は訴状を裁判所に提出して行うのが原則ですが（133条1項），簡易裁判所では，口頭での訴え提起が認められています（271条）。口頭で反訴を提起することもできます。しかも，訴状によると口頭によるとを問わず，請求を特定するための「請求の原因」に代えて，「紛争の要点」を明らかにすれば足りるとされています（272条）。簡易裁判所では，本人自身が訴訟追行することが多いという実情を考慮して，専門知識を要する請求原因の陳述または記載を不要としているわけです。

（ⅱ）任意の出頭による訴えの提起

　さらに簡易裁判所では，当事者双方が合意のうえ，任意に裁判所に出頭し訴訟について口頭弁論をするという方法が認められて

います（273条前段）。設例42のようなケースでは，「出るところ
へ出て，話をつけようじゃないか」「ああ，望むところだ」とAB
両者が「呉越同舟」のうえ（?），簡易裁判所に出頭し「裁判をし
てください」と依頼することができる，というわけです。この場
合，訴えの提起は口頭陳述によります（同条後段）。

③　審理手続

（ⅰ）準備書面は不要

　簡易裁判所では，口頭弁論は書面で準備することを要しません
（276条1項）。つまり当事者は，弁論の場において口頭で自由に
自分の主張をすることができるのが原則です。しかし，相手方が
準備しなければ対応できない事項については，口頭弁論前に準備
書面を提出し，またはそれに代わる通知をしておかなければなり
ません（同条2項）。これを怠ると，相手方が在廷していない場
合にはその主張をすることができない，ということになります（同
条3項）。

（ⅱ）書面審理を拡張

　簡易裁判所の手続では，上記のように準備書面は原則として不
要という建前を採りつつ，他方では書面による審理の可能性を拡
張しています。先に説明したとおり，地方裁判所の手続では，最
初の口頭弁論期日に一方当事者が欠席し，または本案の弁論をし
ない場合には，欠席当事者が事前に提出した準備書面の内容を陳
述したものとみなされます（陳述擬制, 158条）。この陳述擬制は，
あくまで最初の口頭弁論期日に限定して適用されます。

　しかし，簡易裁判所の手続では，最初の期日だけでなく，続行
期日において当事者の一方が欠席し，または出頭したが本案の弁
論をしない場合にも，この陳述擬制がなされます（277条, 158条）。
要するに，当事者は口頭弁論に出て行かなくても，書面によって
争うことができる場合があるわけです。*

（ⅲ）証拠調べの手続を簡略化

　簡易裁判所の訴訟手続では，裁判所は，相当と認めるときは，
証人・当事者本人の尋問または鑑定人の口頭での意見陳述に代
え，書面の提出をさせることができます（278条）。これによって，
簡易迅速性を確保できるとともに，費用の節約になります。なお，
地方裁判所の手続では，証人尋問でかつ当事者に異議がないとき

＊この陳述擬制の特
例は，続行期日にお
いて当事者の一方が
欠席した場合等に適
用されるものです。
初回期日，続行期日
を問わず，両当事者
が欠席した場合には
適用されないことに
注意してください。

に限り，尋問に代わる書面の提出が認められています（205条）。

（ⅳ）和解に代わる決定を制度化

　簡易裁判所に，金銭の支払請求の訴えが提起されたが，当事者間に事実関係の争いがなく被告が何らの防御方法も提出しないという場合は，「いま手元に金がないので支払えない」という状況にあることが多いといえます。

　そこで，そのような場合裁判所は，相当であると認めるときは，原告の意見を聴いて，被告に対し，5年を超えない範囲内で，期限の猶予，分割払い等の定めをしたうえで，金銭の支払いを命ずる決定をすることができます（275条の2第1項）。また，一定の条件の下で遅延損害金の支払義務を免除することもできます。これによって，設例42のようなケースでは，多少なりとも円満な解決を図ることが可能となるでしょう。この決定に対しては，当事者はその告知から2週間以内に異議の申立てをすることができますが，異議の申立てがないときは，その決定は裁判上の和解と同一の効力が生じます（同条5項・3項・1項）。

（ⅴ）和解に司法委員の関与を認めた

　簡易裁判所は，必要があると認めるときは，和解を試みるについて司法委員に補助をさせ，または司法委員を審理に立ち会わせて事件につきその意見を聴くことができます（279条1項）。司法委員は，あらかじめ地方裁判所が選定した民間人の中から，事件ごとに裁判所が指定します（同条3項）。その員数は，各事件について1人以上とされています（同条2項）。和解に社会経験豊富な民間人の意見を採り入れることにより，社会常識を反映した円満な解決が期待できます。

（ⅵ）口頭弁論調書および判決書の記載を簡略化

　簡易裁判所の書記官の作成する口頭弁論調書については，裁判所の許可を得て，証人等の陳述および検証の結果の記載を省略することができます（規則170条1項）。

　また，判決書についても，事実および理由を記載するには，請求の趣旨および原因の要旨，その原因の有無および請求を排斥する理由である抗弁の要旨の表示で足りることとされています（280条）。

ここが狙われる

　簡易裁判所では，弁護士代理の原則が緩和され，一定の要件を備えた司法書士（認定司法書士）が訴訟代理人となることができ（司法書士法3条1項6号イ），また弁護士でない者も裁判所の許可を得て訴訟代理人になることが認められています（54条1項ただし書）。

（2）少額訴訟

設例43

　居酒屋を営むCは，顔なじみの客Dに半年間にわたりツケで飲食させてきたところ，その合計額が30万円となった。Cは，Dに代金を支払うよう請求しているが，Dは支払おうとしない。

①　意義

　上記（1）で説明したとおり，簡易裁判所では，訴額の比較的少ない事件を簡易迅速な手続で解決するために，訴訟手続に関して特則が設けられています。しかし，市民間では，簡易裁判所の事物管轄である140万円を大幅に下回る少額軽微な紛争が日常的に生じます。設例43では，「飲み屋のツケ」を例に挙げましたが，市民間で生じる少額紛争には，日常の生活費の貸し借り，軽度の事故による損害賠償その他多数の種類があるといってよいでしょう。このような少額軽微な紛争については，簡易裁判所の簡易化された手続でもまだ敷居が高く，市民のニーズに応じ切れていないという面があります。

　そこで，簡易裁判所の通常の事物管轄よりはるかに少額の訴額60万円以下の金銭支払請求の事件に限定して，さらに簡易な手続により迅速かつ経済的な解決を図るための制度が設けられています。これが少額訴訟です。

②　要件

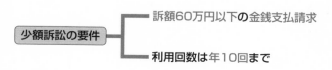

（ⅰ）訴額60万円以下の金銭支払請求に限る

　少額訴訟の対象となるのは，訴額が60万円以下の金銭の支払いの請求を目的とする訴えに限定されます（368条1項本文）。したがって，訴額60万円以下であっても，物の引渡しを求める訴えや債務不存在確認の訴えで少額訴訟の手続を利用することはできません。

　原告が，少額訴訟の手続による審理および判決を求めるときは，訴え提起の際にその旨の申述をしなければなりません（同条2項）。つまり原告としては，簡易裁判所の通常の手続を利用するか少額訴訟の手続を利用するかの選択肢が認められるわけです。訴え提起の際に，少額訴訟手続を希望する旨をはっきりさせておかなければ，通常手続によって審判が行われることになります。

（ⅱ）回数制限がある

　同一の原告が同一の簡易裁判所において，同一の年に10回を超えて少額訴訟による裁判を求めることはできません（368条1項ただし書，規則223条）。『年10回まで』と覚えておきましょう。これは，消費者金融会社（いわゆるサラ金）やクレジット会社の独占的利用を防止するためです。この回数制限をチェックするため，少額訴訟を求める原告は，その簡易裁判所においてその年に少額訴訟による審理および裁判を求めた回数を届け出ることが義務づけられています（368条3項）。＊

　原告が回数の制限を超えて少額訴訟による審理および裁判を求めた場合には，裁判所は，訴訟を通常の手続により審理および裁判をする旨の決定をしなければなりません（368条1項，373条3項1号）。

＊この回数について虚偽の届出をしたときは，10万円以下の過料に処せられます（381条1項）。

③　通常手続との関係

　少額訴訟は，当事者の手続保障よりも簡易・迅速な権利の実現に重点を置いた特別な手続ですから，この手続の利用については，

当事者の合意が必要となります。したがって，原告が，訴えの提
起に際して少額訴訟による手続を求めたとしても，被告が訴訟を
通常の手続に移行させる旨の申述をしたときは，その申述があっ
た時に，訴訟は自動的に通常手続に移行することになります（373
条1項・2項）。要するに，被告が「こんな簡単な手続ではいやだ」
といったときは，この手続は使えないのです。＊

　また，公示送達によらなければ被告に対する最初にすべき口頭
弁論の期日の呼出しをすることができない場合や裁判所が少額訴
訟によることが相当でないと認めた場合も，裁判所は通常の訴訟
手続により審理および裁判をする旨の決定をしなければなりませ
ん（同条3項3号・4号）。

＊被告が最初の口頭
弁論期日で弁論を
し，またはその期日
が終了した後は，こ
の申述をすることが
できなくなります
（373条1項ただし
書）。

④　審理および判決

（ⅰ）審理──期日は原則として1日

　少額訴訟においては，事件の迅速な解決を図るため，特別の事
情がある場合を除いて，最初の口頭弁論期日にすべての攻撃防御
方法を提出し，その審理を完了しなければなりません（370条1
項・2項本文）。これを「一期日審理の原則」といいます。

　証拠調べについても，迅速な審理を可能とするための特則が設
けられています。すなわち，証拠調べは，期日に持参した文書と
か，当事者が同行し在廷している証人など，即時に取り調べるこ
とができる証拠に限ってすることができます（371条）。また，証
人尋問に際しては，証人に宣誓をさせないで行うことができ，当
事者尋問との順序についても裁判官の裁量によって決めることが
できます（372条1項，2項）。

ここが狙われる

　少額訴訟においては，審理が複雑化しないよう，反訴の提起は禁じられてい
ます（369条）。

（ⅱ）判決

　少額訴訟における判決は，原則として口頭弁論終結後直ちに言
い渡さなければならない，とされています（374条1項）。判決の
言渡しは，判決書の原本によらず，口頭弁論調書によってするこ
とができます（347条2項，254条2項）。

　請求を認容する判決をする場合，裁判所は，被告の資力その他の事情を考慮して特に必要があると認めるときは，判決の言渡しの日から３年を超えない範囲内で，支払期限（一括払いの場合）や分割払いの定めをし，またはこれと併せて訴え提起後の遅延損害金の支払義務を免除する旨の定めをすることができます（375条１項）。裁判所は，被告が無理なく支払義務を履行できるよう配慮できるということです。その一方で，被告が命じられた支払義務の履行を怠った場合には直ちに強制執行を開始できるよう，請求認容判決には，職権で，担保を立てて，または立てないで仮執行宣言を付さなければならないとされています（376条１項）。*1

⑤　不服申立て

　少額訴訟の終局判決に不服がある当事者は，控訴をすることはできませんが（377条），判決書またはそれに代わる調書の送達を受けた日から２週間以内に，その判決をした裁判所に異議を申し立てることができます（378条本文）。

　適法な異議があったときは，訴訟は口頭弁論の終結前の状態に復し，通常手続に移行することになります（379条１項）。

* １ つまり，この場合の仮執行宣言は，それを付するかどうかについて裁判所に裁量は認められず，請求認容判決に必ず付さなければなりません。

2　督促手続（支払督促）

（1）意義

　督促手続とは，金銭その他の代替物または有価証券の一定数量の給付を目的とする請求について，債権者に判決手続によらず簡易・迅速に債務名義を取得させることを目的とする制度です。債権者は簡易裁判所の書記官に対して支払督促の申立てをすれば，判決手続よりもはるかに簡易な手続を経て，債務名義の取得が可能です。この制度は，一般的には，金銭債権の額やその存在について争いはないが，債務者の資金不足などで履行が期待できない場合に利用価値が高いといえるでしょう。他方で，判決手続によらずに債権者に債務名義を取得させることが可能であるということから，それに伴う債務者のリスクと不利益にも慎重な考慮が払われています。*2

* ２ 支払督促は，裁判ではなく簡易裁判所の書記官によって行われる手続ですから，その実質は「処分」としての性格をもっています。

┌─ **閑話休題** ─────────────────────────────┐

　現在この督促手続については，訴訟手続オンライン化のさきがけとして，インターネットを利用した支払督促の申立てや仮執行宣言の申立て等を可能とするシステム（督促手続オンラインシステム）が稼働しています（397条以下参照）。このシステムを利用すれば，裁判所に出向くことなく自宅や事務所でパソコンを使って申立てデータを作成し，これを裁判所に送信することにより手続を完了することができます。利用者にとっては，きわめて利便性の高いシステムといえるでしょう。

└──────────────────────────────────────┘

(2) 支払督促の基本的な要件と仕組み

① 要件

　支払督促をなし得るための要件（請求適格）は，（ⅰ）金銭その他の代替物または有価証券の一定数量の給付を目的とする請求について，（ⅱ）日本において公示送達によらないで支払督促の送達が可能であること，の2つです（382条）。

　対象を（ⅰ）の範囲に限定したのは，仮に誤って執行した場合であっても，これらの請求については損害賠償等により原状回復が容易であるからです。また，（ⅱ）の要件は，公示送達が送達方法として十分とはいえないことから，債務者の異議申立ての機会を確実に与えるべきとの考慮によるものです。

② 支払督促の申立て

　支払督促の申立ては，請求の価額を問わず，債務者の普通裁判籍所在地の簡易裁判所の書記官が専属的に取り扱います。つまり債権者としては，当該簡易裁判所の書記官に支払督促を申し立てることになります（383条1項）。なお，請求の価額を問いませんから，訴額が140万円を超える請求であっても，支払督促は可能であることに注意してください。

　支払督促の申立てには，その性質に反しない限り，訴えに関する規定が準用されます（384条）。したがって，申立書の記載事項は訴状に準じて，当事者，法定代理人ならびに請求の趣旨および原因を明らかにしなければなりません（133条2項参照）。

　支払督促の審理は，申立書の記載内容のみによって行われます（書面審理）。申立てを受けた書記官は，申立てが管轄違いのとき，請求適格を欠くとき，あるいは申立ての趣旨から請求に理由がな

いことが明らかであるようなときは，その申立てを却下しなければなりません（385条1項，382条，383条）。申立却下処分は，相当と認められる方法で告知することによって，その効力を生じます（385条2項）。

　この申立却下処分に対しては，その告知を受けた日から1週間以内に異議の申立てをすることができますが，その異議申立てに対する裁判に対して不服を申し立てることはできません（385条3項・4項）。

　却下事由がなければ，書記官は，債務者だけに対して支払督促を送達し，その効力は債務者に送達された時に生じます（388条1項・2項）。支払督促には，上記382条の給付命令，請求の趣旨および原因，当事者および法定代理人を記載するほか，債務者が支払督促の送達を受けた日から2週間以内に督促異議の申立てをしないときは，債権者の申立てにより仮執行の宣言をする旨の警告を記載しなければなりません（387条）。

一歩前進

　債権者が申し出た場所に債務者の住所，居所，営業所，事務所，就業場所等がないため，支払督促を送達することができないときは，裁判所書記官は，その旨を債権者に通知しなければなりません。この場合には，債権者が通知を受けた日から2ヶ月の不変期間内にその申出に係る場所以外の送達場所の申出をしないときは，支払督促の申立てを取り下げたものとみなされます（388条3項）。

ここが狙われる

　支払督促を発するに当たっては，口頭弁論はもとより，債務者の審尋も行いません（386条1項）。

③　仮執行宣言

　支払督促の送達を受けた日から2週間以内に，債務者から異議の申立てがないときは，簡易裁判所書記官は，債権者の申立てにより仮執行の宣言をし，これを両当事者に送達しなければなりません（391条1項・2項）。仮執行宣言が付された支払督促は債務

名義となりますから（民事執行法22条4号），債権者はそれによって直ちに強制執行を申し立てることができます。この場合執行文は不要です（P292 ここが狙われる 参照）。しかし，債権者が仮執行宣言の申立てをすることができる時から30日以内にその申立てをしないときは，支払督促はその効力を失うことになります（392条）。

　仮執行宣言が付された支払督促の送達後，さらに2週間が経過しても債務者から異議の申立てがないと，支払督促は，確定判決と同一の効力を有する債務名義になります（396条、民事訴訟法22条7号）。とはいっても，支払督促は書記官の処分であり裁判所の裁判ではないので，既判力は認められず，執行力だけしか認められません。

④　督促異議と通常手続への移行

　支払督促の対象となる金銭債権等の内容や額について争いがなく，債務者に文句がないのであれば，債権者は上記の手続で問題なく債務名義を得ることができ，債権の迅速な実現に役立つことになります。しかし，両当事者間に争いがあるときは，債務者の手続保障に十分な配慮が必要となります。そのために，債務者に与えられている唯一の不服申立方法が督促異議です。先に説明したとおり，異議は仮執行宣言の前に申し立てることができますが，仮執行宣言の後でも申し立てることができます。ただ，その効果が多少異なっています。

（ⅰ）仮執行宣言前の異議

　支払督促の送達の日から2週間以内に，債務者が適法な督促異議を申し立てたときは，支払督促は異議の限度で当然に失効します（390条）。そして，その目的の価額に従い，支払督促の申立ての時に，当該簡易裁判所またはその所在地を管轄する地方裁判所に訴えの提起があったものとみなされます（395条）。つまりこの場合は，通常手続に移行します。

（ⅱ）仮執行宣言後の異議

　債権者の申立てによって支払督促に仮執行宣言がなされた後も，その送達から2週間以内であれば，債務者は督促異議を申し立てることができます（393条反対解釈）。この場合にも，事件は通常手続に移行しますが（395条），この異議自体によっては，仮

執行宣言の効力は失われません。したがって，執行を阻止するためには，執行停止の仮処分によらなければなりません（403条1項3号）。

┌─一歩前進┐

　上記（ⅰ）（ⅱ）いずれの場合も，適法に異議の申立てがなされたときは，請求の目的の価額に従い，支払督促の申立ての時に支払督促を発した書記官の所属する簡易裁判所，またはその所在地を管轄する地方裁判所に訴えの提起があったものとみなされます（395条前段）。つまりこの場合，当然に通常訴訟に移行します。

---

3 手形・小切手訴訟

┌─設例44┐

　自転車メーカーＡ社は，自転車販売業を営むＢからの注文に応じて，自転車50台を代金200万円でＢに売り渡し，Ｂは，その代金の支払いのために，支払期日を3ヶ月後とする約束手形をＡに振り出した。

（1）意義

　手形は，主として各種商取引の決済手段として利用される有価証券であり，手形の裏書と交付により譲渡できるという特質を備えています（指図債権）。例えば，設例44でも，手形の受取人Ａは指名債権譲渡の手続（民法467条）によることなく，自分の債権者であるＣを被裏書人と記載したうえ手形をＣに交付すれば，簡単に債権譲渡をすることができるわけです。このように，手形は金銭債務の決済手段として，簡単な譲渡方法により転々流通する性質をもっていますから，その支払いの確実性と安全性が保障されている必要があります。そのため手形法は，ＢがＡに対して主張できる抗弁を手形の取得者Ｃに対して主張できない（手形法17条），あるいは手形の善意取得（同法16条2項）等手形取引の安全を確保するための各種の制度を設けています。

　さらに，商取引の円滑・安全を確保するためには，手形上の債務の簡易・迅速な取立手段が保障されている必要があります。その要請に応えるための訴訟法上の制度が手形訴訟です。＊

(2)　要件

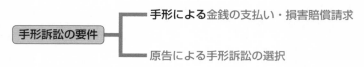

①　手形による金銭の支払請求

　手形訴訟は，手形による金銭の支払いと，これに付帯する法定利率による損害賠償の支払いを求める場合にのみ利用することができます（350条1項）。したがって，手形上の権利の存在の確認を手形訴訟で求めることはできないし，またこの訴訟で手形自体の引渡しを求めることも許されません。

②　原告による手形訴訟の選択

　手形上の権利者が，手形金の支払いを請求する場合には，手形訴訟を提起するか，通常訴訟を提起するかを自由に選択することができます。設例44で，Aが支払期日にBから支払いを受けることができなかった場合，Aは手形訴訟を提起することもできるし，手形訴訟の手続の制約（証拠制限）を受けない通常訴訟を提起することもできるわけです。

　原告が手形訴訟による審理および裁判を求めるのであれば，その旨の申述を訴状に明記しなければなりません（350条2項）。なお，手形訴訟では，審理の複雑化・煩雑化を防止するため反訴は禁止されています（351条）。

ここが狙われる

　手形訴訟の原告は，口頭弁論終結に至るまで，手形訴訟を通常訴訟に移行させる旨の申述をすることができます（353条1項）。この場合，被告の承諾は必要ありません。

一歩前進

　手形訴訟の土地管轄は，基本的には通常訴訟の場合と同様

＊小切手訴訟については，手形訴訟に関する規定が全面的に準用されていますから，以下では，手形訴訟に関して話を進めます。

です。すなわち，被告の普通裁判籍の所在地（4条1項）の
ほか，手形に記載されている支払地（5条2号），手形振出
人（被告）がその業務を行っている事務所・営業所の所在地
（同条5号）等を管轄している裁判所が管轄裁判所となりま
す。また，地方裁判所と簡易裁判所の事物管轄に関しても通
常訴訟と同様，訴額が140万円を超えるときは地方裁判所，
それ以下であれば簡易裁判所が管轄権をもちます。

(3) 審理
① 一期日審理の原則

　手形訴訟においては，やむを得ない事由がある場合を除き，最
初にすべき口頭弁論期日において，審理を完了しなければならな
い，とされています（規則214条）。つまり，少額訴訟の場合と同
じく，口頭弁論は原則として1回しか開かれません。これは，い
うまでもなく，手形訴訟の迅速性を確保するためです。

② 証拠方法は書証に限られる

　手形訴訟においては，証拠調べは，書証に限りすることができ
ます（352条1項）。つまり手形訴訟の本案の審理では，証拠方法
は書証に限定されるということです。これも審理の迅速性を確保
するためです。もっとも，書証といっても，要するに原告の所持
する手形を証拠調べの対象とする趣旨であり，文書提出命令や送
付嘱託によることはできません（同条2項）。

　もっとも，その例外として，文書の真否と手形の呈示に関する
事実については，当事者尋問をすることができます（同条3項）。
当事者尋問をすることができるのであって，証人尋問はできない
ことに注意してください。

(4) 判決
① 訴え却下判決

　管轄や当事者能力などの一般の訴訟要件が欠ける場合には，原
則どおり訴え却下判決がなされます。手形訴訟の終局判決に対し
ては，控訴をすることができないのが原則ですが（356条1項本
文），この一般の訴訟要件を欠くことを理由とする訴え却下判決

に対しては，控訴をすることができます（同条同項ただし書）。

　これに対し，請求の全部または一部が手形訴訟による審判をすることができないものであるとき（請求適格を欠く場合）は，裁判所は，口頭弁論を経ないで，判決で訴えの全部または一部を却下することができ，これに対しては控訴をすることはできません（355条1項，356条ただし書）。

② **本案判決**

　原告の請求を認容する判決には，その実効性・迅速性を確保するため，職権で，担保を立てないで仮執行の宣言を付さなければならないとされていますが，裁判所の裁量により，仮執行を担保を立てることに係らしめることもできるとされています（259条2項）。*

(5)　不服申立方法——異議による通常訴訟への移行

　手形訴訟では，原則として控訴が禁止されていますから，その終局判決に対する不服申立方法は異議の申立てによります。すなわち，請求認容判決または請求棄却判決に対して不服のある当事者は，判決書または判決書に代わる調書の送達を受けた日から2週間以内に，その判決をした裁判所に異議を申し立てることができます（357条）。適法な異議があったときは，その事件は通常訴訟に移行し，口頭弁論終結前の状態に戻り（361条），その状態から審理が続行されることになります。設例44で，Aの提起した手形訴訟の終局判決にBが異議を申し立て通常訴訟に移行すると，証拠制限はなくなるとともに反訴も可能となります。

　異議による通常訴訟の審理の結果，手形判決と同じ結論に達したときは，裁判所は，手形訴訟の判決を認可しなければなりません（362条1項本文）。これに対し，異議後の審理の結果が手形判決と異なるとき，または手形判決の手続が法律に違反しているときには，裁判所は，手形判決を取り消して新たな判決をすることになります（同条同項ただし書・2項）。これらの判決に対しては，原則どおり控訴することができます。

＊仮執行宣言は，申立てまたは裁判所の裁量により付されるのが原則ですが（民事訴訟法259条1項），手形・小切手訴訟の請求認容判決には職権で必ず付さなければなりません。

　簡易裁判所の訴訟手続に関する次のアからオまでの記述のうち，正しいものの組合せは，後記1から5までのうち，どれか。

ア　簡易裁判所は，訴訟がその管轄に属する場合においても，相当と認めるときは，申立てにより又は職権で，訴訟の全部又は一部をその所在地を管轄する地方裁判所に移送することができる。

イ　反訴の提起は，口頭ですることができない。

ウ　証拠調べは，即時に取り調べることができる証拠に限りすることができる。

エ　判決書に事実及び理由を記載するには，請求の趣旨及び原因の要旨，その原因の有無並びに請求を排斥する理由である抗弁の要旨を表示すれば足りる。

オ　裁判所は，当事者の共同の申立てがあるときは，司法委員を審理に立ち会わせて事件についてその意見を聴かなければならない。

1　アウ　　　　2　アエ　　　　3　イウ　　　　4　イオ　　　　5　エオ

解　説

ア　○　簡易裁判所は，訴訟がその管轄に属する場合においても，相当と認めるときは，申立てにより又は職権で，訴訟の全部又は一部をその所在地を管轄する地方裁判所に移送することができます（18条）。

イ　×　簡易裁判所における訴え提起は口頭でできますから（271条），口頭で反訴を提起することもできます。

ウ　×　少額訴訟では，即時に取り調べることができることができる証拠に限り，証拠調べをすることができます（371条）。しかし，これは少額訴訟の特則であって，簡易裁判所の審理一般に適用されるわけではありません。

エ　○　簡易裁判所においては，判決書に記載すべき事項が問題文のとおり簡略化されています（280条）。

オ　×　裁判所は，必要があると認めるときは，司法委員を審理に立ち会わせて事件についてその意見を聴くことができます（279条1項）。つまり，意見を聴くかどうかは裁判所の裁量によります。

以上より，正しいものはアおよびエであり，2が正解となります。

正解　2

実戦過去問　　　　　　　　　　　　　　司法書士　平成29年度

　支払督促に関する次のアからオまでの記述のうち，正しいものの組合せは，後記1から5までのうち，どれか。

ア　支払督促の申立ては，債務者の普通裁判籍の所在地を管轄する地方裁判所の裁判所書記官に対してする。

イ　支払督促の申立てにおいては，当事者，法定代理人並びに請求の趣旨及び原因を明らかにしなければならない。

ウ　支払督促の申立てを却下する処分は，相当と認める方法で告知することによって，その効力を生ずる。

エ　債務者が支払督促の送達を受けた日から2週間以内に督促異議の申立てをしない場合には，裁判所書記官は，債権者の申立てがないときであっても，仮執行の宣言をしなければならない。

オ　支払督促に対して適法な督促異議の申立てがあったときは，督促異議に係る請求については，その督促異議の申立ての時に，訴えの提起があったものとみなされる。

1　アイ　　　　2　アオ　　　　3　イウ　　　　4　ウエ　　　　5　エオ

解　説

ア　×　支払督促の申立先は，簡易裁判所の裁判所書記官です（383条1項）。

イ　○　支払督促の申立てには，訴えに関する規定が準用されます（384条）から，申立書の記載事項も訴えに準ずることになります（133条2項）。

ウ　○　支払督促の申立てを却下する処分は，相当と認める方法で告知することによって，その効力を生じます（385条2項・1項）。

エ　×　裁判所書記官が支払督促に仮執行の宣言をするためには，債権者の申立てを必要とします（391条）。

オ　×　支払督促に対して適法な督促異議の申立てがあったときは，督促異議に係る請求については，支払督促の申立ての時に，訴えの提起があったものとみなされることになります（395条）。

　以上より，正しいものはイおよびウであり，3が正解となります。

正解　3

7

14 私人の権利の強制的実現

学習ナビゲーション

　前章までに説明した判決手続は，確定判決を得るための手続でした。そのうち，確認判決および形成判決は，確定判決に生じる既判力および形成力により，いわば観念的に紛争の解決を図るものです。つまり，確定判決の存在が最終的な紛争解決の基準として機能することになります。

　しかし，給付判決については，確定判決によって命じられた給付を債務者が任意に履行しないときは，紛争が最終的に解決したとはいえません。そのため，確定した給付判決には執行力が認められ，事実的な強制力の行使によって確定判決の内容を実現する手段が整備されています。また，確定判決以外の裁判所の判断や公証人の作成した執行証書にも執行力が認められますから，確定判決の場合と同様，その内容を強制的に実現する手段が必要となります。そのための手続が本章で解説する民事執行手続です。

　本講では，民事執行に関する通則的な説明および民事執行の中心的地位を占める強制執行に関する総論的な説明をします。総論的部分とはいえ，非常に重要な内容を含んでいますから，1つ1つの事項を正確に押さえていく必要があります。

1　民事執行の意義とその種類

設例45

　Aは，Bに対し新車購入の資金として300万円を貸し付けたところ，Bは約束の期限を経過しても返済しようとしない。そこでAは，Bを被告として貸金返還請求の訴えを提起し，請求認容判決を得た。

(1) 意義

　民事執行とは，私人間の請求権を国家の力によって実現するための裁判上の手続ということができます。その中心をなすのは，債務者の財産を差し押さえてこれを換価し，債権者に満足を与える強制執行です。例えば，設例45で，Aの得た請求認容判決の主文では，「Bは，Aに対し金300万円を支払え」との裁判所の判断が表示されます。Bがこの判決に従って，任意に300万円を支払えば，AB間の紛争はそこで解決します。しかし，確定判決があるにもかかわらず，Bが300万円を自発的に支払おうとしないとき，もしAに何の手立てもないとすると，その判決は絵に描いた餅に等しいといわざるを得ません。現代の法治国家では，「自力救済」は原則的に禁止されていますから，AがBの300万円分の財産を力ずくで奪ってくることも許されません。

　そこで，確定した給付判決には，その実効性を確保するため，**現状を強制的に変更する効力すなわち執行力**が認められ，Aは，Bの財産に対する強制執行を申し立て，その財産に対する競売等の手続を経て，給付請求権の強制的な満足を得ることができます。さらに，後述するとおり，確定判決だけでなく仮執行宣言付判決，仮執行宣言付支払督促，和解調書その他裁判所の関与した文書のほか，公証人の作成した執行証書による強制的満足も可能となっています。

(2) 種類

　民事執行として民事執行法に規定されているのは，上記のような強制執行を含めて次の4つです（1条）。その内容に関しては，それぞれの箇所で解説しますから，ここではその種類と大まかな内容を覚えておく程度で結構です。＊

① 強制執行

　設例45のAのBに対する確定判決のように，**私法上の給付請求権の存在を公証した文書すなわち債務名義**により，目的物の競売等の手続を経てその給付請求権を強制的に実現する手段です。債務名義としては，確定判決を含めて10種類が法定されています（22条，P288以下参照）。

＊本講から第17講まで，文章末尾の（　）内に引用した条文は，特にことわりがなければ，民事執行法の条文を表しています。（規則　条）として引用してあるのは，民事執行規則の条文です。

＊裁判所の行う民事執行について利害関係を有する者は，裁判所書記官に対し，事件記録の閲覧・謄写等を求めることができます（17条）。

②　担保権の実行としての競売

抵当権，質権等の担保権の実行により，目的物を競売して私法上の給付請求権を実現する手段です。強制執行が債務名義に表示された執行力を基礎とするのに対し，担保権の実行としての競売は，「担保権に内在する換価権」が基礎となります。したがって，この競売においては，債務名義を必要としません。

③　留置権による競売および民法・商法その他の法律による換価のための競売

留置権による競売のほか，例えば，共有物分割のための競売（民法258条2項）などのように，法律の規定により目的物の金銭化を必要とする場合に，担保権の実行としての競売手続を借用するものです（195条）。そのため，形式的競売ともいわれます。*1

*1 この形式的競売は，債権者の満足を目的とするものではありません。

④　債務者の財産状況の調査

執行力ある債務名義の正本を有する金銭債権者が，裁判所に申し立てて，（ⅰ）債務者を呼出し，その財産情報を開示させ，あるいは（ⅱ）登記所，金融機関等の第三者から債務者の財産に関する情報を取得する手続です。*2

*2（ⅰ）は従来から制度化されている財産開示手続ですが，（ⅱ）は令和元年5月成立の民事執行法改正により新設された第三者からの情報取得手続です。この改正法は，令和2年4月1日から施行されています。

(3)　執行機関と執行当事者

①　執行機関

制度上，判決手続を担当する裁判機関と執行機関は分離されています。その狙いは，判決手続を担当する裁判機関と執行手続を担当する執行機関を切り離すことにより，執行手続を迅速に効率よく進めるという点にあります。

執行機関とは，執行手続を担当する国家機関のことです。執行機関には，執行裁判所と執行官があります。執行裁判所とは，執行処分の実施その他の執行手続を行う裁判所のことです。通常は，地方裁判所の単独制裁判所が執行裁判所となります。執行官とは，各地方裁判所に置かれ，裁判の執行や文書の送達等を担当する国家公務員です。そのどちらが，どの種類の事件を担当するかは，

大雑把にいえば，高度な法律判断を要求される種類の執行につい
ては執行裁判所，主として実力行使にわたる種類の執行について
は機動性に富む執行官の担当として法定されています。例えば，
**不動産執行や債権執行などについては執行裁判所，動産執行や不
動産の引渡しの執行については執行官**が担当します。もっとも，
この両者には，ある程度の協力関係ないし監督関係もみられます。
執行裁判所と執行官が具体的にどの種類の事件を担当している
か，およびその協力・監督関係については，それぞれの箇所で指
摘し説明していくことにします。＊

＊なお，裁判官を補
助する立場にある裁
判所書記官は，近時
その権限が拡大さ
れ，実務上は重要な役
割を担っています。
この裁判所書記官の
権限とされている事
項についても，その
つど該当箇所で指摘
し説明します。

一歩前進

　例えば，執行官やその補助者等が日曜日その他一般の休日
に人の住居に立ち入ってその職務を執行する場合とか，午後
７時から翌日の午前７時までの間に同様の職務を執行する場
合には，**執行裁判所の許可を受けなければなりません（8条
1項）**。これは，執行裁判所の執行官に対する監督関係の一
例です。その他，随所に両者の協力・監督関係が規定されて
いますから，この２つの執行機関の関係にはいちおう注意を
払って，そのつど理解していくようにしてください。

② 執行当事者

　民法では，債権を有する者を債権者，その相手方を債務者とい
いますが，執行手続との関係では，**執行を求める者を債権者，執
行を受ける者を債務者**といいます。例えば，所有権に基づく物の
引渡請求訴訟でBに勝訴したAは，民法上Bとの関係で債権者と
はいいませんが，Aがその物の引渡しを求めて強制執行を行う際
には，Aが債権者，Bが債務者ということになります。このよう
に，執行手続との関係では債権者，債務者という用語が民法と異
なった意味に使われることがありますから，混乱しないように多
少の注意が必要です。なお，民事執行法は，差押えをした債権者
とその他の債権者を区別する必要がある場合は，前者を「差押債
権者」，後者を単に「債権者」と使い分けていますから，以下，
その用法に従います。

（4）民事執行の開始と裁判

　民事執行を開始するには，必ず**債権者**による**申立て**を必要とします（2条）。その申立ては，書面でしなければなりません（規則1条）。確定判決による執行であっても，判決手続が終了し判決が確定したからといって自動的に執行手続に移行するわけではありません。裁判所は，そこまで世話を焼いてくれるわけではないのです。

　執行手続に関して執行裁判所がする裁判は，**口頭弁論を経ないで**することができます（4条）。つまり，裁判は決定の形式でなされます（民事訴訟法87条1項ただし書）。その場合，執行裁判所は，執行処分をするに際し，必要に応じて利害関係を有する者その他参考人を**審尋**することができます（5条）。

　執行裁判所の行う裁判は，決定の形式でなされますから，通常は**相当と認める方法で告知**すれば足ります（20条，民事訴訟法119条）。しかし，その重要度に応じて，期日における**言渡し**を要する場合，**送達**を要する場合，および**公告**を要する場合などもあります。言渡しを要する例としては，不動産売却における許可・不許可の決定（69条），送達を要する例としては，強制競売の開始決定（45条1項・2項），公告を要する例としては，不動産売却における不動産の表示，売却基準価額等（64条5項）があります。その他覚えておくべき事項については当該箇所で指摘します。

（5）民事執行手続に対する不服申立て——執行抗告と執行異議

　執行手続は，民事執行法所定のルールに従って行われなければならないのは当然です。しかし，そのルールに違反した執行手続が行われることも皆無とはいえません。そこで，執行機関の行った手続法違反の執行手続（違法執行）に対しては，それを是正する不服申立方法として**執行抗告**および**執行異議**という2つの手段が用意されています。

① 執行抗告

　執行抗告は，民事執行の手続に関する裁判に対して，**特別の定めがある場合**に限り，することができます（10条1項）。「抗告」ですから，執行異議の場合と異なり，決定に対する上訴としての性格をもっています。＊

用語の説明
「審尋」 口頭弁論が開かれない場合などに，利害関係人に陳述の機会を与えることです。当事者の対席や公開の必要はありません。

＊その意味で，執行抗告は執行異議よりも強力な不服申立手段であるといえます。

特別の定めがある場合とは，「執行抗告をすることができる」と明文で規定されている場合です。例えば，「強制競売の申立てを却下する裁判に対しては，執行抗告をすることができる」と規定されています（45条3項）。したがって，強制競売の申立て却下の決定に対しては執行抗告ができるということになります。逆に，強制競売の申立てを認めて強制競売開始決定をする場合には，執行抗告ができるとする規定はありませんから，執行異議の申立てだけができるということになります。*1

執行抗告は，裁判（決定）の告知を受けた日から1週間以内に抗告状を原裁判所に提出してしなければなりません（10条2項）。まずは，抗告の対象となる裁判をした裁判所（原裁判所）がその適否を審査するのです。原裁判所は，執行抗告が一定の形式的要件を満たしていない場合には不適法として却下しますが（同条5項），この却下決定に対しては，さらに執行抗告をすることができます（同条8項）。*2

執行抗告に理由があると認めるときは，原裁判所は，**再度の考案**によって原裁判を更正しなければなりません（20条，民事訴訟法333条）。理由なしと認めるときは，その旨の意見を付して上級裁判所である抗告裁判所に事件を送付します（民事訴訟規則206条）。後は，抗告裁判所の判断に委ねることになります。

執行抗告をしたからといって，当然にその裁判の執行停止の効力は認められるわけではありませんが，**裁判所の裁量により個別的に執行の停止や執行手続の停止をすることも認められています**（10条6項）。

② 執行異議

執行裁判所の執行処分で執行抗告をすることができないものに対しては，執行裁判所に執行異議を申し立てることができます。また，執行官の執行処分およびその遅怠に対しても，同様に執行異議を申し立てることができます（11条）。*3

つまり執行異議は，**執行抗告ができる旨の明文規定のない違法な執行処分に対する不服申立て**ということになります。例えば，動産執行においては，差押禁止動産が法定されています（131条）。ところが，執行官が誤って差押禁止物を差し押さえてしまったという場合には，執行抗告ができるとの規定はありません。そこで，

*1 執行抗告のできる主要な場合については，そのつど指摘します。

*2 抗告状に執行抗告の理由の記載がないときは，抗告状提出の日から1週間以内に抗告理由書を原裁判所に提出しなければ，当該執行抗告は却下されます（10条5項1号）。また，民事執行手続の不当遅延を目的とする執行抗告も却下の対象となります（同項4号）。

*3 「遅滞」ではなく「遅怠」とあります。これは，単に遅れている場合だけでなく，執行官がサボってなすべき処分をしない場合（不作為）も含まれるという意味です。

債務者は執行裁判所に執行異議を申し立てて、その差押えを取り消してもらうことができます。異議の申立期間については、執行抗告の場合と異なり特に制限はありません。

「異議」ですから、その申立先は、上級裁判所ではなく当該執行処分をした執行裁判所です。また、執行官のした執行処分または執行官のなすべき執行処分の遅怠に対する申立先は、その監督機関である執行裁判所ということになります。

違法執行に対する不服申立て

不服申立て	できる場合	申立先
執行抗告	特別の定めがある場合	上級裁判所＊
執行異議	特別の定めがない場合	執行裁判所

＊抗告状の提出先は原裁判所

Check

「違法執行」と「不当執行」

執行機関のした処分または執行機関が必要な処分をしないことが手続規定に違反して違法である場合を違法執行といい、これに対しては上記のように執行抗告または執行異議という手段で不服を申し立てることができます。

一方、手続法上は適法な執行処分であっても、その処分がなされたことにより、実体法上不当な結果を生じた場合を不当執行といいます。この場合は手続法上の違法はないのですから、執行抗告や執行異議の対象となりません。例えば、設例45で、Bが敗訴判決を受けた後に自発的に全額弁済し、その債務が消滅したにもかかわらず、勝訴したAが、確定判決を債務名義として執行文の付与を受け、Bの預金債権を差し押さえたとします。この場合、Aの差押えは有効な債務名義に基づくものであり、手続法上は違法とはいえません。したがってこの場合、Bは、執行抗告はもとより執行異議を申し立てることもできません。

このような不当執行に対しては、Bは、請求異議の訴え（35条）により救済を求めることができます。なお、不動産担保権の実行による競売に際しては、担保権の不存在または消滅を理由として執行異議を申し立てることができるとされています（182条）。これは、執行異議が例外的に実体権の審査に用いら

れる場合です。この点については，また後に説明します（P328参照）。

　違法な執行処分によって損害を受けた者は，執行抗告または執行異議による救済を求めると同時に，国家賠償による金銭的救済を求める余地があります。違法な執行処分は，「公権力の違法な行使」（国家賠償法1条）に当たり得るからです。

2　強制執行の基本的な仕組み

　これまで，民事執行に関する通則的な説明をしてきましたが，ここからは民事執行の一種である強制執行の総論的な説明をしていきます。前述のとおり強制執行は，債務者が任意にその債務を履行しない場合に，確定判決や執行証書などの債務名義に基づいて，私法上の給付請求権を強制的に実現するための手続です。

設例46

　A商社は，原材料供給契約に基づき，メーカーB社に対して代金5000万円で原材料を納入したが，Bは，約定の期限を経過してもその代金を支払わない。

設例47

　Cは，自己の所有する建物をDに対して賃貸していたところ，賃貸借期間の経過によりその賃貸借が終了した。しかしDは，その建物を明け渡そうとしない。

（1）金銭執行と非金銭執行

　強制執行は，大きく分けて金銭執行と非金銭執行に区別されます。金銭執行とは，貸金請求権とか設例46の代金請求権のように，金銭の支払いを目的とする請求権を実現するための強制執行です。非金銭執行とは，金銭の支払いを目的としない請求権を実現するための強制執行であり，設例47のような不動産の明渡請求権を実現するための強制執行がその典型例です。＊

＊金銭執行と非金銭執行の詳しい内容については，後の講で順次説明していきます。

285

```
              ┌ 金銭執行 ──── 金銭の支払請求権の実現手段
  ┌──────┐   │
  │強制執行│──┤
  └──────┘   │
              └ 非金銭執行 ── 金銭債権以外の請求権の実現手段
```

一歩前進

　後に詳述しますが，金銭執行の対象として民事執行法に規定されているのは，不動産，船舶，動産および債権その他の財産権です。他に，民事執行規則で自動車，建設機械，航空機等に対する強制執行が規定されています。このうち，実例が多く重要なものは，不動産執行，動産執行および債権執行（特に銀行預金等の金銭債権に対する執行）の３つであり，試験対策としてはこの３つについてその内容・手続を理解しておけば十分です。したがって，以下ではこの３つの強制執行に絞って説明していきます。

　金銭執行は，債務者の財産に対する差押え→競売等による換価→債権者の満足というルートをたどるのが通常です。つまり金銭執行は，原則として執行機関の執行行為により直接に債権内容が実現されますから，いわゆる直接強制の手法が採られているわけです。非金銭債権については，直接強制のほか，代替執行および間接強制といった方法が採られます。その意味については，非金銭執行の講で説明します（P357参照）。

　なお，金銭執行に際しこれらの財産に対する差押えの順序については，特に制限はありませんから，債権者は，債務者のどの財産に執行しても差し支えありません。例えば，設例46で債権者Aは，債権額5000万円の満足を得るまでは，Bの有する不動産のほか銀行預金や各種の動産に対しても強制執行を申し立てることができます。

用語の説明
「差押え」
債務者の有する特定の財産について，それを換価するまでの間，債務者の法律上・事実上の処分を禁止することです。差押えの方法は，後述する通り，対象物が不動産・動産または債権のいずれかであるかによって異なりますから，その差異を正確に把握することが肝要です。

Check

「債権者に対する配当」

　同一の債務者に対して複数の債権者がある場合，そのうちの１人の債権者が債務者の財産に強制執行を申し立て，金銭執行の手続が開始されたとします。

この場合，差押債権者以外の一定範囲の債権者も目的物の換価代金からの満足を求めて，執行機関に対して配当要求をすることができます。配当要求とは，「自分にも分け前をよこせ」と要求することです。この配当要求があった場合，目的物の換価代金で債権者全員の債権額をカバーできるのであれば，特に問題はありません。全員に各債権額に相当する金銭を渡し，余りがでれば債務者に返還すれば足りるという単純な話となります。

しかし，換価代金が債権者全員の総債権額に満たないときは，それをどのように分配するかという問題が生じます。例えば，設例46で，AがBの有する9000万円の不動産を差し押さえた後，Bに対しそれぞれ5000万円の債権を有するEおよびFが配当要求をしてきたとします。このような場合の分配の仕方としては，先に手続に加わった債権者から順に優先的に扱うという考え方と，順序にこだわらず全員を平等に扱うという考え方があります。前の考え方を優先主義，後の考え方を平等主義といいます。設例46で，優先主義を貫くなら，換価代金9000万円のうちAに5000万円，Eに4000万円，Fの取り分はゼロということになります。要するに，「早いもの勝ち」です。一方，平等主義によるなら，AEFはそれぞれ3000万円ずつの配当を受けられるということになります。この点，優先主義を制度化している国もあるようですが，わが国の民事執行法は，基本的に平等主義によりながらも，一定程度優先主義の考え方を採り入れた制度を採用しています。

制度の具体的な内容としては，まず配当要求のできる債権者を一定範囲に限定しています。すなわち，不動産の強制競売に際して配当要求ができるのは，①執行力のある債務名義の正本を有する債権者，②強制競売開始決定に係る差押えの登記後に登記された仮差押債権者，③所定の文書により，一般先取特権を有することを証明した債権者に限られます（51条）。これによって，単なる借用書だけしかもっていないような無名義債権者は，配当から除外されることになります。また，同じく不動産競売において，配当要求のできる期間も限定されています。すなわち，差押えの効力発生後，裁判所書記官は，物件明細書の作成までの手続に要する期間を考慮して，配当要求の終期を定めなければならない，とされています（49条1項）。定められた終期までに配当要求しないと，原則として配当を受けることができません。このように，手続に参加できる者の資格を限定するとともに，期間の制限を設けることにより，単純な平等主義から実質的な優先主義に近づいた制度となっています。

（2）強制執行の実施要件

　強制執行は通常，債権者が，債務名義という文書に執行文の付与を受け，執行機関に申立てをすることにより実施されます（2条）。

強制執行のプロセス

（申立て）　　　　　　（申立て）

債務名義の取得　➡️　執行文の付与　➡️　執行開始

①　債務名義

　債権者が強制執行を行うには，まず，私法上の請求権の存在・範囲・内容等を公証した債務名義という文書を用意する必要があります。債務名義となり得るのは，以下の文書です（22条）。

（i）確定判決（同条1号）

　民事裁判としての判決には，給付判決，確認判決，形成判決の3つの種類がありますが，債務名義となり得るのは，このうち確定した給付判決だけです。強制執行は，私法上の給付請求権の実現を目的とするのですから，執行力のない確認判決や形成判決は債務名義となり得ないのは当然です。設例46でAがBに対して代金支払請求の訴えを提起し，請求認容判決を得てその給付判決が確定すれば，その確定判決は債務名義となります。また設例47で，CがDに対する建物明渡しの給付判決を得て，それが確定した場合も同様です。

　もっとも，給付判決であればすべて債務名義となり得るかというと，そうではありません。給付判決のなかでも，その性質上，例外的に債務名義とならないものもあります。例えば，夫婦の同居義務（民法752条）を根拠に同居を命じる判決は給付判決（いわゆる作為を命じる判決）ですが，強制的に同居させることは人の自由意思を踏みにじる危険性があり，人格尊重の理念から強制執行の対象とならないのです。また，雇用契約上の労働する債務とか俳優の映画に出演する債務なども，人格に対する強制的要素を含むことから強制執行になじむものではありません。＊

（ii）仮執行の宣言を付した判決（同条2号）

　仮執行宣言は，給付訴訟の原告に暫定的ではあっても迅速な満

＊これらの債務については，判決をすることまではできるが執行開始の対象とはならず，損害賠償など他の方法による満足しか道はないのです。

足を与える趣旨で，申立てまたは裁判所の職権で付すことができます（民事訴訟法259条1項）。このような仮執行宣言の趣旨から，仮執行宣言付の給付判決は，確定前であっても債務名義となるのです。*1

（ⅲ）抗告によらなければ不服申立てのできない裁判（同条3号）

これだけでは何のことかわかりにくいでしょうが，ここにいう「裁判」とは，不服申立方法が抗告に限られることを予定しているのですから，決定または命令のことです。決定・命令のなかには強制執行の可能な給付請求権を表示するものがあります。例えば，不動産競売による買受人は，その不動産を債務者や第三者が不当に占有している場合，裁判所に申し立てて，引渡命令を出してもらうことができます（83条1項）。この引渡命令（裁判）に対しては，執行抗告をすることができますが（同条4項），抗告期間が経過して引渡命令が確定するとその効力を生じ（同条5項），債務名義として認められることになるわけです（この引渡命令については，P321の記述も参照してください）。*2

（ⅳ）仮執行の宣言を付した損害賠償命令（同条3号の2）

ここでいっている損害賠償命令とは，いわゆる犯罪被害者保護法に基づき，刑事手続と連動して行われる裁判のことです。これは，かなり特殊な債務名義ですから，こんなものもあるという程度に覚えておけば十分です。

（ⅴ）仮執行の宣言を付した支払督促（同条4号）

簡易裁判所の書記官の発する一定の支払督促について，仮執行宣言の付与を要件として債務名義としての効力を認めるものです。これについては，支払督促の項で詳述してありますから，その説明（P268以下）を確認してください。

（ⅵ）訴訟費用等に関する裁判所書記官の処分（同条4号の2）

訴訟費用や和解費用，債務者負担の執行費用のうち金銭執行の手続で同時に取り立てられなかったものなどについて，裁判所書記官の確定した処分は，債務名義となります。

（ⅶ）執行証書（同条5号）

一般に，公証人がその権限に基づいて作成した文書を公正証書といいます。執行証書とは，公証人が作成した公正証書のうちで，金銭の一定額の支払いまたはその他の代替物・有価証券の一定数

＊1 判決に対して上訴がなされると判決は確定しませんから，その間に，債務者の財産状態が悪化して債権者が十分な満足を得られなくなるという事態も起こり得ます。仮執行宣言を得ておけば，判決の確定前でも強制執行をすることができますから，そのような事態を避けることができるわけです。

＊2 他にこれに当たる裁判として，代替執行の費用前払決定（171条4項）や間接強制の強制金の決定（172条1項）などを覚えておきましょう。

用語の説明
「公証人」
法律関係の当事者やその関係者の依頼を受けて，契約書や遺言書を公正証書として作成する等の職務を行う人のことです。会社の定款の認証や私文書に対する確定日付の付与等もその職務です。公証人は法務大臣により任命され，実質的に公務員としての地位を有しています。公証人が仕事をしている場所が「公証人役場」です。

289

量の給付を目的とする請求について，債務者が直ちに強制執行に
服する旨の陳述が記載されているものです。この執行証書だけが，
裁判所の関与なしに成立する唯一の債務名義です。その実質的な
要件は，次の２つです。

（イ）金銭の一定額の支払等を目的とするものであること

　執行証書の内容は，金銭の一定額の支払いまたはその他の代替
物や有価証券の一定数量の給付を目的とするものでなければなり
ません。というのは，仮に誤って執行した場合であっても，これ
らの請求については損害賠償等により原状回復が容易であるから
です（支払督促と同趣旨）。したがって，設例46のＡＢ間の原材
料供給に関する契約書（売買契約書）などは執行証書とすること
が可能です。しかし，設例47のCD間の賃貸借契約書は，公正証
書として作成することは可能ですが，執行証書とはなりません。

（ロ）執行受諾の意思表示が書面上になされていること

　さらに，執行証書として認められるためには，「債務者が直ち
に強制執行に服する旨の陳述」すなわち執行受諾の意思表示がそ
の書面上に記載されている必要があります。設例46のＡＢ間の
契約書が公正証書として作成され，Ｂが債務不履行の際の執行受
諾の意思表示を書面上でしているときは，その書面が執行証書と
して債務名義となります。しかし，その意思表示がないと，執行
力のない通常の公正証書として扱われることになります。つまり
その場合，Ａは，その公正証書を証拠として，あらためてＢを被
告として給付訴訟を提起し確定判決を得なければ，Ｂに対する強
制執行はできません。

ステップアップ

「署名代理の方式による執行証書」

　例えば，ＡＣ間の契約締結に際し，ＡがＢに契約締結の代理権を授与したと
ころ，Ｂが，「Ａ代理人Ｂ」という代理形式によらず，直接「Ａ」と名乗って
Ｃと契約を締結したとします。これは「署名代理」と呼ばれ，Ｂにそのような
方式で代理行為を行う権限が与えられていれば，私法上は有効な代理方式とし
てその効力を生じると解されています。

　しかし，公正証書は一般の私法上の契約書よりも厳格な適式性が要求されま
す。そこで，執行証書の作成を公証人に嘱託（依頼）するに際して，このよう

な署名代理の方式によることが許されるか，が問題となります。具体的にいう
と，Ａから代理権を与えられたＢが，代理人であることを表示せず，自らＡと
名乗って執行証書の作成を公証人に嘱託したため，Ａとその相手方であるＣを
当事者とする執行証書が作成されたような場合です。そのような執行証書の有
効性については賛否両論がありますが，判例は，署名代理の方式により作成さ
れた執行証書は，公正証書作成に要求される形式的要件を欠くことを理由に，
債務名義として無効であるとしています（最判昭56・3・24）。

（ⅷ）確定した執行判決のある外国裁判所の判決（同条6号）

日本と外国では，事件に適用される法律の内容が異なるのです
から，外国裁判所でなされた判決は，当然には債務名義とはなり
ません。しかし，外国でなされた判決について，日本の裁判所で
強制執行を許す旨の執行判決がなされ（24条参照），その判決が
確定したときは，債務名義として認められます。つまり，確定し
た外国判決と執行判決が一体となって，日本で強制執行可能な債
務名義となるわけです。

（ⅸ）確定した執行決定のある仲裁判断（同条6号の2）

当事者間の合意に基づき，第三者が行った仲裁判断については，
裁判所の執行決定がなされることにより，強制執行可能な債務名
義となります。＊

（ⅹ）確定判決と同一の効力を有するもの（同条7号）

民事訴訟法に，明文で「確定判決と同一の効力を有する」とさ
れている和解調書および認諾調書などがこれに当たります（同法
267条）。なお，仮執行宣言付支払督促が確定判決と同一の効力を
有するに至ったときは（同法396条），民事執行法22条4号ではな
く，本号の規定により債務名義となると解されています。

② 執行文とその付与

（ⅰ）意義

強制執行を実施するためには，上記のような債務名義の正本を
準備するだけでは足りず，原則としてその債務名義に執行文の付
与を受ける必要があります（25条本文）。執行文とは有効な債務
名義が存在し，かつ現在強制執行できる状態にあることについて，
裁判所書記官や公証人がお墨付きを与える文書です。執行文の付
与は債務名義の末尾に「債権者は，債務者に対し，この債務名義

＊外国裁判所の判決
を債務名義とするに
は，執行「判決」が要
求されていますが，
仲裁判断の場合は執
行「決定」で足りるこ
とに注意してくださ
い。

により強制執行することができる」という記載をすることです（26条2項）。執行文の付与された債務名義の正本を「**執行力ある債務名義の正本**」または「**執行正本**」といいます。＊

　このように，強制執行を開始する前提として執行文の付与が要求されているのは，有効な債務名義が存在し，その債務名義に基づく強制執行が可能な状態にあることを，執行機関とは別の機関（裁判所書記官または公証人）に判定させ，**執行機関を執行に専念させる**という意味合いがあります。つまり，執行機関としては，執行文の制度により債務名義に関するわずらわしい調査・判断から解放され，迅速に執行手続を進めることが可能となるわけです。

＊執行文の付与を受けるためには，債権者からの申立てが必要です。

ここが狙われる

　少額訴訟の確定判決，仮執行宣言付少額訴訟の判決，仮執行宣言付支払督促については，執行文の付与を受けることなく，その正本に基づき強制執行をすることができます（25条ただし書）。もっとも，債務名義に表示されている債権者または債務者に承継があったときは，その点を明確にするため，承継執行文の付与が必要となります（27条2項）。

---

③　付与機関──誰が執行文を付与するのか

　執行機関を執行に専念させ，迅速な執行を実現するという執行文の趣旨から，執行文の付与は，執行機関以外の機関の担当とされています。すなわち，
（ⅰ）執行証書以外の債務名義については，その事件の記録の存する裁判所の書記官
（ⅱ）執行証書については，その原本を保存する公証人がその担当機関となります（26条1項）。

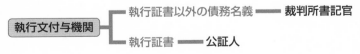

④　種類

　執行文には，付与の要件の差異に応じて，単純執行文，補充執行文，承継執行文，債務者不特定執行文といった4つの種類があります。

（ⅰ）単純執行文

有効な債務名義が存在し，かつ執行力が発生・現存しているという2つの要件を満たす場合に付与される，通常の執行文です。

（ⅱ）補充執行文

停止条件の成就，不確定期限の到来など，請求が債権者の証明すべき事実の到来に係る場合において，**債権者がその事実の到来したことを証する文書を提出したことを要件として付与される執行文**です（27条1項）。条件成就執行文あるいは事実到来執行文とも呼ばれます。例えば，債務名義上の請求権に停止条件が付いている場合には，強制執行は，その条件が成就したときに限り初めて可能となります。したがって，その条件が成就したかどうかを確実に判定する必要があります。そこで，執行文の付与を担当する機関（書記官，公証人）に，条件の成就を証する文書が提出されたことを要件として執行文を付与するのです。

（ⅲ）承継執行文

債務名義に表示された当事者以外の者を債権者または債務者とする執行文です。この承継執行文は，債務名義に表示された当事者以外の者を債権者または債務者とすることとなるため，その者に対しまたはその者のために強制執行できることが**執行文付与機関に明白であるとき**，または**債権者がそのことを証する文書を提出したときに限り付与することができます**（27条2項）。例えば，債務名義に表示された請求権が，相続により相続人に包括承継されたとか，債権譲渡により債権者の地位が特定承継されたというような場合に付与されます。相続人への包括承継の事実は戸籍謄本で，債権譲渡による特定承継の事実は債権者から債務者への譲渡通知（内容証明郵便）で容易に証明することができます。＊

（ⅳ）債務者不特定執行文

債務名義に基づく不動産の引渡しまたは明渡しの強制執行をする前に，その不動産を占有する者を特定することが困難である特別の事情がある場合に，**債権者がこれらの事情を証する文書を提出したときに限り**，**債務者を特定することなく付与される執行文**です（27条3項）。これは，占有者を頻繁に交代させるような悪質な執行妨害に対処することを目的とするものであり，占有移転禁止の仮処分を前提とする引渡しまたは明渡しの強制執行等で付

＊後述するように，（ⅱ）（ⅲ）の執行文について，文書による証明ができないときは，債権者は執行文付与の訴えを提起して，文書以外の証拠によって条件成就等の事実を証明する必要が出てきます。

293

与されます。この執行文を付与された債務名義による強制執行は，執行文付与の日から4週間以内で，かつ現場で占有者を特定できる場合に限って，することができます（同条4項）。

┃一歩前進┃

　執行文は，債権の完全な弁済を得るため執行文の付された債務名義の正本が数通必要であるとき，またはこれが滅失したときに限り，さらに付与を受けることができます（28条1項）。例えば，債務者の債権と動産を同時に差押えするようなケースが，複数の執行正本が必要となる場合です。

---

⑤　強制執行の開始

　強制執行は債権者の申立てによって開始されます（2条）。

　申立書には，債権者および債務者，債務名義の種類等一定の事項を記載し，執行力のある債務名義の正本を添付しなければなりません（規則21条）。*1

　強制執行の申立先は，執行を担当する執行機関ということになります。例えば金銭執行の場合，不動産や債権を差し押さえるのであればその申立先は執行裁判所となり，動産を差し押さえるのならその申立先は執行官ということになります。非金銭執行については執行官に申し立てます。申立てを受けた執行機関は，執行開始の要件を具備しているかどうかを審査し，それを確認したうえで執行に着手することになります。その要件を簡略に示しておきます。

（ⅰ）強制執行を開始するには，債務名義または確定により債務名義となるべき裁判の正本または謄本が，あらかじめまたは同時に債務者に送達されていなければなりません（29条前段）。

（ⅱ）債務名義に表示された請求権が，確定期限が到来した後に権利行使できるものである場合，その確定期限が到来するまで，強制執行は開始できません（30条1項）。*2

（ⅲ）仮執行宣言付判決のように，担保を立てることを強制執行実施の条件とする場合，債権者が担保を立てたことを証する文書を提出するまで，強制執行を開始することはできません（同条2項）。

*1 執行文の付与は，執行開始よりも前の段階であることに注意しましょう。

*2 請求権が不確定期限付あるいは停止条件付であるときは，前述のように執行文付与の段階で審査されることになります。この点の違いは，意識しておきましょう。

ここが狙われる

　債務者の給付が，債権者の反対給付との引換えにすべきものである場合，このような債務名義に基づいて強制執行するときは，債権者が反対給付をしたこと，またはその提供をしたことを証明しなければなりません（31条1項）。つまりこの証明は，執行文付与の要件ではなく執行開始要件であることに注意が必要です。

（ⅳ）債務者の給付が，他の給付について強制執行の目的を達することができない場合に他の給付に代えてすべきものであるときは，強制執行は，債権者が他の給付について強制執行の目的を達することができなかったことを証明したときに限り，することができます（31条2項）。わかりにくい条文ですが，例えば，AがBに対し車を貸したがBがそれを返さない場合，Aは，「貸した車を引き渡せ，引き渡せないときは150万円を支払え」というような，いわゆる代償請求（訴えの併合）をすることができます。その場合，Aの2つの請求がともに認容されたとき，150万円の請求ができるのは，車の引渡義務が不能に終わった場合ということになります。そこで，車の引渡不能の事実を証明して初めて，150万円について金銭執行できるものとしているのです。*

*代償請求については，P171の記述も参考にしてください。

（3）強制執行の適正を確保する手段

① 意義

　先に説明したとおり，強制執行が適法に行われるためには，まず債務名義に執行文が付与されなければなりません。ところが，執行文を付与すべきでないのに執行文が付与されたり，逆に執行文を付与すべきであるのに，それが付与されない場合もあり得ます。そのような場合，当事者に異議の申立てが認められ，また執行文の付与等に関して訴えを提起することが認められます。

　また，債務名義自体は有効に存在していても，そこに表示された請求権がすでに消滅しているような場合，さらには，強制執行の対象となる債務者の責任財産以外の第三者の財産に誤って強制執行がなされるような場合も想定することができます。このような執行はいわゆる不当執行となりますから，その是正手段として，

債務者には請求異議の訴え，第三者には第三者異議の訴えという
手段が認められています。以下，順次説明していきます。

②　執行文の付与等に関する異議の申立ておよび訴え

（ⅰ）執行文の付与等に関する異議の申立て

　執行文の付与「等」に関する異議ですから，これには，執行文
が付与されなかった場合に債権者の申し立てる異議と執行文が付
与された場合に債務者の申し立てる異議との２つがあります。異
議の理由は，判決確定の有無，条件成就を証する書面や承継の事
実を証する書面の提出の有無等といった執行文付与の形式的要件
の存否に限られます。

　異議の申立先は，裁判所書記官の処分に対して行う場合にはそ
の書記官の所属する裁判所，公証人の処分に対して行う場合には
その公証人役場の所在地を管轄する地方裁判所です（32条１項）。

　異議の申立てについての裁判は，口頭弁論を経ることなく決定
で行われ，この裁判に対して不服申立てをすることはできません
（同条３項・４項）。＊

（ⅱ）執行文付与の訴えと執行文付与に対する異議の訴え

　先に説明したとおり，執行文には，単純執行文のほかに補充執
行文，承継執行文，債務者不特定執行文等の種類があります。こ
のうち，補充執行文の付与については事実の到来したこと（条件
が成就したこと，不確定期限が到来したこと等）を証明する文書，
承継執行文の付与については承継を証明する文書の提出が求めら
れています（27条，Ｐ293参照）。

　債権者がそれらの文書を提出できない場合，債権者（またはそ
の承継人）は執行文の付与を求める訴えを提起することができま
す（33条１項）。これが執行文付与の訴えです。つまり，この訴
えは，債権者またはその承継人が原告となり，債務者を被告とし
て提起するものです。

　逆に，それらの文書が提出されて補充執行文または承継執行文
が付与された場合，債務者（またはその承継人）は，条件の不成
就あるいは承継の事実の不存在等を主張して，強制執行の不許（許
されないものとすること）を求めることができます（34条１項）。
これが執行文の付与に対する異議の訴えです。この訴えは，債務
者が原告となり，債権者またはその承継人を被告として提起する

＊執行文の付与につ
いて異議の申立てが
あったときは，裁判
所は，その裁量で執
行停止等の仮の処分
をすることができま
す（32条2項）。

ものです。

③ 請求異議の訴え

（ⅰ）意義

　債務名義が存在していても，そこに示された請求権の存在や内容について異議がある場合，債務者は，その債務名義による強制執行の不許を求めて請求異議の訴えを提起することができます（35条1項）。例えば，設例46で，AがBを被告として代金支払請求の訴えを提起して請求認容判決を取得した後，Bが判決に従い代金を弁済したとします。これによって，AB間の判決で認められた代金請求権は消滅します。それにもかかわらず，Aが，その確定判決に執行文の付与を受けてBの財産に強制執行を申し立てたとすると，Aの強制執行は請求権が存在しない不当執行ということになります。このような不当執行に対抗して，債務者が原告となり，債権者を被告として提起する訴えが請求異議の訴えです。

ここが狙われる

　確定前の仮執行宣言付判決や仮執行宣言付支払督促による強制執行については，債務者は請求異議の訴えを提起することはできません（35条1項かっこ書）。なぜなら，これらの債務名義については，その成立・内容等は上訴による不服申立てができるからです。

（ⅱ）請求異議事由

　請求異議の訴えで，原告が請求原因として主張できるのは，債務名義に係る請求権の**存在についての異議**または**内容についての異議**です（35条1項前段）。これらの異議を理由づける事実が異議事由です。請求権の存在についての異議事由とは，例えば，弁済，相殺，免除等の請求権の消滅事由がこれに当たります。請求権の内容についての異議事由としては，弁済期限の猶予，履行条件の変更などが考えられます。＊

　異議事由┏━**存在についての異議（弁済，相殺，債務免除等）**
　　　　　┗━**内容についての異議（期限の猶予，条件変更等）**

＊これらの異議事由は，同時に主張しなければなりません（35条3項）。「同時に」とは，別訴を提起することなく同一の訴えで，という意味です。

　そして，確定判決についての異議事由は，**口頭弁論終結後に生じたものに限る**，とされています（同条2項）。この点については，既判力の時的限界として先に説明したところを思い返してください（P217以下）。すなわち，確定判決に生じる既判力には，事実審の口頭弁論終結前に主張し得た事由を口頭弁論終結後には主張できなくさせるという作用（遮断効）が認められます。したがって，確定判決の効力を排除する異議事由も口頭弁論終結後に生じたものに限定して認められることになるわけです。例えば，**設例46**で，Bが口頭弁論終結前にAに対して主張することができた弁済，免除等の主張は，請求異議事由として主張することはできないが，口頭弁論終結後に弁済をし，あるいは債務免除を受けたという事由は請求異議事由として主張できるということになります。ただ例外的に，口頭弁論終結前に主張することのできた反対債権による相殺に関しては，請求異議事由として主張できます。これは，抗弁としての相殺の特殊性に由来するものです（P218 **一歩前進**参照）。

　このように，確定判決に対する異議事由は，弁済，免除，期限の猶予その他実体上の請求権の存在・内容に関するものに限られますが，裁判以外の債務名義については，**債務名義の成立についての異議事由**も主張することができます（35条1項後段）。例えば，執行証書の場合，弁済等による請求権の消滅も異議事由として主張できるほか，執行証書が無効であることも請求異議事由として

主張することができることになります。

一歩前進

　請求異議の訴えは，債務名義自体の執行力を排除し**強制執行一般の不許**を求めるものですから，債務名義成立後であれば強制執行手続の開始の前後を問わず提起することができます。*1

　裁判所は，異議の請求を理由ありと認めるときは，**その債務名義による強制執行を許さない旨を宣言する判決**をします。この判決が確定すれば債務名義は執行力を失い，債権者はその債務名義に執行文の付与を受けることができません。また一方，債務者は，判決正本を執行機関に提出して，強制執行の開始・続行の停止を求め，すでにされた執行処分の取消しを求めることができます（39条1項1号，40条1項）。

---

*1 強制執行の手続終了後はもはや「後の祭り」となり，この訴えを提起することができません。この場合債務者は，債権者に対し，強制執行によって得た不当利得の返還請求または不法行為による損害賠償請求をするしかありません。

④　**第三者異議の訴え**

（i）意義

　強制執行の対象となる債務者の財産を**責任財産**といいます。金銭執行の場合に責任財産となるのは，原則として強制執行開始当時に債務者に属するすべての財産です。*2

　責任財産には，不動産，動産，債権，無体財産権等さまざまな種類のものが含まれますが，どの種類の財産に対して執行をするかは，債権者の自由な選択に任せられます。また，執行の目的物として申し立てられている財産が，実際に債務者の責任財産に属するものかどうかは，執行の迅速性の要請から，形式的な外観によって判断することとされています。例えば，**不動産の場合は登記**（規則23条参照），**動産の場合は債務者が占有しているという事実**（123条1項参照），**債権については，債務者が第三者に対して債権を有するとの債権者の陳述等を基準**として判断されることになります。このような形式的な外観を基準として責任財産かどうかが判断され執行が開始されることから，実際は債務者の責任財産でない財産や第三者の財産に対して執行が行われる可能性が生じます。このように，誤って第三者の財産に執行がなされたような場合，その第三者を救済する手段が必要となります。それが

*2 ただし，法律上差押えの禁止された動産や債権等は責任財産の範囲から除外されます。

第三者異議の訴えです。[*1]

　この訴えは執行裁判所の専属管轄です（38条3項）。

（ii）第三者異議事由

　第三者異議の訴えを提起することができる事由を第三者異議事由といいます。条文に即していえば，「**所有権その他目的物の譲渡または引渡しを妨げる事由**」ということになります。その事由としては，所有権，占有権，債権，譲渡担保権，仮登記担保権等さまざまな権利が考えられますが，ここでは第三者の主張できる典型的な異議事由として，第三者の所有権について理解しておきましょう。所有権は，第三者異議事由となることが明示されていますが（38条1項），その主張が認められるかどうかは，**実体法との整合性を考慮する必要があります**。つまり，異議事由とされる第三者の所有権は，執行債権者に対抗できるものでなければなりません。例えば，Aが，Bに対する確定判決に執行文の付与を受け，Bが登記名義人となっている甲土地を差し押さえたところ，CがBから甲土地の所有権を譲り受けたと主張して，第三者異議の訴えを提起したとします。この場合，移転登記を備えていないCは，第三者にその所有権を対抗することができません（民法177条）。一方で，Aの差押えにより，甲土地に差押えの登記がなされることになりますから，差押えの登記を得たAは，第三者であるCに対抗できるということになります。結局，この場合Cは，請求異議の訴えを提起したとしても，その請求は棄却を免れないわけです。[*2]

（iii）手続

　第三者異議の訴えは，不当執行の不許を求める訴えですから，原則として**執行開始からその終了までの間に提起しなければなりません**。執行開始前は，どの財産が執行の対象となるか明らかでないため，一般に訴えの利益が認められません。例外的に，特定物の引渡しまたは明渡しの執行の場合には，債務名義上の記載により目的物が特定していますから，執行開始前でも訴えの利益が認められます。また，執行終了後はこの訴えを提起することはできず，第三者は，執行債権者に対して不当利得返還請求または不法行為による損害賠償請求をすることになります。

　裁判所は，第三者の異議に理由があると判断した場合，その目

*1第三者異議の訴えは，特定の財産に対する強制執行の不許を求めることを目的としますから，債権者はこの訴えで敗訴しても，同一の債務名義に基づき債務者の責任財産に属する他の財産に対して強制執行することができます。

*2もう1つ例を挙げておきます。AがBのCに対する金銭債権を差し押さえたとします。ところが，裁判所からの差押命令が債務者Cに送達される前に，Bから第三者Dへの確定日付のある譲渡通知がCに到達していたとすると，Dは債権の譲受をAに対抗することができます（民法467条2項）。そうするとこの場合，Dは第三者異議の訴えにより救済を受けることができます。この点については，P337 **ステップアップ** の記述も参考にしてください。

的物に対する執行を許さない旨を主文で宣言します。この判決が確定した場合，原告である第三者がその判決正本を執行機関に提出すれば，その財産に対する執行は停止され，取り消されることになります（39条1項1号）。

（4） 強制執行の停止と取消し

① 意義

強制執行の停止とは，法律上の理由により執行機関が強制執行を開始または続行することができなくなることです。取消しとは，執行機関がすでに行った執行処分を除去することです。

強制執行の停止・取消しがなされるのは，債務者または第三者が法定の文書を執行機関に提出した場合です（39条1項，40条）。いいかえると，法定の文書を提出して申し立てない限り，執行が停止されることはありません。

② 執行停止文書・執行取消文書

強制執行の停止事由となる文書には次の8種類があります（39条1項）。実際上の使用例が多く，特に重要なものについては，青字で示します。

（ⅰ）債務名義や仮執行宣言を取り消す旨，または強制執行を許さない旨を記載した執行力のある裁判の正本，（ⅱ）債務名義に係る和解等の効力がないことを宣言する確定判決の正本，（ⅲ）仮執行宣言付判決等の債務名義が訴えの取下げ等により失効したことを証する調書の正本，（ⅳ）強制執行をしない旨またはその申立てを取り下げる旨を記載した和解調書の正本等，（ⅴ）強制執行を免れるための担保を立てたことを証する文書，（ⅵ）強制執行の停止および執行処分の取消しを命ずる旨を記載した裁判の正本，（ⅶ）強制執行の一時の停止を命ずる旨を記載した裁判の正本，（ⅷ）債務名義成立後の弁済受領または弁済の猶予を証する文書

このうち（ⅰ）から（ⅵ）までの6種類の文書は，執行の根拠を失わせるものですから，それらの文書が債務者または第三者から提出された場合，執行機関は，執行の停止だけでなく，すでにした執行処分を取り消さなければなりません（40条1項）。このように，執行の終局的停止をもたらすこれら6種類

の文書は，執行取消文書と呼ばれます。*

　あとの（vii）および（viii）の２種類の文書については，将来の続行の可能性を残しているという意味で，執行の一時停止を生じさせるものですから，執行停止文書といいます。

　これらの文書の主要なものについては，それが具体的に問題となる箇所で具体的に指摘し説明してありますから，そのつど条文をチェックしておいてください。

＊例えば，第三者異議の訴えの箇所で説明したとおり，執行不許の旨を記載した執行力のある裁判の正本が提出されたとき，執行が停止されるとともに，執行処分の取消しがなされます。

Check

「債務者の財産状況の調査」

　金銭執行の手続では，債権者は，執行の対象となる債務者の財産を特定して差押えの申立てをしなければなりません。しかし，債権者が債務者の財産状態を適切にサーチすることは難しく，しかも執行逃れのために債務者が財産を隠匿することも珍しくありません。

　そのような状況を放置しておいたのでは，債権者がせっかく債務名義を取得したとしても，執行を開始することは困難です。そのような状況を打開して実効性ある強制執行を可能とするための手段として，従来から存在する財産開示手続の制度を拡充するとともに，債務者の財産について第三者からの情報を取得する手続が令和元年度の民事執行法の改正で創設され，公布期間を経て令和２年４月１日から施行されています。次講から，金銭執行手続の説明に入りますが，その前にこれらの手続の概要を押さえておきましょう。

　[財産開示手続]　この手続は，執行力ある債務名義の正本を有する金銭債権者または一般の先取特権を有することを証する文書を提出した債権者の申立てにより開始されます（197条１項）。その要件は，債務名義等によって強制執行等を開始することができることを前提として，

①強制執行または担保権の実行における配当等の手続（６ヶ月以上前に終了したものを除く）において，完全な満足を得られなかったとき

②知れている財産に対する強制執行または担保権の実行を実施しても，完全な弁済を得られないことの疎明があったとき

　のいずれかに該当する場合（①はすでに強制執行をした場合，②はこれから強制執行をする場合）に申し立てることができ，またその実施決定を得ることができます。もっとも，原則として，３年以内に財産開示手続を再度行うことはできません（同条３項）。あまり頻繁に行うということになると，債務者に過度の負担を強いることになるからです。

　財産開示を実施する旨の決定をしたときは，執行裁判所は，財産開示期日を指定し，申立人と債務者を呼び出します（198条）。債務者自身のほかその法定代理人なども開示義務者として呼び出しの対象となります。開示義務者は，期日に出頭したうえ債務者の財産について陳述しなければなりません（199条1項）。この手続は非公開で行われます（同条6項）。開示義務者が正当な理由なく出頭しないとき，出頭しても陳述をせずまたは虚偽の陳述をしたときは，6か月以下の懲役または50万円以下の罰金という刑事罰による制裁が科されることになります（213条1項1号）。

　［第三者からの情報取得手続］　上記の財産開示手続は，債務者自身の陳述を拠り所とする手続であるため，自ずから限界があります。そこで，改正法は，（イ）登記所から債務者の不動産に関する情報，（ロ）市町村，日本年金機構等から債務者の勤務先の給与債権に関する情報，（ハ）銀行等の金融機関から債務者の預貯金債権等に係る情報，を取得する制度を創設しています（205条，206条，207条）。

　申立権者は，財産開示手続の場合と同様です。また，その要件も財産開示手続に関する上記①および②と同じです。ただ，注意すべき点として，公的機関である登記所や市町村等から情報を取得する（イ）および（ロ）の手続については，申立ての日前3年以内に先に財産開示手続が実施されている必要があります（205条2項，206条2項）。（ハ）の手続についてはその必要はありません。また，（ロ）については，申立て債権者が養育費等の扶養義務に係る請求権を有する債権者および人の生命・身体の侵害による損害賠償請求権を有する債権者に限定されています。これらの債権を有する債権者は，特に厚く保護する必要性が高いと考えられるからです。

　裁判所の決定により，情報の提供を命じられた第三者は，執行裁判所に対し，書面で情報を提供しなければなりません（208条1項）。執行裁判所は，提供された情報について，申立人に，その書面の写しを送付し，かつ，債務者に対しても財産に関する情報が提供された旨を通知します（同条2項）。

実戦過去問　　　　　　　　　　　　　　　　司法書士　平成22年度

　執行抗告及び執行異議に関する次のアからオまでの記述のうち、誤っているものの組合せは、後記1から5までのうちどれか。

ア　執行抗告又は執行異議の申立てにおいては、原裁判又は執行処分の手続的な瑕疵のみを理由とすることができ、実体的な権利の不存在又は消滅を理由とすることはできない。

イ　執行抗告及び執行異議は、執行処分を受けた日から1週間の不変期間内にしなければならない。

ウ　違法な執行処分によって損害を受けた者は、執行抗告又は執行異議による救済を求めると同時に、国家賠償を求めることもできる。

エ　執行抗告及び執行異議の裁判は、口頭弁論を経ないですることができる。

オ　執行抗告又は執行異議の審理においては、当事者又は当事者の申し出た参考人を審尋することができる。

1　アイ　　　　2　アオ　　　　3　イエ　　　　4　ウエ　　　　5　ウオ

解　説

ア　×　不動産担保権の実行の開始決定に対する執行抗告または執行異議の申立てにおいては、担保権の不存在または消滅を理由とすることができます（182条）。原則だけを示して例外で引っかける典型的なパターンです。

イ　×　執行異議の申立てには、期間の制限はありません。

ウ　○　違法な執行処分は、「公権力の違法な行使」に当たり、それによって損害を受けた者は、国家賠償を求めることができます（国家賠償法1条）。

エ　○　執行裁判所のする裁判は、口頭弁論を経ないですることができます（4条）。

オ　○　執行抗告または執行異議の審理においては、民事訴訟法の規定が準用されますから、当事者または当事者の申し出た参考人を審尋することができます（20条、民事訴訟法187条）。

　以上より、誤っているものはアおよびイであり、1が正解となります。

正解　1

　執行文に関する次のアからオまでの記述のうち，正しいものの組合せは，後記1から5までのうち，どれか。

ア　執行証書についての執行文は，その原本を保存する公証人の役場の所在地を管轄する地方裁判所の裁判所書記官が付与する。

イ　請求が確定期限の到来に係る場合においては，執行文は，その期限の到来後に限り，付与することができる。

ウ　請求が債権者の証明すべき事実の到来に係る場合においては，執行文は，債権者がその事実の到来したことを証する文書を提出したときに限り，付与することができる。

エ　執行文は，債権の完全な弁済を得るため執行文の付与された債務名義の正本が数通必要であるとき，又はこれが滅失したときに限り，更に付与することができる。

オ　執行文の付与の申立てに関する処分に対しては，異議の申立てをすることができない。

1　アウ　　　　2　アオ　　　　3　イエ　　　　4　イオ　　　　5　ウエ

解　説

ア　×　執行文は，申立てにより，執行証書以外の債務名義については事件の記録の存する裁判所の裁判所書記官が，執行証書についてはその原本を保存する公証人が付与することになっています（26条1項）。

イ　×　確定期限の到来前であっても執行文を付与することはでき，執行機関は確定期限の到来を確認すれば強制執行を開始できます（30条1項参照）。

ウ　〇　本肢のケースでは，債権者がその事実の到来したことを証する文書を提出したときに限り，執行文が付与されます（27条1項）。

エ　〇　本肢のような事由がある場合には，執行文が更に付与されます（28条1項）。

オ　×　執行文の付与の申立てに関する処分に対しては，所定の機関に対し異議を申し立てることができます（32条1項）。

以上より，正しいものはウおよびエであり，5が正解となります。

正解　5

15 金銭執行Ⅰ──不動産執行

学習ナビゲーション

　不動産執行は，憲法で保障された国民の財産権のうち，特に重要な不動産の所有権を侵害するという実質をもちます。もし執行機関が違法にその権限を行使して，私人に損害を生じさせたときは，国家賠償請求の対象ともなり得ます。したがって，その手続は，法の定めに従い慎重に行われる必要があります。

　前講で説明した債務名義や執行文，請求異議の訴え，第三者異議の訴え等は，財産権の侵害を受ける債務者等の利益の保護に配慮した制度ということができます。他方で，できるだけ高額・迅速な売却を望む債権者，さらには競売によりその不動産を取得した買受人等の利益も軽視するわけにはいきません。このように，不動産執行においては，手続の進行過程のそれぞれの局面で，関係者の利害が複雑に絡み合ってきます。したがって，学習に際しては，不動産執行の過程で民事執行法がどのように関係者間の利害調整を図っているのか，という視点が重要になってきます。

1　金銭執行の意義とその手続

　金銭執行は，金銭の支払義務を負う債務者が任意にその債務を履行しない場合に，債務者の財産から金銭を強制的に弁済させる手続です。したがって，債務者の有する金銭そのものを差し押さえることができれば，事は簡単に済みますが，一般的には，それはきわめて困難です。そこで，債務者の不動産，動産，債権といった金銭以外の財産を差し押さえて，それを強制的に金銭に換え，その代金で債権者の債権の弁済に充てるという方法が採られることになります。このように，金銭執行の手続の流れは，いずれも差押え→換価→満足というルートをたどることになります。この

基本的なプロセス自体は，執行対象が不動産であるか，動産であるか，あるいは債権であるかによって大差はありません。つまり，金銭執行の方法としては，目的物が何であるかに関わらず，債務者の義務を直接的に実現する直接強制の方法がメインとなります。

しかし，その対象によって執行を担当する執行機関が異なり，また執行手続も対象に応じて差異が設けられています。その意味では，対象によって相当の手続上の差異があるいうことができます。したがって，その対象ごとの手続上の差異を，混乱しないように正確に押さえる必要があります。本講では，この金銭執行のうち，不動産執行に関して説明をします。

金銭執行の基本的プロセス

差押え ➡ 換価 ➡ 満足
（処分の禁止）　（配当金を作る）　（債権者に交付）

2 不動産に対する強制執行

(1) 不動産執行の方法──強制競売と強制管理

不動産執行とは，金銭執行のうち，債務者の不動産を差し押さえて行う強制執行です。この不動産執行には，**強制競売および強制管理**という2つの方法があります。さらに，この2つを併用するという方法も可能です（43条1項）。

強制競売は，差し押さえた不動産を競売にかけて，それによって得られた売却代金を債権者の債権の満足に充てるという方法です。一方，強制管理は，不動産から得られた収益である法定果実または天然果実の換価代金で債権者の債権の弁済に充てる方法です。この2つの方法の併用とは，まず不動産の強制管理をしておき，不動産価格の値上がりを待って強制競売するというやり方です。以下，まず強制競売について詳述し，その後に強制管理に言及します。

```
                ┌─ 強制競売 ── 売却代金からの満足
  不動産執行 ──┤
                └─ 強制管理 ── 収益からの満足
```

参照条文
「民法414条1項」
債務者が任意に債務の履行をしないときは，債権者は，民事執行法その他強制執行の手続に関する法令の規定に従い，直接強制，代替執行，間接強制その他の方法による履行の強制を裁判所に請求することができる。
この規定は，令和2年4月施行の改正民法により新設されたものです。代替執行および間接強制については，P357で説明します。

用語の説明
「不動産」
民法は，土地およびその定着物を不動産としていますが（民法86条1項），不動産執行との関係では，登記することのできない土地の庭石や未登記立木などの土地の定着物は除かれます。また，不動産の共有持分，登記された地上権および永小作権並びにこれらの権利の共有持分は不動産とみなされます（43条2項）。

（2）管轄裁判所

　不動産執行手続は，強制競売および強制管理ともに不動産の所在地を管轄する地方裁判所の専属管轄です（44条1項）。

3　強制競売

┌─ 設例48 ─────────────────────────────
　Aは，Bを被告として3000万円の貸金返還請求の訴えを提起し請求認容判決を得たが，Bは任意に弁済しようとしない。そこで，AはBを債務者としてB所有の甲土地について，強制競売の申立てをした。
└──────────────────────────────────

（1）強制競売の開始──競売開始決定*

　強制競売の手続は，債権者が債務者所有の不動産を特定して，執行裁判所に強制競売を申し立てることによって開始されます（2条）。申立てを受けた裁判所は，執行開始要件（P294参照）を満たしていると判断すれば，強制競売の開始決定をし，その開始決定において，債権者のために不動産を差し押さえる旨を宣言しなければなりません（45条1項）。

　強制競売開始決定がなされたときは，裁判所書記官は，直ちに，その開始決定に係る差押えの登記を登記官に嘱託（依頼）しなければなりません（48条1項）。登記官は，それに基づいて差押えの登記をしたときは，その登記事項証明書を執行裁判所に送付しなければなりません（同条2項）。

＊「競売」は，法律用語としては，一般に「けいばい」と読みます。

┌─ ここが狙われる ───────────────────────
　申立ての不適法を理由に強制競売の申立てを却下する裁判に対しては，執行抗告をすることができますが（45条3項），強制競売開始決定に対しては，執行異議の申立てのみ可能です。
└──────────────────────────────────

┌─ Check ─────────────────────────────
「二重開始決定」
　設例48で，Aを債権者，Bを債務者とする甲土地の強制競売開始決定がなされた後，Bに対する別の債権者Cがさらに甲土地の強制競売の申立てをした

とき，執行裁判所は，Ｃの申立てに基づきさらに強制競売の開始決定をすることになります（47条1項）。これを二重開始決定といいます。これによって，同一の不動産に対して二重の差押えがなされている状態となります。もっとも，二重開始決定がなされた場合裁判所書記官は差押えの登記を嘱託しますが（48条），後の決定に基づいて別個の強制競売手続が並行して行われるというわけではなく，前の決定の手続だけが進められることになります。この場合，裁判所書記官の定める配当要求の終期までに二重開始決定を受けた債権者は，配当を受ける差押債権者として扱われることになります（87条1項1号）。前の強制競売開始決定が取り下げられ，あるいは取り消されたときは，後の開始決定に基づいて手続が続行されることになります（47条2項）。要するに，二重開始決定を受けておけば，前の競売開始決定が行われなくなった場合でも，後の開始決定により手続が続行されることになりますから，それなりのメリットがあるわけです。なお，担保権の実行としての競売の決定と強制競売の申立てが競合した場合にも二重開始決定がなされます（188条）。

(2) 差押え

① 差押えの効力の発生時期

　不動産執行における差押えは，債務者の特定の不動産について，債務者の法律上・事実上の処分権を奪うことです。

　差押えの効力は，強制競売の開始決定が債務者に送達された時に生じるのが原則ですが，それよりも早い段階で差押えの登記がなされたときは，登記がされた時に生じます（46条1項）。

　差押えの効力が生じた場合，裁判所書記官は，物件明細書の作成までの手続に要する期間を考慮して，配当要求の終期を定め，公告しなければならないとされています（49条1項・2項）。*

② 差押えの効力

(ⅰ) 債務者に対する処分禁止の効力

　差押えの効力が生じた後は，債務者は，その財産に対する処分行為が禁止されることになります。このように，差押えにより，債務者から差押財産の処分権を奪う効力を処分禁止の効力といいます。もっとも，差押えは，目的物の処分権だけを奪うものですから，債務者は，差押え後もその不動産を通常の用法に従って使用，収益することができます（46条2項）。

*物件明細書については P313，配当手続については P322以下を参照してください。

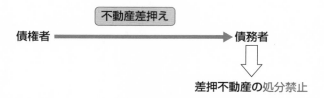

(ⅱ) 処分禁止に違反した行為の効力──相対的無効

　では，処分禁止に違反して，債務者が第三者に差押不動産を譲渡し，あるいは第三者に抵当権を設定するなどの処分行為を行った場合はどうなるのでしょうか。この場合，その処分行為は執行手続に対する関係においてだけ処分の効力を主張できませんが，それ以外の第三者との関係では，有効と解されています。つまり，債務者の差押え後の処分行為は，絶対的に無効となるわけではなく，その執行手続との関係での相対的無効ということになります。なぜかというと，差押えによる処分禁止は，金銭執行の目的を達するために必要な限度で認めれば十分ですから，その目的を超えて，過度に債務者の財産処分の自由を制約するのは妥当でないと考えられるからです。そうすると，設例48で，Ａの差押えの登記後にＢが甲土地をＣに譲渡した場合，執行手続はＢＣ間の売買を無視して行うことができ，甲土地が競売手続で売却・換価されたとき，ＢＣ間の売買は無効とされることになります。しかし，競売申立てが取り下げられ，あるいは取り消されたとき，ＢＣ間の売買は有効に効力を生じることになります。

(ⅲ) 手続相対効

　ところで，上で説明した債務者の処分行為の無効は，執行手続全体との関係で生じることになります。どういうことかというと，例えば，設例48で処分禁止に違反してＢがＣに甲土地を譲渡した後に，Ｄが配当要求をしたとします。この場合，処分行為の効力を執行手続全体との関係で考えるということは，Ｂの行った処分行為は，差押債権者Ａとの関係だけでなく，Ｂの処分行為の後に現れたＤとの関係でも無効と解するということです。つまり，Ｂの処分行為の無効をＡとの関係，Ｄとの関係というように個別的に捉えるわけではないのです。このような考え方を手続相対効説といいます。この考え方によれば，差押えの登記後に債務者の

処分行為により第三者が権利を取得した後でも，他の債権者は配当要求をすることができます。また，差押えの登記後に債務者の処分行為により担保権を取得した第三者が現れたとしても，この第三者（担保権者）は，その後に配当要求をした債権者に対して優先権を主張できない，ということになります。*1

このように，この考え方によれば，執行手続上の法律関係を一律・簡明に処理することができることから，**手続の迅速な進行が可能になる**というメリットがあり，民事執行法上は，この考え方が採り入れられています（59条2項，84条，87条）。

(3) 換価手続——不動産の売却
① 換価の準備段階
（ i ） 売却のための保全処分

前述のとおり，債務者は差押え後もその不動産の通常の使用および収益を継続することができます（46条2項）。しかし，債務者やその不動産の占有者などが，通常の使用収益の限度を超えた**軽微とはいえない価格減少行為**をするような場合は，それを防止する必要があります。*2

そこで，価格減少行為またはそのおそれがある行為に対しては，執行裁判所は，差押債権者の申立てにより，買受人が代金を納付するまでの間，**価格減少行為の禁止，執行官による不動産の保管，占有移転禁止・公示保全処分**（執行官に，当該保全処分の内容を，不動産の所在する場所に公示書その他の標識を掲示する方法により公示させることを内容とする保全処分）等の保全処分を命じることができます（55条1項）。さらに，占有者を次々と交代させることによる悪質な競売妨害に対処するため，執行官による保管，占有移転禁止・公示保全処分等は，事前に相手方を特定することを困難とする特別の事情があるときは，**相手方を特定しないで発すること**が認められています（55条の2）。

*1 差押えによる処分禁止の相対的効力を関係者ごとに個別に捉える考え方（個別相対効説）によれば，差押えの登記後に担保権を取得し対抗要件を備えた第三者は，その後に配当要求をした債権者に優先権を主張できるということになります。

*2 価格減少行為としては，不動産の物理的な毀損のほか，必要な修繕をしないで放置しておくような場合も含まれます。さらに，買受希望者に買受けを躊躇させる目的で，暴力団の関与をほのめかすような場合もこれに当たります。

┌─ **一歩前進** ──────────────────────────┐

　借地上の建物に対し強制競売の開始決定がなされた場合，その建物の所有を目的とする地上権または土地賃借権（借地権）について債務者が地代または土地の借賃を支払わないときは，執行裁判所は，申立てにより，差押債権者がその**不払いの地代または借賃を債務者に代わって弁済することを許可することができます**（56条1項）。債務者である借地権者が地代（または借賃）を支払わないときは，借地契約が債務不履行を理由として解除されるおそれがあり，そうなると，強制執行の目的となっている建物が取り壊され，目的物が廃材だけの価額となってしまいかねません。このような不都合を防止するため，差押債権者に，地代等の代払いを申し立てることが認められているわけです。

└────────────────────────────────┘

（ⅱ）いわゆる3点セットの作成

　差し押さえた不動産を適正な価額で売却するため，現況調査報告書，評価書，物件明細書という3つの書類の作成が必要とされています。これらの書類は，実務上3点セットと呼ばれます。

3点セット

書面	作成者	内容
現況調査報告書	執行官	不動産の形状・占有関係等
評価書	評価人	不動産の価格の評価
物件明細書	書記官	不動産の表示・権利関係等

（イ）現況調査報告書

　まず，執行裁判所は，執行官に対し，不動産の形状，占有関係その他の現況について調査を命じます（57条1項）。この調査の目的は，不動産の正確な実測面積や現状を正確に割り出すとともに，悪質な占有屋などがいないか等を把握するためです。この調査に基づき，執行官は，詳細な現況調査報告書を作成し建物の見取図および写真を添付したうえで，執行裁判所に提出しなければなりません（規則29条）。

用語の説明
「占有屋」
競売の目的となっている不動産を不法に占拠したうえ，明渡しの見返りに金銭等を要求して競売妨害をする悪辣な第三者です。

(ロ) 評価書

　次に，執行裁判所は，不動産の評価人を選任し，その不動産の評価を命じます（58条1項）。評価人の資格は特に制限されていませんが，通常は，不動産の鑑定・評価のプロである不動産鑑定士から選任されます。評価人は，強制競売の手続において不動産の売却を実施するための評価であることを考慮に入れたうえで，近隣の同種の不動産の取引価格その他の取引価格形成上の事情を適切に評価し（同条2項），評価書を作成して執行裁判所に提出しなければなりません（規則30条）。

　執行裁判所は，評価人の評価に基づいて，**不動産の売却の額の基準となるべき価額（売却基準価額）**を定めなければなりません（60条1項）。買受申出の額は，この売却基準価額からその10分の2に相当する額を控除した価額以上でなければならないとされています（同条3項）。つまり，買受可能価額は，売却基準価額の8割が最低ラインとなります。

┃一歩前進┃

　執行官が，不動産の現況調査を行う際には，当該不動産への立入り，債務者または占有者に対する質問・文書の提示要求等の権限が認められています（57条2項）。評価人についても，同様の権限が認められます（58条4項）。

(ハ) 物件明細書

　裁判所書記官は，競売不動産に関する権利関係等の情報を一般の買受希望者等に提供するため，物件明細書を作成しなければなりません。物件明細書には，①不動産の表示，②その不動産に係る権利の取得・仮処分の執行で売却により効力を失わないもの，③売却により設定されたものとみなされる地上権の概要等が記載されます（62条1項）。＊

＊物件明細書の記載事項の②および③については，P315以下で多少詳しく説明します。

┃一歩前進┃

　現況調査報告書，評価書および物件明細書については，執行裁判所に備え置かれ，一般の人の閲覧が可能です（62条2項，規則31条2項）。さらに，地域によっては，インターネ

313

ット上でもその内容を検索することができます。ただ，この
ような書面上の情報だけでは，買受希望者に対する情報提供
としては十分とはいえません。一般の取引でマンション等を
買う際にも，モデルルームを見学するのが常識ですが，競売
に際しても，実際に競売物件の内部を見学させる「内覧」と
いう制度が設けられています（64条の2）。*

*内覧は，差押債権者の申立てにより，執行官が実施します。

Check

「無剰余競売の禁止」

　債権者が，債権回収のために債務者の所有不動産に強制執行をかけたとして
も，その代金額から一銭も回収できないということになると，手続を進めても
全く意味がありません。そのような状況が生じるのは，①差押債権者に優先す
る債権はないが，不動産の買受可能価額が手続費用の見込額さえ超えない場合，
②優先債権があり，不動産の買受可能価額が手続費用および優先債権の見込額
の合計額に満たないとき，等の場合です。一般的に問題を生じるのは，②の場
合ですから，このケースで考えてみましょう。例えば，設例48で，Aが競売
を申し立てたB所有の甲土地の買受可能価額が2000万円と設定されたとしま
す。この場合，甲土地にCが3000万円の抵当権の設定を受け登記していたと
すると，競売の結果として，手続費用とCの優先的取り分3000万円を合計す
れば，差押債権者Aに配当がいかないのは明らかです。

　執行裁判所は，上記①②のいずれかに該当すると認める場合，その旨を差押
債権者に通知しなければならない，とされています（63条1項）。この通知は，
差押債権者に対し自発的に申立ての取下げを促すという趣旨です。もっとも，
自ら取下げをしなくても，この通知を受けた差押債権者が1週間以内に，①お
よび②のいずれにも該当しない等，一定事項の証明をしない限り，強制競売の
手続は取り消されることになります（同条2項本文）。

---

②　換価——売却条件と売却の実施

（i）売却条件

　不動産競売においては不特定多数の競売参加者が予定されてい
ますから，一般の取引上の売買のように，その内容の決定を当事
者の自由な交渉に任せるのは不適当です。そのため，売却の条件
や効力があらかじめ定められます。これを売却条件といいます。
先述した売却基準価格・買受可能価額も売却条件の一種ですが，

ここでは，それ以外の主要な売却条件について説明します。

（イ）不動産上の担保権・用益権等の処遇──消除主義と引受主義

競売の目的となっている不動産の上に設定されている担保権や用益権等については，競売によって消滅させるのか，あるいは買受人に引き継がせるのか，が問題となります。競売によって消滅させる制度を消除主義，買受人に引き継がせる制度を引受主義といいます。民事執行法は，消除主義を原則としつつ，引受主義を併用しています。

（a）抵当権，先取特権，使用収益権のない質権は消える

競売不動産上に存する抵当権，先取特権，使用収益権のない質権（使用および収益をしない旨の定めのある質権）等の担保権については，差押えの登記前に登記されたものであっても，売却によってすべて消滅します（59条1項）。買受人にとってみれば，これらの担保権の負担のない不動産を取得できるということになります。*

（b）留置権，使用収益権のある最先順位の質権は消えない

競売不動産上の留置権および使用収益権のある優先順位の質権は，売却によって消滅しません。留置権については，その成立の時期や原因を問わず消滅することはありません。優先順位の質権とは，抵当権等の消滅すべき権利や差押えが自己より先順位に存在しない最先順位の質権という意味です。このような質権も消滅しません。買受人にとってみれば，これらの権利は引き受けなければならない，ということになります。この場合，買受人は，留置権者および使用収益権のある質権者に対し，その被担保債権を弁済する責任を負います（59条4項）。

（ロ）不動産上の用益権は原則として対抗問題となる

差押債権者に対抗できる用益権は買受人が引き受けなければなりませんが，対抗できない用益権は，原則として売却によりその効力を失います（59条2項）。対抗できるかどうかは，民法，借地借家法等に規定された対抗要件の具備の先後によって決まることになります。例えば，設例48で，甲土地の上にCが差押えの前から土地賃借権を有していた場合，Cは，土地賃借権の登記をしているか（民法605条），または甲土地上に登記した建物を所有していれば（借地借家法10条1項），買受人に対抗することがで

＊一方，抵当権や使用収益権のない質権を有する者は，優先配当を受けることができますから，特に不利益を被るわけではないのです。

きますから，買受人はCの土地賃借権を引き受けなければならない，ということになります。つまりこの場合，買受人は土地所有権を取得するとともに，土地賃貸人たる地位も取得することになります。

差押債権者に対抗できる用益権であっても，その用益権の先順位に売却により消滅する抵当権等がある場合は，その用益権は売却により効力を失います。例えば，上の例で，Cの土地賃借権よりも先順位にDが抵当権の登記をしているとき，売却によりDの抵当権が消滅するとともに，Cの土地賃借権も効力を失うことになります。より優先する権利があれば，それに劣後する権利も道連れとなって消えるというわけです。*

（ハ）法定地上権

抵当不動産上に成立する法定地上権については，民法でおなじみかと思います。これは，抵当権実行の結果として土地と建物が別人の所有に属することになった場合に，その建物を保護するために当然に地上権が設定されたものとみなす制度ですが（民法388条），強制競売の際にも同様の趣旨から法定地上権の制度が設けられています（81条）。その要件については，民法の考え方を応用することができますから，次の表で確認しておいてください。

①差押え時点で土地上に建物が存在したこと
②差押え時点で土地と建物の所有者が同一であったこと
③土地・建物のいずれかまたは双方に差押えがあったこと
④売却により土地・建物の所有者が異なるに至ったこと

（二）一括売却

数個の不動産に対して競売が申し立てられている場合には，個々の不動産ごとに個別に売却するのが原則です。しかし，例えば，債務者所有の複数の土地が隣接しているとか，店舗と別棟の倉庫などのように，相互の利用上個別に売却するよりもそれらを同一の買受人にまとめて売却するほうが，実際上高く売れる場合が多くみられます。そのような場合，執行裁判所は，それらの不動産を一括して売却することを定めることができます（61条本文）。

（ii）売却の実施手続

不動産売却の準備が整い，売却条件が定められると，いよいよ

*なお同様に，差押債権者に対抗することができる用益権でも，差押えに先行して仮差押えがあり，その仮差押権者に対抗できないものは，その効力を失います。

実際の換価手続である売却が実施されることになります。そのプロセスを大まかに示すと、売却の実施方法の決定→売却の実施→売却許可決定→代金の納付ということになります。

(イ) 売却の方法

　強制競売の執行機関は執行裁判所ですが、具体的な手続については裁判所書記官がお膳立てをし、執行官に実施させて行います。すなわち、売却は裁判所書記官の定める方法により行われます（64条1項）。売却の方法としては、入札または競り売りにより行うのが原則です（同条2項）。入札とは、入札用紙に金額を書き入れて投票し、最高の値をつけた人を買受人とする売却方法です。競り売りについては、「オークション」をイメージしてください。入札には、指定された期日に裁判所（執行官室）に出向いて行う期日入札と一定の期間を定めて入札を受け付ける期間入札とがありますが、現在はほとんど期間入札で行われているようです。期間入札の場合は、郵便による申出が可能ですから、わざわざ実施場所に足を運ぶ必要がなく、一般人の参加を促進するというメリットがあります。

(ロ) 売却の実施場所の秩序維持

　執行官は、売却の実施場所の秩序を維持するため、入札妨害や不当な談合により売却の適正な実施を妨げる行為をした者、あるいはさせた者等について、売却の実施場所に入ることを制限し、またはその場所から退場させ、あるいは買受けの申出をさせないようにすることができます（65条）。

閑話休題

　なぜ、民事執行法に売却の実施場所の秩序維持を目的とする規定が存在しているのでしょうか。それは、不動産競売の場では、従前、暴行・脅迫等売却の公正を妨げるような違法行為が横行し、それを防止する必要があるからです。特に民事執行法の施行（昭和54年）以前は、売却方法として競り売りが広く行われ、そこは、「競売屋」と呼ばれる悪質なブローカーの暗躍するアンタッチャブルな世界でした。そのため、一般人の競売手続への参入は、相当に困難な状況であったのです。刑法に競売入札妨害罪という犯罪が規定されていますが（刑法96条の3）、これは競売をめぐる犯罪行為の抑止を目的とするものです。しかし現在では、競売手続が期間入札中心に行われるようになるとともに、代金支払いの方法として住宅ローンも使えるようになるなど、

その手続も改善され，ずいぶんオープンなものになっています。

　さらに，令和元年の民事執行法改正（令和２年４月１日施行）により，買受の申出をしようとする者に対し，暴力団員等に該当しないこと等の陳述を義務づけ（65条の２），また，暴力団員等であることが売却不許可事由とされる（71条５号イ）など，競売手続の公正の向上が図られています。

（iii）売却の実施
（イ）買受けの申出の保証

　不動産の買受けの申出をしようとする者は，執行裁判所が定める額および方法による保証を提供しなければなりません（66条）。保証の額は，売却基準価額の２割が原則とされています（規則49条，同39条１項）。この保証の提供は，代金の一部をあらかじめ支払っておくというものです。したがって，保証として提供された金銭は，買受後に代金に充当されることになりますが（78条２項），買受けに成功しなかったときは買受希望者に返還されることになります。しかし，買受人になったのに代金を納付しないときは，売却許可決定はその効力を失い，買受人は，その返還を請求することができなくなります（80条１項）。*

- - - **一歩前進** -
　買受けの申出があった後に強制競売の申立てを取り下げるには，原則として最高価買受申出人または買受人および次順位買受申出人の同意を得なければなりません（76条１項本文）。
- -

*保証の提供の制度には，このようなペナルティを科すことによって，買受けの意思のない不真面目な買受申出を防止するという意味合いがあるわけです。

（ロ）次順位買受けの申出

　最高価買受申出人に次ぐ高額の買受けの申出をした者は，①その申出額が買受可能価額以上で，かつ②最高価買受申出人の申出額からその申出保証金を控除した額以上である場合に限り，売却の実施の終了までに執行官に対して次順位買受けの申出をすることができます（67条）。この制度によって，最高価買受申出人の代金不納付により売却許可決定がその効力を失った場合，次順位買受申出人に買受けのチャンスが生じることになります。すなわち，この場合執行裁判所は，次順位買受の申出について許可または不許可の決定をしなければなりません（80条２項）。この次順

位買受けの申出は，売却手続の繰返しを避け，手続の迅速な進行を図るために案出された制度です。ただ，あまりに安値での売却を認めると債権者の利益が害されることになりますから，①および②の要件をクリアした場合に次順位買受申出人に買受けの可能性を与えることにしたものです。例えば，売却基準価額2000万円（買受可能価額1600万円）と定められ，最高価申出人Ａの申出額が2200万円，Ａの保証の額が400万円と定められたとします。この場合，①の金額は1600万円，②の金額は2200−400＝1800万円となります。すると，次順位に高値をつけた買受申出人Ｂの買受可能価額は，①と②の要件をともにクリアする1800万円以上でなければならない，ということになります。なお，後述するとおり，Ａが代金を納付しなかった場合，保証として提供した金銭は，代金に組み込まれることになります（86条1項3号）。そうすると，仮にＢの申出額が1800万円であった場合，1800＋400＝2200万円が売却代金となります。

ここが狙われる

　債務者は，買受けの申出をすることができません（68条）。不動産を買うくらいの金があるのなら，債権者に債務を支払えという趣旨です。

(ⅲ) 売却許可決定

　執行官による売却の実施後，執行裁判所は，売却決定期日を開き，売却の許可または不許可を言い渡します（69条）。※

　売却決定期日では，最高価買受申出人の買受資格の欠如その他法定の売却不許可事由（71条）の存否が調査され，特に問題がなければ，最高価買受申出人に売却許可決定がなされます。最高価買受申出人は，売却許可決定後は「買受人」と呼ばれることになります。しかし，売却不許可事由のいずれかがあると認めるときは，執行裁判所は，売却不許可決定をしなければなりません。

　売却の許可または不許可の決定に対しては，その決定により自己の権利が害されることを主張するときに限り，執行抗告をすることができます（74条1項）。売却の許可または不許可の決定は，確定するまで，その効力を生じません（同条5項）。

※売却の許可または不許可に関し利害関係を有する者は，売却決定期日での意見の陳述が認められます（70条）。

Check

「超過売却の禁止」

　売却不許可事由がない限り，執行裁判所は，売却許可決定をしなければならないのが原則です（71条）。しかし，売却される不動産が数個ある場合，そのうちのある不動産の買受けの申出の額で各債権者の債権および執行費用の全部を弁済することができる見込みがあるときは，執行裁判所は，他の不動産についての売却許可決定を留保しなければなりません（73条1項）。これを超過売却の禁止といいます。債権者の満足の範囲を超えて，不必要に債務者の不動産を奪うことは，憲法で保障された財産権（憲法29条1項）の不当な侵害につながるおそれがあるからです。この売却許可決定の留保がなされたときは，最高価買受申出人または次順位買受申出人は，買受けの申出を取り消すことができます（73条3項）。

（ⅳ）代金の納付とその効果
（イ）代金の納付

　売却許可決定が確定したときは，買受人は，裁判所書記官の定める期限までに代金を裁判所書記官に納付しなければなりません（78条）。買受申出の保証として提供していた金銭は，代金に充当されます（66条，78条2項）。＊

（ロ）代金納付の効果

　買受人は，代金を納付した時に不動産を取得します（79条）。つまり，この時に買受不動産の所有権が買受人に移転します。当然，その不動産の滅失・損傷等の危険は，この時から買受人が負担することになります。裁判所書記官は，買受人のために，所有権移転登記，消除になった権利の登記の抹消，差押え・仮差押えの登記の抹消等を職権で嘱託します（82条1項）。

＊配当を受けるべき債権者が買受人となったときは，売却決定期日の終了までに申し出て，自らが受けるべき配当額を控除して代金を納付することができます（78条4項本文）。買受人の便宜を考慮して差引納付が認められているわけです。

売却の実施　───▶　売却許可決定　───▶　代金の納付

　　　　　　　　　　　　　　　　　⬇

買受人が所有権取得

一歩前進

　不動産競売においては，債務名義に表示された執行債権が不存在あるいは消滅していたとしても，その債務名義による

執行の実施は有効であり，買受人は目的不動産の所有権を取得することができると解されています。これは，競売の信頼性および安定性を確保するためであり，競売の公信的効果と呼ばれます。＊

　もっとも，買い受けた不動産が債務者以外の第三者の所有物であった場合には，買受人は，その所有権を取得することはできません。このようなケースのほか，競売不動産の権利の一部が他人に属する場合や建物のための借地権が存在することを前提に土地を買い受けたのに実は借地権が存在しなかった場合のように，取得した権利に契約不適合がある場合には，買受人は，債務者に対し，契約の解除をし，または代金の減額請求をすることができます（民法568条1項）。

＊後述するとおり，不動産担保権に基づく競売においては，この公信的効果が明文で規定されています（184条，P328参照）。

Check

「引渡命令」

　買受人が代金を納付して不動産の所有権を取得したにもかかわらず，債務者あるいは買受人に対抗できない第三者が図々しく（？）居座っているような場合，買受人は，所有権に基づき明渡しを請求することができます。任意に応じなければ，その者を相手方として明渡請求の訴えを提起し，勝訴の確定判決を得て強制執行により占有者を追い出すこともできます。しかし，こんな面倒な手続をとらなければならないとすると，買受人の権利の迅速な実現に支障をきたします。ひいては，競売物件の信頼性が低下し，競売参加者が激減することになってしまうでしょう。

　そこで，より簡易かつ迅速な手続で買受不動産の引渡しを実現するために，買受人に対するいわばアフターケアとして引渡命令の制度が設けられています。この制度の概要は次のとおりです。買受人は，代金納付の日から原則として6ヶ月以内に，事件の記録上買受人に対抗できない債務者または占有者を相手方として，執行裁判所に引渡命令の申立てをすることができます（83条1項・2項）。申立てを受けた執行裁判所は，その要件を事件記録に基づき審査し，占有者が買受人に対抗することのできる権原に基づき占有していると認められる場合以外は，その占有者に対し引渡命令を発します。引渡命令の許否の決定に対しては，執行抗告をすることができます（同条4項）。引渡命令が確定すると，その命令は債務名義となりますから（22条3号，P289参照），買受人はそれに基づき明渡しの強制執行を申し立てることができます。

（ハ）代金の不納付

　買受人が裁判所書記官の定めた所定の期限内に代金を納付しないときは，買受人に対する売却許可決定は効力を失います（80条1項前段）。この場合，買受人は，提供した保証の返還を請求することができません（同条同項後段）。保証として提供された金銭は，売却代金に組み込まれることになります（86条1項3号）。

　代金を納付しなかった買受人は，売却不許可事由に該当することになり，再売却の実施に際して買受の申出をしても許可されません（71条4号ロ）。

（4）配当手続

　不動産の買受人が代金を納付すると，執行裁判所は，これを一定範囲の債権者に分配します。この手続が配当手続であり，金銭執行における差押え→換価→満足のうちの最終段階の手続です。この配当手続については，ポイントを絞ってその概略を説明します。

①　売却代金分配の方法

　配当の原資となる売却代金とは，買受人が納付した代金に代金不納付により代金に組み込まれた保証等をプラスしたものです（86条1項）。売却代金の分配の方法としては，弁済金の交付と配当の2つがあります。条文上は，この2つを併せて「配当等」と呼んでいます（84条3項）。

（ⅰ）弁済金の交付

　弁済を受けるべき債権者が1人である場合，または債権者が2人以上であっても売却代金をもって全部の債権および執行費用をまかなえる場合には，その「分け前」をめぐって争いの生じる余地はありません。したがって，これらの場合には，各債権者にそれぞれの債権額を弁済し，剰余金があるときは債務者に交付すれば足ります（84条2項）。

(ⅱ) 配当表に基づく配当

　しかし，債権者が2人以上であって，売却代金をもって全部の債権を弁済するに足りない場合には，配当の公平性・透明性を確保するため，裁判所書記官の作成した配当表に基づいて配当を実施しなければなりません（84条1項）。

② 配当等を受けるべき債権者

　弁済金の交付または配当を受けるべき債権者は，次のとおりです（87条1項）。

（ⅰ）最初に差押えをした債権者

（ⅱ）配当要求の終期までに強制競売または一般の先取特権の実行として競売の申立てをした差押債権者

（ⅲ）配当要求の終期までに配当要求をした債権者*

（ⅳ）差押えの登記前に登記をした仮差押債権者

（ⅴ）差押えの登記前に登記がされた先取特権を有する債権者

（ⅵ）質権または抵当権で売却により消滅するものを有する債権者

＊この債権者は，執行力ある債務名義の正本（執行正本）を有する債権者でなくてはなりません（P286 Check 参照）。

③ 配当等の実施

（ⅰ）配当期日

　代金が納付されると，執行裁判所は，配当期日または弁済金の交付の日（配当期日等）を定めなければなりません（規則59条1項）。

　配当期日等は，原則として代金納付の日から1ヶ月以内の日です（同条2項）。配当期日には，配当を受けるべき債権者および債務者を呼び出さなければなりません（85条3項）。

（ⅱ）配当すべき金額等の決定

　執行裁判所は，配当期日において，民法，商法等の法律の定めに従い，配当を受けるべき各債権者についてその債権の元本および利息等の債権の額，執行費用の額，配当の順位および額を定めます（85条1項本文・2項）。もっとも，配当の順位および額について，配当期日においてすべての債権者間に合意が成立したときは，その合意内容により定めます（同条1項ただし書）。

　配当すべき金額や順位が定められたときは，裁判所書記官は，配当期日に配当表を作成しなければなりません（同条5項）。執行裁判所は，配当異議の申出のない部分に限り配当を実施（金銭

を配る）しなければなりません（89条2項)。

　配当期日等において確定期限が到来していない債権につい
ては，配当期日等に弁済期が到来したものとみなされ，配当
等を受けることができます（88条1項)。そのように画一的
な扱いをしないと，迅速な配当ができなくなるからです。

---

④　配当に関する不服申立て
（ⅰ）配当異議の申出

　配当をする場合，配当表に記載された各債権者の債権または配
当額に不服のある債権者および債務者は，配当期日において配当
異議の申出をすることができます（89条1項)。配当異議の申出
がある場合には，それに相当する金銭については配当を実施する
ことができず，配当異議の訴え等で決着がつくまで，供託される
ことになります（91条1項7号)。*

（ⅱ）配当の異議に関する訴え

　配当期日に申し出た異議については，それを認めてもらうため
には，さらに訴えによって主張する必要があります。

　債権者が異議申出をした場合は，配当異議の訴えを提起するこ
とになります（90条1項)。

　債務者が異議申出をした場合は，①異議の相手方がその債権に
つき「執行力のある債務名義の正本（執行正本)」を有していな
いときは,そもそも配当できないことを主張する配当異議の訴え,
②それを有しているときは，その債務名義の執行力を排除する必
要がありますから，請求異議の訴え（35条）を提起しなければな
りません（90条5項)。

*配当異議の申出
は,実体権に関する
異議の申出ですか
ら，次に説明する配
当の異議に関する訴
えで解決する必要が
ありますが,配当表
の作成手続上の瑕疵
については,執行異
議の申立てによるこ
とになります。

配当の異議に関する訴え		
異議申出者	相手方	訴えの類型
債権者	他の債権者	配当異議の訴え
債務者	無名義債権者	配当異議の訴え
	有名義債権者	請求異議の訴え

4　強制管理

　ここからは，不動産執行のもう1つの方法である強制管理に話を移します。強制管理には，強制競売に関する多くの規定が準用されます（111条）。両者は，不動産に対する強制執行という点で共通性をもつ面があるからです。

(1)　意義

　強制管理は，債務者所有の不動産から生じる果実の収益権を債務者から取り上げ，その管理収益権限を執行裁判所の選任する管理人に委ね，そこから得られる収益をもって債権の満足に充てる執行方法です。強制競売との基本的な違いは，その**目的不動産を売却しない**という点にあります。

　強制管理のこのような特質から，その対象として適しているのは，事務所用のテナントビルや賃貸マンション，有料駐車場等に限られ，債務者所有の居住用住宅など収益のあまり見込めない不動産は，事実上強制管理の対象となりません。したがって，以下では，賃貸ビルや賃貸マンションなど収益の上がる不動産の強制管理を想定して理解していくほうがわかりやすいでしょう。

> **一歩前進**
>
> 　強制競売と強制管理は，相互に排他的なものではなく，債権者は**両方を併用する**こともできます（43条1項）。両方を申し立てれば，両方の手続が並行して実施されることになります。この場合，強制競売によって債務者が不動産の所有権を失うまで，強制管理による収益の収取が可能です。

(2)　手続の開始

　強制管理は**債権者の申立て**によって開始されます（2条）。*

　申立てを受けた執行裁判所は，強制管理の開始決定をするときは，不動産の**差押えを宣言する**とともに，

① 債務者（賃貸人）に対して**収益の処分の禁止**

＊強制競売の場合と同様，強制管理の場合も二重開始決定が可能です（93条の2）。なお，強制管理の申立ての裁判に対しては，開始決定，申立却下決定のいずれに対しても執行抗告ができます（93条5項）。

② 収益の給付義務者（賃借人）に対して，給付の目的物（賃料）の管理人への交付

を命じます（93条1項）。給付義務者に対する開始決定の効力は，開始決定が当該給付義務者に送達された時に生じます（同条4項）。

差押えの効力が及ぶ収益は，天然果実なら差押えの効力発生後に収穫すべきものに限られますが，賃料等の法定果実なら差押えの効力発生後に弁済期の到来するものだけでなく，すでに弁済期が到来しているがまだ取り立て等の処分がなされていない未払いのものも含まれます（同条2項）。

(3) 不動産の管理
① 管理人の選任
執行裁判所は，強制管理の開始決定と同時に管理人を選任します（94条1項）。管理人の資格に特に制限はなく，執行官や弁護士などの自然人のほか，銀行や信託会社などの法人も管理人となることができます（同条2項）。*

② 管理人の権限
管理人の権限は多岐にわたりますが，その基本的かつ中心的な権限は，不動産の管理，収益の収取および換価の権限です（95条1項）。すなわち管理人は，強制管理開始決定によって不動産の果実収取権を奪われた債務者に代わって不動産を管理し，そこから得られた収益を収取したうえ換価するという職務を担当します。賃料等は換価の必要はありませんが，天然果実などは通常換価が必要となります。換価は，例えば，農園で収穫されたフルーツを市場で売却するなど管理人が任意の方法で行います。なお，管理人は，不動産について債務者の占有を解いて自らこれを占有することができますが（96条1項），不動産自体を処分する権限は認められません。したがって，短期賃貸借（民法602条）の期間を超えて不動産を賃貸するには，債務者の同意を必要とします（95条2項）。

管理人は，執行裁判所の監督の下で，善良な管理者の注意をもって，その職務に当たらなければなりません（99条，100条1項）。

＊管理人を複数選任した場合，原則として共同して管理を行いますが，執行裁判所の許可を受けて職務を分掌することもできます（95条3項）。

（4） 配当等の手続

① 配当要求のできる債権者

　強制管理において配当要求をすることのできる債権者は，**執行力のある債務名義の正本を有する債権者および不動産担保権の実行可能な文書により一般の先取特権を有することを証明した債権者**に限られます（105条1項）。*1

② 配当等の実施

　配当等（弁済金の交付または配当）に充てるべき金銭は，債務者への分与（98条1項）をした後の収益等から，公租公課および管理人の報酬その他の必要な費用を控除した残額です（106条1項）。*2

　管理人は，上記金額について，**執行裁判所の定める期間（配当区分期間）**ごとに配当等に充てるべき金銭の額を計算して，配当等を実施します（107条1項）。強制管理における配当等は，継続的に実施されることが予定されていますから，配当要求の終期が定められることはなく，配当区分期間ごとに配当等の要求が可能です。

　実際に配当等を受けることのできる債権者は，配当区分期間の満了までに以下の申立てをした債権者です（同条4項）。

（ i ） 強制管理の申立てをした差押債権者

（ ii ） 一般の先取特権の実行として担保不動産収益執行の申立てをしたもの

（iii） 担保不動産収益執行の申立てをしたもの（上記（ ii ）の場合を除く）

（iv） 強制管理の方法による仮差押えの執行をしたもの

（ v ） 配当要求債権者

*1 配当要求を却下する裁判に対しては，執行抗告をすることができます（105条2項）。

*2 債務者への分与は，債務者の生活困窮を防止するため，申立てにより，裁判所が命じます。

　Check

「担保権の実行としての競売等」

　これまで，債務名義に基づく不動産執行として，強制競売および強制管理の2つの方法を説明してきましたが，民事執行法は，それとは別に「担保権の実行としての競売等」という章を設け（第3章），担保不動産競売，担保不動産収益執行，留置権による競売および民法，商法その他の法律による換価のための競売（いわゆる形式的競売）について規定しています。これらの手続につい

ては，強制競売等の手続と共通した部分が多く，基本的に不動産執行に関する
規定を準用するという形が採られています。そこでこれらの手続については，
不動産執行との異同といった観点から，ここで簡略に説明しておきます。司法
書士試験においては，強制競売手続よりもむしろ不動産担保権の実行手続から
の出題が多くみられますが，両者の基本的な異同を押さえておけば，その手続
的事項はほぼパラレルに理解することができます。

　まず，不動産の強制執行と不動産担保権の実行との基本的かつ決定的な違い
は，前者が債務名義に基づき実施されるものであるのに対し，後者は債務名義
に基づかないで実行されるという点にあります。すなわち，不動産の強制執行
の場合は債務名義によって執行手続をすることが正当化されますが，不動産担
保権の実行についてはその担保権に内在する換価権を根拠として実行手続が正
当化されるわけです。理屈っぽい話はこれくらいにして，具体的な手続上の差
異を説明します。

　不動産担保権の実行方法としては，担保不動産競売と担保不動産収益執行の
２つがあります（180条１号・２号）。それぞれ，不動産の強制競売と強制管
理に相当します。担保不動産競売，担保不動産収益執行のいずれにも債務名義
を必要としませんが，担保権の存在を認識するための一定の文書が必要とされ
ます。その文書として，①担保権の存在を証する確定判決等の謄本，②担保権
の存在を証する公証人が作成した公正証書の謄本，③担保権の登記に関する登
記事項証明書，④一般の先取特権にあっては，その存在を証する文書，の４つ
が定められていますが（181条１項），圧倒的に多く使われているのは③の文
書です。もう１つの重要な手続上の差異として，不動産担保権の実行の開始決
定に対する執行抗告または執行異議の申立てにおいては，担保権の不存在や消
滅などの実体的異議をその理由とすることができる，ということを覚えておき
ましょう（182条）。執行抗告や執行異議は，本来は執行手続上の瑕疵に対す
る不服申立方法です（10条，11条参照）。しかし，不動産担保権の実行におい
ては，債務者の保護という観点から，このような簡易な救済方法を認めている
わけです。以下，担保不動産競売と担保不動産収益執行のそれぞれの制度につ
いて，その概略を説明します。

　担保不動産競売の手続の進め方については，強制競売の規定が広く準用され
ています（188条）。つまり，申立て→差押え→換価→配当という手続の基本
的な流れは，強制競売と同じです。また，担保不動産競売においては，代金の
納付による買受人の不動産の取得は，担保権の不存在または消滅により妨げら
れない，との明文規定が設けられています（184条）。この点，強制競売の手

続では明文の規定はありませんが，同様に理解されています。

　ただ，1つの重要な差異として，強制競売にはない開始決定前の保全処分の制度が担保不動産競売で認められていることを覚えておきましょう（187条1項）。すなわち，不動産の強制競売開始決定前は，債務者が当該不動産の価格減少行為（55条1項参照）をするときでも，その禁止を命ずる保全処分を申し立てることはできませんが，担保不動産競売においては，その開始決定前でも，当該行為の禁止を命ずる保全処分を申し立てることができます。

　担保不動産収益執行は，担保不動産から生ずる収益を被担保債権の弁済に充てる方法による不動産担保権の実行です（180条2号）。その対象となる収益は，後に収穫すべき天然果実およびすでに弁済期が到来し，または後に弁済期が到来すべき法定果実であり，そのうち被担保債権の不履行後のものに限られています。その手続の基本的な枠組みは，不動産の強制管理と異なるところはなく，担保不動産収益執行手続には全面的に強制管理の諸規定が準用されています（188条）。

　留置権による競売および民法，商法その他の法律の規定による換価のための競売（形式的競売）については，「担保権の実行としての競売の例による」とのわずか1ヶ条の規定が設けられているに過ぎません（195条）。この留置権による競売や形式的競売は，請求権の満足を目的とするものではありませんが，担保競売の規定を借用して実施される換価手続です。簡単にまとめておきます。

　民法や商法に規定された留置権（民法295条，商法31条等）には，抵当権や質権等の通常の担保権と違って優先弁済権が認められません。しかし，留置権は，被担保債権の弁済があるまで目的物を留置できる権利であるところから，民事執行法は，目的物を競売により金銭に換えて保管することを認めたのです（留置権はその換価代金の上に存続することになります）。もっとも，競売による換価金は留置権者に交付されますから，留置権者は，債務者に対する換価金の引渡債務と債務者に対する債権とを相殺することにより，事実上の優先的満足を得ることができます。

　民法，商法その他の法律による換価のための競売とは，裁判によって共有物を価格分割する際の競売（民法258条）とか，供託に適しない物の自助売却（民法497条）の際に行われるものです。いずれも，目的物を金銭に換えることだけを目的として競売手続で換価することになります。

実戦過去問
司法書士　平成19年度

　不動産の強制競売に関する次のアからオまでの記述のうち，正しいものの組合せは，後記1から5までのうちどれか。

ア　第一審裁判所が地方裁判所である訴訟の確定判決によって行われる強制競売については，当該第一審裁判所が，執行裁判所として管轄する。

イ　強制競売の申立てを却下する裁判に対しては，執行異議を申し立てることができる。

ウ　強制競売の開始決定前においては，債務者が当該不動産について価格減少行為をするときであっても，当該行為を禁止し，又は一定の行為を命ずる保全処分をすることはできない。

エ　強制競売の開始決定が債務者に送達される前に，差押えの登記がされたときは，差押えの効力は，当該登記がされた時に生ずる。

オ　執行裁判所は，差押債権者の債権に優先する債権があり，不動産の買受可能価額が手続費用及び当該優先債権の見込額の合計に満たないときは，直ちに強制執行の手続を取り消さなければならない。

1　アイ　　　　2　アオ　　　　3　イエ　　　　4　ウエ　　　　5　ウオ

解　説

ア　×　不動産執行については，その所在地を管轄する地方裁判所が，執行裁判所として管轄することになっています（44条1項）。必ずしも，第一審裁判所が執行裁判所となるわけではありません。

イ　×　強制競売の申立てを却下する裁判に対しては，執行抗告を申し立てることができます（45条3項）。

ウ　○　担保権の実行としての競売の場合（187条）と異なり，強制競売の開始決定前には，価格減少行為に対する保全処分をすることはできません。

エ　○　民事執行法46条1項ただし書。

オ　×　この場合，まず通知が必要です（民事執行法63条1項2号）。

　以上より，正しいものはウおよびエであり，4が正解となります。

正解　4

　担保不動産競売の手続に関する次のアからオまでの記述のうち，誤っているものの組合せは，後記1から5までのうち，どれか。

ア　担保不動産競売の申立てがされた不動産について，既に強制競売の開始決定がされているときは，執行裁判所は，担保不動産競売の開始決定をすることができない。

イ　担保不動産競売の開始決定に対しては，担保権の不存在又は消滅を理由として執行異議の申立てをすることができる。

ウ　買受人が代金を納付した後は，担保権のないことを証する確定判決の謄本を提出しても，担保不動産競売の手続を停止することはできない。

エ　担保不動産について不動産の所有者が不動産の価格を減少させ，又は減少させるおそれがある行為をしていた場合には，当該不動産の担保権者は，担保不動産競売の申立てをした後に限り，当該行為を禁止することを命ずる保全処分の申立をすることができる。

オ　担保不動産競売の手続において，配当表に記載された各債権者の債権又は配当の額について不服がある場合には，債務者ではない不動産の所有者も，配当異議の申出をすることができる。

1　アエ　　　　2　アオ　　　　3　イウ　　　　4　イエ　　　　5　ウオ

解　説

ア　×　本肢の場合でも，二重開始決定をすることができます（188条，47条）。

イ　○　債務者や目的不動産の所有者は，担保権の不存在または消滅を理由として執行異議を申し立てることができます（182条）。

ウ　○　担保不動産競売における代金の納付による買受人の不動産の取得は，担保権の不存在または消滅により妨げられることはありません（184条）。

エ　×　担保不動産競売の開始決定前でも，担保権者は，不動産の所有者による価格減少行為に対して保全処分を申し立てることができます（187条1項）。

オ　○　配当異議の申出は，物上保証の場合には目的不動産の所有者もすることができるとされています（判平9・2・25）。

　以上より，誤ってるものはアおよびエであり，1が正解となります。

正解　1

16 金銭執行Ⅱ──債権執行と動産執行

学習ナビゲーション

　本講では，金銭執行のうち，債権執行と動産執行の説明をします。債権執行については，実務上の申立て件数が多く，その重要度からいえば，不動産執行をしのぐものがあります。重要な判例も数多く出されていますから，多少踏み込んだ学習をしておかれるほうがよいでしょう。不動産執行の場合と違って債権執行では，差押えされた債権（被差押債権）の債務者（第三債務者）が登場しますから，手続上の関係が多少複雑になります。混乱しないよう，しっかり整理して理解に努めてください。動産執行については，手続の流れに沿って，基本的な条文の意味を正確に押さえておけば十分です。

1　債権執行

> **設例49**
>
> 　Aは，Bに対する300万円の貸金債権について執行力のある債務名義の正本を有している。他方Bは，C銀行に対して500万円の定期預金を有している。そこでAは，裁判所に対し，BがC銀行に対して有する預金債権の差押えの申立てをした。

（1）意義

　債権執行とは，債務者が第三者に対して有する債権を差し押さえて行う強制執行の方法です。債権執行は，**①債務者の有する金銭債権に対する執行**および**②債務者所有の動産・船舶等の引渡請求権に対する執行**とに区別することができます。といっても，現代の経済社会で重要な意義を担っているのは，①の債務者の有す

る金銭債権に対する執行ですから，以下，これに絞って説明していくことにします。

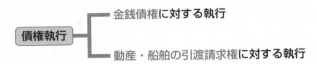

債権執行 ── 金銭債権に対する執行
　　　　 ── 動産・船舶の引渡請求権に対する執行

　まずは，設例49で，Aが，BのC銀行に対する定期預金債権を差し押さえたという前提で，基本的な法律関係と用語の意味を確認しておきましょう。

　AのBに対する債権（以下「a債権」といいます）は，差押債権とか執行債権あるいは請求債権と呼ばれますが，本書では**執行債権**といいます。差押えの対象であるBのCに対する債権（以下「b債権」といいます）は，被差押債権あるいは差押債権と呼ばれることもありますが，b債権は，「差し押さえられた債権」なのですから，**被差押債権**と呼ぶほうが混乱を避けられるように思います。そこで，b債権を被差押債権といいます。

　また，前述したとおり，強制執行の関係では，それを申し立てるAを債権者，その相手方であるBを債務者といいます。債権執行では，それに加えて，b債権の債務者であるCが登場します。このCを**第三債務者**といいます。＊

＊債権者については，差押え申立て後は，「差押債権者」といいます。

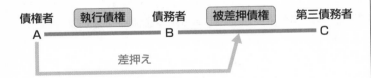

債権者　　執行債権　　債務者　　被差押債権　　第三債務者
　A　─────────　B　─────────　C
　　　　　　　差押え

Check

「差押禁止債権」

　設例49のような，債務者の有する預金債権などは，絶好の差押対象となります。しかし，金銭債権であればすべて差押えの対象となるわけではなく，債務者の生計維持など一定の政策的配慮に基づき，民事執行法その他の法律によって差し押さえることのできない債権（差押禁止債権）が定められています。

　まず，国や地方公共団体から支給される年金や生活扶助料などの公的給付については，債務者の最低限度の生活を保障するため，各特別法によって個別的

に差押えが禁止されています（生活保護法58条，厚生年金保険法41条1項，国民年金法24条等）。

　民事執行法は，①債務者が国，地方公共団体以外の者から生計を維持するために支給される継続的給付に係る債権について，その支払期に受けるべき給付の4分の3に相当する部分を差押禁止としています（152条1項1号）。例えば，生命保険会社や銀行など企業の運営している私的な個人年金からの給付がこれに当たるでしょう。

　また，②給料，賃金，退職金，賞与など給与の性質を有する債権についても，原則として支払期に受けるべき給付（手取額）の4分の3に相当する部分が差押禁止とされています（同条同項2号）。このうち，退職金（年金ではなく一時金として支給されるもの）については，原則どおり4分の3に相当する部分が差押禁止となりますが（同条2項），給料，賃金等については，例外が設けられています。すなわち，4分の3が「標準的な世帯の必要生計費を勘案して政令で定める額」を超えるときは，4分の3ではなく，政令で定める額が差押禁止となります（同条1項かっこ書）。現在，政令で定める額は，月額33万円とされています（民事執行法施行令2条1項1号）。計算例を挙げておきましょう。月額40万円の給料をもらっている人に対しては，その4分の3である30万円が差押禁止となります（つまり10万円だけ差押え可能）。給料月額60万円の人については，その4分の3は45万円となり，33万円を超えます。したがって，この人の差押禁止部分は45万円ではなく33万円となり，60万円－33万円＝27万円が差押え可能となります。さらに，執行債権が夫婦間の扶助義務，子の監護義務，親族間の扶養義務等に係る定期金債権（例えば，離婚した夫婦間の子の保育料等）である場合には，そのような債権は特に保護の必要性が高いと考えられますから，差押禁止とされている4分の3は2分の1とされ，差押え可能な部分が拡大されています（151条の2第1項，152条3項）。なお，執行裁判所は，債権者または債務者の申立てにより，当事者の生活状況等個別の諸事情を考慮して，差押命令の全部または一部を取り消し，あるいは差押禁止の範囲を拡張し，または縮減することもできます（153条）。

（2）　金銭債権の差押え
①　差押命令の申立てと差押命令
　債権執行は，債権者の申立てにより，執行裁判所の差押命令により開始されます（2条，143条）。この場合の執行裁判所は，原

則として債務者の普通裁判籍の所在地を管轄する地方裁判所が専属管轄を有します（144条1項）。執行裁判所は，差押命令の申立てがあると，その適法要件を審査し，適法と認めれば差押命令を発し（同条2項），不適法と判断すれば却下します。*1

差押命令は，債務者および第三債務者に送達され，差押えの効力は，差押命令が第三債務者に送達された時に生じます（145条3項・5項）。

一歩前進

不動産執行の場合は，債務者の居住実態や登記記録などから債務者所有の不動産を探り当てることが十分可能です。したがって，不動産の差押えに際しては，債権者がその対象となる不動産を明確に特定して申立てをしなければなりません。債権執行についても，差し押さえるべき債権の特定が要求されています（規則133条2項）。しかし債権については，債務者が誰に対し，どのような内容の債権をもっているのかを詳細かつ正確に見極めるのは一般的には困難です。そのため，例えば設例49のような預金債権の差押えに際しては，債権者は，債務者の取引銀行などから，ある程度の目星をつけて申し立てるほかないのが現実です。通常は，債権者は，債務者の取引銀行の取扱店舗を指定して，債務者の名義となっている預金の差押えを申し立てることになりますが，預金の種類や口座番号の明確な特定までは必ずしも要求されないのです。裁判所としても，いちおう差押債権者の言い分をもとに差押命令を発することになりますが，その存否や内容まで審査するわけではありません。存在しない債権の差押えも執行法上は適法であり，差押えが「空振り」となるに過ぎません。大げさにいえば，債権差押えが奏功するかどうかは，「イチかバチか」といったところがあるわけです。*2

そこで，差押命令を送達する際に第三債務者に対して情報提供を求めるための方策が採り入れられています。すなわち，差押命令の送達に際し，差押債権者の申立てがあるときは，裁判所書記官は第三債務者に対し，差押命令の送達の日から2週間以内に差押えに係る債権の存否その他の一定の事項に

*1 申立書には，①債権者，債務者，第三債務者，②債務名義の表示，③被差押債権の表示および求める強制執行の方法，④一部差押えの場合のその範囲等を記載しなければなりません（規則133条，同21条）。適法要件として審査の対象となるのは，差押禁止債権に該当しないこと，超過差押えの禁止に該当しないこと等です。この裁判に対しては，執行抗告をすることができます（145条6項）。

*2 先述したとおり，令和元年成立の民事執行法改正により，債務者の財産状況の調査制度が拡充されていますから（P302），今後はこの制度の活用により，債権執行の実効性の向上が期待されるところです。

ついて陳述すべき旨を催告しなければなりません（147条1項）。差押債権者としては，その陳述によって差押えが成功したかどうかを知ることができます。この催告に対して，第三債務者が故意または過失により陳述をせず，または不実の陳述をしたときは，それによって生じた損害を賠償しなければなりません（同条2項）。

ここが狙われる

執行裁判所は，差押命令を発するに際して，債務者および第三債務者に対する審尋は行いません（145条2項）。なぜかというと，「では，まず債務者や第三債務者の言い分を聴いてから……」などとノンキなことをやっていると，差押えの危険を察知した債務者が，差押えの対象である債権の弁済を受けたり，それを処分してしまい，差押えが空振りになってしまうおそれがあるからです。

②　差押えの効力

執行裁判所は，差押命令において，（ⅰ）債務者に対し債権の取立てその他の処分を禁止し，かつ，（ⅱ）第三債務者に対し債務者への弁済を禁止しなければなりません（145条1項）。この差押命令が第三債務者に送達された時に，債務者に対する処分禁止の効力および第三債務者に対する債務者への弁済禁止（支払いの差止め）の効力が生じます。

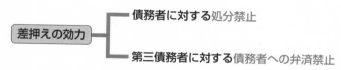

（ⅰ）債務者に対する処分禁止

差押えにより，債務者に対しては取立てその他の処分を禁止する効力が生じます。取立てとは，第三債務者に請求して弁済を受けることです。設例49で，Bは，C銀行に対して預金の払戻しを請求して弁済を受けることはできません。その他の処分とは，例えば，債権を譲渡すること，債権に質権を設定すること，債権を放棄することなどです。債務者に対して，これらの処分がすべて禁止されます。

差押えの効力が生じた後に，債務者が禁止された行為をした場

合，その行為は，執行手続に参加するすべての債権者に対抗することができません（手続相対効）。この点は，不動産差押えの場合とパラレルに理解できます。

被差押債権に証書があるときは，債務者はその証書を債権者に引き渡さなければなりません（148条1項）。設例49のBは，C銀行の定期預金証書をもっているときは，これをAに引き渡さなければなりません。

ステップアップ

債権が二重譲渡された場合，債権の帰属についての第三者対抗要件の優劣は，確定日付のある通知が債務者に到達した日時の先後によって決せられます（最判昭49・3・7）。これは，民法でおなじみの有名な判例です。同じく，債権の譲受人と差押債権者の優劣に関しても同様の問題が生じます。すなわちその優劣は，確定日付のある譲渡通知が第三債務者に到達した日時と差押命令が第三債務者に送達された日時の先後によって決まります。そうすると，確定日付のある譲渡通知が差押命令よりも先に第三債務者に到達している場合は，債権譲受人の債権取得が差押えよりも優先し，逆に差押命令が先に第三債務者に到達していれば，差押命令が優先することになります。

なお，判例は，差押命令と確定日付ある譲渡通知の到達の先後関係の不明を理由として，第三債務者が債権額に相当する金銭を供託したという事案で，差押債権者の債権額と債権譲受人の債権額との合計額が供託金額を超過するときは，差押債権者と債権譲受人は，公平の原則に照らし，それぞれの債権額に応じて供託金額を按分（割合配分）した額の供託金還付請求権をそれぞれ分割取得する，と判示しています（最判平5・3・30）。

(ⅱ) 第三債務者に対する債務者への弁済禁止

債権の差押命令が，第三債務者に送達されると，第三債務者に対する債務者への弁済禁止の効力が生じます。では，第三債務者がこの弁済禁止に違反して債務者に弁済したときは，どうなるのでしょうか。この点に関し，民法481条1項は，「差押えを受けた債権の第三債務者が自己の債権者に弁済をしたときは，差押債権者は，その受けた損害の限度において更に弁済をすべき旨を第三債務者に請求することができる」と規定しています。つまり，設例49でいえば，差押命令の送達を受けたにもかかわらず，C銀

行がBにb債権の弁済をした場合，Aは，C銀行に対してさらに弁済をするよう請求できることになります。要するにC銀行は，二重払いをせざるを得ない立場に置かれます。つまり，**第三債務者に二重弁済のリスクを課すことによって，弁済の禁止を強制できる**わけです。

　このように第三債務者は，差押えによって多少なりとも迷惑を被る地位に立たされますから，その不利益を緩和するため，被差押債権に相当する額を供託することにより，債務を免れることができます。さらに一定の場合には，供託が義務づけられることになります（P342　一歩前進　参照）。

ステップアップ

「差押えを受けた債権を受働債権とする相殺」

　設例49で，C銀行がBに対して，500万円の貸付金債権を有していたとします（この債権を「c債権」とします）。つまり，b債権の反対債権としてc債権が存在していると考えてください。この場合，Aの差押え後にC銀行がc債権を取得したとすると，その後に両債権の弁済期が到来したとしても，C銀行はc債権とb債権を相殺することはできません。しかし，Aによる差押え以前からCがc債権を有していた場合には，c債権とb債権の弁済期がともに到来し相殺適状に至れば，C銀行はc債権を自働債権，b債権を受働債権として相殺することができます。民法511条1項は「差押えを受けた債権の第三債務者は，差押え後に取得した債権による相殺をもって差押債権者に対抗することはできないが，差押え前に取得した債権による相殺をもって対抗することができる」と明確に規定しているからです。後の場合については明文規定がなく，同趣旨の判例が存在していたところ（最大判昭45・6・24），平成29年成立の民法改正により，民法511条1項に上記の明文が設けられました。

---

③　差押えの範囲
（ⅰ）超過差押えの禁止

　債務者が複数の債権を有している場合でも，被差押債権の額が執行債権と執行費用の合計額を超えるときは，執行裁判所は，他の債権を差し押さえることが禁じられます（146条2項）。債務者に過度の不利益を負わせるべきでないからです。

（ⅱ）全部差押えと一部差押え

　差し押さえるべき債権の範囲については，たとえ執行債権の額が被差押債権の額を下回る場合であっても，**被差押債権の全部につき差押命令を発する**ことができます（146条1項）。設例49のように，執行債権の額が300万円であっても，債務者の500万円の預金債権全部の差押えが可能です。もっともこの場合，300万円に執行費用の額を加えた**一部差押えの申立ても可能です**（149条）。このような限定を加えなければ，差押えの効力は被差押債権の全部に及びます。*

（ⅲ）差押えの競合

　すでに差押えまたは仮差押えがなされている金銭債権に対してさらに差押えの申立てがあったときは，執行裁判所は，**重ねて差押命令を発する**ことができます（144条3項参照）。この場合，複数の一部差押えがなされても，その合計額が被差押債権の額に達しないときは，各債権者は被差押債権の別の部分を差し押さえているのですから，差押えの競合は生じません。例えば，設例49で，Aが預金債権300万円の差押えをした後，他の債権者Dが150万円の差押えをした場合には差押えの競合を生じることはなく，この場合は，各債権者は独立に執行手続を進めることができます。

　しかし，最初に差し押さえられた額または仮差押えの執行を受けた額と後から差押命令の発せられた額の合計が，被差押債権の額を超える場合には，**差押えの競合**を生じます。例えば，設例49で，Aが預金債権500万円のうち300万円の差押えをした後，他の債権者Dが250万円の差押えをしたような場合に差押えの競合を生じます。当然，債権の全部が差し押さえられた後に，その債権の全部または一部が差し押さえられた場合にも差押えの競合が生じることになります。このような場合には，債権の**一部差押えの効力が差し押さえられた債権の全部に拡張されます**（149条）。これは，配当を行う際に，債権者の平等な比例的満足を実現するためです（P347参照）。

一部差押え
- 300＋150＜500 ⇨ 差押えの競合は生じない
- 300＋250＞500 ⇨ 差押えの競合を生じる

＊担保権付債権に対する差押えの効力は，従たる権利である抵当権や根抵当権等の担保権にも及びます。担保権付債権に対する差押命令が効力を生じたときは，裁判所書記官は，申立てにより，その債権について差押えの登記を嘱託しなければなりません（150条）。

一歩前進

　債権者Xが，Yに対する100万円の貸金債権を執行債権として Y の給料債権を差し押さえたとします。この給料債権や賃料債権のように，被差押債権が毎月発生するもの（継続的給付に係る債権）であるような場合，その債権は各支払期ごとに発生する別個の債権となります。したがって，本来であれば，差押債権者は，給料の支払期到来のつど差押手続を繰り返さなければならないはずです。しかし，差押手続の毎月の繰返しは，差押債権者に過度の煩雑さを強いることになります。そこで，差押債権者の便宜を考慮しその利益を保護するため，給料その他の継続的給付に係る債権に対する差押えの効力は，執行債権と執行費用の合計額を限度として，差押後に受けるべき給付に及ぶとされています（151条）。つまり X は，Y の給料債権を1度差し押さえておけば，その効力は以後の給付にも及び，100万円全額（正確には利息と執行費用をプラスした額）の弁済を受けるまで，差押可能額の範囲内で毎月一定額の支払いを受ける（取立てをする）ことができるというわけです。これによって，差押債権者は，毎月のように差押手続を繰り返さなければならない，というわずらわしさから解放されることになります。

Check

「扶養義務等に係る定期金債権の執行の特例」

　執行債権が，夫婦間の協力扶助義務（民法752条），婚姻費用分担義務（同法760条），子の監護に関する義務（同法766条），扶養の義務（同法877条）等に基づくもので，毎月発生する定期金債権であるような場合については，債権者の負担を軽減してその保護を図るために，執行方法の特例が認められています。すなわち，執行債権が扶養義務等に係る定期金債権である場合，確定期限の定めのある定期金債権の一部に不履行があるときは，その定期金債権のうち確定期限が未到来のものについても，債権執行を開始することができるとされています（151条の2第1項）。その場合，各定期金債権について，その確定期限の到来後に弁済期が到来する給料その他継続的給付に係る債権のみを差し押さえることができます（同条2項）。条文の表現だけだと，どういうことなのかわかりにくいと思いますが，具体的にはこういうことです。例えば，夫

　Ｙ，妻Ｘの夫婦が離婚するに際し，子Ｚの監護者をＸと定め，ＹがＺの養育料として毎月の給料の中から５万円を支払うとの裁判上の和解が成立したとします。この場合，Ｙの給料支給日が毎月25日であり，養育料の支払期日を毎月末日と定めたとすると，ある月分の養育料の支払いが不履行となったとき，Ｘは，それ以降毎月末日に支払われるべき養育料が確定期限未到来でも，債権執行をすることができます。要するに，扶養義務等に係る定期金債権については，給料債権のような継続的給付に係る債権とリンクさせ，一括して債権執行の申立てをすることができ，和解調書等を債務名義として１度差押えをしておけば，その後は差押手続を繰り返すことなく毎月約定の期日が到来するたびに養育料の支払いを受ける（取立てをする）ことができるというわけです。これによって，母子家庭などの保護に資することになるでしょう。この制度は，強制執行はその期限の到来後に限り開始することができる，とする原則（30条１項）の例外を定めるものであり，予備的差押えと呼ばれます。

　なお，この扶養義務等に係る定期金債権の執行方法として，金銭執行のうちで唯一，間接強制も可能とされていることも覚えておきましょう（172条）。

(3) 債権者の満足

　差押債権者は，差し押さえた債権を換価し債権の満足を受けることになります。その方法として，取立て，転付命令の取得および配当等の方法があります。以下，設例49をモデルケースとして具体的に説明していくことにします。*1

① 取立ておよび取立訴訟

(ⅰ) 取立て

　債務者Ｂの有するｂ債権を差し押さえた債権者Ａは，差押命令がＢに送達された日から１週間を経過したときは，執行債権額および執行費用の額の範囲内で，ｂ債権を取り立てることができます（155条１項）。取立てとは，差押債権者が第三債務者に支払いを請求し，支払ってもらうことです。１週間の経過が必要とされているのは，債務者に執行抗告によって差押命令を争う機会を与えるためです。Ａが，Ｃから首尾よくｂ債権の支払いを受けることに成功したときは，Ａの債権（ａ債権）と執行費用は，支払いを受けた額の限度で弁済されたものとみなされます（同条２項）。*2

＊１他に特別の換価方法として，譲渡命令，売却命令，管理命令その他の方法も認められていますが（161条），これらについては，そんな方法もあるという程度に覚えておけば十分です。

＊２差押債権者は，債務者に対し，差し押さえた債権の行使を怠ったことによって生じた損害を賠償しなければなりません（158条）。例えば，

一歩前進

　設例49で，いきなり差押命令の送達を受けた第三債務者C銀行としては，他人間の争いに巻き込まれた形となり，困惑することもあるでしょう。そこで，Cは，b債権の**全額に相当する金銭を債務履行地の供託所に供託して債務を免れる**ことができます（156条1項）。500万円のうちの300万円というように債権の一部が差し押さえられた場合には，差押えのあった部分だけの供託もできるし，債権の全額を供託することもできます。この供託は，条文上「供託することができる」とあり，第三債務者の権利とする趣旨ですから，「**権利供託**」と呼ばれます。もっとも，この場合Cは，供託義務があるわけではないので，取立権を取得したAが取立てに来れば，それに応じて弁済することもでき，それによって債務を免れることもできます。

　一方，第三債務者に供託が義務づけられる場合もあります。それは，同一の被差押債権について**債権者の競合を生じる場合**です。例えば，Aの差押えの後，Cが取立訴訟の訴状の送達を受ける前に，他の債権者Dがb債権の全部を差し押さえたような場合（二重差押え）には，b債権について**差押えの競合**が生じることになります。このように差押えの競合が生じた場合には，競合する債権者を平等に扱う必要がありますから，第三債務者は1人の債権者に対する弁済が許されず，金銭の分配について執行裁判所の判断に任せることになります。そこで，このような場合には，**C銀行はb債権全額に相当する金銭を供託しなければならない**，とされています。また，Aの差押えの後に他の債権者が配当要求をした場合も債権者の競合を生じ，この場合は差し押さえられた部分に相当する金銭を供託しなければなりません（同条2項）。この供託は第三債務者の義務として規定されていますから，「**義務供託**」といわれます。もっとも，被差押債権の期限が到来していない場合とか，第三債務者が同時履行の抗弁を主張できる場合のように，直ちに給付すべき義務を負わないときは，差押えがなされたからといってすぐに供託する必要はありません。

「供託」
供託とは，一般に，金銭や有価証券，商品等の財産を国家機関である供託所に提出して（寄託して），その管理に委ね，一定の法律上の目的を達成しようとする制度です。その目的には，さまざまなものがありますが，民事執行法に規定された権利供託および義務供託は「執行供託」と呼ばれます。

権利供託または義務供託のいずれの供託がなされた場合も，第三債務者は，その事情を執行裁判所に届け出なければなりません（同条3項）。これによって，以後の配当要求は遮断され，配当手続が開始されることになります。

（ⅱ）取立訴訟

設例49で，第三債務者Cが供託をせず，またb債権の取立てに応じなかったときは，差押債権者Aは，b債権の支払いを求めて，Cを被告として取立訴訟を提起することができます（157条1項）。この訴訟は，AがBに代わって，BのCに対する債権を行使するという形になりますから，いわゆる**法定訴訟担当の一類型**と解されています。*1

この取立訴訟については，一般的な訴訟にはない，次のような特則が設けられています。

（イ）参加命令

この取立訴訟においては，被告である第三債務者の申立てがあるときは，受訴裁判所は，訴状の送達の時までに同一の債権を差し押さえた**他の債権者**にも共同訴訟人として原告に**参加すべきこと**を命じることができます（157条1項）。例えば，設例49でAの差し押さえたb債権について，他の債権者Dが二重に差押えをしたとします。この場合，Aが取立訴訟を提起したとき，被告Cの申立てがあれば，受訴裁判所は，DもAの共同訴訟人として参加せよと命じることができるわけです。被告のCからすれば，たとえAに勝訴しても今度はDから訴えを起こされるのでは，あまりにわずらわしく，どうせなら1回の訴訟で決着をつけたいと望むでしょう。この参加命令の制度には，そのようなCの期待を保護するという意味合いがあります。Dが参加したときは，いわゆる類似必要的共同訴訟となります。*2

（ロ）供託判決

取立訴訟の訴状の送達時に競合する債権者が存在しない場合，

*1 したがって，Aの受けた判決の効力はその有利不利を問わず，Bに及ぶと解されています（大判昭15・3・15）。もっとも，このように解することに関しては，学説上は強い批判があります。

*2 取立訴訟の判決の効力は，参加を命じられたにもかかわらず参加しなかった者にも及びます（157条3項）。

原告の請求を認容するときは、「被告は、原告に対して金○○万円を支払え」との単純な給付判決となります。

　一方、債権者が競合する場合、第三債務者は供託すべき義務を負います（156条2項）。にもかかわらず供託がなされなかった場合、取立訴訟で原告の請求を認容すべきときは、受訴裁判所は、請求に係る**金銭の支払いは供託の方法によるべき旨**を判決主文に掲げなければなりません（157条4項）。つまり、その取立訴訟の請求認容判決の主文は、「被告は、原告に対して金○○万円を支払え。支払いは供託の方法によりしなければならない」となります。このような判決を供託判決といいます。これによって、平等弁済のための義務供託が確保される仕組みになっているわけです。*1

④　転付命令

（ⅰ）意義

　転付命令とは、**被差押債権を券面額で差押債権者に移転する命令**（裁判）です。執行裁判所は、差押債権者の申立てにより、この転付命令を発することができます（159条1項）。転付命令は、債務者および第三債務者に送達され、それが確定すると、**被転付債権（被差押債権）は債務者から差押債権者に移転**するとともに、**執行債権の弁済**という効力が生じます（160条）。*2

　後述するとおり、この転付命令の制度を利用すれば、被差押債権を独り占めにできるというウマ味があることから、差押命令の申立てと同時に転付命令の申立てをすることも多くみられます。ただ、常にこの転付命令の制度を利用できるわけではなく、次のような要件を満たす必要があります。

（ⅱ）要件

　転付命令が発令されるための要件は、次の3つです。

（イ）被差押債権が券面額を有すること

　券面額とは、債権の名目額として表示されている一定の金額のことです。判例によると、明渡し前の敷金返還請求権や前払いした委任事務処理費用の償還請求権は、その発生および金額の不確定な債権であり、券面額のある債権に当たらないので、転付命令の対象とならないとされています。

*1 判決に従って供託がなされたとき、競合する債権者の平等満足を実現するための配当が実施されることになります。

*2 転付命令の決定または転付命令の申立てを却下する決定に対しては、執行抗告をすることができます（159条4項）。

(ロ) 被差押債権が譲渡可能なものであること

転付命令は被差押債権を差押債権者に移転させるものですから，当然譲渡可能であることが要求されます。差押禁止債権はもとより，法律上またはその性質上譲渡が禁止されている債権は転付命令の対象となりません。譲渡制限の意思表示がされた債権については，次の Check で説明します。

Check

「譲渡制限特約付債権に対する強制執行」

例えば，AのBに対する金銭債権（甲債権）について，両者の合意によりその譲渡を禁止または制限する意思表示（譲渡制限特約）をしたとします。この場合，債務者Bは，譲渡制限の特約があることを知り（悪意）または重大な過失によって知らなかった第三者Cに対しては，その債務の履行を拒むことができます（民法466条3項）。しかし，Aの債権者Dは，甲債権に譲渡制限特約があることについて善意悪意を問わず甲債権を差し押さえ，強制執行をすることができます（民法466条の4第1項）。つまり，債務者は譲渡制限の意思表示があるから甲債権に対する強制執行はできないとの主張をすることはできません。一方，譲渡制限特約について悪意または重過失ある第三者Eがその債権を譲り受けた後，Eの債権者がその債権に強制執行をしたときは，債務者は，その債務の履行を拒むことができます（同条2項）。いずれの場合についても，平成29年成立の民法改正により明文が設けられました。

(ハ) 転付命令が第三債務者に送達される時までに，被差押債権について，他の債権者が差押え・仮差押えまたは配当要求をしていないこと

転付命令が第三債務者に送達される時までに，転付命令に係る金銭債権について，他の債権者が差押え，仮差押えの執行または配当要求をしたときは，転付命令は，その効力を生じません（159条3項）。転付命令は，債権者平等の原則を破って事実上の独占的満足を与える制度ということができます。したがって，平等に満足を受けるべき他の債権者が手続に関与してきた段階では，この制度を使うことはできないのです。

(ⅲ) 効力

差押命令および転付命令が確定すると，差押債権者の債権およ

345

び執行費用は，転付命令に係る金銭債権が存在する限り，その券面額で，転付命令が第三債務者に送達された時にさかのぼって弁済されたものとみなされます（160条）。つまり，設例49で，差押債権者Aが裁判所に申し立てた転付命令が確定すると，債務者Bの第三債務者Cに対する被差押債権（ｂ債権）が，Aに移転することになります。そして，差押債権者の執行債権および執行費用は転付された券面額の限度で弁済されたものとみなされます。そうするとこの場合，Bが執行債権（ａ債権）の弁済をする代わりに，被差押債権であるｂ債権でａ債権の支払いに代えて代物弁済をしたのと同様の結果となります。つまり，転付命令は，BからAへのｂ債権の譲渡とｂ債権による代物弁済を裁判によって強制的に行うものとみることができます。＊

＊当然のことながら，転付命令が確定した時点で転付命令に係る債権が存在しなかったときは，差押債権者の債権および執行費用が弁済されたものとみなされるとの効果は生じません。

─**一歩前進**─

　これまで説明してきた通り，差押債権者の満足の方法として，取立ておよび転付命令の取得という2つの制度があります。その利害得失を考えてみましょう。

　設例49で，Aがｂ債権の取立てをした場合，Aは，取り立てた金銭を自分のBに対する債権（ａ債権）の弁済に充てることができます。しかし，Cが取立訴訟の訴状の送達を受ける前に，二重差押え，配当要求等により債権者の競合を生じたときは，取り立てた金銭を配当等により分配しなければなりません。一般に，取立てには時間がかかりますから，債権者の競合を生じることが多く，取立ての方法では独占的な満足を得る可能性は低くなります。一方，Aが差押命令と転付命令を併せて申し立て，転付命令が効力を生じたときは，ｂ債権はAに移転することになります。つまり，ｂ債権の債権者はBではなくAとなります。したがってAは，他の債権者の差押えまたは配当要求がなされる前に差押命令と併せて転付命令を申し立てれば，他の債権者を排除して独占的な満足を得ることができます。転付命令の最大のメリットはこの点にあります。

　しかし，デメリットもあります。取立ての場合，Aは，Bに対するａ債権（執行債権）の存在を前提として第三債務者

Cにb債権（被差押債権）の支払いを求めることになります。この場合，Cの無資力により十分な弁済が得られなかったとすると，その部分についてa債権は消滅せず，Aは，Bの他の財産からの弁済を求めることができます。ところが転付命令の場合は，a債権の支払いに代えて，b債権で代物弁済されたものと同視されますから，a債権は消滅することになります。そうすると，Cが無資力でAが十分な弁済を受けることができなかったときでも，Aは，もはやBの他の財産から弁済を受けることができなくなります。つまり，取立ての場合には，Aは第三債務者Cの無資力のリスクを負うことはありませんが，転付命令の場合には，Aは第三債務者の無資力のリスクを負担しなければならない，ということになります。もっとも，設例49のように，第三債務者が銀行等の金融機関であるときや国，地方公共団体などであるときは，無資力の危険はほとんど考えられません。したがって，このような場合は転付命令によるほうが得策であるといえるでしょう。逆に，被差押債権が一般の売買代金債権や請負代金債権などである場合は，第三債務者の資力も考慮したうえで，どちらを選択するか考える必要があるでしょう。

⑤　配当等による満足

　上記のように，金銭債権に対する執行においては，差押債権者が被差押債権の取立てを完了し，または転付命令が確定した場合には，取立時または転付命令の第三債務者への送達時に，執行債権と執行費用について弁済の効力が生じます（155条2項，160条）。したがって，これらの場合には，配当等の手続を行うことなく債権執行は終了します。また，第三債務者が権利供託をした場合，債権者が競合しないときは，差押債権者は弁済金の交付により満足を受けることができます。

　しかし，二重差押えや配当要求によって債権者が競合する場合には，先に説明したとおり第三債務者に供託が義務づけられます（156条2項）。また，取立訴訟において供託判決がなされたときも同様です（157条5項）。この場合，執行裁判所は，競合する債権者に供託金を原資として配当を実施し，債権者はそれによって

債権額に応じた比例的満足を受けることができます（166条1項1号）。*1

　債権執行において配当要求をすることができるのは，**執行力のある債務名義の正本を有する債権者**および**文書により先取特権を有することを証明した債権者**に限られます（154条1項）。

　配当に加入できるリミットは，第三債務者が供託をした時，または取立訴訟の訴状が被告である第三債務者に送達された時です（165条1号・2号）。つまり，この時までに差押え，仮差押えまたは配当要求をしておかなければ，配当等の手続によって満足を受けることはできないのです。

2　動産執行

（1）意義とその対象
①　意義
　動産執行は，債務者の所有する動産を差し押さえ，これを換価して債権者の満足に充てるという執行方法です。

　現代の消費社会においては，高価な貴金属や美術品，大量の商品などは別として，債務者の使用済みの動産は二束三文の価値しかないことが多く，そのため動産執行の債権回収手段としての重要度は低下しているのが実情です。ただそうではあっても，債務者にしてみれば，愛着のある大事な財産を売り飛ばされてしまうかもしれない，という心理的圧迫を受けることになるでしょう。そのため現在では，それを利用して**間接的に弁済を強制する手段として動産執行が機能している**という見方もあります。

②　対象
　動産執行の対象となる動産は，民法86条でいう動産のほか，登記することができない土地の定着物，土地から分離する前の天然果実で1ヶ月以内に収穫することが確実であるもの，および裏書の禁止されている有価証券以外の有価証券です（122条1項）。*2

（2）差押え
①　手続の開始
　動産執行は，債権者の申立てにより執行官の目的物に対する差

*1 債権執行における弁済金交付および配当の手続については，不動産競売に関する規定が大幅に準用されます（166条2項）。

*2 船舶，航空機，自動車，建設機械等は，民法上の動産に含まれますが，登記または登録がなされているものについては，執行法上は不動産に準じて扱われます。これらの動産で未登記・未登録のものについては，動産執行の対象となります。

押えにより開始します（2条，122条1項）。つまり，**動産執行の執行機関は執行官**です。動産執行の申立書には，差し押さえるべき動産の所在場所を特定して記載することが要求されています（規則99条）。そこに所在する個々の動産のうち，どの動産を差し押さえるかは，執行官が債権者の利益を害しない限りにおいて債務者の利益を考慮して判断します（規則100条）。つまり，不動産執行などと違って，債権者は，申立てに際して執行対象である動産を個別的に特定する必要はないのです。

② 差押えの効力

差押えによって，**差押物についての債務者の処分が禁止される**ことになります。この処分禁止の効力は，強制執行の目的を達するのに必要な限度にとどまる相対的なものです。また，差押え後になされた処分行為の効力は，差押債権者に対してはもとより，その差押えに基づく**執行手続に参加したすべての債権者に対抗することができません**（手続相対効）。以上は，不動産執行の場合と同様ですから，P310の記述を確認しておいてください。＊

③ 差押えの方法

差押えの方法は，目的物を債務者が占有している場合と債権者または第三者が占有している場合とで異なります。

（ⅰ）債務者の占有する動産の差押え

債務者の占有する動産の差押えは，執行官がその動産を占有して行います（123条1項）。その際，執行官は，債務者の住居その他債務者の占有する場所に立ち入り，金庫その他の容器について目的物を捜索し，捜索のため必要があるときは，閉鎖した戸および金庫その他の容器を開くため必要な処分をすることができます（同条2項）。かなり手荒な方法も許されているように感じられますが，通常は施錠されているドアを開く必要があるような場合は，カギ屋さんを同行して解錠することが多いようです。

（ⅱ）債権者または第三者の占有する動産の差押え

債権者が占有する動産については，債権者からの提出を受けて差押えすれば足ります。第三者が占有する動産については，その第三者が動産の提出を拒まない場合に限り，差し押さえることができます（124条）。これは，第三者がその動産に有している賃借権，質権，留置権等の権利を保護する趣旨です。第三者が提出を

＊なお，差押えの効力は差押物から生ずる天然の産出物にも及ぶとされています（126条）。例えば，差し押さえた養鶏場のニワトリが産んだ卵のような天然果実のほか，高価なペットの犬猫が産んだ子犬や子猫も産出物として差押えの効力が及ぶことになるでしょう。

拒むときは，債務者がその第三者に対して有している**動産引渡請**
求権を債権執行の手続で差し押さえることになります。

　（ⅰ）（ⅱ）のような方法で差し押さえた動産は，執行官が保
管することになりますが，相当であると認めるときは，債務者に
保管させることができます。この場合には，差押物について封印
その他の方法で差押えの表示をしたときに限り，差押えの効力を
有します（123条3項）。*

＊さらに，執行官は
保管させた差押物の
使用を債務者に許可
することもできます
（123条4項）。

　┌─**一歩前進**─────────────────────────────

　　差押物は執行官が保管するのが原則ですが，執行官の判断
で債務者等に保管させることもできます。このように執行官
が保管していない差押物を第三者が占有することとなった場
合，執行裁判所は，差押債権者の申立てにより**差押物を執行**
官に引き渡すべき旨を第三者に命ずることができます（127
条1項）。この引渡しを命ずる裁判に対しては，第三者は，
執行抗告をすることができます（同条3項）。つまり，この
引渡命令は，債務名義の一種である「抗告によらなければ不
服を申し立てることができない裁判」に該当します（22条3
号，P289参照）。したがって，執行官はこの引渡命令に執行
文の付与を受け簡易・迅速に差押物の取戻しをすることがで
き，差押物の散逸の防止に役立ちます。もっとも，この引渡
命令の申立ては，差押物を第三者が占有していることを知っ
た日から1週間以内にしなければなりません（127条2項）。

　└─────────────────────────────────────

④　差押えの制限

　動産の差押えは，債権者の金銭債権の満足を目的とするもので
すが，その相手方である債務者の保護等にも十分な配慮が求めら
れます。そこで，差押禁止動産の定めが置かれているほか（後記
Check 参照），次のような差押えの制限が設けられています。

（ⅰ）二重差押えの禁止と事件の併合

　執行官は，差押物または仮差押えの執行をした動産をさらに差し押さえることができない，とされています（二重差押えの禁止，125条1項）。*

　すでに差押えを受けた債務者に対し，その差押えの場所についてさらに動産執行の申立てがあったときは，執行官は，まだ差し押さえていない動産があるときはこれを差し押さえ，差し押さえるべき動産がないときは，その旨を明らかにしてその動産執行事件と先の動産執行事件を併合します（同条2項前段）。仮差押えの執行を受けた債務者に対し，その執行の場所についてさらに動産執行の申立てがあったときも，同様に事件の併合がなされます（同条同項後段）。事件の併合とは，同一の手続で2つの事件を処理することです。つまり，債権者に配当原資の増えない二重差押えを許すのではなく，まだ差し押さえていない動産があるのなら，それを差し押さえたうえで，先行する動産執行手続で一緒に処理するというわけです。後の事件の申立ては，配当要求の効力をもち（同条3項前段），これによって配当を受けるべき債権者が競合することになります。

（ⅱ）超過差押えの禁止

　動産の差押えは，差押債権者の債権および執行費用の弁済に必要な限度を超えてはならない，とされています（128条1項）。そしてまた，差押え後に，目的物の値上がり等によって限度を超えることが明らかになったときは，執行官は，その超える限度において差押えを取り消さなければなりません（同条2項）。

（ⅲ）無剰余差押えの禁止

　差し押さえるべき動産の売得金から手続費用を弁済し，剰余を生じる見込みがないときは，手続をすることに意味がありませんから，執行官は差押えをしてはならないとされています（129条1項）。差押えをした後であっても，その差押物の売得金の額が，差押債権者の債権に優先する債権の額および手続費用の合計額以上となる見込みがないときは，執行官は，差押えを取り消さなければなりません（同条2項）。

　なお，差押物について相当な方法による売却の実施をしてもなお売却の見込みがないときには，執行官は，その差押物の差押え

＊この点，不動産差押えの場合には，さらに申立てがあったときは二重差押えが許され，二重開始決定がなされるのとは異なっていますから，注意してください。

を取り消すことができます（130条）。

Check

「差押禁止動産」

　債務者の所有する動産であっても，そのすべてが差押えの対象となるのではなく，主として債務者の生活保障，生業の維持その他さまざまな観点からの政策的配慮により差押禁止動産が定められています。民事執行法上は，14種類の差押禁止動産が列挙されています（131条）。これらについては，どのようなものがあるか，いちおう条文に目を通しておく程度で結構ですが，いくつか注意すべき点を取り上げておきます。

　金銭も動産執行の対象になりますが，これについては，標準的な世帯の2ヶ月間の必要生計費を勘案して政令で定める額が差押禁止とされています（131条3号）。これは債務者の最低限の生活保障のための差押え制限です。この額は現在66万円とされています。例えば，執行官が動産執行に際して金庫あるいはタンスの中に100万円の現金を発見したときでも，当面は34万円の差押えだけで勘弁してくれるというわけです。執行官が全部もっていったりすると，債務者は執行異議を申し立てることができます（11条）。

　技術者，職人等の業務に欠くことのできない器具その他の動産も差押えが禁止されています（131条6号）。これについて，開業医の使用するレントゲン撮影機を「その業務に欠くことのできない器具」と判断した判例がある一方で，眼科医のレーザー光線照射機はこれに該当しないとした判例もあります（いずれも下級審判例）。このように，差押禁止動産に該当するか否かは，微妙あるいは弾力的な判断を要する場合もあり得ます。そのようなこともあって，差押禁止動産については，債務者および債権者の生活の状況その他の事情を考慮して，執行裁判所が，申立てにより差押えの全部または一部の取消しを命じることもでき，また差押禁止動産の差押えを許可することもできる，とされています（132条1項）。

---

(3) 売却手続と債権者の満足

① 売却の方法

　売却の方法は，執行官が，入札，競り売りまたは特別売却の中から選択して決定します（134条）。実際に行われる売却の方法としては，競り売りがほとんどです。＊

＊競り売りの手続等については，民事執行規則に細かい定めがあります。余裕があれば，目を通しておいてください。

②　配当等

（ⅰ）配当要求

　動産執行で配当要求ができるのは，その権利を証する文書を提出した先取特権者または質権者に限られています（133条）。執行力のある債務名義の正本を有していても，一般の債権者は，配当要求をすることができません。少ない配当原資を多数の債権者で奪い合うという状況を避けるためでしょう。ただそうはいっても，民法上優先弁済権を認められている先取特権者と質権者については，配当要求を認めざるを得ないのです。配当要求の終期は，売得金については執行官がその交付を受ける時，差押金銭（現金を差し押さえた場合）についてはその差押えの時，手形等の支払金についてはその支払いを受ける時とされています（140条）。

（ⅱ）配当等の実施

　配当等の手続は，原則として執行官がすべて行います。

　配当を受けるべき債権者が差押債権者1人の場合または2人以上であっても，売得金，差押金銭（現金を差し押さえた場合），手形等の支払金で各債権者の債権および執行費用の全額をまかなえるときは，債権者に弁済金を交付し，剰余金を債務者に交付します（139条1項・4項）。

　債権者が2人以上で金銭が足りないような場合でも，売得金等の配当について債権者間に協議が成立したときは，執行官は，その協議に従い配当を実施します（同条2項）。しかし，協議が成立しなかったときは，執行官がその事情を執行裁判所に届け出ることによって，直ちに執行裁判所が配当の手続を実施することになります（142条）。

実戦過去問

　債権執行に関する次の1から5までの記述のうち，判例の趣旨に照らし正しいものはどれか。

1　差し押さえるべき債権が金銭債権である場合には，差押債権者の債権額及び執行費用の額を超えて差押えをすることはできない。

2　差押債権者は，差押命令が第三債務者に送達された後であっても，第三債務者の陳述の催告の申立てをすることができる。

3　金銭債権を差し押さえた債権者は，差押命令が債務者に送達されれば，直ちに，差し押さえた債権を取り立てることができる。

4　差し押さえた債権に譲渡禁止特約が付されているときは，その債権については，転付命令を発することはできない。

5　転付命令が確定した時点において，転付命令に係る債権が存在しなかったときは，差押債権者の債権及び執行費用が弁済されたものとみなされる効力は生じない。

解　説

1　×　執行裁判所は，差し押さえるべき債権の全部について差押命令を発することができます（146条1項）。

2　×　第三債務者に対する陳述の催告は，差押命令が送達された後は，申し立てることができません（147条1項）。

3　×　金銭債権を差し押さえた債権者は，債務者に対して差押命令が送達された日から1週間を経過したときは，その債権を取り立てることができます（155条1項本文）。

4　×　譲渡禁止特約付債権であっても，差押債権者の善意悪意を問わず，差し押さえることが可能であり，転付命令の対象となり得ます（民法466条の4第1項）。

5　○　差押命令および転付命令が確定した場合においては，差押債権者の債権および執行費用は，転付命令に係る債権が存在する限りにおいて，弁済されたものとみなされるのであり（160条），債権が存在しなかったときは，そのような効力は生じません。

正解　5

　金銭債権（動産執行の目的となる有価証券が発行されている債権を除く。）に対する強制執行に関する次のアからオまでの記述のうち，誤っているものの組合せは，後記1から5までのうち，どれか。

　なお，少額訴訟債権執行については考慮しないものとする。

ア　金銭債権に対する強制執行は，執行裁判所の差押命令により開始する。

イ　差押命令は，第三債務者を審尋して発しなければならない。

ウ　金銭債権の一部が差し押さえられた後，その残余の部分を超えて別に差押命令が発せられたときは，各差押えの効力が及ぶ範囲は，当該金銭債権の全額を各差押債権者の請求債権の額に応じて按分した額に相当する部分となる。

エ　執行裁判所は，債務者の申立てにより，債務者及び債権者の生活の状況その他の事情を考慮して，差押命令の全部または一部を取り消すことができる。

オ　執行裁判所は，差押債権者の申立てにより，支払に代えて券面額で差し押さえられた金銭債権を差押債権者に転付する命令を発することができる。

1　アウ　　　　2　アエ　　　　3　イウ　　　　4　イオ　　　　5　エオ

解　説

ア　○　金銭の支払いを目的とする債権（金銭債権）に対する強制執行は，執行裁判所の差押命令により開始します（143条）。

イ　×　差押命令は，債務者および第三債務者を審尋しないで発します（145条2項）。

ウ　×　金銭債権の一部が差し押さえられ，その残余の部分を超えて差押命令が発せられたときは，各差押えの効力はその債権の全部に及びます（149条前段）。

エ　○　執行裁判所は，債務者の申立てにより，差押命令の全部または一部を取り消すことができます（153条1項）。

オ　○　執行裁判所は，差押債権者の申立てにより，支払に代えて差押債権者への転付命令を発することができます（159条1項）。

　以上より，誤っているものはイおよびウであり，3が正解となります。

正解　3

17 非金銭執行

学習ナビゲーション

　本講では，強制執行の締めくくりとして，金銭債権以外の給付請求権を実現するための執行手続すなわち非金銭執行の手続を説明します。金銭執行では，その対象が物であれ債権であれ，いずれも差押え→換価→満足という直接強制のルートによって金銭債権の強制的実現が図られるのが原則です。一方，非金銭執行では，直接強制の手段のほか，代替執行および間接強制という手段があります。したがって，どのような場合にどのような手段が使えるのかを正確に理解しておく必要があります。ただ，執行手続についての細かい内容にまで立ち入ることは，試験対策としてはお勧めできません。手続については，その大枠を押さえておけばOKです。

1　非金銭執行の概要と執行方法

(1) 種類

　非金銭執行とは，金銭債権以外の請求権の満足を目的とする強制執行です。非金銭執行には，大きく分けて，①物の引渡し（明渡し）の強制執行，②作為・不作為の強制執行，③意思表示の強制執行という3つの種類があります。

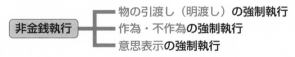

(2) 執行方法

　金銭の支払請求権（金銭債権）以外の請求権の執行方法としては，直接強制，代替執行，間接強制の3つがあります。金銭執行

と違って，非金銭執行には上記のようにさまざまなタイプがありますから，単一の執行方法だけでは対処しきれず，そのタイプに応じた適切な執行方法が必要となるわけです。まずは，その意味を押さえておきましょう。

非金銭執行の執行方法
- 直接強制
- 代替執行
- 間接強制

① 直接強制

　直接強制とは，債務者が任意に債務を履行しない場合に，執行機関の執行行為により，債務者の意思にかかわりなく直接にその義務を実現する執行方法です。非金銭執行のうち，物の引渡し（明渡し）の強制執行は原則として直接強制の方法によります。もっとも，間接強制によることもできます（③参照）。以下，引渡しおよび明渡しの両者をまとめて，「引渡し等」といいます。

② 代替執行

　債務者以外の者によっても給付の内容を実現できる債務（代替的債務）について，第三者にその内容を実現させ，それに要した費用を債務者に負担させるという態様の執行方法です。

③ 間接強制

　債務者が債務の内容を任意に履行しない場合に，一定の期間を定め，その期間内に履行しなければ相当額の金銭を制裁金として支払わせるという形で債務の履行を間接的に強制する執行方法です。この間接強制については，従前，直接強制の可能な物の引渡し等の執行では許されないとされていましたが，平成15年の改正法により，物の引渡し等の執行方法として認められるに至りました（173条1項，172条1項）。結局，非金銭執行については，意思表示の強制執行を除いて，間接強制が許されることになっています。*

用語の説明
「引渡しと明渡し」
引渡しとは，単に目的物の占有を移転することです。明渡しとは，引渡しのうち居住者を立ち退かせたり，置かれている物を取り去って占有を移転することです。

＊さらに，先に触れたとおり，金銭債権のうち扶養義務等に係るものについては，間接強制が許容されることとなりました。

2　物の引渡し等の強制執行

　物の引渡し等の強制執行については，目的物が不動産等（不動産のほか人の居住する船舶やトレーラーハウスも含みます）の場

合と動産の場合に分けて規定されています。

（1）不動産の引渡し等の強制執行

　不法占有者が土地や建物を占拠して任意の引渡し等に応じないとか，土地や建物の賃貸借契約が終了したのに賃借人が居座って任意の返還に応じないといった場合に，この引渡し等の強制執行により請求権の実現を図ることができます。その方法としては，債務者に直接実力を行使して明渡（引渡）請求権を実現する方法（直接強制）と，間接強制による方法の2つがあります。債権者は，どちらかを選択して申し立てることもできますが（173条1項），以下では，直接強制の方法を中心にみていくことにします。

① 執行機関

　直接強制による不動産の引渡し等の強制執行は，実力行使が伴いますから，執行官が行います（168条1項）。間接強制による執行の場合は執行裁判所が執行機関となります。

② 方法

　執行官は，債務者の目的物に対する占有を解いて，債権者にその占有を取得させます。債権者に占有を取得させるのですから，債権者または債権者の代理人が執行の場所に出頭したときに限り執行することができます（168条3項）。

　執行官は，目的物でない動産（目的外動産）を取り除いて，債務者等に引き渡さなければなりません。引き渡せないときは，売却することができます（同条5項）。引渡しや売却をしなかった動産は，執行官が保管しなければなりません（同条6項）。なお，強制執行の実力行使に際して，執行官には，目的物の占有者への質問権，立入権その他の権限が認められます（同条2項・4項）。

Check

「明渡しの催告」

　債務者が不動産を占有している場合に，不動産の明渡しの強制執行の申立てがあったからといって，いきなり執行に着手すると，債務者やその家族が路頭に迷うなど，過酷な結果を生じかねません。債務者等の抵抗を受けて，執行がスムーズに行かない事態も生じ得るでしょう。そこで，不動産の明渡しの強制執行については，明渡しの催告の制度が設けられています。すなわち，執行官

は，債務者が不動産を占有している場合に，強制執行の申立てがあったときは，引渡期限を定めて明渡しの催告をすることができます（168条の2第1項）。引渡期限は，原則として催告の日から1ヶ月以内ですが，執行裁判所の許可により，それよりも長い期限を定めることができます（同条2項）。執行官は，明渡しの催告をしたときは，その旨，引渡期限および占有の移転が禁止されている旨を，その場所で公示書等により公示しなければなりません（同条3項）。この公示は当事者恒定の効果をもちます。すなわち，この催告があった場合，債務者はその占有を移転することができず，もしその後に占有の移転があったときは，引渡期限が経過するまでの間は，その新たな占有者に対して，すでになされた申立てに基づく強制執行をすることができます（同条5項・6項）。この場合，承継執行文は不要です。

(2) 動産引渡しの強制執行

不動産の引渡し等の強制執行の場合と同様，執行機関は，直接強制の場合は執行官（169条1項），間接強制の場合は執行裁判所です（173条）。

動産の引渡しの強制執行は，執行官が債務者からこれを取り上げて債権者に引き渡す方法で行います（169条1項）。

一歩前進

目的物が動産であるか不動産であるかを問わず，第三者が強制執行の目的物を占有している場合で，その第三者が目的物を債務者に引き渡すべき義務を負っているときは，その物の引渡しの強制執行は，執行裁判所が，債務者の第三者に対する引渡請求権を差し押さえ，請求権の行使を債権者に許す旨の命令を発する方法によって行われます（170条1項）。なお，この場合も間接強制によることが可能です（173条，172条1項）。

---

3 作為・不作為の強制執行

債務者が作為義務または不作為義務を負う場合としては，多様

なパターンがありますが，その強制執行の方法としては，①債務者以外の第三者が行っても債務の本旨に従った履行となる場合と②債務者自身が履行しないと債務の本旨に従った履行とならない場合とに振り分けることができます。①の場合が代替的作為義務の強制執行，②の場合が不代替的作為義務および不作為義務の強制執行ということになります。

（1）代替的作為義務の強制執行

　例えば，借地上の建物の収去，建物の修繕，物の運送などについては，必ずしも債務者自身が行わなくても，誰がやっても同じ結果が得られます。つまり，これらの義務は，債務者以外の者が行っても債務の本旨に従った履行となる代替的作為義務ということになります。この義務の履行を求める債権者は，代替執行による強制執行あるいは間接強制の方法を選択して強制執行を申し立てることができます（171条1項，173条）。*1

　代替執行の場合，執行裁判所は，債権者の申立てにより，債務者の費用で債権者または債権者の委任した者に債務者に代わって義務の履行を行わせることができるという権限を債権者に与える決定をします（民法414条1項本文，171条1項）。これを授権決定といいます。例えば，AがBに対する建物収去請求権に基づき強制執行をする場合，Aは，この授権決定を得れば，執行官や建物解体業者等の第三者に委任して地上建物の収去を実施させ，あるいは自ら建物を収去することができます。*2

```
代替的作為義務の強制執行 ┬ 代替執行
                        └ 間接強制
```

┌ 一歩前進 ┐

　債務者が一定の不作為義務を負う場合に，その義務に違反して禁止された行為をしたとき，その結果を除去するための執行については，代替執行によることができます（171条1項）。例えば，債務者が，柵を設置しないという不作為義務に違反して柵を設置した場合，その柵の撤去は代替執行の方法によることができます。不作為義務を強制する方法として

*1 名誉毀損行為に対して，名誉を回復する手段として新聞への謝罪広告の掲載を強制することも代替執行できるとされています（最大判昭31・7・4）。

*2 授権決定をする際には，執行裁判所は，債務者を審尋しなければなりません（171条3項）。

は，次の（2）で説明するとおり一般に間接強制が適していますが，このパターンの不作為義務の違反に対しては代替執行が可能なのです。

(2) 不代替的作為義務および不作為義務の強制執行

　作為または不作為を目的とする債務で，第三者が代わってできる内容のものでない場合，その強制執行は間接強制によるほかありません。例えば，株式会社の株主名簿の書換えについては，その会社だけができる作為債務であり，その性質上第三者が代わって行うことができません。つまり，このような義務は不代替的作為義務となります。また，騒音防止のため，一定時間帯は工事をしないという不作為義務なども代替性がありません。*1

　このような債務に対する間接強制は，執行裁判所が，債務者に対し遅延の期間に応じまたは相当と認める一定の期間内に履行しないときは直ちに，債務の履行を確保するために相当と認める一定額の金銭を債権者に支払うべき旨を命じる方法で行います（172条1項）。この支払いを命じられた一定額の金銭は，『強制金』と呼ばれます。この決定は債務名義となり（22条3号），債務者がなお履行しないときは，債権者はこれに基づいて金銭執行をすることができます。*2

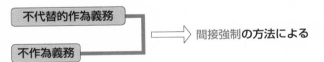

不代替的作為義務
不作為義務

間接強制の方法による

一歩前進

　間接強制の決定により支払われた金銭は，債務不履行による損害賠償の債務に充当されることになります。もっとも，その支払額が損害額に足らないときは，債権者は，その超える額についてさらに損害賠償の請求をすることができます（172条4項）。

---

*1 不作為義務は，その性質上，それ自体はすべて代替性がないので，不作為義務違反の結果除去（前述 一歩前進 参照）を除いて，間接強制によることになります。

*2 事情の変更があったときは，執行裁判所は，申立てにより，間接強制の決定を変更することができます（172条2項）。間接強制の決定やこの変更の裁判に対しては執行抗告をすることができます（同条5項）。

> ┌ **ここが狙われる** ┐
>
> 　執行裁判所が間接強制の決定をする場合は，申立ての相手方を審尋しなければなりません（172条3項）。

4　意思表示の強制執行

> ┌ **設例50** ┐
>
> 　Aは，BからBの所有する甲土地を買い受け，代金の支払いを終えたが，Bは，約定の期日を経過しても移転登記手続に応じない。そこでAは，Bを被告として移転登記請求の訴えを提起し，請求認容判決を得た。

(1)　意義

　相手方に一定の意思表示を求める請求権は，相手方（義務者）に代わって第三者が意思表示をしても何の意味もないのですから，本来的に不代替的作為請求権としての性格をもっています。したがって，その強制執行は，本来の建前からいえば，間接強制の手段により実現されるべきとも考えられます。しかし，意思表示を求める請求権というものは，債務者の現実の意思表示自体を目的とするというよりも，意思表示によって生じる法律効果の発生を求めることに意味があります。そこで，間接強制のような回り道をしなくても，より直接的かつ確実な方法でその請求権を実現する手段が認められています。すなわち，意思表示をすべきことを債務者に命じる判決等の裁判が確定し，または和解，認諾等の債務名義が成立したときは，債務者は，その確定または成立の時に意思表示をしたものとみなされます（177条1項本文）。ということは，意思表示を債務者に命じる判決の確定等があったときは，債務者の現実の意思表示があったわけではないが，それがあったものとして扱われる（法律による意思表示の擬制）ことになります。この点について，設例50のケースで具体的に説明します。

(2)　意思表示の擬制

　意思表示の強制執行として典型的なものは，設例50のような

登記義務者の意思表示義務に関する執行です。一般に，不動産の売買契約を締結した場合，売主は買主に対し所有権移転登記に協力すべき債務を負うことになります。この移転登記の申請は，登記権利者および登記義務者の共同申請によるのが原則です（不動産登記法60条）。そして，登記申請行為には，申請という表示行為に対応する申請意思が必要です。つまり登記義務者である売主が，登記所に対し登記手続の申請をなすべき債務は，意思表示をすべき債務ということです。したがって，売主がこの債務を任意に履行しない場合，買主は，売主を被告として移転登記請求の訴えを提起し，請求認容の確定判決を得ることができれば，その確定の時に売主の登記申請の意思表示があったものとして扱われ，買主は単独申請で自分への所有権移転登記をすることができるのです（不動産登記法63条1項）。*

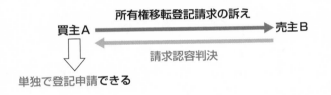

所有権移転登記請求の訴え

買主A → 売主B

請求認容判決

単独で登記申請できる

一歩前進

この意思表示の擬制は，判決による場合のほか，和解，認諾，調停等が成立した場合にも認められます。意思表示があったとみなされる時期は，原則として，**判決確定の時または和解調書，認諾調書，調停調書等の成立の時**です（174条1項本文）。

＊他に，意思表示の擬制による強制執行の可能なものとして，譲渡制限株式の取得者からの譲渡承認請求（会社法137条），指名債権譲渡の通知（民法467条）などが考えられます。債権譲渡の通知は，意思表示ではなくいわゆる観念の通知に分類されますが，擬制によってその目的を達することができますから，174条1項の「意思表示」に含まれると解釈されるのです。

実戦過去問　　　　　　　　　　　　　司法書士　平成20年度

間接強制に関する次のアからオまでの記述のうち，判例の趣旨に照らし正しいものの組合せは，後記1から5までのうちどれか。

ア　不動産の引渡しについての強制執行は，間接強制の方法によることができる。

イ　金銭債権についての強制執行は，間接強制の方法によることができない。

ウ　不作為を目的とする債務についての強制執行を間接強制の方法によってするには，債務者が現に不作為義務に違反していることが必要である。

エ　間接強制決定をするには，相手方を審尋しなければならない。

オ　間接強制決定により支払われた金銭は，債務不履行による損害賠償債務の弁済に充当されない。

| 1 アイ | 2 アエ | 3 イオ | 4 ウエ | 5 ウオ |

解　説

ア　○　不動産の引渡し等の強制執行は，直接強制の方法によるほか，間接強制の方法も可能です（173条，168条1項）。

イ　×　扶養義務等に係る金銭債権については，間接強制の方法による強制執行も可能です（167条の15，151条の2第1項）。例によって，原則だけを示して例外で引っかけるという手口です。よく見られるパターンですが，不用意に引っかからないよう注意しましょう。

ウ　×　判例は，不作為債務の強制執行として間接強制決定をするには，債権者において，債務者がその不作為義務に違反するおそれがあることを立証すれば足り，債務者が現にその不作為義務に違反していることを立証する必要はない，としています（最判平17・12・9）。

エ　○　執行裁判所は，間接強制の方法による強制執行の決定をするには，申立ての相手方を審尋しなければなりません（172条3項）。

オ　×　間接強制決定により支払われた金銭は，債務不履行による損害賠償債務の弁済に充当されることになります。

以上より，正しいものはアおよびエであり，2が正解となります。

正解　2

8

18 民事保全手続

学習ナビゲーション

　　民事保全手続には，強制執行手続のように換価・満足の段階に当たる手続がないため手続的には単純であり，また民事執行に関する知識を応用することができますから，覚えるべき事項は少なくてすみます。てごわい強制執行手続を学習した後ですから，多少とっつき易く感じられるかと思います。ただ，手続が込み入った部分もありますから，手続の流れを意識しつつ，混乱しないようしっかり整理して頭に入れるようにしてください。もう一息ですから，頑張りましょう。

1　民事保全の意義とその種類

(1) 意義

　判決手続を経て，給付を命じる確定判決の取得に成功すれば，債権者は，それを債務名義として債務者に対し強制執行をかけ，判決に表示された給付請求権の満足を得ることができる建前になっています。しかし，一般に判決手続が完結するまでには，相当の期間を必要とします。その間に，被告が自分の財産を処分あるいは隠匿して責任財産をカラッポにしてしまうと，せっかく金銭の給付を命じる判決を得ても，結局債権回収をあきらめざるを得ないという泣くに泣けない事態になってしまいます。同様に，物の明渡請求訴訟などで争いの目的物に第三者の権利が設定され占有を移転されてしまうと，苦心して物の引渡しを命じる判決を得ても，その明渡しの実現にさらに一苦労を要することになりかねません。そのような事態を未然に防止し，確定判決に示された請求権の実現を保全するために用意されている制度が民事保全です。

＊本講の文章末尾の（　）内に引用した条文は，特にことわりがなければ，民事保全法の条文を表しています。（規則　条）として引用してあるのは，民事保全規則の条文です。

　民事保全にいう「保全」とは、「保護して安全にしておく」というほどの意味合いです。つまり、民事保全は、将来の強制執行に備えて、債務者の財産状態を事前に現状のままに凍結し固定化しておく制度ということができます。*1

＊1 当然のことながら、民事保全手続は、時間的な順序からいうと、判決手続や強制執行手続よりも先行する手続です。

(2) 種類

　民事保全の種類としては、まず大きく分けて、①金銭債権の保全を目的とする仮差押えと②金銭債権以外の請求権（非金銭債権）の保全を目的とする仮処分とに区分することができます。

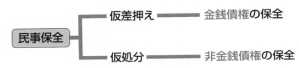

　さらに、非金銭債権については、その内容が多様ですから、その内容に応じて（ⅰ）係争物に関する仮処分と（ⅱ）仮の地位を定める仮処分が認められています。さらに、係争物に関する仮処分には、処分禁止の仮処分と占有移転禁止の仮処分が認められています。そこでまず、典型的な４つのタイプの保全手続についてそれぞれ代表的な事例を設定し、その概要を説明しておくことにします。*2

＊2 仮の地位を定める仮処分は、他の民事保全手続と異なり、将来の強制執行の保全を目的とするものではありません（P370以下参照）。

① 仮差押え──金銭債権の保全

　仮差押命令は、金銭の支払いを目的とする債権について、強制執行をすることができなくなるおそれがあるときまたは著しい困難を生ずるおそれがあるときに、債権者の申立てにより発せられます（20条１項）。

設例51

　建築業を営むAは、Bからの注文に応じてBの家屋に増築工事を施し、800万円の請負代金債権を有している。ところが、Bは、約定の期限を過ぎても、代金の支払いをしようとしない。

　設例51では、Aは、Bを被告として請負代金債権の支払いを求める訴えを提起し勝訴の確定判決を得ることができれば、その確定判決の正本に執行文の付与を受け、B所有の不動産やBが第

三者に対して有する債権（例えば預金債権）などに対して強制執行を申し立て，民事執行法所定の手続を経て請負代金債権の満足を得ることができます。＊

　しかし，請負代金支払請求訴訟（本案訴訟）の係属中に，Bがその所有不動産を処分したり，預金債権等の弁済を受け費消するなどして責任財産を減少させてしまうと，たとえ勝訴判決を得たとしても，AはBの財産から十分な満足を得られない，という結果に終わりかねません。そこでAとしては，Bの財産処分を禁じて責任財産の散逸を防止しておくという手立てが必要となります。そのために用意されている法律上の手段が仮差押えです。すなわちAは，Bに対する請負代金債権の強制執行を保全するため，本案の訴えを提起する前に（あるいは訴え提起後に），Bの有する不動産や動産，債権といった財産に対して仮差押えをすることができます。そして，その仮差押えの効力としてBの財産処分行為は禁止され，その後にBが行った処分行為の効力は否定されることになります。例えば，AがBの不動産を仮差押えしその登記がなされると，その後にBが第三者Yにその不動産を譲渡し移転登記をしても，その譲渡の効力をAに対抗することはできません。そしてAは，勝訴の確定判決を得た後にその不動産を差押え・換価することにより，請負代金債権の満足を得られることになります。なお，この処分禁止の効力は，仮差押えに基づく執行手続に参加したすべての債権者に及びます（手続相対効）。つまり，Aだけでなく，Yへの譲渡後にその不動産に差押えをした債権者や配当要求をした債権者も競売代金からの弁済を受けることができます。

＊仮執行宣言付の判決であれば，確定前でも強制執行は可能です。しかし，この場合でも，債務者の財産を事前に保全しておく必要性はあります。

② 仮処分──非金銭債権の保全

（ⅰ）係争物に関する仮処分

　係争物に関する仮処分命令は，目的物の現状の変更により，債

権者の非金銭債権の実現が不可能または著しく困難となるおそれがあるときに，債権者の申立てにより発せられます（23条1項）。この係争物に関する仮処分には，処分禁止の仮処分および占有移転禁止の仮処分という2つのタイプがあります。

（イ）処分禁止の仮処分

設例52

　Dを売主，Cを買主としてD所有の甲土地の売買契約が成立し，Cは代金支払期日にDに代金を支払ったが，Dは，約定の期日が経過しても甲土地の所有権移転登記に応じない。

設例52では，Cは，Dを被告として甲土地の所有権移転登記を求める訴えを提起し，勝訴の確定判決を得ることができれば，その正本を債務名義として，単独申請により所有権移転登記を完了させることができます。*

　しかし，本案訴訟（CのDに対する所有権移転登記請求訴訟）の係属中に，Dが第三者Yに甲土地を譲渡し移転登記してしまうと，Cは，もはや甲土地の所有権をYに対抗することができず（民法177条），結局その所有権を取得することができない，という情けないことになってしまいかねません。そうしてみると，設例52のケースは，「現状の変更により債権者の権利の実行が不可能となるおそれがあるとき」に該当します。そこで，このような事態を防止するため，Cは，Dを債務者として甲土地の処分を禁止する仮処分を申し立てることができます。そして，仮処分命令を得て処分禁止の登記（53条1項）がなされれば，その後にDが行った甲土地の処分行為はCに対抗することができません（58条1項）。その結果，Cは，仮処分後に第三者Yが甲土地の所有権の取得登記を得ていたとしても，その登記を抹消することができます（同条2項，不動産登記法111条）。ということは，Cは，たとえ口頭弁論終結前に甲土地が処分されたとしても，依然としてDを被告として訴訟を追行することができ，それによって不都合は生じないということになります。これは，「当事者の恒定」と呼ばれる係争物仮処分の重要な効果です。この形態の仮処分は，「登記請求権を保全するための処分禁止の仮処分」と呼ばれ，最も利

＊これは，先に説明した意思表示の擬制による単独申請の登記ということになります（民事執行法174条1項，P362参照）。

用度の高い仮処分です。

（ロ）占有移転禁止の仮処分

```
設例53
```

　Eは，自分の所有する建物をFに賃貸していたが，賃貸借の期間が満了したためFに建物の明渡しを求めた。ところが，Fは明渡請求に応じようとしない。

　設例53では，Eは，Fを被告として建物明渡請求の訴えを提起し勝訴の確定判決を得れば，それを債務名義として執行文の付与を受け，Fに対して明渡しの強制執行をすることが可能です。

　しかし，明渡請求訴訟の口頭弁論終結前に，その建物の占有が無断転貸等によりFから第三者Yに移転されてしまうと，Eは，せっかくFに対する勝訴判決を得たとしても，その確定判決を債務名義として強制執行をかけYを追い出すことはできません。この場合Eとしては，FからYへの占有承継の事実があったときに，Yに対して訴訟引受（民事訴訟法50条）の申立てをして被告をYに交替させ，Yを被告とする債務名義を得るのがスジであったということになります。だからといって，常に係争物である建物の占有状態を監視し続けるのも無理な話です。＊

　そこで，そのような事態を避けるための手段として，Eは，事前にFを債務者として占有移転禁止の仮処分をしておくという手があります。つまり，目的物の占有移転は「現状の変更」に当たり，それによってEの権利の実現が著しく困難となる可能性がありますから，その移転を禁止する仮処分の申立てができるわけです。そうすると，訴訟中にFからYに目的物の占有が移ったとしても，EはそのままFを被告とする明渡訴訟を続けることができます（当事者の恒定）。そして，Fに対する勝訴確定判決の正本を得ることに成功すれば，それを債務名義として承継執行文の付与を受け，Yに対して建物明渡しの強制執行をすることができます（62条1項，民事執行法27条2項）。

＊FからYへの占有移転がEF間の訴訟の口頭弁論終結後であったときは，Eは，勝訴の確定判決に承継執行文の付与を受け，Yに対して強制執行を申し立てることが可能です。

（ⅱ）仮の地位を定める仮処分

　仮の地位を定める仮処分命令は，争いがある権利関係について債権者に生ずる著しい損害または急迫の危険を避けるため，これ

を必要とするときに，債権者の申立てにより発せられます（23条
2項）。この仮の地位を定める仮処分は，仮差押えや係争物仮処
分とはその性質が異なり，将来の強制執行の保全を目的とするも
のではなく，債権者に切迫している損害や危険を回避するために
認められている仮処分です。

設例54

　Gは，長年H会社に勤務してきたが，突然何の合理的理由もなく解雇されて
しまった。Gは，貯金が乏しく，このままでは生活もままならない。

　設例54では，Gは，H会社を被告として，不当解雇を理由と
する「従業員であることの地位確認の訴え」（あるいは「解雇無
効確認の訴え」）と「賃金支払請求の訴え」を併合提起し勝訴判
決を得れば，H社の従業員たる地位を回復することができ，また
それまでの賃金の支払いを受けることができます。しかし，訴訟
が完結するまでには相当の長期間を要しますから，Gに他に収入
の道がなくしかも貯金も乏しいということになれば，訴訟を続け
ること自体が困難です。

　このような困難を回避するために，Gとしては，H社に対する
訴えを提起する前に（あるいは訴え提起後でも），「従業員である
ことの地位を仮に定め，また毎月の賃金を仮に支払う」旨を命じ
る仮処分を申し立てるという手段があります。つまり，GとH社
の間に「従業員としての地位」をめぐる法律関係について争いが
あり，そのためにGの生活の困窮という「急迫の危険」が存在し，
それを避けるため必要であることを理由として，とりあえず従業
員たる地位の確認と賃金仮払いの仮処分を申し立てることができ
るというわけです。これが認められると，賃金の仮払いという給
付を命じる部分について債務名義としての効力を生じます（民事
執行法22条3号）。したがって，H社が頑として賃金を支払わな
い場合，Gは，この仮処分命令に執行文の付与を受けて金銭執行
をすることができます。

一歩前進

　仮差押えは金銭債権の保全，係争物仮処分は特定の係争物

の処分等の禁止というパターン化された内容をもっています。しかし，この仮の地位を定める仮処分については，保全の対象となる権利関係に特に限定はなく多様な内容がありますから，発令される仮処分命令の内容も保全されるべき権利関係に応じてさまざまです。そして，その執行方法によっては，被保全権利の直接の満足を実現させてしまうものもあります。このような仮処分を満足的仮処分ということがあります。設例54の賃金仮払いの仮処分もこれに属し，その他名誉やプライバシーの侵害を引き起こすような出版物の出版差止めの仮処分，会社法上の競業禁止を命じる仮処分，債務者に不動産の明渡しや物の給付を命じる仮処分（いわゆる断行の仮処分）等もこの満足的仮処分の類型に当たります。*1

*1この断行の仮処分は，目的物の単なる処分禁止ではなく，直接目的物の給付を命じる仮処分となります。

2　民事保全手続の構造と特質

　上記のとおり，民事保全には，大別して仮差押えと仮処分という2つの手続があり，民事保全法は，この2つの手続に共通して適用される通則的規定を設けています。そこでまず，この通則的規定について説明し，その後に仮差押えおよび仮処分に特有の事項についてみていくことにします。*2

*2民事保全とは，仮差押えおよび仮処分の手続の総称であり，保全命令は仮差押命令および仮処分命令，保全執行は仮差押執行および仮処分執行を指します。

(1) 民事保全の構造——保全命令と保全執行

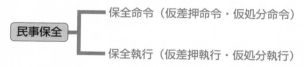

　民事保全の手続は，保全命令手続と保全執行手続とからなります。保全命令手続とは，保全命令（仮差押命令または仮処分命令）の発令手続および保全命令に対する不服申立ての手続を指します。保全執行手続は，保全命令の内容を実現する手続のことです。時間的な流れからいうと，保全命令手続を経て保全命令が発令されると，その後に保全執行手続に移行するという関係になります。もっとも，保全命令手続が完了すると自動的に保全執行手続に移

るのではなく，原則としてそのいずれにも申立てを要することに
注意が必要です（2条1項・2項）。

　保全命令手続と保全執行手続の関係は，民事訴訟手続と強制執
行手続の関係に類似しています。つまり，強制執行は民事訴訟に
よって作り出された債務名義の正本に基づいて実施されますが，
保全執行は保全命令手続によって作り出された保全命令の正本に
よって実施されるという関係に立つわけです。

一歩前進

　保全命令は，申立てにより裁判所が発令します（2条1項）
が，保全執行を担当するのは，裁判所または執行官です（同
条2項）。裁判所は不動産や債権の仮差押え，処分禁止の仮
処分等について執行機関となります。執行官は，動産の仮差
押えや占有移転禁止の仮処分など実力行使を伴うものについ
て執行機関となります。

---

(2) 民事保全の特質——付随性，暫定性，迅速性，密行性

　民事保全の手続には，民事訴訟手続や強制執行手続と比較して，
付随性，暫定性，迅速性，密行性といった特質があります。この
4つの言葉は，民事保全の理解を深めるためのキーワードとなり
ますから，十分吟味してください。

① 付随性

　民事保全は，自己完結的な手続ではなく，本案訴訟から離れて
は独自の意味をもたない付随的な手続である，ということです。
後述するとおり，本案訴訟の提起が遅れたような場合には，保全
命令は取消しの対象となりますが（P380参照），これは本案訴訟
に対して保全手続が付随的な性格をもっていることの表れという
ことができます。

② 暫定性

　民事保全は，権利や法律関係を最終的に確定し実現するもので
はなく，いちおうの現状固定という意味をもつに過ぎません。そ
のため，仮差押えがなされたとしても，その後に換価→満足の手
続に進むことはありません。また，この手続によって，本案の審

理は何ら拘束されることはありません。保全手続がなされているからといって，本案訴訟で債権者がアドバンテージを得られるわけではないのです。*1

③　迅速性

民事保全では，手続の適正・公平よりも**手続の迅速性**が重視されます。口頭弁論は不要（3条），証拠は疎明で足りる（13条2項），執行期間は2週間に限られる（43条2項），保全命令送達前の執行も可能（同条3項）等の規定は，迅速性の要請の表れとみることができます。

④　密行性

民事保全の申立てがあったことを相手方に知られてしまうと，財産の隠匿や不当処分などの妨害行為をされるおそれがありますから，相手方にバレないように密かに手続を進める必要があります。そのため，保全命令の審理は，そのほとんどが書面または債権者の審尋だけで行われます。もっとも，仮の地位を定める仮処分の場合には，財産の隠匿や不当処分などとは直接の関わりがありませんから，一般に密行性の要請は低いと考えられます。

3　保全命令手続

(1) 保全命令の申立てとその要件

①　申立て

仮差押命令や仮処分命令などの保全命令の申立ては，「**申立ての趣旨**」「**保全すべき権利または権利関係（被保全権利）**」「**保全の必要性**」を明らかにして，書面でしなければなりません（13条1項，規則1条1号）。*2

申立ての趣旨としては，どういう種類・内容の保全処分を求めるのかを具体的に記載します。

②　要件

保全命令が発令されるための実体的要件（実質的要件）は，「保

*1 もっとも，先に説明した満足的仮処分の場合は，それによって事実上紛争の解決がもたらされることが多く，仮処分が本案の代替機能を果たしているとの指摘もあります。

*2 保全命令の申立てをするには，日本の裁判所に本案の訴えを提起できること，または目的物・係争物が日本国内にあることが要求されます（11条）。

全すべき権利または権利関係の存在」と「保全の必要性」の２つ
です。この２つが審理の中心となります。申立人は，この２つの
要件について疎明しなければなりません（13条２項）。＊

＊形式的な訴訟要件
（裁判所の管轄，当事
者能力，当事者適格
その他）を具備して
いなければならない
のは当然です。

（ⅰ）保全すべき権利または権利関係の存在

　仮差押えおよび係争物に関する仮処分においては，「保全すべ
き権利」の存在が要求されます。仮の地位を定める仮処分の場合
は，権利といえない法律関係もその対象としますから，権利と法
律関係を含めて「保全すべき権利関係」と表現されています。

（ⅱ）保全の必要性

　仮差押え，係争物に関する仮処分，仮の地位を定める仮処分の
それぞれの特質に応じて，保全の必要性の意味が異なります。

（イ）仮差押えの場合

　仮差押えの際の保全の必要性とは，債務者の責任財産の減少に
より金銭債権の強制執行ができなくなるおそれ，または著しく困
難になるおそれのあることです（20条１項）。例えば，債務者の
保有する現金の浪費・隠匿，不動産や債権の不当な処分，債務者
の夜逃げのおそれ等がこれに当たります。債務者が責任財産に過
大な担保権を設定するおそれがあるような場合も保全の必要性が
あるといってよいでしょう。

（ロ）係争物に関する仮処分の場合

　係争物に関する仮処分における保全の必要性は，係争物の現状
の変更により債権者の権利の実行が不能または著しく困難になる
おそれがあることです（23条１項）。例えば，設例52の場合であ
れば不動産の不当な処分とそれに伴う移転登記がなされるおそ
れ，設例53の場合には係争物の第三者への占有移転がなされる
おそれ等がこれに当たります。動産の引渡請求を求める場合は，
その不当処分，隠匿のおそれなどがこれに当たるでしょう。

（ハ）仮の地位を定める仮処分の場合

　仮の地位を定める仮処分における保全の必要性は，権利関係に
争いがあることによって債権者に生ずる著しい損害または債権者
が直面している急迫の危険を避けるため，暫定的に権利関係また
は法律関係を定める必要のあることです（23条２項）。設例54の
ケースのような生活困難のほか，出版物の差止請求であれば，名
誉やプライバシーの侵害の危険がこれに当たります。

ここが狙われる

　被保全権利および保全の必要性は，即時に取り調べることのできる証拠によって疎明しなければなりません（13条2項，7条，民事訴訟法188条）。つまり，証明の程度に至らなくても，審尋の際に債権者が持参した書面等によって裁判官にいちおう確からしいとの心証を得させれば足ります。

---

(2) 管轄

　保全命令事件の管轄裁判所は，**本案の管轄裁判所**または「仮に差し押さえるべき物」もしくは「係争物」の所在地を管轄する地方裁判所が専属管轄を有します（12条1項，6条）。*1

　管轄裁判所は，単独裁判官または合議体により構成されますが，合議体による場合，急迫な事情があるときに限り，裁判長が保全命令を発することができます（15条）。

(3) 審理と裁判

① 審理

　民事保全の手続に関する裁判は，すべて口頭弁論を経ないですることができます（3条）。ということは，保全命令および保全執行に関する裁判は，すべて「決定」の形式でなされることを意味します（民事訴訟法87条1項）。審理に際しては，書面または審尋だけで済ませることもできます。口頭弁論を開いた場合でも，裁判の形式は決定です。これは，「オール決定主義」といわれ，保全手続の迅速性の確保に大いに貢献することになります。*2

　裁判所は，争いある事実関係に関し，当事者の主張を明瞭にさせる必要があるときは，審尋期日等において，当事者のため事務を処理し，または補助する者に陳述をさせることができます（9条）。

一歩前進

　仮の地位を定める仮処分の場合には，原則として口頭弁論または債務者が立ち会うことができる審尋の期日を経なければ，命令を発することができないとされています（23条4項本文）。この仮処分については一般に密行性の要請はなく，

＊1 本案の管轄裁判所とは，第一審裁判所のことですが，本案が控訴審に係属しているときは，控訴裁判所が本案の管轄裁判所となります（12条3項）。

＊2 保全命令の申立てについての決定には，理由を付さなければならないのが原則ですが，口頭弁論を経ずに決定をする場合には，理由の要旨を示せば足ります（16条）。

また満足的仮処分のような場合には債務者に与えるダメージが大きいため，債務者に対して事前に十分な手続保障を与える必要があるからです。もっとも，その期日を経ることにより仮処分命令の申立ての目的を達することができない事情があるときは，当該期日を経ることなくこの仮処分命令を発することができます（同条同項ただし書）。

② **裁判**

（ⅰ）申立ての却下

申立てについて，管轄や当事者能力などの訴訟要件を欠く場合，または「保全すべき権利または権利関係の存在」「保全の必要性」といった保全命令の実体的要件を欠く場合には，保全命令の申立ては却下されることになります（19条1項参照）。つまり，ここでいう却下には，申立てを不適法とする却下のほか，申立てに理由がない場合の棄却も含みます。

（ⅱ）申立ての認容

保全命令の申立てを認容する場合には，裁判所は，保全命令（仮差押命令・仮処分命令）を発令します。発令に際して，債権者に担保を立てさせるかどうかは裁判所の裁量に任されています（14条1項）。つまり担保を立てさせないで保全命令を発することもできますが，実務的には担保なしでの発令は，ほとんど皆無のようです。＊

保全命令は，当事者に送達しなければなりませんが（17条），保全命令が債務者に送達される前であっても，保全執行をすることができます（43条3項）。

> **一歩前進**
>
> 保全命令のいずれにも共通する手続の流れは以上のとおりですが，仮差押命令および仮処分命令について，覚えておくべき他の注意事項を挙げておきます。
> ① 仮差押命令および仮処分命令は，被保全債権が条件付または期限付であっても，発することができます（20条2項，23条3項）。
> ② 仮差押命令の申立てに際しては，目的物を特定して表示

＊担保を立てさせる方法としては，金銭または有価証券の供託，銀行等の金融機関と支払保証委託契約を締結する等の方法があります。ただし，担保提供の方法について当事者が特別の契約をしたときは，その方法によります（4条1項，規則2条）。

することが要求され，それに対応して仮差押命令は，**特定の物について発しなければならない**，とされています（21条本文）。ただし，動産の仮差押命令は，目的物を特定しないで発することができます（同条ただし書）。つまり，対象が不動産や債権であれば特定の必要があります。しかし，動産の場合は現地に行ってみないと対象が特定できないので，発令に際して特定が要求されないのです。

③　ある被保全債権に基づく仮差押命令が発せられた後でも，異なる目的物についての強制執行を保全しなければ当該債権の完全な弁済を得ることができず，仮差押命令の必要性が認められるときは，すでに発せられた仮差押命令と**同一の被保全債権に基づき，異なる目的物に対し，さらに仮差押命令の申立てをすることができます**（最決平15・1・31）。

④　仮差押えについては**仮差押解放金**，仮処分については**仮処分解放金**の制度が定められています。仮差押解放金は，**仮差押えの執行の停止またはすでにされた執行の取消しを得るために債務者が供託すべき金銭**です。仮差押命令においては，この仮差押解放金の額を定めなければなりません（22条1項）。債務者が，その金額に相当する金銭を供託したことを証明したときは，裁判所は，仮差押えの執行を取り消さなければなりません（51条1項）。仮差押解放金は，仮差押えの目的物に代わるものであり，解放金の供託により，仮差押えの執行の効力は仮差押債務者が供託所に対して有する供託金取戻請求権の上に移行して存続します。

　仮処分解放金は，仮処分一般に認められるものではなく，仮処分によって保全すべき権利が金銭の支払いを受けることをもってその行使の目的を達することができるものであるときに限り，**債権者の意見を聴いたうえで，定めることができます**（25条1項）。仮処分解放金は，その性質上係争物に関する仮処分についてのみ認められ，仮の地位を定める仮処分については認められません。仮処分解放金の供託により，仮処分の執行は取り消されることになります（57条1項）。

⑤　不動産の占有移転禁止の仮処分については，その執行前

に債務者を特定するのが困難な特別の事情があるときは，裁判所は，債務者を特定しないで仮処分命令を発することができます（25条の2第1項）。

ここが狙われる

保全命令の申立ては，保全異議や保全取消しの申立てがあった後でも，債務者の同意を得ることなく取り下げることができます（18条）。取下げによって，債務者は何らの不利益を被ることはないからです。

---

③ 保全命令の裁判に対する不服申立て

保全命令の申立てが却下された場合には，債権者は，告知を受けた日から2週間の不変期間内に即時抗告をすることができます（19条1項）。*

申立てが認容されて保全命令が発令された場合には，債権者は，保全執行の申立てをすることができます。他方，債務者は，保全異議あるいは保全取消しという方法で不服申立てをすることができます。

＊即時抗告を却下する裁判に対しては，債権者はさらに抗告をすることができません（19条2項）。

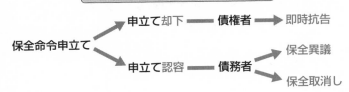

（i）保全異議

保全命令の発令に対して，債務者は，その命令を発した裁判所に対し保全異議を申し立てることができます（26条）。保全異議は，裁判所が被保全権利や保全の必要性に関する判断を誤り，保全命令を発令するべきでないのに発したことを理由として，その取消しや変更を求めるものです。保全異議の申立てについて，期間の制限はありません。

保全異議の申立てがあったからといって，保全執行が停止されるわけではなく，その執行を止めるためには，保全執行停止の裁判が必要となります（27条1項）。保全異議の申立てについての

決定は，口頭弁論または当事者双方が立ち会うことのできる審尋の期日を経なければなりません（29条）。保全命令の発令段階と異なり，不服申立ての段階では迅速性，密行性の要請は後退しますから，債務者の手続保障が厚くされているわけです。裁判所は，保全異議事件の審理を終結するには，**相当の猶予期間をおいて，審理を終結する日を決定しなければなりません**。ただし，口頭弁論または当事者双方が立ち会うことができる審尋の期日においては，直ちに審理を終結する旨を宣言することができます（31条）。

保全異議の申立てについての決定では，裁判所は，保全命令の**認可，変更，取消し**のいずれかをしなければなりません（32条1項）。認可とは，保全異議の申立てに理由がない場合に，保全命令を維持することです。変更とは，担保の額の変更など保全命令の実質を変えることなくその内容を変更することです。

（ii）保全取消し

保全取消しは，保全命令そのものを不服とするものではなく，その他の事情で保全命令の取消しを求める不服申立てです。

保全取消しには，取消しの事情の差異に応じて，3つのタイプが規定されています。*

	事由	適用場面
保全取消し	本案不提起	仮差押え・仮処分
	事情の変更	仮差押え・仮処分
	特別の事情	仮処分のみ

（イ）本案訴訟の不提起等による保全取消し

保全命令を発した裁判所は，債務者の申立てにより，債権者に対し，2週間以上の相当の期間を定め，その期間内に本案の訴えを提起するとともに，その提起を証する書面の提出を命じなければなりません。そして，定められた期間内に債権者がその書面を提出しなかったときは，債務者の申立てにより，裁判所は，保全命令を取り消さなければなりません（37条1項・2項・3項）。保全命令が発令されているにもかかわらず，いつまでも本案の訴えが提起されないのでは，債務者の地位が不安定・不利益となります。そこで，この起訴命令の申立ての制度を設け，債務者にそのような不利益を解消する手段を認めたわけです。債権者の側か

＊次の，本文（イ）および（ロ）は，仮差押えおよび仮処分に共通して適用されますが，（ハ）は仮処分の場合だけを予定しています。

らすると，訴えの提起をグズグズと怠っていると，せっかく得た保全命令がパーになってしまう場合があるわけです。

　債権者がすでに本案の訴えを提起しているときは，その係属を証する書面の提出を命じ，定められた期間内にそれが提出されないときも，保全命令が取り消されます。

　なお，家事調停の申立て，労働審判手続の申立て，仲裁手続の開始手続等も本案の訴えの提起とみなされます（同条5項）。

一歩前進

　債権者が，起訴命令に定められた期間内に本案の訴えを提起したことを証する書面またはその係属を証する書面を提出した場合でも，その後その本案の訴えを取り下げ，またはその訴えが却下されたときは，保全命令を発した裁判所は，債務者の申立てにより，保全命令を取り消さなければなりません。その場合には，その書面を提出しなかったものとみなされます（37条3項・4項）。

(ロ) 事情変更による保全取消し

　被保全権利や保全の必要性の消滅その他の事情の変更があった場合，保全命令を発した裁判所または本案の裁判所は，債務者の申立てにより，保全命令を取り消すことができます（38条1項）。

　債務者の弁済，相殺等により仮差押えの被保全権利が消滅したとか，債務者が任意に仮処分の目的となっている不動産を明け渡したというような場合が，「事情の変更」に該当するでしょう。事情の変更は，債務者が疎明しなければなりません（同条2項）。

(ハ) 特別の事情による保全取消し

　仮処分命令により償うことができない損害を生じるおそれがあるときその他の特別の事情があるときは，仮処分命令を発した裁判所または本案の裁判所は，債務者の申立てにより，担保を立てることを条件として仮処分命令を取り消すことができます（39条1項）。

　この保全取消しは，仮処分に限って認められます。例えば，商品の販売禁止の仮処分がなされた場合に，それによって債務者の営業に重大な損害が生じるようなときには，「償うことができな

い損害を生じるおそれがある」ものとして，その仮処分の取消し
が認められる可能性があるでしょう。特別の事情は，債務者が疎
明しなければなりません（同条２項）。このタイプの保全取消しは，
仮処分の場合にのみ可能であること，担保を立てることが条件に
なっていることに注意が必要です。

ここが狙われる

　保全異議の申立ておよび保全取消しの申立てを取り下げるには，債権者の同
意を得ることを要しません（40条１項，35条）。

Check

「保全抗告」

　上記のように保全命令の発令に対しては，保全異議および保全取消しという
不服申立てが認められています。さらに，この保全異議・保全取消しの申立て
についての裁判（決定）に対しては，その送達を受けた日から２週間の不変期
間内に，保全抗告という不服申立てをすることが認められています（41条１
項）。この保全抗告は，保全異議または保全取消しの裁判について，債権者ま
たは債務者が上級審に再審理を求める申立てです。

　保全抗告は，申立書を原裁判所に提出してします。原裁判所は，保全抗告の
理由の有無につき判断しないで，事件を抗告裁判所に送付しなければなりませ
ん（同条２項）。つまり，原裁判所による再度の考案は認められていません。
これは，民事訴訟法上の一般的な抗告制度（民事訴訟法333条）と異なってい
ますから注意が必要です。また，保全抗告についての裁判に対しては，再抗告
をすることができません（41条３項）。

4　保全執行手続

　保全執行は，保全命令の発令後，債権者の申立てにより，裁判
所または執行官が行います（２条２項）。つまり，執行には保全
命令の申立てとは別に，保全執行の申立てを必要とします。＊

　保全執行に関する手続には，民事執行法の強制執行に関する規
定が大幅に準用されます（46条）。ただ，保全執行は迅速に完了
する必要性が高いことから，その要件，執行期間等について民事

＊つまり，保全執行
は職権で行われるこ
とはありません。

執行と異なった次のような規律がなされています。また，仮差押えおよび仮処分について，いくつかの特則が置かれていますから，簡略に説明しておきます。以下の（1）および（2）の記述は，仮差押えおよび仮処分に共通したものですが，（3）は仮差押え，（4）は仮処分に関する説明です。

(1) 保全執行の手続的要件

　強制執行は，債務名義の正本に執行文の付与を受けたうえで実施されますが（民事執行法25条本文），保全執行は，原則として保全命令の正本に基づき（43条1項本文），**執行文の付与を受けることなく実施されます**。保全執行は，強制執行と異なり暫定的な性格を有する手続ですから，執行文によって保全命令の執行力の存在を公証するまでの必要性がないのです。＊

(2) 執行期間

　強制執行については特に期間の制限は設けられていませんが，保全執行は，**債権者に対して保全命令が送達された日から2週間**を経過したときは，これをしてはならないとされています。（43条2項）。逆にいえば，2週間以内に実施しなければならないということです。そもそも保全手続は，急を要する事態を想定した暫定的なものですから，その執行は迅速に実施される必要があるということです。

＊例外的に，保全命令に表示された当事者以外の者に対し，またはその者のためにする保全執行については，保全命令の正本に承継執行文の付与が必要となります（43条1項ただし書）。

> **ここが狙われる**
>
> 　保全執行は，保全命令が債務者に送達される前であっても，実施することができます（43条3項）。送達によって債務者に知られてしまうと，執行妨害の危険が生じるので迅速に実施する必要があるからです。

(3) 仮差押えの執行

　仮差押えの執行については，その対象財産ごとの執行方法が規定されています。なお，当然のことながら，仮差押えは，将来の金銭執行に備えて債務者の財産を現状のままに凍結・固定するための手続ですから，その執行は差押えの段階にとどまり，換価手

続には進みません。

①　対象財産ごとの執行方法

（ⅰ）不動産に対する仮差押え

　不動産に対する仮差押えの執行方法としては，仮差押えの登記をする方法と強制管理の2つがあり，これらを併用することもできます（47条1項）。仮差押えの登記をする方法による場合，裁判所書記官は，登記所に登記を嘱託します（同条3項）。不動産の仮差押えの効力の発生時期は，仮差押えの登記がなされた時です（同条5項，民事執行法46条1項）。

（ⅱ）動産に対する仮差押え

　動産に対する仮差押えは，執行官が目的物を占有する方法によります（49条1項）。

（ⅲ）債権に対する仮差押え

　債権に対する仮差押えは，保全執行裁判所が第三債務者に対し，債務者への弁済を禁止する命令を発する方法により行われ（50条1項），仮差押命令が第三債務者に送達された時に仮差押えの効力が生じます（50条5項，民事執行法145条3項・4項）。

②　仮差押えの効力

　この点については，設例51の説明の際に必要事項を説明してありますが（P368参照），ここでもう一度簡単に確認しておきましょう。

　仮差押えの執行により，債務者は目的財産についての処分を禁止されることになります。この処分禁止に違反してなされた債務者の処分行為は，当事者間では有効ですが，仮差押えに基づく本執行においては効力を否定されます。しかも，この処分制限の効力は，仮差押えに基づく執行手続に参加したすべての債権者に及ぶことになります（手続相対効）。つまり，仮差押えの執行後に，第三者が債務者の処分行為によって目的財産の所有権や担保物権あるいは用益権を取得したとしても，仮差押えに基づく本執行においては，それらの権利は存在しないものとして扱われることになります。

③　本執行への移行

　仮差押えの執行によって，目的財産の処分行為は禁止され，債務者の財産はそのまま維持されることになります。そしてその後

に，仮差押債権者が，債務名義を得て債務者の不動産，債権等に強制執行（本執行）をしたとき，仮差押えの効力は，本執行に引き継がれることになります。つまり，目的財産についての処分禁止の効力は，本執行の差押えに承継されることになります。＊

　もっとも，仮差押えが自動的に本執行に移行するわけではなく，債権者は，あらためて民事執行法所定の手続に従って本執行の申立てをし，不動産執行であれば強制競売開始決定，債権執行なら債権差押命令を得なければなりません。

＊動産を仮差押えした場合は，執行官の保管等の結果をそのまま利用して本執行に移行できます。

(4) 仮処分の執行

　仮処分の執行については，民事保全法24条が，「裁判所は，仮処分命令の申立ての目的を達するため，債務者に対し一定の行為を命じ，若しくは禁止し，若しくは給付を命じ，又は保管人に目的物を保管させる処分その他の必要な処分をすることができる」と規定しているとおり，その内容に多数のバリエーションがあります。先に，設例52で処分禁止の仮処分，設例53で占有移転禁止の仮処分，設例54で仮の地位を定める仮処分の概要について説明しましたが（P369以下参照），これらは民事保全法に特に規定があるものを取り上げたに過ぎず，他にもさまざまな種類・態様があることを意識しておきましょう。

　もっとも，試験対策上は，これら3つの仮処分の基本的な内容を押さえておけば十分と考えられます。ここでは，これらの仮処分について補足的な説明をしておきます。併せて，上記各設例の内容を確認しておいてください。

① 処分禁止の仮処分

　不動産の登記請求権を保全するための処分禁止の仮処分には，設例52のケースのように処分禁止の登記のみがなされる場合と，それに加えて仮処分による仮登記（保全仮登記）の両方がなされる場合があります。

（ⅰ）処分禁止の登記のみがなされる場合

　仮処分の執行として処分禁止の登記のみがなされるのは，仮処分債権者の被保全権利と処分禁止の登記後に現れる第三者の権利が併存できない場合です。具体的には，設例52のような不動産についての所有権移転登記請求権を保全するケースを典型例とし

て覚えておきましょう。このケースでは，仮処分債権者Cの被保
全権利は所有権移転登記請求権であり，処分禁止の登記に後れる
第三者Yの登記も所有権の移転を目的とするものですから，この
2つの権利は相容れず併存することができません。この場合，仮
処分債権者Cが処分禁止の仮登記をしておけば，その後になされ
た登記上の権利はCに対抗することができないということになり
ます（53条1項，58条1項）。したがって，Cが本案の勝訴確定
判決を取得すれば，処分禁止の登記によりCに対抗できないYの
登記は，抹消できることになるわけです（58条2項）。＊

＊仮処分債権者C
が，第三者Yの登記
を抹消する場合，あ
らかじめYに対しそ
の旨を通知すること
が義務づけられてい
ます（59条1項）。

一歩前進

　建物収去土地明渡請求権を保全するための仮処分の執行
は，建物について処分禁止の仮登記をする方法によります（55
条1項）。例えば，Xの所有する土地の上にYが建物を建て
て土地を占有している場合に，XがYを被告として建物収去
土地明渡請求の訴え（本案訴訟）を提起するとします。この
場合，債務者Yが地上の建物を処分すると，建物所有による
土地占有者が変わることになります。そうなるとXは，たと
え本案訴訟で勝訴しても，建物収去土地明渡しの執行ができ
なくなってしまいますから，土地占有者を恒定するために，
収去する建物の処分禁止が必要となります。その目的のため
に，上記の処分禁止の仮登記の方法が認められています。こ
の登記をすることにより，仮処分債権者が本案訴訟の債務名
義を得たときは，処分禁止登記がなされた後に建物を譲り受
けた者に対しても，建物の収去およびその敷地の明渡しの強
制執行をすることができます（64条）。

（ⅱ）処分禁止の登記と保全仮登記がなされる場合

　仮処分債権者の被保全権利と処分禁止の登記後に現れる第三者
の権利が併存できる場合には，仮処分債権者は，処分禁止の登記
と保全仮登記を併用し，自己の権利を保全することができます。
これに当たるのは，抵当権や地上権など不動産に関する所有権以
外の権利の保存，設定，または変更についての登記請求権を保全
する場合です（53条2項）。例えば，Xが，YからY所有不動産

に抵当権の設定を受けたが，Yが抵当権設定登記に応じないので，XはYを被告として抵当権の設定登記を求める訴えを提起したとします。この訴訟の口頭弁論終結前に，ZがYから抵当権の設定を受け，一番抵当権の登記を備えてしまうと，Xは一番抵当権者たる地位をZに奪われてしまうことになります。そこで，Xとしては，このような事態が生じないようにするため，**処分禁止の登記に加えて抵当権の順位保全の仮登記を併用する**という手を打っておくことになります。具体的にいうと，登記記録の権利部の甲区欄に処分禁止登記をして当事者を恒定するとともに，乙区欄に抵当権設定の仮登記をして登記順位を保全するわけです。そうしておけば，仮処分債権者が抵当権の設定登記を命ずる本案判決を得た場合には，処分禁止登記に後れてなされた第三者の抵当権設定登記を抹消することなく，**保全仮登記に基づいて先順位で抵当権設定の本登記をすることができます**（58条3項）。また，第三者が目的不動産の譲渡を受けた場合でも，抵当権をその第三者に対抗することができますから，第三者の所有権移転登記を抹消することなく，抵当権を保全することができるわけです。

② **占有移転禁止の仮処分**

占有移転禁止の仮処分は，先にその概要を説明したとおり，物の引渡請求権・明渡請求権の執行の保全を目的として行われます。

すなわち，事前に占有移転禁止の仮処分をしておけば，仮処分の執行後に目的物の占有が第三者に移転されたとしても，債権者は，仮処分債務者を被告とする本案訴訟において，被告を変更することなく訴訟を追行し，請求認容判決を得ることができます。そして，債権者は，債務者に対する本案の確定勝訴判決を債務名義として承継執行文の付与を受け，第三者に対し目的物の引渡し・明渡しの強制執行をすることができます。ここでいう第三者とは，

（ⅰ）当該占有移転禁止の仮処分命令の執行がされたことを知ってその係争物を占有した者

（ⅱ）当該占有移転禁止の仮処分命令の執行後にその執行がされたことを知らないで，その係争物について債務者の占有を承継した者

です（62条1項）。そうすると，仮処分命令の執行後にその事実

を知らないで係争物を（債務者からの承継でなく）占有した者には執行力は及ばない，ということになります。しかしこの場合，「知って占有したものと推定する」との規定がありますから（62条2項），その者が執行を逃れるのは困難でしょう。要するに，この占有移転禁止の仮処分をしておけば，仮処分債権者は，ほとんどの場合に自分の債務者に対する請求権を保全することができるわけです。

③　仮の地位を定める仮処分

設例54のような従業員の地位保全の仮処分において，従業員であることの地位を仮に定めることを宣言する部分は，任意の履行を求める仮処分であり，執行は問題となりません。しかし，債務者に対し毎月一定額の支払いを命じた部分は，いわゆる満足的仮処分であり，債務者が任意に支払わないときは，金銭執行の方法で支払いを受けることができます。

　民事保全に関する次のアからオまでの記述のうち，正しいものの組合せは，後記1から5までのうち，どれか。

ア　貸金債権を被保全債権とする仮差押命令は，本案の管轄裁判所又は仮に差し押さえるべき物の所在地を管轄する地方裁判所が管轄する。

イ　占有移転禁止の仮処分命令の執行後に係争物を占有した者は，その執行がされたことを知って占有したものとみなされる。

ウ　保全命令は，保全すべき権利若しくは権利関係又は保全の必要性の疎明がない場合であっても，これらに代わる担保を立てさせて発することができる。

エ　保全執行は，申立てにより又は職権で，裁判所または執行官が行う。

オ　保全執行は，保全命令が債務者に送達される前であっても，これをすることができる。

1　アウ　　　　2　アオ　　　　3　イウ　　　　4　イエ　　　　5　エオ

解　説

ア　○　保全命令事件（仮差押命令および仮処分命令）は，本案の管轄裁判所または仮に差し押さえるべき物もしくは係争物の所在地を管轄する地方裁判所が管轄します（12条1項）。

イ　×　占有移転禁止の仮処分命令の執行後に係争物を占有した者は，その執行がされたことを知って占有したものと推定されます（62条2項）。

ウ　×　保全すべき権利または権利関係および保全の必要性は，疎明しなければなりません（13条2項）。担保を立てたとしても，疎明不要とはなりません。

エ　×　保全執行は，申立てにより，裁判所または執行官が行います（2条2項）。申立てがないのに，職権で行われることはありません。

オ　○　保全執行は，保全命令が債務者に送達される前であっても，これをすることができます（43条3項）。保全執行は迅速に行う必要があるからです。

以上より，正しいものはアおよびオであり，2が正解となります。

正解　2

実戦過去問

　仮差押命令に関する次の1から5までの記述のうち，正しいものはどれか。

1　仮差押命令の申立てに当たり，保全をすべき権利又は権利関係及び保全の必要性の立証は，即時に取り調べることができる証拠によってしなければならない。

2　特定の目的物について既に仮差押命令を得た債権者は，同一の被保全債権に基づき，異なる目的物に対し，更に仮差押命令の申立てをすることができない。

3　保全異議又は保全取消しの申立てがあった後に仮差押命令の申立てを取り下げるには，債務者の同意を得なければならない。

4　金銭債権を被保全権利とする仮差押命令については，担保を立てさせなければ発することができない。

5　債務者が仮差押命令に対して保全異議を申し立てる場合には，2週間以内に，その命令を発した裁判所に申立てをしなければならない。

解　説

1　○　保全すべき権利または権利関係および保全の必要性については疎明が要求されます（13条2項）。そして，疎明は即時に取り調べることができる証拠によってしなければなりません（7条，民事訴訟法188条）。

2　×　最決平15・1・31。この判例については，P378を参照してください。

3　×　保全命令の申立てを取り下げるには，保全異議または保全取消しの申立てがあった後においても，債務者の同意を得る必要はありません（18条）。頻出事項です。

4　×　保全命令の発令に際して，債権者に担保を立てさせるかどうかは裁判所の裁量に任されています（14条1項）。

5　×　保全異議の申立期間について，特に制限は設けられていません。

正解　1

　仮の地位を定める仮処分命令に関する次のアからオまでの記述のうち，誤っているものの組合せは，後記1から5までのうち，どれか。

ア　仮の地位を定める仮処分命令は，争いがある権利関係について債権者に生ずる著しい損害又は急迫の危険を避けるためこれを必要とするときに発することができる。

イ　仮の地位を定める仮処分命令の申立てにおいては，保全すべき権利関係及び保全の必要性を疎明しなければならない。

ウ　仮の地位を定める仮処分命令は，口頭弁論又は債務者が立ち会うことができる審尋の期日を経ることにより仮処分命令の申立ての目的を達することができない事情があるときは，その期日を経ることなく，発することができる。

エ　裁判所は，仮の地位を定める仮処分命令において，仮処分解放金を定めることができる。

オ　仮の地位を定める仮処分命令に対し保全異議の申立てがあった後に，当該仮の地位を定める仮処分命令の申立てを取り下げるには，債務者の同意を得ることを要する。

1　アイ　　　　　2　アオ　　　　　3　イウ　　　　　4　ウエ　　　　　5　エオ

解　説

ア　○　民事保全法23条2項の条文どおりです。

イ　○　保全命令の申立ては，保全すべき権利または権利関係および保全の必要性等を明らかにして，これをしなければなりません（13条1項）。

ウ　○　仮の地位を定める仮処分命令は，問題文のような事情があるときは，審尋等の期日を経ることなく発することができます（23条4項）。

エ　×　仮処分解放金は，係争物に関する仮処分についてのみ定めることが認められます（25条1項参照）。

オ　×　保全命令の申立てを取り下げるには，保全異議または保全取消しの申立てがあった後においても，債務者の同意を得ることを要しません（18条）。

以上より，誤っているものはエおよびオであり，5が正解となります。

正解　5

用　語　索　引

著者紹介

神余博史（かなまる・ひろふみ）

1954年　香川県に生まれる。
1977年　早稲田大学法学部卒。
行政書士試験，宅建試験等の受験指導のキャリアが長く，
解説書，問題集等の執筆多数。
主な著書に，「国家試験受験のためのよくわかる民法」「国
家試験受験のためのよくわかる行政法」「国家試験受験
のためのよくわかる会社法」（以上，自由国民社），ビジ
ネス実務法務検定試験2級テキスト＆問題集（成美堂出
版）などがある。

国家試験受験のためのよくわかる民事訴訟法

2012年11月30日　初版第1刷発行
2020年4月30日　　第2版第1刷発行

著　書	神余博史
発行者	伊藤　滋
発行所	株式会社　自由国民社
	〒171-0033　東京都豊島区高田3-10-11
	http://www.jiyu.co.jp
	振替 00100-6-189009　電話03-6233-0781(代表)
印刷所	新灯印刷株式会社
製本所	新風製本株式会社
本文DTP	有限会社中央制作社